近代における社会福祉の展開

―山口県での実践の地域性―

はじめに

少子高齢化のなかで、さまざまな問題が噴出しつつある。すでに深刻さが広がっているのが、地方における人口減少の進行と、地域の社会インフラが維持できなくなってきていることである。

山口県は、とりわけ事態が深刻である。人口は一九八〇年代には一六〇万人ほどであったものが、一四〇万人を割り込んでおり、さらに今後減っていく。減少のペースは他県と比べても大きい。都道府県別の高齢化率は上位に位置する。生活実感からしても、県内の各所を訪問するたびに、三〇年前と比べて人がいなくなったということを痛感する。主要駅は以前と比べて閑散とし、道路の混雑も少なくなった。

二〇一四年に『地方消滅』（増田寛也編著）という本が中公新書として出版され、なかでも「消滅可能性都市」として市町村の実名を挙げたことが、衝撃を与えた。同書による「消滅可能性都市」とは、二〇一〇年から四〇年までの間に二〇〜三九歳の女性人口が五割以下に減少する市町村のことである。

山口県についても当然、いくつもの市町村が挙げられている。周防大島町を筆頭に、阿武町、萩市、長門市、上関町、平生町、美祢市である。下関市、宇部市という山口県を代表する市は、かろうじて免れているが、五割をわずかに下回るだけである。

全国的に、社会福祉がどうなっていくのか、そもそも地域社会はどうなっていくのか、将来への不安が高まっている。そうしたなかで、あちこちで見受けられるのは、効果があるとはとうてい考えられない無用な策を、少なくない公金をつぎ込んで行うことである。たとえば、多子家庭に多額のお金を贈呈する、安価な家賃の公営住宅を建てるなどして都市からの移住者を募る、いわゆる婚活の企画を行う、などである。いずれも、手間や経費がかかる一方、統計に影響を与えるほどの人口増が実現できたり、地域が活性化できたりするような策ではない。

日本全体で人口が減る以上、一部の大都市や特殊な事情がある都市を除いて、人口減少から逃れることはできない。減少を当然の前提として将来を築くしかない。愚策に力を注ぐよりもまず必要なのは、自分たちの住む地域の特性をしっかりと理解すること、そして暮らしやすい地域にしていくための福祉施策について考え、実践していくことである。

本書は、そのための基礎的な作業として、山口県の社会福祉の歩みについて、何らかの領域や課題を設定して、把握していくことを目指している。筆者はすでに一九九七年に『山口県社会福祉史』（葦書房）、二〇〇六年に『近代社会事業の形成における地域的特質―山口県社会福祉の史的考察―』（時潮社）を発刊した。いずれも同様の方法で、山口県の社会福祉史を分析してきた。この二冊で、育児事業などの慈善事業を先駆としつつ、山口県社会事業協会をはじめとした政策的な動きと、姫井伊介に代表される実践とが呼応して社会事業が発展していく姿が、ある程度明らかになった。

本書は、前著で触れていない課題について取り上げ、なお残る研究の空白について埋めようとした。おおむねこれまでの枠組みに沿いつつ、慈善事業、社会事業の形成、戦時下社会事業という流れのなかで、どういう動きが県内であって、どういう特質をもっていたのかを論じている。

第Ⅰ部は「慈善事業の創設」である。近代初期において先駆的な慈善事業施設が生まれ、定着していくプロセスをたどった。特に資金の獲得について重視した。また、県外からの影響として、施設としては岡山孤児院、人物としては内務官僚の田子一民を取り上げた。

第Ⅱ部は「社会事業体制の確立」である。一九二〇年代〜三〇年代の動きを追った。すでに行政の変遷や山口県社会事業協会の活動については述べてきたので、本書では周辺ともいえる団体や領域を扱っている。「周辺」に見えるような活動にこそ、むしろ社会事業の本質的な性格があらわれている可能性がある。そもそも、社会事業自体が、社会において「中心」から外れてしまった人にかかわっていくものなのである。

第Ⅲ部は「社会事業形成過程における児童への対応」である。時期的には第Ⅱ部と重なるが、児童に関する事業のみ取り上げている。社会事業の諸活動のなかでも、児童に関する活動が比較的盛んである。児童が次代を担う存在として、実践対象として関心がもたれやすいという事情があり、それゆえ社会事業のあり方がより鮮明に現れると考えられる。

第Ⅳ部は「戦時下社会事業の動向」である。前著で十分に取り上げていないのが、戦時下の社会事業である。社会事業がやがて戦争というものに直面してしまったなか、どう変質したのか、あるいは逆に社会事業の理念を何らか維持しつつ実践できたのか。戦時下の動きを、方面委員という社会事業の柱とされた存在、姫井伊介という山口県社会事業のキーパーソン、そして戦時下に重視された医療の動向を、全県的な動きと、佐々並村という個別事例の双方から分析した。

第Ⅴ部は「軍事援護事業の展開」である。戦時下社会事業のなかでも、より戦争と密着しているのが軍事援護であることはいうまでもない。やはり前著でほとんど取り上げてこなかった軍事援護事業を、本書では正面から取り上げて、その実態や性格を考えた。

すでに前著で、社会事業の主要な事項を論じてきたので、本書では、重要な人物が登場しないなど、内容に偏りがあることは否めない。前著と併せることで、山口県社会事業の全体像が相当程度明らかになっていると思う。本書だけでも、社会事業について、法制度や主要施設から分析するという通常の視点とは異なった、新たな視座からの研究としての意義がある。

国の社会福祉政策の動きが激しく、地方ではそれに振り回されている感がある。こういう時代だからこそ、前例のないところから福祉の礎を築いてきた歩みを、丁寧にたどっていくことが大切である。社会福祉が、今後より厳しくなる諸問題に対処できるものに発展していくために、本書における研究成果が寄与できるものであると考えている。

なお、引用文中に、現在では差別・偏見ととられる不適切な文言があるが、歴史的資料であることを考慮し、原文のまま引用した。

目次

第Ⅰ部　慈善事業の創設

第1章 『山口県積善会雑誌』の慈善思想と影響

1 赤松照幢と『山口県積善会雑誌』

近代における民間慈善事業は、近代社会の発展のなかで起きてくる生活上の諸問題に対して、民間人の自発的な意思によって開始され、以後の社会事業、社会福祉の礎ともなる。近代初期の民間慈善事業の動きについて把握することは、社会事業、社会福祉の全体像を分析するうえでも不可欠な課題であるばかりではない。近代社会の変動の実態の把握、変動を前にした思想の動向の理解など、近代という時代そのものをつかむためにも大切な作業である。

山口県で本格的に慈善事業がなされるのは、防長孤児院、山口育児院などの育児事業が次々と生まれる頃であるが、それより早く慈善への取り組みを始めようとしたのが、山口県積善会である。山口県積善会は山口県の瀬戸内海側のほぼ中間的な場所にある徳山にて結成され、中心人物は赤松照幢である。照幢は、徳山の浄土真宗徳応寺の住職であるとともに、社会事業家であり、妻の安子とともに防長婦人相愛会育児所を設立運営し、また被差別部落での活動を行った人物である(1)。安子は浄土真宗の赤松連城の娘である。連城は徳応寺の住職であったが、浄土真宗の主要な役職を歴任していく近代仏教史における著名な人物である。照幢の子には、国家社会主義者として知られる赤松克麿、労働運動で活躍した赤松常子がいる。照幢・安子とは内務官僚の田子一民が都農郡長であった時期に交流があったことが確認できる(2)。

照幢は、山口県での慈善事業の先駆者として、これまでも注目されてきた。照幢は被差別部落での活動を行ったこともあって、布引敏雄が、部落問題との関連で注目し、一連の山口県部落史研究を通じて論じてきた(3)。社会事業史の立場から研究を進めてきたのは、脇英夫である。(4) 脇は、照幢による育児事業や被差別部落での活動について論文を発表し、精力的に照幢の研究をしていた。

しかし、脇が研究途上で死去したため、研究は中断してしまった。以後、脇に匹敵するほどの、社会事業の視点からの照幢研究はなされていない。そのため、照幢の慈善事業への貢献はその大きさに比して、研究が不十分なまま残されている。脇が為し得なかった研究を継承することが、後に続く研究者の使命であろう。(5) そこで、筆者も照幢の社会事業や思想について論じたことがあるが、育児事業などの部分的な分析にとどまっている。(6)

照幢の主要な実践の一つは、山口県積善会を結成しただけでなく、さらに同会の機関誌として『山口県積善会雑誌』を発行したことである。脇はこの『山口県積善会雑誌』について創刊号から第一二号を発見し、しかも密かに占有することなく、その存在を公表した。脇の私心なきこの行為のおかげで、後に続く者が研究を継承できるようになった。

脇は『山口県積善会雑誌』を通読して、赤松照幢研究をより本格化させようとしていたと思われるが、脇の死去により、せっかく発見された『山口県積善会雑誌』を活用した研究がみられない状況になっている。『山口県積善会雑誌』は、近代初期における山口県内での慈善への関心や理解がどういう状況であったのかを把握するための、貴重な史料である。赤松夫妻の力や、地域での存在の大きさを考えると、掲載された論考や記事が広く影響を与えたと考えられるし、その影響が以後も残ったと考えられる。

また、山口県で社会事業関係の刊行物として比較的早いものとして、防長孤児院による『同情』、山口育児院による『山口育児院報』があるが、それよりもさらに早い。まだ県内に本格的な慈善事業が発足していない時期のものであり、『山口県積善会雑誌』にどういう記事が載り、いかなる議論が展開されたのか、山口県社会事業の出発点として把握しておくべきであろう。

社会事業施設や団体の発行物に関する研究として、室田保夫『近代日本の光と影』がある。(7) 同書は『岡山孤児院新報』、博愛社の『博愛雑誌』、『東京市養育院月報』など、社会事業施設の発行する機関誌などを分析して、それまでは施設史研究や思想史研究の史料としての存在にとどまっていた機関誌それ自体を研究対象とするという、社会事業史の新たな方法を示した。山口県を含め全国には、こうした社会事業関係の機関誌等が多数発行されていた。そこには、これまで見過ごされてきた無数の情報や思想が眠っていると推測される。地方の場合にはしばしば、現物が散逸して残っていないという研究の困難がある。山口県でも姫井伊介が創設した労道社による『労道』が発見されていない。しかし、少なくとも残されているものについては、研究の対象として取り上げていくことが急務であろう。

そこで本章では、『山口県積善会雑誌』のうち、脇によって発見された創刊号から第一二号、(8)それに以前から存在が確認されていた第一六号と、『善のみちびき』と改題された第壱号を対象にして、内容、思想、影響などについて分析し、山口県の社会事業の出発の時期における状況を把握していく。ただし、雑誌そのものの研究ではなく、あくまで社会事業史研究であるので、社会事業以外の側面についてはあまり重視しない。

2　山口県積善会の設立

山口県積善会は、赤松照幢らを中心にして、一八八七年に徳山町にて設立された。照幢は、一八八六年に安子と結婚して徳応寺に来ているので、徳山に移ってすぐに会を立ち上げたことになる。会の目的は『山口県積善会雑誌』にも掲載されている、一八八八年一月の「山口県積善会設立趣旨」にまとめられている。「山口県積善会創立員一同敬白」の名になっているが、実際には照幢が書いた、少なくとも照幢の意向に則したものであろう。

そこではまず、聖徳太子の四箇院や行基、空海、空也の事跡などを紹介し、「皆済民救世の大慈善行」と位置付ける。そして、行うべきこととして、「廃疾者を扶け窮民を救ひ。産を授け教育を施し。貧病者を恤む」ことをあげる。なぜなら、「廃疾者」といえども教育を行えば、自主独立の精神を発揮するなど、広い効果がある。そこで文明国であるわが国には、公私の費用によって施設や貧困救済の制度ができている。しかし「各地方は未た有志者の此善挙を行ふに期に達せさる」という状況にある。我々は、慈善の心性を持ってはいるが、うっかりすると私欲にとらわれて、浪費したり「守銭奴」になったりする。慈善の必要を認識し実行していくために、積善会を結成したというのである。ここでは、地方において、主体的に慈善事業を推進していく熱意が表明されている。

より具体的かつ簡略に会のあり方を示しているのは、「山口県積善会規則摘要」であり、日付は一八九〇年九月となっている。第二条に「目的」が定められており、そこでは、「済世救民の方法を計画し公衆の福祉を増進」することや「赤十字社感化院盲唖院育児院等乃慈恵主義を以て組織せる他の事業を養成」「不遇薄命者及び不慮の災禍に罹って困窮する者を救済」を掲げている。「積善」という名は、単なる一般的な「善」の奨励にとどまらず、狭義の慈善をも視野に入れており、具体的な慈善活動を志向する組織であったといっていいであろう。

ここで積善会が、聖徳太子や行基に発する仏教慈善の歴史を継承することを意図していること、慈善について具体的な策を認識していること、温情的な救済ではなく個人の自立を志向するものであること、慈善について社会である程度の地位にある者にとっての責務であること、などを認識していることがわかる。つまり積善会は、慈善を明確に志向しつつも、単なる生活困窮者の救済だけでなく、社会の落後者を社会にとって有為な存在にしていくための、積極的活動が志向されているのである。

「山口県積善会設立趣旨」はやや難解な文章であり、「山口県積善会規則摘要」は簡略であり、いずれも、慈善への姿勢を詳細に理解するには難点がある。よりわかりやすく詳細に会の方法を述べているのは、『山口県積善会雑誌』第壱号の巻頭にて掲載された、照幢による「本会の基礎」と題する論説である。照幢個人の名で書かれているので、自由な発言が可能であり、かつ照幢の立場からすれば積善会全体の方向であるといってよい。

そこでは、「慈愛の基本を置き、其の慈愛に基きて、百般の事業を執行ひ下されたく存します」と述べて、慈愛を基礎にした活動への積極的な参与を求めており、ここでも、単なる思想団体ではなく、実行することを目指している。山口県での近代における民間慈善の萌芽をどこに求めるのかは、現在の研究レベルでは断定的なことはいえないが、山口県積善会が初期のものであることはまちがいない。また、「山口県」と称していることからすれば、徳山周辺のみにとどまらず、山口県全体が視野にあり、しかし他県にまで広げる意図はなかったともいえる。

こうして、会の方向性を見ていくと、仏教に立つことを前提としつつ、慈善への明確な目的意識、具体的な活動への着手を目指す実践性、山口県を活動拠点とする地域志向などを持っている。この志向が『山口県積善会雑誌』にも反映されていくと考えてよいであろう。

一方で、妻の安子により一八八八年に防長婦人相愛会も設立された。相愛会も慈善団体として、『防長婦人相愛会雑誌』の発刊、慈善市の開催、育児所の設置などの活動を展開する。この二つの団体を軸に、赤松夫妻による慈善活動が推進されていく。この両会は協力して活動することもあり、一八九一年には「吾県風害遭難者救恤のため義捐金を募る詞」が、積善会と相愛会の連名で出されており、この事業を両会の共通の事業として行った。(9)

なお、こうしてまだ若い二人、しかも夫が外部から来たよそ者なのに、本来の寺院の活動とは異なる慈善活動に邁進できたことについて、脇英夫も「若干奇異な感」があると問いを立てつつ、「照幢の慈善主義活動は全く連城の意図に沿うもの」と論じており、赤松連城がその背後にいたために可能であったと推測している。(10)

とはいえ、「会」というからには、会員が共鳴して入会することで成り立つはずである。実際、『山口県積善会雑誌』には、照幢以外の多数の執筆者がいるし、雑誌は読者がいてこそ存在が可能になる。名刹の徳応寺の住職という社会的地位、連城の後ろ盾など、好条件があって可能になった。

しかし、立ち上げる際には、そういうことが言えたとしても、活動を永続させていくには、それだけで可能になるわけではない。照幢・安子の熱意や周囲の信頼がなければ、決して長続きはしないであろう。特殊な好条件があったとしても、それは照幢・安子の評価を下げることにはならず、二人の貢献がきわめて大きいことに変わりはない。また、連城にしても、身内のこうした活動があればこそ、より具体的説得的に慈善を論じることが可能になったであろうから、一方的に連城の恩恵を受けたわけでもない。

『山口県積善会雑誌』を『善のみちびき』と改題した第壱号では、連城自身が「祝詞」を寄せている。原保太郎知事に続く掲載であり、重要な扱いである。肩書は「会員」のみである。連城は慈善の先導者の必要を説き、そのための積善会の重要性を述べて、「悪習汚俗を矯正し、人皆善を喜び道を愛し、父子相親み、朋友相和し、邦豊かに民寧く」ということへの先導者の責任を強調する。ここでは、抽象論がほとんどであるが、会の方向にあまり口出ししないという配慮かもしれない。

積善会の主要な活動が『山口県積善会雑誌』の発行であり、会の発足とともに一八八八年に創刊された。同誌は「積善会の趣旨を拡充」することや、「仏教の真理を聞き慈善の挙行を励行」することを目的とした。内容としては、「慈善仏教に関する論説」と「孝子節婦義僕等世に表彰」することをあげて、仏教の立場での慈善の奨励を目指した。「発行人兼編集人」は照幢であり、照幢の方針によって編集されたと考えてよいであろう。発行間隔は毎月出たこともあるし、それ以上空いていることもある。月刊を目指していたが、実際にも必ずしもそうならなかったと思われる。

照幢は僧侶である以上、ここでいう「慈善」が、キリスト教的な自由主義的、近代的な発想での慈善ではなく、仏教に基づくものであることはいうまでもない。ただ、だからといって復古的なものではなく、当時流入していた新しい思想の影響を受けていた。脇は、会の名称も、東京でキリスト者らを中心に結成された「楽善会」を模したとの見方をしている。すなわちキリスト教的要素をも含む楽善会のような、近代慈善を志向していたというのである。[11] したがって、そこでも「慈善」観念的な思想にとどまるものではなく、奨励すべき、つまり実行すべきものとしてとらえられていた。

赤松連城は単なる精神的後ろ盾にとどまらず、多額の寄付をしており、会に積極的に賛同、協力している。創刊以後も継続的に関係していたと考えてよいであろう。つまり、照幢による山口県内での動きと連城からの影響との双方のなかで雑誌が発行されていく。[12]

3　論説にみる慈善思想

『山口県積善会雑誌』の内容は、前半には論説が数編載り、後半には「雑報」をはじめとした、短い記事が掲載されるというのが基本的なパターンである。「法の道芝」という連載もあり、これは『善のみちびき』に改題された第壱号の時点で一五回にわたって、連載されている。短文や詩と、その英文が載っていて、各号の分量は多くはないが、長期という点では本誌の核になっている。また、巻末に入会者や寄付者など会に関連する記事と、広告が掲載されている。広告は浄土真宗の雑誌や山口県内の刊行物などである。

これらのうち、論説が柱であることが当然であり、個々の論説は五ページ程度あって、突っ込んだ論旨を展開している。そこで、まず論説において、慈善がどう論じられたのかを見ていきたい。論説の内容は、思想など広範な内容になっていて、狭義の慈善に限定されているわけではない。同誌は思想や文化の発信としての機能をもっていた。一方で、もちろん慈善に関連するテーマによる論考もたびたび掲載された。ここでは、何らか慈善に関する表題をつけた論考を抽出してその概要をみていきたい。

第六号（一八八八年一〇月）では照幢自身が「寄附の精神」を掲載している。「演説」とあるので、講演での発言を基本としてまとめたようである。慈善のために金銭その他を寄付することの意味について、特に仏教徒の立場から議論するというのが趣旨である。ユダヤ教で収入の一〇分の一を神に捧げる教えがあることを紹介して、仏教においても物欲や煩悩を捨てて寄付する事例のあることを史実より示す。金銭だけでなく「労力」や「智恵」など、持っているものを皆寄付すべきであると説く。金額の多寡ではないとして、富者の多額の寄付より、貧者の寄付に価値を見出す。こうした寄付の精神によって、仏教の本旨としての博愛平等、慈悲智恵、済世利民が実現するという。

第七号（一八八八年一二月）には「慈善心を養成すべし」との論考が「素堂道人」という名で載っている。この人物は、第壱号でも「真理の光輝」という論考を書いており、会にとっての主要な人物と思われる。「慈善なるものは、泰平無事な時に要用なるよりも寧ろ混雑錯綜せる急迫困厄な際」にこそ必要になる。だからこそ、平素から慈善を準備しておく必要があると主張している。

慈善事業の具体的な事業について述べているのは、第八号（一八八九年一月）の「免囚保護院設立の必要を論す」である。無記名であり、執筆者は不明である。出獄者への対応は二つあって、一つは国家による監督であり、もう一つは「人民相互の慈恵心より発する所の保護」である。国家の監督はかえって就職の妨げになるなど、マイナスが大きい。「人民も宜しく慈恵心を奮起して以て正業に就かしめ」ることで、再び犯罪に陥ることを防ぐことができる。文明諸国ではすべて「放免囚徒救護協会」があるが、日本にはその体制がないことが、日本の免囚にとっての不幸であり、免囚保護院を設立して対応していくべきであるというのである。

第九号（一八八九年二月）には照幢による「演説」とする「防長婦人相愛会一周年乃式場に於て」が掲載されている。そこでは、「貧民乃教育と云ひ授産と云ひ、若くは風俗の改良と云ひ、貧病者の施療施薬と云ひ誠に結構の事であります」と述べて、慈善事業を推進する姿勢を示し、さらにそれが国家にとって有益であること強調する。「政務は処理せすとも、国会に出て政事を談せすとも、国家を益することは十分」というのである。相愛会の記念行事である以上、会の活動への賛辞を述べるのは当然ではあるが、慈善が単に目前の貧困者らの救済にとどまらず、政治に匹敵するほどの国家的活動であることを強調している。これは赤松が、国家への奉仕を考えたというより、慈善の意義を婦人の個人的善行でなく高めようと意図したととらえるべきであろう。

『善のみちびき』の第壱号では、「咲けよ慈愛の花」という論考が、隈井求馬の名で掲載されている。そこでは、社会において憎むべきは「罪悪」であり、それに対し最も愛すべきものが「慈善」であり、「最も好みずべき者は即ち慈善の人なり」という。しかし罪悪を犯す者は、憎むべきであるとともに、「哀憐を加ふべき人」でもある。

照幢が主要な執筆者となるのは当然であろうが、照幢の思想について脇は「照幢の慈善主義の思想は若い照幢が当時盛んであった啓蒙思想家の所論に触れて自ら形成したものであろう」と述べている。[13] 他の執筆者も、基本的な方向は照幢と大差があるわけではない。他の執筆者が「啓蒙思想」にどこまで触れたかはわからないが、執筆者も、また読者も慈善の必要性や、具体的な対象方策への認識が深められた。

4　「雑報」の事項と内容

『山口県積善会雑誌』の特徴の一つは、雑誌の後半で「雑報」と称して、個々の事項についてはおおむね半ページ程度で、何らかの情報を提供している欄が設けられていることである。仏教、皇族の動向、災害、会員の活動など、まさに「雑報」と呼ぶべき多様な情報が掲載されている。海外の情報が掲載されている号もある。雑報のなかに、慈善に関連する情報が掲載されている場合がある。そこで、それら雑報で慈善がどう取り上げられているのかを見ておきたい。ただ、すべてについて細かくみていくことには限度があり、ここでは、目立った点だけ概観することとする。

第壱号ではさっそく、「免囚保護院」が掲載されている。囚人の数や監獄に用いている費用を示して、免囚保護の重要性を述べた後、山口で事業開始の動きをまるごと紹介し、その「旨意書」を掲載している。

第六号では「貧民生活の度」があり、東京の米の小売りの統計を用いることで、貧民生活の水準を推測している。さらに、「救貧法」との見出しで、「貧人の衣食に窮したる者を救ふが為め人民其賦金を課せられて負担軽からさるは夙に経済学者の嘆ずる所」と述べて、イギリスの長年の課題である救貧法について、費用負担が問題であることを指摘しつつ、近年は貧困者が減少していることを紹介している。第七号には「御救恤」があり、島根県の災害に御下賜金が下りたことを伝えている。

特に多数載っているのは第一一号である。「養育院慈善会」があり、東京にて養育院の資金確保のための慈善会が行われたことを報じている。「孤児院」では、京都の寺院にて孤児院が開設されたことを伝えて、「孤児院規則」を掲載している。「子守学校」では、子どもが七、八歳でいったん学校に行っても、その後子守をすることで学校から退いてしまう現実を指摘したうえ、そうした子どもへの教育を行う子守学校設置の動きが京都であることが書かれている。

第一六号では「慈善」がある。内容は、奈良県にて窮民救助のための組織化の動きがあること、水害罹災者の救援の動きがあること、東京で婦人矯風会によって慈善音楽会が開催されたことなどが含まれている。同号には「罹災人民救助法」もあり、奈良県にて、水害を契機にして、関係の村長や村会議員より県に罹災者救助についての上申のあったことを報じている。「和歌山県水害余聞」で和歌山県での水害の被害状況を説明している。「広島通信」では、疾病に罹った赤貧者への対応が書かれている。この記事のみ情報源として、「広島県通信員澄田精一氏報」とあり、広島県に協力者を確保していたようである。

『善のみちびき』と改題された第壱号では、「貧民を饗して悪風を破る」とあり、イギリスの話である。「品川御料局長の英断」は、新潟県佐渡で、米価高騰のため貧民の生活が困窮する状況に対処した話である。「名誉的の慈善」は、内容は寺への寄付のことであり慈善ではない。「これぞ真正の慈善者」は、貧民救済への寄付のことであり、慈善行為を称賛している。

「雑報」の傾向としては、貧困問題や災害の関係が多いように感じられるが、当時の主たる動きが反映したのであろう。このように「雑報」において、多数の記事が掲載され、慈善についても詳細な情報が提供された。個々の情報は量的には少ないものの、それゆえ読者からすれば読みやすいし、むしろこうした情報こそ読者がもっとも期待したのではないだろうか。したがって、個々の記事が短くても、読者への影響は少なくなかったと思われる。山口県では必ずしも顕在化していない問題であっても、全国的に見れば深刻化していることが把握できたであろう。また、海外の情報も多く、海外への関心の喚起の役割も有した。

これらの情報をどのように入手したのか不明であるが、赤松が情報入手の手段を持っていたことを示している。赤松の議論の背景にはこうした情報網があり、その後の実践も情報を踏まえていたのである。また、毎号の情報の蓄積のなかで、読者も慈善についての知識を深め、全体として徳山を中心とした地域での水準を引き上げた。

5　山口県における慈善事業の発展と『山口県積善会雑誌』

『山口県積善会雑誌』が最後に発刊されたのが確認できるのは、『善のみちびき』と改題された第壱号までである。いつ廃刊になったのか不明であるが、あまり長続きしなかったのは確実である。しかし、発刊時に蓄積された論説や情報量は決して小さくない。赤松自身も社会事業を継続的に行っていく。掲載されている情報は海外の情報もあり、慈善事業への関心を喚起するものであった。

これを読むことで、読者が慈善についての思考を深め、多数の情報を得たことは慈善が都市部の特異な課題ではなく、自分たちの周辺でも行うべき身近な課題として認識させたと思われる。海外の情報に触れることで、国際的な視野も醸成されたのではないだろうか。さしあたり、赤松夫妻の事業を促進させる効果もあったであろうし、長期的には慈善事業、社会事業の発展を肯定的に受け入れる素地にもなったであろう。山口県の以後の社会事業の発展にも寄与が大きかったのではないか。

会員については、巻末に入会者や寄付者の実名が掲載されていて、具体的に把握できるので、由来のわかる人物を調査していくことで、見えてくることもあろうが、本章ではそこまで分析することができないので、目についたことだけ述べる。先述した『善のみちびき』の祝詞を寄せた原保太郎知事は、「会員」との肩書も合わせて用いている。知事までも会員であったということである。知事は自分の意思というより、人脈や働きかけのなかで会員になったのであろうが、社会の上層部まで会員としていたようである。一方で、仏教関係者や真に慈善に関心を有する者も入っていたであろう。

慈善事業の先駆者である、近隣の久米村の河野諦円が入会していることも注目できる。河野も浄土真宗の僧侶であるから、もともと近い立場ではある。河野は積善会に入会し、しかも慈恵函による寄付集めにも協力している。河野は、被差別部落の改善運動、さらには隣保事業を行うようになる。そして、照幢との間で相互に影響のあった人物である。照幢は、その後被差別部落に移住する活動へと広げていくが、『山口県積善会雑誌』によって、みずからの慈善への意識が深まったことも背景にあるだろう。

山口県では以後、防長孤児院による『同情』、山口育児院による『山口県育児院報』、労道社による『労道』など、施設による機関紙誌が発刊され、山口県社会事業協会による『山口県社会時報』も、他県と比して充実した内容であった。こうした紙誌社会事業が思想面から支えられていくことになるが、その先駆としての役割を果たしたのが『山口県積善会雑誌』であった。

【注】

(1)『徳山の文化に貢献せし人々』芳堂遺稿編集委員会、一九六五年には、連城、照幢、安子についての説明があり、さらに一〇二～一〇三頁に照幢について、やや詳しい小伝がある。徳山市史編纂委員会編『徳山市史料　下』徳山市、一九六八年では、史料の引用という形で、連城と照幢・安子夫妻について、紹介している（七二七～七二九頁）。山口県教育会編『山口県百科事典』大和書房、一九八二年には、克麿、照幢、智城、常子、連城の項目がある。筆者はいずれも脇英夫である（八～九頁）。徳応寺については『寺史』徳応寺、一九九二年。同書には、連城や照幢についても詳しく触れている。『白梅』元私立徳山女学校同窓会、一九六三年は直接には安子の記念誌であるが、安子との関連で照幢に関連する記述や史料も含まれている。

(2) 田子一民「故赤松夫人を憶ふ」『清淑院全集』金蘭会出版部、一九一五年。田子一民『郡に在りし頃』中央報徳会、一九一四年。

(3) 布引敏雄『融和運動の史的分析』明石書店、一九八九年、一五～一八頁など。

(4) 脇英夫「防長婦人相愛会の携帯乳児育児について」『草の根福祉』第一三号、一九八五年九月。「赤松照幢の部落改善セツルメント」『山口県地方史研究』第五二号、一九八四年一一月。

(5) 照幢の思想については『土曜講話』、安子については『清淑院全集』にそれぞれの著述が多く収録されていて、『山口県積善会雑誌』等と合わせ、かなりの程度の把握が可能である。社会事業史研究において大きな業績を残した吉田久一は生前、筆者と会うたびに、照幢のことを気にかけていた。吉田からみれば、照幢が一地方の事跡にとどまらず、わが国の近代仏教慈善の先進例として、重要であると認識されていたのであろう。

(6) 杉山博昭『近代社会事業の形成における地域的特質—山口県社会福祉の史的考察』時潮社、二〇〇六年。
(7) 室田保夫『近代日本の光と影　慈愛・博愛・社会事業をよむ』関西学院大学出版会、二〇一二年。
(8) 脇英夫「赤松照幢研究Ⅰ—青年時代—」『徳山地方郷土史研究』第七号、一九八六年三月、三九〜四〇頁によれば、赤松に関連した雑誌の多くが散逸しているが、『山口県積善会雑誌』について、防府市富海に所蔵者のいることを聞いてコピーをとることができた。
(9) 『防長婦人相愛会誌』第11冊、明治二四年一一月、一三六〜一三八頁（この雑誌は号ではなく、「冊」と称し、このページ数は、第一冊からの通算のページ数と思われ、この一一冊が大部なわけではない）
(10) 脇英夫「赤松照幢研究Ⅰ—青年時代—」、四四頁。
(11) 脇英夫「赤松照幢研究Ⅰ—青年時代—」、四四頁。
(12) 連城自身の慈善事業思想については、「赤松連城」研究会編『赤松連城史料』上巻・中巻・下巻、一九八二年〜一九八四年、本願寺出版部で把握できる。同書は赤松の著作を発表年ごとに整理しており、「慈善とその効用」「慈善の道」「慈善—積極と消極」といった、慈善に関連する著作も多く掲載されている。連城の慈善思想については、高石史人「赤松連城の慈善観」『龍谷大学論集』第四三〇号、一九八七年四月。
(13) 脇英夫「赤松照幢研究Ⅰ—青年時代—」四四頁。

第2章　慈善事業支援体制の形成

1　慈善事業と財源

近代国家の形成においてあらわれた社会問題に対処するために、各地で慈善事業が創設される。そうした事業を紹介する場合、創設者の思想や実践の理念ばかりが強調されることになりやすい。しかし、実際に慈善事業を運営していく場合には、たとえ家族のみで運営するような場合であっても、少なくない経費がかかり、財源には絶えず悩まされた。財源といっても、現実には寄付金を募集することくらいしかない。岡山孤児院は、多額の寄付金を獲得する巨大なシステムを構築するが、これは例外的なものであり、一般的には周辺地域からの寄付を地道に集めていくしかなかった。

山口県においても、後を絶たない棄児、貧困児、孤児への対処のため、一九〇〇年頃から各地に育児事業をはじめとした慈善事業が創設されはじめる。それらはいずれも財政的な困難のなかで運営される。やがて、下賜金や助成金もいくらかは出るようになるが、必要な資金を満たすものではなかったし、当初はそれもなかった。財源としては常に寄付金が主なものであり、各施設は寄付金の確保に乗り出すことになる。たとえば、やや後年になるが、一九二〇年度の防長孤児院の収入を見ると、収入合計が二二〇〇円四〇銭に対し、補助金は約一割の二五〇円にすぎず、「醵金」が三五七円一〇銭、「臨時寄付金」が二七一円六〇銭となっている。(1) 雑収入として、六八八円七〇銭となっているが、これも寄付金に近い性格のものと思われる。

しかし、寄付は募集すればすぐに集まるという甘いものではない。各施設で賛助会の組織化に乗り出すなど、工夫を重ねて、寄付金の確保に乗り出していく。その場合、施設側は、募金の対象をできる限り広域化したうえで、事業の意義を語らなければならなかったであろうから、慈善事業の意義が広く浸透していくことにもなる。また、寄付する側は複数の施設への寄付を行うケースもあったと考えられ、県下の慈善事業への支援を県全体の組織へと広げようとする発想も生まれることになる。

慈善事業の研究においては、個別施設の財政状況を分析することは行われてきたが、そうした広域での動きについて研究することは少なかったように思われる。慈善事業は、単に創設者の情熱だけで可能になったのではなく、慈善事業を支援していく体制が形成されることで運営できるようになった。それは、単に慈善事業の資金獲得の手段になっただけではなく、慈善事業の意義が広く知られるようになって、社会事業へと発展していく契機になったとも考えられる。本章では、そうした支援体制の形成と限界を分析している。

2　慈善事業の発展と財源難

山口県においても、近代社会の発展のなかで孤児などの問題が広がった。しかし、公的な救済は恣意的なものにすぎず、ほとんど対応できなかったといってよい。それに対処するために、普済院などを先駆として、慈善事業が生まれてくる。育児事業として、一八九九年設立の普済院のほか、防長婦人相愛会育児所、防長孤児院、岩国孤児院、山口育児院が設立された。免囚保護事業として、丘道徹による下関保護院が一八九〇年に設置された。丘はさらに感化院として一九〇八年に薫育寮を設置する。また、視覚障害の児童らを対象に、一九〇五年に今富盲学館が設立されている。萩孤児院など、構想されながら、実現が確認されていない施設もある。(2) 山口慈恵院と称する施設が計画され、趣意書や定款が定められ、感化部、保護部、救済部を設置する構想が練られていたが、(3) 実現しなかった。

こうして、県下のかなり広い範囲で慈善事業が展開されていくが、順調に発展したわけではない。これら施設の共通点はその財源の確保に苦慮していくことである。『全国慈善事業視察報告書』では、各施設の困窮した状況にふれている。(4)山口育児院は「経費ヲ満足ナサント募金ニ急セル、為ニ其方法当ヲ得ズ地方庁ノ注意ヲ受クル事多キ様子」とあり、丘道徹による薫育寮について「集金纏ラス、困憊スルト」、防長孤児院について「金品募集ノ方法ニ就テ世評悪シク信任ヲ欠キタリ」と報告している。この三施設は、仏教系であり、運営母体の寺院、あるいは創設者の僧侶は、社会的に高い信用をもっていたし、寺院にある程度の経済力もあった。また、檀家などの支援も期待できた。やがて山口県を代表する慈善事業と認識され、公的な助成金を得ていくようにもなるが、これら施設でさえ、財源難に悩まされ、活発な寄付募集に対して、公私の批判が寄せられるようになるのである。

まして、これ以外の施設の困窮はなお著しい。岩国孤児院は、この報告の時点ですでに、廃止に近い状況になっていた。普済院は、子どもを連れて行商をすることや、強引な寄付募集があって、厳しい記述となっている。慈善事業が発展できるかどうかは、財源の確保にかかっていたといってよい。

実際、短期間で廃止された施設は、厳しい財政状況にあった。一九二〇年発行の『仏教徒社会事業大観』において、普済院は「寄附金、事業収入の不足は主任の出資をまちて維持す」、岩国孤児院は「資産として建築積立金八十円余を有し、別に負債五百二十八円余あり」とされ、困窮している様子が記載されている。(5)いずれも入所児童は四〜五名の小規模な施設であるので経費は比較的少なくてすむはずであるが、それでもこのような状態に陥ったのである。施設が廃止されていく経緯は不明だが、財源不足が一つの要因であることは明らかであろう。

やはり廃止にいたった防長孤児院の場合、入所児童の縮小、あるいは同じ仏教系の育児施設として山口育児院が発展していることが理由とされてはいる。しかし、一時期、朝鮮への進出を試みるなど、積極的に運営する姿勢をもっていたこと、長府に隣接した下関は、九州や朝鮮との経由地として社会問題が発生しやすく、保護を要する児童はある程度常に発生したと考えられることから、それだけが理由とは考えにくい。仮に、安定的な財源が常時確保されていれば、違った展開になったとも考えられる。

財源として、もっとも依存したのが寄付金である。公的な補助金が出るまではもちろん、ある程度の補助金が出された以後であっても、寄付金が財源としてもっとも期待できるものであった。したがって、各事業とも、安定的に寄付金を確保する方策をさぐることになる。しかし、社会状況としては、寄付募集は決して容易ではなく、むしろ寄付募集を妨げる要因が広がっていた。山口育児院をとりまく状況については次章で述べるが、それは他の施設にも共通している。

第一は、慈善詐欺ともいうべき行為の横行である。地元紙の『防長新聞』ではたびたび慈善をかたった詐欺事件を報道している。当時の新聞報道の信頼性からいって、個々の報道が真実であったのか不明である。しかし、報道されているのは事実であり、読者に「募金は怪しい」「慈善事業は怪しい」という印象を与えたとしても不思議ではない。前述の普済院自体、募金方法が強引で「世人ヲシテ慈善救済事業ヲ厭忌セシメ」と指摘されている(6)。良心的な募金活動であっても、慈善全体が欺瞞であるように見られる可能性があった。それは、寄付する側に、寄付への慎重な態度をもたらすであろう。

第二は、他県からの募金である。山陽鉄道（現・JR山陽本線）の開通など、交通機関の発達は、他県から山口県を訪れての活動を容易にした。たとえば、一九〇九年一〇月二七日の『防長新聞』は「由宇の音楽会」という広島孤児院の活動を報じている。一一月には、鳥取育児院についての記事や広告がみられる。こうしてさまざまな施設の活動が入り乱れると、パイの奪い合いになってしまうし、山口県内の個々の施設は、近隣の県を含めたさまざまな施設の一つとしてしか意識されなくなった可能性がある。とりわけ、岡山孤児院が大きな存在であったと思われるが、岡山孤児院については後述する。

第三は、一九〇四年から一九〇五年にかけて行われた日露戦争である(7)。育児事業にとって、日露戦争は、入所児童を増やす要因となって、経費の増大をもたらした。それにもかかわらず、慈善事業への関心の低下や、戦時体制にともなう諸事業への経費の必要性のため、慈善事業への寄付の減少をもたらした。防長孤児院の進藤端堂は、一九〇四年六月に「建言書」を陸軍大臣寺内正毅宛に提出している(8)。そこでは、「国民ハ挙テ其方面ニ熱血ヲ注ギ恤兵金ノ献納出征者ノ遺家族救護ノ為メ奉公義勇ノ団体町村各地ニ組織セラレ同時ニ従来履行シ来リタル各種ノ慈善的行為ヲ廃止シ又ハ予約ヲ停止セントスルモノ続々トシテ」と述べて、寄付の減少を嘆いている。日露戦争で著名な乃木希典は、防長孤児院のある長府出身であり、進藤も日露戦争に批判的なのでは全くない。乃木の死後、住職をつとめる寺の境内に、乃木の銅像をつくったほどである。日露戦争を支持する意識は一般国民以上であったと思われる。その進藤にしても、日露戦争による寄付の減少は、看過できる状況ではなかったのである。そこで進藤は対策として、「戦利品ノ一部ヲ各地ノ慈善団体ニ下賜又ハ貸与ノ特典ヲ開カレンコト」を求めている。

第四は、済生会の寄付募集である。済生会は、下賜金に有力者からの寄付金を加えて発足する。山口県でも寄付金が集められるが、その際に強引な寄付募集を展開する。(9) 済生会に不本意な寄付をした者が、さらに慈善事業への寄付に熱心になったとは考えられない。また、済生会以外にも、慈恵救済基金が発足するなか、そこに寄付をする者もいた。日本赤十字社、愛国婦人会など慈善的性格をもった全国規模の有力団体が設置されるなど、寄付の対象となるものがいくつもあらわれており、いくら資産家といえども慈善事業に多額の寄付をしているわけにもいかなくなる。

以上のように、山口県の慈善事業をめぐる環境はきわめて厳しく、募金活動さえすれば寄付が集まるというような甘い状況ではなかったのである。

3　岡山孤児院の影響

さらに、岡山孤児院の一連の動きが無視できなかった。山口県の慈善事業の活動に影響を与えたのは岡山孤児院である。岡山孤児院の影響は、実践、思想、運営など多岐にわたるが、ここでは寄付募集に限定して述べておきたい。安東邦昭は、関門北九州地域での岡山孤児院の慈善活動を整理し、キリスト教関係者を中心として、長府をはじめ山口県内でも、岡山孤児院に関連する動きが活発に見られたことを明らかにしている。(10) ただ、キリスト教関係者の動きにとどまるのであれば、仏教系が目立つ山口県の慈善事業とは寄付する層が異なる面があったかもしれない。しかし、岡山孤児院への支持は、宗教的なものをこえていた。防長女子教育会による『防長女子教育』では、一九〇五年八月の号で、「本会発起岡山孤児院慈善大会」について伝えている。[11]「各地巡回で山口町に来るや本会は進んで発起者になる」とされている。そして「七月一八日から二〇日山口母姉会、山口高等女学校、光城女学院などの斡旋で多数来観、次いで小郡町で開催」というのである。

山口育児院所蔵の「河野家文書」に含まれる「山口育児院関係一件物」は、山口育児院関係の史料だけでなく、岡山孤児院のものが含まれている。一九〇八年二月一日付の「岡山孤児院慈善演芸会趣意書」では、日露戦役の戦死者の遺孤児収容や東北大凶作について触れている。発起者二六人、賛成者一九二人もの名が連ねている。そして、二月五日から九日にかけての四日連続で、中原永楽座で演芸会が開かれることとされている。しかもこういう動きには、行政も絡んでいる。岡山孤児院から山口町役場宛の依頼状があり、さらに山口町役場から河野虎市宛の依頼文書があって、演芸会への賛成を求めている。そこでは、賛成を求め、知らせのないときは「自然御芳名ヲ賛成員トシテ印刷」というのである。一面では、多数の賛成者も、実はこうした強引な形で集めたものであり、岡山孤児院の組織力を過大に評価するべきでないことを意味する。しかし、行政がここまで肩入れしていることの意味は小さくない。

岡山孤児院は主要な駅に慈善箱を設置して恒常的に募金を集めたが、慈善箱は山口県内の駅にも設置されている。全国で開催した慈善会は、山口県内でも頻繁かつ各地で開催された。一九〇五年の場合、六月六日に下関で慈善会が開催され、七〇名もの発起者を得て、五五七円九五銭の収入を得ている。そればかりでなく、長府、山口、小郡、三田尻、宮市、徳山、岩国で開催されている。[12]それぞれ、賛同人を多く集めたうえで、一五〇円から四六〇円程度の収入を得ている。

岡山孤児院は山口県においても、慈善事業のブランドと化していた。したがって、慈善事業への支援の意思を持つ者は、こうした機会に岡山孤児院に寄付をしたであろう。山口県内の施設は岡山孤児院と比較して規模が小さく、実績も乏しく、創設者のカリスマ性も欠け、知名度も低かった。岡山孤児院を知る者が、岡山孤児院に比べて貧相に見える県内の施設を支援しようと考えるであろうか。

もっとも、岡山孤児院の場合は、募金のノウハウを提供したという点で、プラスの影響もある。慈善事業の意義を普及させた面もあろう。慈善詐欺が横行しながら、なお慈善事業の信頼が完全に失墜しないのは、岡山孤児院の影響もある。山口育児院の寄付募集の方法などは、明らかに岡山孤児院の模倣である。赤松照幢、荒川道隆、進藤端堂といった山口県の慈善事業家が石井十次と直接接していることも確認できる。岡山孤児院は山口県の慈善事業家にとって、対抗すべき存在ではなく、参考にすべき先行事例であった。したがって、岡山孤児院が山口県の慈善事業の発展にとって妨げになったと単純にいうことはできない。しかし、これだけ大規模に活動されると、岡山孤児院に寄付した者がさらに、他の施設に多額の寄付をするとも考えにくい。寄付金募集に限定していえば、岡山孤児院の活動はマイナスの影響のほうが大きかったのではないだろうか。

4　慈善事業側の対応と支援の広がり

以上みてきた寄付募集における困難は、山口県の各施設において、痛感していたはずである。しかし、現実に事業が行われている以上、困難があるからといってひくこともできない。

また、困難ばかりがあったのではなく、有利な状況もみられた。第一は、交通の利便性の向上である。県内各地に鉄道などの交通機関が整備されて、移動が容易になってきた。施設の者が自ら足を運んで、募金をはじめ広報活動をすることが可能になっていたし、あるいは支援者が施設を訪問することも容易になっていた。施設と一般の者との相互の関係を活性化させる契機となっていたといえよう。

第二は、情報伝達手段の浸透である。『防長新聞』などの新聞が山口県内でも発行されて、広く読者を獲得していく。これら新聞は慈善事業の活動や寄付募集の活動を、たびたび伝えている。前述した慈善詐欺などネガティブな報道もみられるが、全体としていえば、慈善演芸会の開催を事前に伝えるなど、施設の活動を助長、援助する報道のほうが多い。新聞を通じて、読者は山口県にも慈善事業の動きが広がっていることを知ったであろう。新聞によって、慈善事業側のメッセージを伝えることが可能であった。

第三は、商工業の発達などによる経済力の向上である。それは、労働問題の発生などの影の側面ももつけれども、寄付をするための金銭的余裕を、一部の上層の者に限定されるとはいえ、もたらしていた。

第四は、キリスト教の広がりなど、近代思想が山口県でもある程度受け入れられたことである。ミッションスクールの創設などもみられる。それは慈善事業を肯定的に受け止める素地になったとも考えられる。慈善事業を受容した者たちは、寄付などの形で支援する動きをみせるのは自然な動きである。

したがって、施設側は地道な努力を積み上げている。なかには、寄付金に頼ることをなるべく避けて、自助努力を重視した施設もある。防長婦人相愛会の場合、赤松照幢・安子夫妻の娘の赤松常子による後年の回顧にて、「出来るだけ、自給自足の方針を取った」とし、「女学校生徒と協同して、種々の製作品を作つて、慈善市を当時すでに、県下の各町村を巡回して開いたり、女学校で農地を耕して、野菜や生花を栽培して、季節々々に行商したり、女学校の養蚕科や、織機科を督励して、繊維製品を作つて、売り出したりして、他の助力にすがることを極力避けて居りました」と述べている。[13]

この場合、托鉢のような無条件的な募金は避けているとしても、慈善市など実質的には寄付金に近い性格があり、まるで自立していたわけではない。農耕や収益事業で利益を得ていたというのとは趣旨が異なる。また、相愛会育児所は小規模であるうえ、同時に運営した徳山女学校の生徒が助けるなどしていたので、経費を削減することが可能であった。

したがって、そういう好条件に欠ける他の多くの施設は、寄付金の安定的な確保を目指していく。防長孤児院の場合、創設時から資金の必要性が認識されており、「月頼母子を始めて多少の金を拵へ夫れを以て第一着に各位より絹本又は箋紙二十枚宛の揮毫の寄附を得て三十四年の五月に馬関長府等に於て慈善市を開き」という対応が行われた。[14]しかし、それだけで継続的な経費をまかなえるはずはなく、恒常的な対策が必要になる。そこで、賛助会員の制度を設ける。一ヶ月に一度、白米三合を三年間寄附を願うというものである。[15]これが、一九〇四年頃、七〇〇人ほど確保されていたという。また、慈善演芸会も企画され、地域からの賛助人を得て実施している。[16]さらに、京都の百貨店での書画の陳列販売も行っている。これを報じる雑誌記事では「随分世人の眼の届かぬ所に苦辛を要する者」との感想が付せられている。[17]

もっとも、後年、「院は従来自ら托鉢三昧に処し之が経営に任じ来りし」と評されていることからすれば、[18]構想通りに順調に資金が確保できたわけではないようである。一九〇八年七月一六日の『防長新聞』には「長府覚苑寺内防長孤児院主進藤瑞堂師は去る十四日より慈善米取纏めの為め草鞋掛にて当地方巡回を開始したり」という記事が掲載されている。必要な資金を確保するため、進藤自身が巡回している状況であった。

一九一三年四月一日に防長孤児院を訪れた留岡幸助は、防長孤児院の状況を日記に記載しているが、「基金　千五百六十円。頼母子講四組。八年後ハ一組七百円トシテ二千八百円基本トナル筈」「院ニ同情して、杉孫七郎氏揮毫ヲ以テ助ケラル」といった財源に関する記述が、全記述の半分ほどを占めている。[19]資金確保が施設にとっての関心事であったことを類推させる記述である。

山口育児院の場合、当初から赤字が発生しており、借金をするような状況であった。[20]しかも、院舎の設置に迫られており、資金不足が深刻であった。映写機や音楽機器を購入して、慈善演芸会を山口町はもちろん、萩町などの遠方でも行った。しかし、経費ばかりかかって、あまり利益にはならなかった。[21]慈善箱を寺院や駅に設置、あるいは托鉢などの活動を行っている。

こうした活動の特徴として、慈善演芸会開催にあたって発起者あるいは賛助者を多数集めていることである。これらの人たちは、積極的に慈善の意義を理解して名を連ねたとは限らず、義理とか地縁血縁で名を貸しただけの者も少なくないかもしれない。前述の岡山孤児院のような反対の意思を示さない限り賛助者にしてしまうというケースは、山口県内の施設でもあった可能性もある。しかし、その全員がしぶしぶ賛助者にさせられたというわけでもない。真に慈善事業に賛成して、積極的な意思で賛助の意向を示した者も少なくなかったであろう。しかも、こうした場に名を出すことで、慈善への認識を深め、慈善の意義を認めるようになった者もかなりいたと考えるべきである。

そして、その広がりは施設の周辺に限定されない。施設からかなり離れた地域での寄付者の存在を確認することができる。たとえば、山口県文書館が所蔵する柳井市の「小田家文書」には、防長孤児院からの「表彰」があり、柳井市の小田家が防長孤児院に多額の寄付を行ったことが明らかである。柳井は、山口県の東部であり、西端に近い防長孤児院とは、かなりの距離がある。

山口県文書館所蔵の美祢郡四郎ヶ原の「河崎家文書」には「防長孤児院寄附金一件」という文書がある。そこには、「防長孤児院事務員　大原惟貞」とされる名刺が二枚、「防長孤児院出張員　大原惟貞」が一枚、「防長孤児院長　進藤端堂」が一枚があるほか、寄付金のやりとりをしたことを示す史料や、防長孤児院関係の文書が含まれている。美祢郡の農村にまで、防長孤児院の職員が訪問し、寄付を要請していたこと、またそれに呼応して寄付を行っていたのである。

また、寄付募集や賛助会員の募集などの行動を起こす際には、思いつきで実行するのではなく、また施設単独で行うのではなく、地元への相談や協力体制のなかで行った。防長孤児院の場合、施設設置当初に、長府や下関の寺院との相談のもとにすすめ、また賛助会員の募集にあたっては、郡長より各村長への添え書きを得て行われている。山口育児院の場合、施設設置前の一九〇二年には、仏教慈善を具体化するために「法華経千部会日供講」が組織され、約七〇〇名が講員になっていたという。

こうしたさまざまな努力の結果、各施設では一定の寄付金を確保し、寄付金を中心とした施設運営を可能とした。大正六年度（一九一七年度）の収入を見ると、防長孤児院が合計一八一七円のうち寄付金が一一二五円、山口育児院が二三六〇円のうち会員醵金と寄付金をあわせ一三五八円、下関保護院が一七〇三円のうち一一四一円が寄付金となっている[22]。寄付を集めることが決して容易ではない環境であったことを考慮すれば、大きな成果があったといえよう。

5　慈善事業支援体制の構築と意義

一連の慈善事業の寄付募集は、寄付金を集めたことのみが成果なのではない。山口慈恵会、山口育児院、防長孤児院では、「設立趣意書」がまとめられ、印刷されたものが確認できる。これら文書は慈善事業の意義を広く示すものであった。山口育児院では、さらに何度か、ある程度の分量を有する発行物を出している。寄付を集めるためには、趣旨をよく説明しなければならなかった。実際に寄付が得られれば、寄付者の期待や信頼にこたえるために、一定の情報発信が求められる。事業者と寄付者との相互作用によって、事業の意義を確認したり、実践を充実させる動機の一つになる効用をみせている。

また、山口県積善会は『山口県積善会雑誌』、防長婦人相愛会では『防長婦人相愛会誌』、防長孤児院は『同情』、山口育児院は『山口育児院月報』を発行している。山口県では、山口県社会事業協会により一九二三年『山口県社会時報』が発行されて、県内の社会事業についての啓発的な役割を果たすが、先駆けて慈善事業のあり方についての情報発信を行ったのである。こうした機関誌は、著名施設では岡山孤児院の『岡山孤児院新報』、家庭学校の『人道』などが知られ、当時の慈善思想が豊かに描かれている。山口県でも、小規模ながら、機関誌が継続的に発行され、施設の考え方や寄付者など、基本的な情報が提供されていた。

当時は、メディアといえば印刷物しかありえなかったので、地方での雑誌、新聞類の発行は広くみられた。山口県でも同様であり、山間部などを含めて県内各地で雑誌等が発行されている。したがって、慈善事業のみがこうした発行物を出していたわけではない。しかし、内容も論説などが載っているなど、質量とも豊富である。教育や文化が発展するなか、一定の水準を保ったこうした発行物は、支配層や名望家層のニーズを満たしていたと考えられ、慈善への関心を高めるものであった。また、施設同士で情報が交換される機能も果たしたと考えられ、相互に刺激し合いながら、全体として、慈善事業の質を高める効果を果たした。一九二〇年代以降、『山口県社会時報』などのまとまったものが発行されたためもあって、施設独自の機関誌は低調になった感はあるが、それでも『山口育児院月報』は長く発行されていたし、隣保事業の労道社は『労道』を発行していた。

ただ、当時としては、こうした寄付を媒介としての慈善事業の展開の意義には限界も強かった。寄付者は広く一般県民というより、地域の名望家層というべき存在であった。今日寄付を確認できるのは、「〇〇家文書」という形で多数の史料を残しているためであり、それは地主や政治家などの有力者である。一般県民は、自分の生活も厳しいのであり、慈善事業を積極的に支えるまでの経済力はもっていなかった。施設側の資金獲得の努力だけではなく、こうした階層が成立してきたことも背景として指摘できるであろう。近代化による経済や産業の発展、交通の発展などにより、経済的余裕をもつ層が育ってきた。それらの人たちは、経済的に上層に立つだけでなく、天皇制国家の地域支配の末端を担うべく期待された。慈善事業への関与も期待の一つであった。日露戦争後の地方改良運動の動きは、ますますそうした傾向を高めた。地方での、支配・被支配の社会構造、地主や経営者などの経済力の強化などの資本主義社会の展開のなかでの、地方の階層の動向のなかでの慈善事業支援であった面を見逃してはならない。

しかし、だからといって、こうした動きが社会の上層部だけの特殊な動きともいいきれない。慈善演芸会は、レジャーに乏しい地方都市にとって、かなり広範な人たちに関心をもたれたと考えられる。参加者には、ごく一般的な住民も広く含まれていたであろう。新聞にたびたび慈善事業に関する記事が掲載されていく。新聞が普及すれば、それら記事によって慈善事業の情報が広がった。それを受け止めたのは、決して一部の階層の者にとどまるわけではない。

一方で、広範囲な寄付募集が行われるということは、県内の施設同士の競合が起きるということでもある。しかし、競合意識や、まして対立関係を示す史料などは見いだせない。同じ慈善事業として、対立関係よりも、むしろ相互扶助的な関係であったのかもしれない。そうはいっても、無限に寄付金がもたらされるのでない以上、施設が増え、活動が活発化すれば、個々の施設が得ることのできる寄付金は伸び悩むと考えるのが自然であろう。

そうしたなかで注目できるのは、一九〇八年の『同情』に掲載された進藤端堂による慈善保護会の構想である。(23)そこでは、「我山口県に防長孤児院の未だ起らざる以前に、岡山孤児院は山口県内の孤貧児を三十四名収容して居ると申すことであります、これは岡山孤児院が山口県下各所に於て、慈善音楽会を開きました時に、院長石井十次氏が収容児童を県別にして、堂々と説明して居られたのを、親しく聞いたのであります、此の石井氏の説明は明らかに我山口県には一の慈善機関が備て居らぬと云ふことを証明して居るのであります。石井氏が山口県に於て岡山孤児院に同情を得んが為に、山口県より三十余名の孤貧児を収容して居ると報告せらるゝ程、既に他府県に対して我県の不名誉で有らうと思ふのでありま す」と述べて、山口県の慈善事業が未整備であることを批判した。

そして、山口県慈善保護会を結成し、県知事を会長とし、郡市長を支部長とする組織とし、慈善事業の共同財源とすることを提唱している。この構想においては、資金獲得の効率化、競合から協力へという発想があったものと思われる。実現していれば、非常にユニークな存在になったっであろう。しかし、当時の慈善事業の広がりや社会的な関心の程度からすれば、あまりに先駆的な構想であった。山口の組織化としての山口県社会事業協会が結成されるのは一九二三年であるし、それは財源確保を目的としたものではなかった。

山口育児院でも、一九〇九年頃に「山口育児院同盟」を構想していた。(24)山口育児院の財団法人化を目指し、各寺院が同盟して資金をつくろうとしたのである。同盟の規約書には、荒川のほか、九名の僧侶が名を連ねている。一施設の維持をこえた、支援のシステムづくりへの意欲がうかがえる。ただ、実際に山口育児院が財団法人化されるのは一九二六年であり、この時点ではあまり具体化していなかった。

こうした動きは、個別の施設でのささやかな動きでは、事業が維持できないという限界の自覚ではある。しかし、やむにやまれぬという後ろ向きの発想にとどまるものではない。組織化、専門化への志向でもある。個々の素朴な募金を超え、社会構造の変化に対応させた慈善事業のあり方をさぐる動きである。以後の社会事業の発展は、資本主義の矛盾の激化、政府政策転換などだけでなく、山口県の慈善事業での内在的な動きにもみられたのである。

6　支援体制の脆弱さ

短期間ながら、慈善事業がいくつも成り立ち得、しかも山口育児院と下関保護院だけとはいえ、戦前を通じて存続できたのは、それを支える一定の力があったためである。慈善事業について、創設者の労苦や思想だけが強調されることになりやすい。その場合の労苦は、入所者との関係に焦点があてられる。もちろん、それは重要ではあるが、事業を永続させるための財政的な対応にも着目すべきであろう。しかもそれは、「資金繰り」といったきわめて現実的な活動にとどまるのではなく、慈善事業の意義を広げたり、支援を組織化したりすることにつながっていく。その歴史的意義を、もっと評価すべきであろう。

一方で、施設の創設者側だけでなく、その働きかけを肯定的に受け止め、慈善事業の存在を知り、それを支えるべく、慈善演芸会への協力や寄付の支出を行った者たちの存在も軽視してはならない。施設を支えることにより、慈善事業を身近に感じるだけでなく、慈善事業を必要とした孤児等の問題についても認識せざるをえなかったであろうし、実践を背後で支える役割をも果たした。

ただ、山口県で慈善事業として創設された施設の半数以上は、消滅していくことになる。慈善同盟会の提言などをしていた進藤端堂の防長孤児院さえも、廃止されていく。一九二〇年代以降にそのままの形で残ったのは、山口育児院と下関保護院にすぎない。現在まで継続しているのは山口育児院のみである。そうした継続性という点では限界を露呈した感もあるが、それは支援体制が崩壊したのではなく、棄児などの減少で必要性が低下したことや、社会事業の成立の動きのなかで隣保事業など新たな領域が広がってきたなどの社会的な変化も大きい。むしろ、山口育児院が財団法人化を果たすなど、発展の動きが社会事業の成立期以降もみられた。

しかし、支援体制には脆弱さもみられた。支援者のかなりの部分は地縁血縁による義務的な参加で、熱意があったとはいえない場合もあったであろう。中核的な支援者は地域の名望家層であり、社会問題への共感的理解による支援というより支配層としての使命感による参加であった。慈善事業以外にも数多くの役割が求められると、慈善事業への支援は相対的に後退せざるをえない。また、慈善事業への支援から、社会改革的な視点へとつながっていく可能性も乏しかった。しかし、限界をもちつつも、近代慈善事業というものが各地で語られたことは、社会問題を放置せずにみずからの課題として考える意識を醸成したであろう。

したがって、山口県での以後の社会事業をみると、労道社等の隣保事業、常設託児所など、新たな施設の設置は数多い。そこでは、創設者の個人的支えによりつつも、一定の組織的支援もみられた。さらに、確認しておくべきなのは、県下全域で小規模な社会事業活動が広くみられるようになることである。方面委員制度が県下全域で実施しえたのは、方面委員になりうる人材が、県内全体に存在できたからである。農繁期託児所も、県が奨励した事実はあるが、いくら上から奨励しても、それにこたえて実際に託児所を運営する者がいなければ実施されることはない。実施しうる状況が農村各所でみられたから広がったのである。

こうしたことは、一九二〇年代以降に急激に社会事業への関心が増したというだけですべて説明できるものではない。すでに以前から慈善事業への関心が形成されていたことと無関係ではない。慈善事業を支援していく体制の形成のなかで、社会事業へとつながっていくさまざまな要素が準備されていた。防長相愛会育児所や防長孤児院など廃止された施設の意義は、存在した時期にとどまるものではなく、以後の時代に継続されていく。

【注】

(1)『黄檗宗報』第六号、一九二一年一〇月。なお、松本れい子「山口県社会福祉史の発掘・形成プロセス―防長孤児院成立プロセス―」『福祉の広場』第八号、一九八〇年に財政についての若干の記述がある。

(2)『防長新聞』一九一一年六月一七日に「萩孤児院の設立」という記事が掲載されている。しかし、実在したという記録は見出せない。
(3) 上村家文書（山口県文書館所蔵）「山口慈恵院設立寄附一件」一九〇〇年。
(4)『全国慈善事業視察報告書』中央慈善協会、一九一二年。
(5)『仏教徒社会事業大観』仏教徒社会事業研究会、一九二〇年、一七一頁。なお、大正初期の『山口県勢一般』には、岩国孤児院、普済院、山口育児院、防長孤児院の職員数、収容人員、一年間の経費の概額が掲載されており、簡略ながら、これら施設の状況を把握できる。
(6)『全国慈善事業視察報告書』。
(7) 内務省地方局編『後援事業と慈恵施設』一九〇七年では、日露戦争時に貢献した軍人遺家族の授産事業などを紹介しているが、防長孤児院と山口育児院も紹介されている（八七頁）。両施設が日露戦争に貢献していることが公的にも認識されていた。
(8) 防衛研究所所蔵、「孤児慈善事業に付建言」（明治三七　八戦役に関する満受書類　補遺　陸軍省四冊の内弐　作成年月日明治三七年七月六日）。
(9) 杉山博昭『山口県社会福祉史研究』葦書房、一九九七年の「済生会の設立の山口県での動き」で指摘した。
(10) 安東邦昭「明治期の関門北九州地域における岡山孤児院による慈善活動」『北九州市立大学大学院紀要』第一八号、二〇〇四年三月。
(11)「本会発起岡山孤児院慈善大会」『防長女子教育』第七号、一九〇五年八月。
(12)『岡山孤児院新報』第一〇七号、一九〇五年九月。
(13) 赤松常子「みなし児らとともに育ちて」『白梅』元私立徳山女学校同窓会、一九六三年、一七頁。
(14)『防長教育』第二〇号、一九〇四年一月、八頁。
(15)『防長教育』第二一号、一九〇四年二月、七頁。
(16) 坂本家文書（下関文書館所蔵）「防長孤児院慈善演芸会趣意書」一九〇八年三月。
(17)『瞎驢眼』第六七号、一九一六年七月、三〇頁。
(18)『仏教徒社会事業大観』一六一頁。
(19)『留岡幸助日記　第三巻』矯正協会、一九七九年、四八九頁。

(20)　田代国次郎『山口育児院八〇年史』山口育児院、一九八四年、一四頁。
(21)　木村生「社会事業めぐり（一）」『山口県社会時報』第二三号、一九二六年四月。
(22)　『日本社会事業名鑑』中央慈善協会、一九二〇年、四三〜四七頁。
(23)　「山口慈善保護会を設立するの議に就て」進藤端堂『同情』第二一号、一九〇八年四月。
(24)　『山口育児院八〇年史』二三〜二五頁。

第3章　創設期の山口育児院

1　山口育児院の歴史的意義

山口育児院は、山口県で現存する社会福祉施設としては最古である。山口県でも一八九九年に普済院と防長婦人相愛会育児所、一九〇〇年に防長孤児院、一九〇六年に岩国孤児院と次々と育児施設が生まれたが、それらは長続きせず、比較的活動が活発で注目度の高かった防長孤児院もついに一九二二年に廃止された。山口育児院のみが、一〇〇年をこえる歴史を持ち、現在にいたっている。

山口育児院についてはすでに田代国次郎により、『山口育児院八〇年史』がまとめられている[1]。同書は施設史にありがちな記念誌的編纂ではなく、山口育児院に残る一次史料や『防長新聞』記事などを駆使して、創設から発刊前までを通史として詳細にまとめたものである。さらに一次史料を整理して、資料集があわせて発刊された（松本れい子との共編）[2]。同書をこえる研究をすることは困難と考えられ、筆者もこれまで山口育児院の研究を避けてきたし、筆者以外にも山口育児院の研究を行う者はいなかった。

しかし、田代が同書をまとめた時期には山口県社会事業史の研究はわずかしか行われておらず、したがって山口育児院が山口県の社会事業のなかでどういう意義をもつのかが明らかになったとはいいがたい。また、なぜ、いくつもできた育児施設のなかで山口育児院のみが生き残ったのか、創設者の荒川道隆の創設の動機は何だったのか、以後の社会事業にどう影響を与えたのかといったことが十分に明らかになっているとはいえない。山口育児院が慈善事業の時代から長く活動してきたことからすれば、それらの点は一施設の課題ではなく、山口県社会事業全体のあり方にもかかわってくることであろう。そこで本章では、創設期の山口育児院を分析することで、それらの疑問にいくらかでもこたえていきたい。

2　山口育児院の創設

山口育児院は、一九〇四年に吉敷郡上宇野令村（後に山口町、一九二九年より山口市）の臨済宗洞春寺の住職荒川道隆によって創設された、育児事業を目的とした施設である。創設時よりさまざまな困難に見舞われながらも、現在まで事業を継続してきている。荒川は、一八六〇年に生まれ、京都東福寺や鎌倉円覚寺で修行の後、福川村禅昌院住職となり、一八八九年より洞春寺に移っていた(3)。

なぜ荒川は山口育児院を創設したのであろうか。当時すでに山口県でも、普済院や防長孤児院が創設されていて、育児事業は開始されており、育児事業への関心は高まっていたといえよう。また、一九〇〇年頃に山口慈恵院を設立する計画があり、そこでは非行少年を対象とした感化部、出獄者らを対象とした保護部とともに、「無告の児童（孤児、貧困児、棄児等）」を対象とした救済部がおかれることとされていた(4)。山口慈恵院は実現しなかったものの、こうして児童を保護する事業を行おうとする機運は高まっていた。

また、育児事業を必要とする棄児も後を絶たなかったし、子どもを養育するのも困難な貧困など、親からの養育を受けることの難しい子どもも少なくなかった。そのため、山口育児院創設前から、岡山孤児院に山口県から入所するケースもあった。育児事業のみでなく、免囚保護事業の下関保護院が丘道徹によって創設されていたし、赤松照幢による山口県積善会が設立されている。慈善事業への意識が高まりつつあるといった状況があり、その状況に荒川が影響を受けていたであろうことは容易に推測できる。

創設の理由については、山口育児院自身が作成あるいは発行した文書に記されている。設立についてのもっとも基本的な文書といってよい「山口育児院設立趣意」では、「不幸にして早く父母を喪ひ又は父母あれとも極貧にして生計を営む事能はす嬰児は飢寒に泣けとも之を如何ともすることを得す自ら萎縮し自ら夭折するの外なきもの世間其例甚た多し」として、不幸な境遇の子どもの存在を指摘する。そのうえで、人情として傍観することは忍びがたく、国力を養成する必要からも、救済の道をとるべきだと考えたという。[5]この文書では、「国力」「教育勅語」「皇恩」といった語が出てはくるが、当時の感覚としては、この種の文書では当然に使用するものであり、全体として「設立趣意」は、子どもそのものへの直接的同情が基本的なトーンとなっている。

荒川道隆の名で一九〇九年に出ている「山口育児院一覧」では「不肖道隆仏徒トナリ世ノ宗教家ノ出世間的ナルニ慊ラス常ニ当世ノ急務トスル公共的慈善事業ニ微力ヲ尽サンコトヲ思ヒ殊ニ孤児貧児ノ世ニ最モ憐ムベキモノナルヲ考ヘ夙ニ育児院創立ノ素志アリ然ルニ彼ノ明治三十七八年戦役ノ起ルヤ最モ其ノ時期ニ適セルモノニシテ又仏徒ガ力ヲ君国ニ尽スモ亦茲ニアルベキヲ信シ経費ノ充実設備ノ完成ヲ俟ツニ暇アラス断然意ヲ決シ私財ヲ擲テ本院ヲ創設セリ時ニ明治三十七年三月十五日ナリキ」とある。[6]仏教徒として慈善事業、ことに育児事業をもともと構想していたところに、日露戦争が勃発して、その時期を感じて創設したとする。

また、荒川本人の発言ではないが、「山口育児院現況一斑」と題した、野坂正隆によるものでは「創立の原由及経歴」と題して詳しく創設の経緯を述べている。[7]「当世の急務とする公共的慈善事業の必要を感じ彼の憐むべき孤児貧児を救育教養するの道をたて教育勅語の「博愛衆に及ほし」仏経の『仏心とは大慈悲心是なり』趣旨に本づき博愛慈悲の雨露を被らしめんとて断然起て育児院を創立せられし訳であります」としている。そして、孤児貧児ほど哀れなものはないが、その境遇ゆえに、罪科を犯して社会に危害を加えることにもなるので、救済を行うのは慈悲人情ではなく、むしろ当然の義務だと述べる。そうした趣旨で、育児院の準備にとりかかったところ、一九〇四年三月一七日に、九歳の男児について、未婚のまま出産した子であったが、母が警察に拘引されて養育する者がいないことから引き取って、育児院の事業が事実上始まったというのである。

同様に、野坂による『山口育児院報告』に掲載された「新年感」という文がある。[8] きわめて難解で句読点もなく、趣旨を読み取ることが困難な堅い文章だが、「吾等が此神仏と同体同心になれば即ち天佑天助ある事又疑ふべからず我々国民は今後益宗教の信仰心を増助し新なる年と共に旧来の汚染心を洗滌して新に輝ける道義心を発揮し忠君愛国の至誠を尽しなば万国無比の国体は永く光を放ち万世一系の皇統長へに栄えん」と述べ、社会の道徳の低下を憂い、天皇への尊敬と宗教心で社会の改善を実現すべきことを説いている。一般人が理解しがたい文体で書かれているので広く訴えるという趣旨ではないし、荒川本人が書いたものでもないが、基本的に荒川の思想と相違が少ないから掲載されていると考えるべきであろう。

こうした説明によれば、荒川は僧侶としての社会的責任を果たすべきであるという義務感のなかで、放置できない状況にあった孤児貧児の養育を行うこととしたものである。具体的なきっかけがあったというより、社会問題への主体的取り組みの模索から思い至ったということである。山口育児院は荒川を中心とした人々が、児童への同情と社会への貢献の意識から構想したものということになる。

ところが、以後登場してくる、山口育児院の外部からの説明は異なっている。一九二〇年に山口県が発行した『救済事業の概要』では「講米にて積立財を作り社会事業に充てんことを劃したるに、同三七年恰も日露戦役起り我忠勇なる戦病死者の遺孤児窮途に呻吟する可憐児の多かるべきを察し尚普通の孤貧児にして事情忍び難きものを収容する為」としている。[9] 一九二四年の県社会課による『山口県社会事業紀要』でも、ほぼ同じ文章が載っている。[10] 一九二四年に荒川が社会事業功労者の表彰を受けたときの紹介でも「日露戦役起り、之が戦病死者の遺孤児を収容するため」とされている。[11] 一九二六年に県社会課の木村尭は、「荒川道隆氏は聊かたりとも皇国の為に尽すべく決心した。そして主として戦傷者の遺孤児を収容する為に自坊内に山口育児院を設けた」と述べている。[12]

こうした説明によれば、荒川はもともと慈善への関心をもってはいたが、直接には日露戦争によって生じた戦死者や戦病死者の子どもを養育する必要から事業を開始したということである。つまり、日露戦争への国内での間接的ないし事後的な支援活動だったということになる。そして、時間がたつごとに日露戦争が契機であることが、定説化されている。

日露戦争との関連では、防長孤児院の進藤端堂が「建言書」（防衛省防衛研究所所蔵）という文書を陸軍大臣宛に出している。日露戦争によって国民の関心が出征者の遺家族の支援などに寄せられ、これまで行ってきた慈善行為をしなくなってしまった。その結果全国の慈善事業は打撃を蒙っている。しかし、戦争によって慈善事業の必要性は高まっている。そこで「吾忠勇ナル軍隊ノ手ニ収メラレシ戦利品ノ一部ヲ各地ノ慈善団体ニ下賜又ハ貸与ノ特典ヲ開カレンコト」を提案している。進藤が運営する防長孤児院がある長府は、乃木希典の出身地でもある。後に進藤は乃木の銅像を自らが住職をつとめる寺につくっている。進藤は一方で日露戦争での乃木の「活躍」を注視しつつも、慈善事業の運営難に悩まされていたと思われる。

また、戦争を慈善とを結びつけることは、事業の正当性を国家政策から位置づけるうえで、有効であった。実際、各地で戦時の援護活動が行われ、特に吉敷郡では戦時託児所が運営されるなど、社会事業に関連した動きがみられる。日露戦争が、山口育児院にとっても、無関係な動きであったわけではない。

しかし、信憑性が高いのはやはり荒川自身の発言である。荒川は、子どもの境遇に同情して事業を開始した。日露戦争は事業の開始を促進したのではあるが、主たる動機ではなかった。しかし、荒川への顕彰の動きのなかで、日露戦争の側面が強調されるようになったと見るべきであろう。寄付金を集めるうえでも、子ども一般への同情を煽るよりも、日露戦争をからめたほうが集めやすいという事情があったとも考えられる。日露戦争との関連を打ち消す必要は、荒川にも育児院関係者にもないし、他の社会事業関係者にとっても社会事業の意義を訴えるうえで好都合であった。

ただ、時間が経過すれば日露戦争関係の子どもは減っていくわけで、当然に他の子どもが入所するようになり、戦時対策的な色合いは創設時の短期的な課題である。日露戦争が仮にきっかけを与えたとしても、実際には、後を絶たない棄児の対策などの施設であった。

3　育児院の維持と課題

続々と創設された山口県内の育児事業であったが、いずれも経営は困難をきわめた。普済院は、子どもに行商などをさせていたため、厳しい批判を受ける有様であった。山口育児院も状況は変わらない。一九〇八年に、それまでの院舎が狭くなったことから移転するが、それにも多額の費用が必要であった。一九〇九年の「山口育児院一覧」では「院児及役員等ノ食費其他手当諸費用ハ毎月概算平均壱百五十円年間壱千八百円ヲ要ス」とあり、それに対して、収入は「慈善会員約八百名ヨリ毎月米金ノ寄附ヲ受ケ又公債四千円ノ利子其他臨時ノ寄附演芸会開催等ニヨリ辛フシテ之ガ維持ヲナスモノナリ」としており、「辛フシテ」と自ら述べて、経営の不安定さを訴えている。(13)

一九一六年発行の『山口県治概要』では「山口育児院防長孤児院は屢々維持困難の窮境に立ちたるにも拘はらず幸に経営者の熱誠により一般篤志家の同情を惹起し寄贈の浄財も亦尠からず然れども時には経費の不足を補ふ為経営者自ら私財を投じて急を凌ぐことあり」と述べて、厳しい状況を示している。(14) 一九一四年末の状況をみると、「収容者」は防長孤児院二八人、山口孤児院三〇人と、あまり変わらないのに、「一箇年経費」は防長孤児院三〇七八円に対し、山口育児院は一三五二円となっており、山口育児院の厳しい状況がみてとれる。荒川は、一九〇八年の第一回内務省主催感化救済事業講習会に出席しているが、その費用も寄付を得てのことであった。

慈善事業の主要な財源は、結局は寄付金であった。山口育児院も、寄付金を集めることに努力するようになる。しかし、それを妨げる要因は多かった。

第一は、慈善事業自体への無理解である。山口育児院創設時点では、山口県での慈善事業としては、防長孤児院など育児施設が若干先行して開設されていたか、赤松照幢・安子夫妻が山口県積善会や防長婦人相愛会を設立して活動していた程度で、慈善事業の意義は浸透せず、ましてそこに寄付することは根付いていなかった。したがって、寄付を求めても

「或る者はいらざる御折介だと鼻先で冷笑した。或る者は自己の生活のために虚名を売らんとする売僧として罵倒した」という状況であった。(15)

第二は、県内の他の育児施設との競合である。すでに設立されていた防長孤児院もまた、県内の広い範囲で寄付を募集していた。防長孤児院は県の西部に位置するにもかかわらず、県東部においても寄付者の存在を確認することができる。同じ仏教系の育児施設として、寄付する層は重なっていると考えられる。ただ、一九〇九年の『山口育児院報告』の「感謝録」には赤松照幢と進藤端道の名もあり、競合というより相互扶助的な発想があったかもしれない。

第三は、岡山孤児院に代表される県外施設の寄付募集である。岡山孤児院ほか、広島など県外からの寄付募集が県内でなされている。岡山孤児院の問題は後述するが、すでに山陽鉄道が開通し、交通の利便性が増している状況で、資金難の各慈善事業は、県を越えてでも寄付を求めていく。

第四は、一九一〇年に設置される済生会の寄付募集である。済生会は、天皇からの下賜金をもとに設置された救療団体であるが、設立に際して資産家や名望家から寄付を集める。それは執拗であり、強制といってもいいものであった。済生会に不本意な寄付を強いられた者が、さらに他の慈善事業に寄付をするとは考えにくい。

第五は、慈善に名を借りた詐欺行為の横行である。『防長新聞』には詐欺で摘発された報道が繰り返されている。(16)当時の新聞記事の信憑性には疑問もあり、本当にそれが詐欺だったのか、あるいはそもそもそうした事件自体が発生したのか即断はできない。しかし、少なくともそうした報道が行われたことは事実である。こうした事件についての報道は、慈善事業による寄付募集への不信感を広め、寄付への消極姿勢をおこしかねない。

第六は、山口町という場所の問題である。山口町は山陽鉄道の経路からもはずれ、県庁所在地でありながら市制を施行できず町にとどまっていた。交通網の整備や商工業の発達が県内でもみられるようになるが、山口町はその流れから、やや遅れていたといえよう。したがって、町民が寄付をするだけの経済力を十分にもっていなかった、あるいは寄付者を確保するための人口の絶対数が不足していたとも考えられる。

ただし、有利な条件がないわけではない。寺院を背景に施設を運営しており、仏教関係者からの援助が期待できたし、実際にも援助がみられた。県の中央部に位置しているので、考えようによっては、県内で広く寄付募集が可能な地理的条件でもある。県庁所在地であることで、情報発信の点では有利である。やがて、社会事業行政が整備され、社会事業協会が発足していくと、県庁に徒歩で行き来できるほどの場所であることは、他の施設に比べ、何かと都合が良かったと推察される。もっとも一九〇九年の『山口育児院報告』に掲載された感謝録によれば、寄付者は、山口町をはじめとした吉敷郡、萩町などの阿武郡、美祢郡が大半であり、県中央部に偏っているので、この利点が生かされていたとはいえない面もある。しかし、『防長新聞』で山口育児院の記事が非常に多いのも確かであり、それだけ存在が浸透していたといえる。

こうした状況のなかで、山口育児院が行ったのは、まず活動写真隊による寄付募集である。『防長新聞』一九一〇年三月六日に「山口育児院長荒川道隆師は事業拡張慈善家諸氏に同情を仰がんが為め活動写真隊及び音楽隊を引連れ佐波郡全部巡歴の予定」との記事が載っているなど、たびたび行われている。しかし「院児に太鼓を叩かしたり、ラッパを吹かしたりして巡回したものだから長期に渉って学校を休む。その為に私は度々学校に召還されて叱られたものです」というように、[17]必ずしも歓迎されなかった。

戦後出版された『輝く奉仕者』で、山口育児院が紹介されているが、そこでは「(明治―筆者注)四十二年八月、基金募集の一策として、活動写真機を購入し、県下各地に数百回の慈善映写会を開催し、社会の理解を促すことにも努めた。翌年二月には楽器を購入して、少年音楽隊を組織し、慈善映画会の伴奏に出たが、これは内務省の注意をうけ、その後明治天皇崩御を機会に解散した。次いで果実園を経営したが、指導技術員の関係で不成功に終わり」と記されている。[18]かなり後の文献であるので、細かい事実関係については、この記述のみに依拠することはできないが、子どもを使った寄付募集が労多く、しかし批判もあって苦労していたことがうかがえる。

もうひとつは慈善演芸会である。一九〇五年一〇月一〇日には、山口育児院慈善演芸大会が開かれ、「山口育児院慈善演芸大会趣意書」というA３をこえる大きな紙で作成されている。[19]慈善演芸大会賛成芳名録では四三名が記されており、多数の賛同を得て開催されている。終了後は、「山口育児院慈善演芸大会収支決算表」が一九〇五年年一一月一日付で作成されている。山口育児院慈善演芸大会長は大草太三となっており、形式的には院外の者が主催したことになっている。演芸会は、各地でたびたび開かれるようになる。しかしこれは、経費ばかりかかってあまり利益にならなかったという。[20]もっとも、この演芸会の会計報告によれば、収入が五〇七円五八銭四厘、支出が会場費、演芸費、事務所費二二八円九銭三厘で、差し引き二七九円四九銭一厘で、それなりの収益があったようにも思われる。[21]

しかし、山口育児院を視察した報告において、「常経費ヲ満足ナサント募金ニ急セル、為メニ其方法当ヲ得ズ地方庁ノ注意ヲ受クル事多キ様子」とされており、行政から注意されることさえ常態であったようである。そもそもこの視察の日も慈善演芸会のために、荒川は萩に出かけていたとされる。[22]視察があるようなときは、在院して出迎えて対応するのが一般的かつ儀礼的であろうが、それさえできないほど、絶えず巡回していなければならない状況であったのであろうか。

慈善会員を組織して、安定的な寄付も求めている。名誉会員、特別会員、正会員からなり、四三〇人となっている。駅に慈善箱を置くこともした。やがて、実現はしなかったが、山口育児院同盟を組織しようと考えるようになる。

また、托鉢にも力を入れ、一九〇九年の『山口育児院報告』によれば、県下一円を托鉢する計画とのことで、「山口育児院」と記した托鉢袋を掛け、三～一〇人の人数で着手するとしている。すでに托鉢袋を掛けた僧侶や育児院の入所児と思われる子どもが写った写真が掲載されている。『防長新聞』一九〇九年一二月八日には「院務拡張のため荒川院長院児二名を携へて吉敷郡各町村を巡行する筈ありといふ」という記事が掲載されており、公然と行われた。

これらの方法は、托鉢以外はおおむね岡山孤児院が行っていたことであり、岡山孤児院を模倣したとも考えられる。しかし、岡山孤児院自体が山口県内でも、寄付集めのさまざまな方策を行っていた。慈善箱は、山口県内の駅にも置かれていたし、慈善会が山口県内でたびたび、開催され、山口町で開催されることもあった。一九〇八年二月に中原永楽座で慈善演芸会を行っている。これば前述の演芸会と同じ場所である。[23]また、岡山孤児院への援助依頼状が、岡山孤児院から山口町役場に寄せられ、それを役場が個人に取り次いでいる史料がある。岡山孤児院の慈善会には多くの賛同者が名を連ねていて、すでに岡山孤児院が山口県内で慈善に関心を持つ者を取り込んでいた。こうしたなかで、全国的なブランドと化していた岡山孤児院と、同じ成果をあげることは困難であった。なお、荒川は、一九〇四年三月三一日に岡山孤児院を訪問している。[24]このことから、荒川が寄付集めに限らず、岡山孤児院を参考にしていたことは明らかであろう。

さまざまな寄付が山口育児院に集まっていたことは『防長新聞』の一連の記事から把握できる。師範学校長が男児出産の祝物の返礼の代わりとして（『防長新聞』一九〇六年一一月二〇日）、芸妓の慈善歌舞温習会の利益の寄付（『防長新聞』一九〇八年五月一〇日）、孫の死去による追善（『防長新聞』一九〇八年八月八日）、子の死去による追善（『防長新聞』一九一〇年三月一一日）というように、さまざまな動機による寄付が、山口育児院に寄せられていた。また、こうした『防長新聞』の報道は、慈善の対象としての認知をさらに高めたと考えられ、なんらかの理由で寄付をしようとした場合、山口育児院が選ばれることが多くなったといえる。

一九一一年から内務省や県からの奨励金を受けるようになり、宮内省の下賜金を得ることともなる。このことは、ようやく安定的な資金をわずかとはいえ確保しつつ、寄付金募集において有利さを増していく。

一方、経済的な困難にとどまらず、運営上の問題もあった。創設の初年度、新たに一二名の入所があり、以後、一九〇八年まで、一〇名前後の新入所があった。一方で退所もあるので、単純にそれだけ増えたのではないが、次第に院児が増えるということは、経費も着実に増えるということである。ただ、一九〇九年頃からは院児はおおむね二五名～三〇名ほどで安定してくる。[25]一九〇八年には赤痢が発生し、二九名中三名が罹患した（『防長新聞』七月三日）。ただ、この三名は全治している（『防長新聞』七月二六日）。ちょうど新築した院舎が完成したときであった。一九〇九年『山口育児院報告』でも、この出来事を特記し、育児院にとっても危機的な状況であったことをあえて公表している。このほか、死亡するケースも少なくなかった。一九〇五年二名、〇六年二名、〇七年三名、〇八年には八名、〇九年には二名、一〇年二名と、毎年二名以上の死亡がある。ただ、それ以降は〇名～一名となって、死亡するのは稀になっていく。

創設から時間が経過すると、院を巣立っていく子どもがあらわれることになる。育児院では子どもを小学校に通学させるのはもちろんだが、「其ノ性質ト希望トニ依リ徒弟見習等ノ方法ヲ以テ生業ヲ修習セシメ、若クハ高等ノ学校ニ入学セシメ、共ニ将来独立自営の途ヲ講セシム」という方針であった。[26]「現今南洋諸島に於て相当の職業に従事せる者或は小学校教員看護婦等相当の地位を得たる者ありて成績極めて良好」とされている。[27]すべて鵜呑みにはできないが、一定の成功事例があったのは確かであろう。ただ、留岡幸助は一九一四年三月二八日に山口育児院を訪問し、「現在員二十七名。小学へ通学生男八人、女四人。事業ナキニヨリクツ下ヲ編マシテ仕事ヲコシラエル積リ」と記している。[28]これだけの記述で、留岡が山口育児院をどう理解したか把握しにくいが、あまり前向きな印象を受けていないようにとれる書き方である。試行錯誤や難題をかかえながらの運営であったのは否定できない。

ただし、実績が積まれるなかで、それなりの評価を受けるようになる。一九二四年の状況として、社会課長の熊野隆治は「本県社会事業の発達を見ても下関保護院防長孤児院山口育児院の如きも最も古き歴史を有し」と述べている。[29]県社会課による『山口県社会事業紀要』では「県下ノ育児事業ハ熊毛郡ニ普済院アリ、豊浦郡ニ防長孤児院アリ、殆ント其ノ創立時期ヲ同ウシ、本院ト共ニ孤貧児ノ救済ニ従事セシモ、近年何レモ事業ヲ縮小休止シ、其ノ間依然トシテ当年ノ規模ヲ渝ヘサルハ独リ本院アルノミ」と述べており、[30]山口育児院が山口県で唯一着実に運営できている施設として認めている。

4　社会事業の形成と山口育児院

山口県内の育児事業は次々と廃止され、防長孤児院も廃止となった。入れ替わるように、山口県でも社会事業形成への動きが活発化する。荒川が一九二四年に社会事業功労者として表彰されるなど、山口育児院は、社会的に評価が確定したといえる。しかし、社会事業が発展するなか、荒川は体調を崩して、院の運営からは退くようになる。山口県社会事業協会の評議員に下関保護院の丘道徹、宇部共栄会の兼安英哲、下関仏教同盟済世会の多田道然、町原公益財団の町原虎之助、防長孤児院の進藤端堂の名があるのに、荒川の名がないのは違和感を持たざるをえないが、すでに評議員の役割を果たせない状況であったのであろうか。そして荒川は一九二七年六月に六八歳で死去する。死の四か月前の二月に財団法人の許可を受け、院長・理事長は中村泰祐が就任している。以後、『山口県社会時報』や山口県社会事業大会で、山口育児院関係者が登場することはほとんどない。

一見すると山口育児院の位置が低下したようでもある。しかし、民間の入所施設として継続していくのは、他では下関保護院のような釈放者保護事業の小規模なものぐらいであるし、公立でも山口県立育成学校があったにすぎない。一九六八年発行の『山口県の統計百年』は、社会福祉史研究がほとんど行われていない時期に、山口県の社会事業の歩みを簡略ながら整理している文献であるが、「明治三七年山口市洞春寺に日露戦争による、孤児、その他不遇児を対象として、山口育児院が設けられた」と記している。(31) 創設時は育児院のおかれた洞春寺は吉敷郡上宇令村であったし、山口はまだ市制施行前で町であったのだから、正確さに欠ける文だが、山口育児院が歴史的に主要な施設であることが認識されている。

やがて、救護施設など他の入所施設もあらわれるのであるが、山口育児院が維持の困難な入所施設の実践を示してきたことの意義は大きい。育児事業全体が、山口県社会事業を開拓する役割を果たすのであるが、山口育児院は存続することで、その開拓性を山口県社会事業全体に継承していくことになる。太平洋戦争敗戦後、間もない時期に、山口県でも戦災孤児などを対象にして養護施設の設置が相次ぎ、現在にいたっているが、それも戦前継続した唯一の育児施設である山口育児院の存在が前提としてすすんでいったことであろう。

【注】

(1) 田代国次郎『山口育児院八〇年史』社会福祉法人山口育児院、一九八四年。

(2) 田代国次郎・松本れい子『戦前山口育児院史資料』山口育児院、一九八四年。

(3) 荒川の生涯については、以下で触れている山口県文書館所蔵文書内に簡略ではあるが書かれている。

(4)「山口慈恵院設立寄附一件」一九〇〇年、上村家文書、山口県文書館所蔵。

(5)「山口育児院関係一件物」内の「山口育児院設立趣意」河野家文書、山口県文書館所蔵。「山口育児院設立趣意」という文書は、国立国会図書館憲政資料室井上馨関係文書、一九〇〇年にもある。
(6)「山口育児院一覧」一九〇九年、宇多田家文書、山口県文書館所蔵。
(7)「山口育児院関係一件物」内の荒川隆道師題字・野坂正隆起稿『山口育児院現況一班』一九〇五年発行、河野家文書。
(8)「山口育児院関係一件物」内の『山口育児院報告』一九〇九年発行、河野家文書。
(9)『救済事業の概要』山口県、一九二〇年、二四頁。
(10)『山口県社会事業紀要』山口県内務部社会課、一九二四年、八四頁。
(11)『山口県社会時報』第三報、一九二四年三月、七頁。
(12)木村生「社会事業めぐり(一)」『山口県社会時報』第二二号、一九二六年三月、一一頁。
(13)「山口育児院一覧」宇多田家文書。
(14)『山口県治概要』山口県、一九一六年、四一七頁。
(15)木村生「社会事業めぐり(一)」、一一頁。
(16)『防長新聞』一九〇八年一一月二九日には、広島孤児院の賛助と称する押売りが処罰された、同年一二月二四日には「孤児院を汁に使う悪男女」、一九〇九年一〇月一九日には孤児院の慈善を標榜した商法への注意が掲載されている。
(17)木村生「社会事業めぐり(一)」、一二頁。
(18)中部社会事業短期大学編『輝く奉仕者　近代社会事業功労者伝』近代社会事業功労者伝刊行会、一九五五年、六九九〜七〇〇頁。
(19)「山口育児院関係一件物」内の「山口育児院慈善演芸大会趣意書」一九〇五年、河野家文書。
(20)木村生「社会事業めぐり(一)」、一二頁。
(21)「山口育児院関係一件物」内の「山口育児院慈善演芸大会収支決算表」一九〇五年、河野家文書。
(22)『全国慈善事業視察報告書二』発行所等不明、一九一二年頃の発行。
(23)河野家文書の「山口育児院関係一件物」には岡山孤児院に関するものが含まれている。このほか、岡山孤児院はたびたび山口町で慈善会を開催している。『岡山孤児院新報』第七九号(一九〇三年五月、五頁)、第一〇七号(一九〇五年九月、五頁)。
(24)『岡山孤児院新報』第九〇号、一九〇四年四月、四頁。

(25)『山口県社会事業紀要』八六頁から八八頁にかけて「創立以来院生出入動態表」が掲載されている。
(26)『山口県社会事業紀要』、八五頁。
(27)『救済事業の概要』、二五頁。
(28)『留岡幸助日記　第三巻』矯正協会、一九七九年、四八六頁。
(29)熊野隆治「県下仏教家各位に檄す」『山口県社会時報』第一号、一九二四年七月、四頁。
(30)『山口県社会事業紀要』、八五頁。
(31)『山口県の統計百年』山口県総務部統計課、一九六八年、七四頁。このほか、山口県文書館編『山口県政史　上』一九七一年、山口県、七五一頁では、県の補助を受けた施設の一つとして山口育児院に触れているが、そもそも慈善事業自体の扱いが少ない。

第4章　山口県慈善事業への岡山孤児院の影響

1　岡山以外に広がる岡山孤児院の諸活動

石井十次が一八八七年に創設し、広く知られるようになった岡山孤児院の特徴の一つは、活動が岡山周辺にとどまることなく、音楽幻燈隊の活動、地方委員、賛助会員などによって全国的に支援を求めたことである。こうした活動は全国的に孤児救済の必要を知らしめ、慈善事業の意義を広く普及させることになる。

これを岡山県外の特定の地域に視点を設定した場合、岡山孤児院が外部から登場して、慈善会などの開催によって、さまざまな情報をもたらしたということになる。その情報は、情報の集積しにくい非大都市部においては、斬新なものであり、それだけ影響も大きかったと思われる。慈善事業というものの存在を知り、孤児救済の意義を知る機会となった。また、岡山孤児院の存在を知ったその地域では、そこで生じた孤児を送り出す社会資源として活用しうるものであった。

岡山孤児院が各地で活動したこと自体は、菊池義昭の一連の研究などで明らかになっている。しかし、従来の研究の大半は、岡山孤児院ないし石井十次の側の視点から、その活動や意義を分析するものであった。逆の視点から岡山孤児院を見ることは、その地域での岡山孤児院の存在意義を明らかにする。それは、地域社会福祉史のうえで、避けて通れない研究課題である。一方で、対象地域を重ねていくことで、岡山孤児院の全国的な影響を示すことにもなる。

本章では山口県に焦点をあてて、岡山孤児院の影響を検討していく。それは、筆者はこれまで、山口県の慈善事業について分析を重ねてきたが、その際に常に岡山孤児院の影響を感じざるをえず、すでに指摘してきた(1)。しかし、岡山孤児院それ自体の研究ではなかったので、断片的に述べてきたにすぎない。だが、山口県の慈善事業を理解するためのは、岡山孤児院との関係を全体像を把握しておくことが不可欠と思われる。

筆者の意図に比較的近く、対象地域も一部重なる研究は、安東邦昭による「明治期の関門北九州地域における岡山孤児院による慈善活動」である。(2)同論文では、下関や長府での岡山孤児院の活動が、詳細に整理されている。しかし、安東の関心は関門地域におけるキリスト教の動向であり、山口県慈善事業全体をみようとする筆者の意図とは異なっているので、本章との重複は限られている。

本章では、岡山孤児院の活動が山口県にも及び、特に慈善事業に影響していく状況について分析することで、岡山孤児院という存在が各地域での慈善事業の発生、発展との関係を考察する。

2　山口県から岡山孤児院への支援

岡山孤児院は、賛助者を全国に求め、寄付も全国から集めるようになる。山口県もそうした対象の地域になっていく。呼応して山口県からも寄付者がいる。この相互作用によって、岡山孤児院の存在や理念が浸透していく。

岡山孤児院の支援者は当初は岡山が中心であったが、やがて全国に広がっていく。山口県からの支援も見られるようになる。一八九九年の『石井十次日誌』(以下『日誌』と記し、石井記念友愛社版のページ数を併記する)には「岡山県庁に往き広島、山口、福岡、佐賀、長崎、鹿児島、宮崎、大分の九県知事に高崎知事よりの進展書を貰えり」(一三八頁)との記述がある。一九〇三年の『日誌』九月三〇日(一〇二頁)には、「音楽隊の征服地」と称して、四国、山陰、山陽の主要都市が列挙されているが、「岩国、山口、長府、徳山、下之関」という記載がある。山口県は支援を獲得していく主要なターゲットの一つであった。

実際、山口県からの寄付が見られるようになる。『日誌』一八九〇年(一二一〜一二三頁)には、「各地に在りて孤児のために働き助けらるゝ人々の姓名を列記しをき時々本院の概況を報告することを怠る可らず」との記述に続き、「長州国萩一致教会所」からの寄付を記している。一致教会所とあるのは、日本基督一致教会、後の日本基督教会に属する教会ということである。『日誌』一八九三年（二八四頁）には「長府美徳女学校より金五十五銭の寄附し来る」と記載されている。

こうした創設初期の頃から寄付が始まっているが、次第に広がりをみせていく。しかも単発的な寄付にとどまらず、継続的、長期的な寄付もみられるようになる。『岡山孤児院新報』（以下『新報』と記す）掲載の寄付者をみると、山口県に繰り返し寄付をする者がいることが確認できる。たとえば、長府の進藤カツという人物は、一八九七年四月、五月、六月、八月、九月、一一月、一二月に寄付している。

赤間関（馬関との表記もあるが、いずれにせよ現在の下関市）の富海松兵衛もたびたび寄付している。第一三号（一八九七年九月）で「馬関富海松兵衛氏より金壱円の寄付ありたり、氏は毎月必ず取得の幾分を割き本院に寄付せらる吾人は氏の厚意を謝せさる可らす」と、第二二号（一八九八年七月）で「馬関の富海松兵衛君より金拾円恵送」と、特記されている。

『日誌』ではより詳細に深い関係を述べている。一八九四年六月一一日（一六八頁）に「馬関富海松兵ヱ氏来訪　氏は尾ノ道に要事ありために態々来訪せられしなりと言ふ而して遠路を嫌はず夏橙一かごを携え院役者の見舞に与えらる其の厚意感謝に堪えず　氏は晩まで共もに夕飯を食し自己の経歴につき語り金一円をきふして宿に帰えらる」、一二日に「富海兄来訪一応院内を伴ひ夫れより」とあり、一六日（一七四頁）には「富海兄の実行に感じて自らも鍛冶工たらんと考ゆ」と記している。その後も「富海松兵ヱ氏より写真及び新聞恵送」（六月二〇日、一七八頁）、「馬関富海大兄より金一〇、〇〇〇恵送」（『日誌』一八九八年、二九四頁）、「馬関富海兄に礼状を発す」（『日誌』一八九九年、二二八頁）、「馬関富海兄より書面来る」（『日誌』一八九九年、二三九頁）といった記述がみられる。富海は長期にわたり、繰り返し支援をしており、山口県の支援の主体となった人物と思われる。富海は、汽船問屋で、他人の言うことを聞かない性格であったが、船で遭難したことをきっかけに信仰をもち、日本基督一致教会赤間関教会創設時の有力メンバーであった。(3)

富海からの支援は大きいものがあり、石井からみても特別な存在であったようである。『日誌』一九一一年一月の記述では石井が下関に来訪し、「富海君にあい相談」という記述があり（二三頁）、相談者にもなっていた。安東の論文でも支援者として特記しており、こうした人物を中心にして支援がなされていく。

このように、常時支援する人物があらわれ、寄付、慈善会の世話、さらには入所の世話まで行い、岡山孤児院をさまざまな面から支えていくようになるのである。

支援する人物は、地域的に限定されていない。前述の萩の一致教会所のほか、「長州萩町の寺戸道八は是迄いつも本院の為に同情を寄せられたる人なるが本日また金五円を寄送せられたり」（『新報』第一三号、一八九七年九月）という。『日誌』（一八九八年、三三五頁）にも「山口県萩よりとして金一、〇〇〇恵送」という記述があり、萩からの寄付がたびたびみられる。下関近辺であれば、商工業や交通の発達で、情報伝達や慈善への関心の昂揚があったのも自然な流れかもしれない。しかし、萩は江戸時代の城下町であり、山口県の日本海側の中心都市である。一時「萩孤児院」設置の構想があったとはいえ、[4]決して先進地というような地域ではない。そうした地域にまで岡山孤児院の支援の動きが広がっていたのである。

そのほか寄付者は県内各地に広がり、岩国、三田尻（現在の防府市）などにいる。さらには、阿武郡弥富村、熊毛郡麻郷村といった都市部から遠く離れた農村にまで寄付者が及んでいる。「周防徳山某氏は一週中一日は一食として二度分を本院のステーションン寄附金函に投入せらる　よし」（『新報』第三二号、一八九九年五月）、というような、日常生活と寄付とがつながっているほどに、熱心な支援を行っている。[5]

個人ではなく、学校、教会からの寄付もある。長府の美徳女学校からは、一八九七年三月に寄付が確認できる（『新報』第一〇号、一八九七年五月）。[6]一九〇一年、山口高等女学校（現・山口県立山口中央高等学校）では、寄宿舎の生徒が毎日米の一部を取り除き、その費用を寄付しているとの書面が、寄付とともに寄せられている（『新報』第五九号、一九〇一年九月）。これに限らず、山口高等女学校は、山口での慈善会で教員が寄付するなど協力的である。一九〇三年に山口で行われた慈善音楽幻燈会では、発起人は「山口高等女学校内」の四名となっている（『新報』第七九号、一九〇三年五月）。この幻燈会では、寄付者が山口県師範学校職員、私立中村裁縫女学校（現・中村女子高等学校）生徒、山口高等学校教授職員有志者、山口高等女学校生徒など、学校関係者が中心になっている。山口高等女学校の者が発起人であったことから、学校関係者に呼びかけたものとみられる。山口高等女学校の三好千代子という人物がとくに協力的で寄付を繰り返している。これらの学校の多くはミッションスクールではない一般の学校である。ことに、山口高等女学校は、毛利家の経営による私立毛利高等女学校が県立に移管された学校である(7)。教員個人にキリスト者がいた可能性はあるが、支援活動やその同調が非キリスト者に及んでいたことが明らかである。ただ、女学校が中心であり、慈善イコール女子という発想のなかでのことであり、教育を通じた影響には限界がみられた。

一九〇一年六月には山陽鉄道（現・JR山陽本線）の駅が開業したことにあわせ、青年慈善売店を駅前の空き地に開業し、一一名が店員として参加し、収益の五円を寄付しているという試みもある（『新報』第五八号、一九〇一年八月）。

岡山孤児院では、地方委員や賛助員を確保していくが、これにも山口県からの参加がみられる。賛助員の場合、山口などが目立つが、阿武郡明木村といった山間部の農村にもみられる。山口県の賛助員は、一九〇〇年一月で一名（『新報』第四〇号附録、一九〇〇年二月）、一九一〇年末の段階で、二六一人となっている(8)。『新報』（第四二号、一九〇〇年四月）では、「西方運動の初果」と題して「西方運動の結果として其後同地方より続々賛助員の申込ある」として、具体的な地名として馬関と三田尻があがっている。

岡山孤児院は全国各地で慈善会を開催し、寄付を集めているが、山口県でもたびたび開催している。一八九九年九月頃に、柳井津（現在の柳井市）、岩国、徳山で行い（『新報』第三六号、一八九九年一〇月）、一〇月一一日、一二日には山口で行った。一五〇〇人以上の盛会で入場を断るほどであったという（『新報』第三七号、一八九九年一一月）。一一月には長府、下関で行った（『新報』第三八号、一八九九年一二月）。

一九〇〇年三月には馬関、三田尻で行った（『新報』第四二号、一九〇〇年四月）。一九〇三年は三月から四月にかけて（『新報』第七八号、一九〇三年四月、第七九号、一九〇三年五月）下関、山口、岩国、一九〇五年には、音楽隊の活動が馬関で七月一三、一四日、長府で一五、一六日、山口で一九日から二一日、三田尻・宮市で二六日から二九日、徳山で八月一、二日、岩国で三日から五日にかけて行われている（『新報』第一〇七号、一九〇五年九月）。一九〇八年二月には、下関、長府、山口、防府、徳山、岩国で行われている（『新報』第一三六号、一九〇八年三月）。

山口県での慈善会に対して、歓迎ばかりだったわけではない。一八九九年の『日誌』（六一頁）では、「三田尻に於ける事件」と記しており、何かのトラブルが発生したことが示唆されている。一九〇八年の下関での慈善会にて仏教徒の反対運動があり、新聞報道されるほどであった（『日誌』一九〇八年、二四頁）。ただし、このときは「下関慈善会の大勝利を感謝す」とあり、あるいは『新報』（第一三六号、一九〇八年三月）では「近来希有の大盛会」で、入場できない人がいるほどであったと報告されており、成功したように思われる。

反対が一部であったとはいえ、山口県側からの協力も活発であった。防長女子教育会は、一九〇五年七月一八日から二〇日にかけて山口町で開催された慈善会に、進んで発起人となった[9]。慈善会には、連日の風雨にもかかわらず、山口母姉会、山口高等女学校、光城女学院（山口町にあったミッションスクールであるが、長崎にあった梅香崎女学校と合併して、一九一四年に下関に梅光女学院として開校する）などの斡旋で多数来観したという。

防長女子教育会の岡山孤児院への好意的姿勢は、それればかりではない。機関誌の『防長女子教育』では、「岡山孤児院の音楽会をみるの記」、「愛の力＝岡山孤児院を見る」といった記事が掲載されている。前者は、天津在住の読者より、当地で行われた岡山孤児院の音楽・活動写真会を見たという報告で、子どもたちの様子を礼賛したものである[10]。後者は、三ページに及ぶ記事で、七月に岡山孤児院を訪問した報告であるが、設備や生活、運営方法を詳細に紹介したうえで、「愛の力は相集まりて思想、体力共、健全なる小国民を彼れ等天下無告の孤児にすら生みつゝあるを」「僅かに一時間余の孤児院瞥見、されど遺憾なく岡山孤児院なる巨鐘は愛の力によりて世の終わりまでもと響けるを聞きぬ」と最大限の賛辞をおくっている[11]。防長女子教育会のこうした動きは、この会の影響力からして、女子教育関係者に岡山孤児院に肯定的なイメージが刷り込まれたのは明らかである。

慈善会開催にあたって、地元の新聞も報道していく。山口県では『防長新聞』という新聞が刊行されているが、そこに岡山孤児院慈善会の記事が掲載されている。たとえば、一九一〇年一一月八日と一五日には「岡山孤児院演芸会」という記事が掲載されている。それらの記事は単に慈善会という行事の告知にとどまらず、慈善事業の存在、孤児の存在を示すものであった。山口県内に育児施設が創設されると、その関係の記事も掲載されるようになる。『防長新聞』の場合、山口育児院の記事がかなり頻繁に掲載されている。岡山孤児院の記事は、あくまで県内で慈善会が開かれたときだけの報道であり、頻度として多いというわけではない。とはいえ、県外施設の岡山孤児院のほうが記事のインパクトとしては大きかったであろう。

また、行政が協力しているケースが確認できる。山口県文書館所蔵文書のなかに、「山口育児院関係一件物」という文書がある。(12) そのなかに、岡山孤児院関係の史料が含まれている。町役場が関与が仲介しているのである。

慈善会の開催場所をみると、交通の要衝や発展の著しい地域であり、周到に選んでいるようである。主要都市のなかでも、日本海側の萩での開催は確認できない。また、炭鉱によって発展する宇部は、この時期にはまだ村であるうえ、山陽鉄道の沿線から外れており、対象とならかったのであろう。

駅への慈善箱の設置もすすんでいく。一八九九年には柳井津、岩国に設置した。ほかに、『新報』の記載からは、徳山、三田尻への設置が確認できる。駅の慈善箱は、単に寄付集めの手段であったわけではなく、慈善事業の宣伝装置としての機能をも果たしていた。したがって、一般市民に対して岡山孤児院の存在を周知する役割を果たした。

支援の延長線上でみられるのは、山口県の者が岡山孤児院を訪問することである。一八八九年の『日誌』(四一一頁)に「山口の人　原田章吾氏弐人来訪」という記載があり、創設間もない時期からすでに山口県からの訪問がみられた。

岡山孤児院と山口県とのかかわりが深まることで、山口県からの岡山孤児院への訪問も、たびたび見られるようになる。『新報』から拾ってみると、一八九九年九月一三日に赤間関の富田菊次郎、一九〇二年五月二五日に山口女学校生徒が来訪している。一九〇〇年七月一八日に久賀尋常高等小学校訓導山本只、七月二〇日に三田尻の浅海満多吉、一九〇一年四月五日には、「長府町高木鈴子外婦人三氏」が訪問し、午前から午後四時まで滞在した。一九〇二年一〇月に下関の吉田トメ外一名、一九〇三年九月一〇日に山口高等学校野村貞吉、一九〇五年三月一六日に山口県警部二名、同年月二二日に富海村の津秋総太郎、九月に下関市の吉岡倉吉と夫人、山口の河口門助、一一月に浅口村の守田喜一、一九〇六年二月に吉敷村の光富しか子、一九〇七年の一一月に萩町の末永かめ子が来訪している。

こうした来訪は、一部は児童の入退所に関連する実務的なものもあったかもしれないが、当時の交通事情や個人の経済力からすれば、多くは岡山孤児院への相当強い関心と支援の意思があったことからなされたと思われる。また、そうであるからには、前述の『防長女子教育』の記事にみられるように、見聞した事実について、何らかの形で他人に伝えたであろう。そのルートから、山口県内において岡山孤児院を知る者が、よりいっそう多くなったといえる。

こうした岡山孤児院の活動を容易にした条件として、第一に、山口県の経済的な発展がある。山口県では下関が交通の要衝であり、あるいは宇部の炭鉱など経済的な基盤が形成されていく。慈善に関心をもつ層が形成されやすかった。こうした経済的な発展は、多額の寄付が可能な人物を増やす一方、労働者の生活問題など孤児を発生させる要因ともなっていた。

第二に、キリスト教の発展である。山口県はキリスト教宣教が成功した地域とはいいがたい面があるが、それでも主要都市にはおおむね教会が設置され、ミッションスクールが創設される。教派としては、下関周辺ではバプテスト、県全体では日本基督教会が目立ち、石井十次の属する組合教会は多くはないが、教派にかかわりなく、岡山孤児院を支援する姿勢をもっていた。日本基督教会について、社会問題への取り組みの弱さが指摘される。しかし、自身では社会事業に取り組まなくても、こうして支援する姿勢は決して弱くはない。

第三に、教育の整備である。山口県に限ったことではないが、女学校をはじめ、各種の学校の設置がすすんでいく。学校は、教員という社会的意識の高い者の集団を形成して、そこから慈善事業への関心が高まってくる。特に女子教育の場合に、慈恵心の涵養という教育目標にとって、岡山孤児院が格好の教材となった。

第四に、鉄道の発展がある。本稿で扱っている時期は、山陽鉄道が順次開通した時期でもある。すなわち、一八九七年に広島・徳山間、一八九八年に徳山・三田尻間、一九〇〇年に三田尻・厚狭間、一九〇一年に厚狭・赤間関間が開通している。こうして、岡山から山口県の山陽部については、鉄道で容易に往来できるようになった。岡山と山口の時間的・心理的距離が一気に短くなった。慈善箱の設置も、鉄道があればこそ可能になる。

こうして、山口県と岡山孤児院とが、かかわりを深めていくが、山口県が岡山孤児院の財源として機能しただけにとどまらない。岡山孤児院の知名度や信頼が高まり、後述のように、入所が相次ぎ、また慈善のモデルを示すなど、多様な影響を与えるようになるのである。

3　山口県からの入所

岡山孤児院の山口県での活動は、寄付募集にとどまるものではなく、山口県内の孤児の入所があったことである。山口県では、長府で女性宣教師による孤児院がみられたものの、長府が県の西端に近いため、山口県全体の子どもを保護するには困難であった。さらに、一八九九年に普済院、防長婦人相愛会育児所が設置されるが、小規模であり、すべて入所することはできなかった。したがって、保護を必要とする子どもがいた場合に、県外の施設に依存するしかなく、比較的近い位置に岡山孤児院があった。しかし、それだけなら、山口県内でも児童施設が創設が続く段階で岡山孤児院への入所は必要なくなるが、山口育児院、防長孤児院創設以降にも岡山孤児院への入所は続いている。

山口県内での寄付募集は、一方的な要請ではなく、山口県の子どもが入所しているという根拠があったのである。その数は、災害による特殊要因で多いと思われる東北や岐阜県以外では多い県に属し、山口県は岡山孤児院への主要な送り出しの地域といって過言ではない。入所と募金とがセットになっているケースもある。岩国から入所があった際に、そのための義捐金募集が行われている（『新報』第二七号、一八九八年一二月）。

山口県からの入所は初期からあったようである。一八九〇年の『日誌』（一二頁）では、「小児の出所」として府県別に列挙しているが、「山口県一人」とあり、この時点で山口県からの入所がすでにみられた。一八九八年の『日誌』（六七五頁）に掲載されている「岡山孤児院」という文書の第二章に「創設以来収容せし孤児を府県別に分つ」として府県別に整理しているが、山口県が五名となっている。全体が四七五名であるから、山口県が特に多いわけではないが、山口県から入所が続いていることがわかる。

また、一九〇四年に長府でのブラウンらによる孤児院が閉鎖され、岡山孤児院に入所した（『日誌』一六一頁）。『新報』（第九八号、一九〇四年一二月）は「去る明治廿四年山口県長府に開設せられ昨年末神戸に移りしミス、ブラオンの天恵孤児院は維持困難の為め閉院となり年長者は夫々奉公に出で左の十名を本院に依頼せられ当時在神中のペテー師に伴はれ十一月十二日に着任せり」と記しており、一〇名の入所がみられた[13]。

長府ではアメリカ人のブラウンとイギリス人のシャランドによって、伝道とともに孤児救済が行われていた[14]。石を投げられるなどの無理解がありつつも、支援者も増え、一時は六〇人にも達したということであるから、かなり本格的な施設になっていた。しかし、シャランドが病気になったことや、ブラウンが上海に行くことになったこともあって、廃止された。一九〇四年にすでに、長府には防長孤児院が創設されていたが、宣教師のもとで育てられた子どもを仏教系の施設に移すことはできなかったのであろう。ただ、施設の廃止に踏みきれた背景として、長府に孤児院ができたことで、廃止しても孤児救済に支障がないということがあったかもしれない。なお、シャランドが病気になったときに世話をしたのが進藤かつ子という女性とされる。前述の岡山孤児院に繰り返し寄付をしている進藤カツと同一人物であろう。つまり、ブラウンらによる活動が山口県での孤児救済への関心を高め、それが岡山孤児院への支援につながっていく。

ブラウンらによる長府の孤児院からの入所は、これが初めてではない。一八九五年の『日誌』（九三頁）の五月二日には「長府よりブラント、ブラオン二師来訪」とし、二人は男児一名を伴い、この男児は岡山孤児院に入所する。どういう事情で施設を移したのかは不明であるが、岡山孤児院とブラウンらとの関係はすでにあったのである。

こうして一〇名を受け入れたが、この一〇名のうち、山口県出身とされているのは一名のみである。しかも、同時期に山口県出身者が退所しているので、統計上の山口県出身者が激増したわけではない。

山口県から入所の個別ケースとして、岩国で保護された男児のケースが『新報』（第二七号、一八九八年一二月）に掲載されている。父が困窮するなかで、母が実家に帰って他の者と結婚した。父は病気で死亡し、残された八歳の男児は放浪した末、岩国で保護された。三名の世話人により、義捐金を集め、岩国病院長夫人らから義捐金が寄せられ、伝道師の岩政によって入所にいたった。

また、吉敷郡下宇野から、軍人に伴われて入所（『新報』第三四号、一八九九年八月）、一九〇一年には美祢郡伊佐村の一二歳の男児が「馬関地方委員富海氏の世話にて本日入院」（『新報』第五三号、一九〇一年三月）とされている。伊佐村は山間部であるが、地方委員という組織的な動きで入所にいたった。ただし、この男児は二か月で退院して郷里に帰ったという（『新報』第五五号、一九〇一年五月）ので、何か一時的な理由が発生しただけなのかもしれない。世話をした「富海氏」は、前述の岡山孤児院を援助していた人物である。富海が孤児を把握したとき、岡山孤児院への入所の世話をするのは当然ではある。

しかし、それをよしとしない意識もあった。防長孤児院を創設した進藤端堂は、後述する『同情』掲載の文章で、岡山孤児院に山口県からの入所があることを指摘し、それを問題として認識している。

しかし、山口県での育児事業の発展にもかかわらず、なお山口県から岡山孤児院への入所がみられた。一九〇五年一年間で六人の新規の入所がみられた（『新報』第一一一号、一九〇六年一月）。一九〇六年一月で、男一四、女八の二二人であるのが（『日誌』一九〇五年、一九九頁）、一二月では男一七、女九の二六名（『日誌』一九〇六年、一九七頁）、一九〇七年一月では、男一六、女九の二五名（『日誌』一九〇七年、二三三頁）となっており、一九〇六年一月より増加しており、山口県からの入所があったとみられる。一九〇五年一二月時点での入所児童の出身地をみると、下関市、玖珂郡、都濃郡、佐波郡、吉敷郡、厚狭郡、美祢郡とほぼ県下全域にわたっている。阿武郡、大津郡という山陰側、あるいは大島郡という離島にみられないが、これらはそもそも人口が少ない地域であるうえ、都市化が進行していない地域である。つまり、入所児童の出身地に特別な傾向などは確認できない（『新報』第一一一号、一九〇六年一月）。一九〇九年四月では男一三、女一〇の二三名、創立以来の入所児が男三二、女一五の四七となっている（『日誌』一九〇九年末尾の「岡山孤児院一覧」）。なぜ、山口県からの入所が継続するのであろうか。『新報』により、山口県で主要な施設が生まれて以降の、個々の事例をみてみる。

①一九〇二年一二月に、岩国の男児が呉市の者に連れられて入所している（『新報』第七五号、一九〇三年一月）。詳細な事情は記事ではわからない。

②一九〇三年九月に入所した男児の場合、父が三人の子を残して死亡し、自分は「赤貧寡婦の身」で養育できないと訴えているが、なぜ岡山孤児院なのかはわからない（『新報』第八四号、一九〇三年一〇月）。

③一九〇四年の萩出身の男児の場合、父死亡後、ある男性とともに子を捨てて大阪に行った母を追って大阪に行き、大阪で保護されて入所している（『新報』第七九号、一九〇三年五月）。この場合は、山口県内の施設を避けたわけではなく、経過のなかで岡山孤児院を選んだと思われる。

④一九〇八年二月には、「父旅順に戦死し養育の途なしとて神戸市村松吉太郎氏の紹介により収容す」という三歳の男児、「父は鉄道線路工夫なりしも服務中列車に触れて惨死し救助するものなきにより収容す」という三歳の女児が入所した（『新報』第一三六号、一九〇八年三月）。

⑤一九〇八年九月に女児一名が入所し、「父は数年前死亡し母の手一つにて多児を養育する途なきにより収容す」という（『新報』一四二号、一九〇八年一〇月）。逆に一九〇八年一〇月には、一七歳の男児を岩国の父に引き渡し退所となっている（『新報』第一四三号一九〇八年一一月）。

こうした情報だけではなぜ山口県出身者の入所が継続するのは断定はできないが、考えられる点として、第一に、困窮する児童を把握して世話をする者にとって、岡山孤児院が安心してまかせられる施設であった。山口県内の施設はできて日も浅く、なかには募金の方法をめぐって行政から叱責される施設があるなど、社会的評価も芳しくなかった。岡山孤児院への入所を問題視している進藤の防長孤児院にしても、常に経営難で進藤は資金確保に奔走していた。これでは安心して世話をまかせるには躊躇する気にもなったであろう。また、山口県の施設は小規模であることから、処遇水準も高いとはいえない面があった。一方で、活動写真などから伝わってくる岡山孤児院の処遇はすぐれたものに感じられたであろう。

第二に、そうした世話をする者には、キリスト者ないしキリスト教に好意的な者が少なくなかった。そういう場合、県内の施設は仏教系であり、入所対象になりえなかった。第三に、山口県に育児施設が創設される頃には、すでに岡山孤児院への入所が繰り返され、すでに入所のルートができあがっていたという可能性である。その場合、そのルートを再構成しない限り、いつまでたっても岡山孤児院につながっていった。

4　山口県の慈善事業家への影響

山口県でも慈善事業がはじまり、一八九〇年に釈放者保護事業の下関保護院、一九〇五年に盲児教育の今富盲学館、そして岡山孤児院同様の育児施設も設置が相次ぐことになる。これらの施設は、先駆であるがゆえに、施設運営のノウハウに欠け、ことに資金確保が困難であった。そうしたなかで運営する慈善事業家にとって先行事例として意識されていたのは、岡山孤児院であった。慈善事業家らは岡山孤児院に関する情報を得ることを求めていく。

下関保護院を設立した丘道徹は一八九九年七月一九日に岡山孤児院を訪問している（『新報』第三四号、一八九九年八月）。それ以上のことは不明だが、丘はその後、感化院の薫育寮を設置することなどからして、感化院を含めた児童への処遇のあり方を探ろうとしたものと思われる。

慈善事業家のなかでも、岡山孤児院をかなり意識し、交流を求めたのは赤松照幢である。赤松は、山口県積善会を設置し、婦人の安子とともに一八九九年に相愛会育児院を設置し、廃止後は被差別部落での活動などをしている。妻の安子は徳山女学校を創設しており、慈善、教育の双方にわたって、山口県での開拓的役割を果たしている。

赤松は一八九九年九月頃に徳山で音楽幻灯隊の慈善会に、個人名で寄付をし、徳山女学校からの寄付もあるように（『新報』第三六号、一八九九年一〇月）、岡山孤児院に肯定的な接触をしていた。こうしたかかわりがある以上、慈善会にも参加し、あるいは徳山女学校の生徒に参加を呼びかけた可能性が高い。

一九〇五年に石井が徳山に来訪したときに、赤松は石井と面談している。慈善会のために徳山を訪れた石井は八月一日に「開会前赤松師を女学校に訪い初めて面会」（『日誌』一九〇五年、九七頁）という。「初めて」と記されているので、直接の対面はこの日が最初であったようである。翌日、「午前九時より午後四時まで赤松師と談話」とある。七時間も連続して談話したのかは疑問だが、長時間の懇談を行ったのは確かであろう。石井は三日に赤松に礼状を出しており（『日誌』一九〇五年、九八頁）、単なる儀礼的な訪問を超えた関係がその際に築かれた。

今度は赤松の側が岡山孤児院を訪問する。一九〇七年九月一二日に来訪した。「同信会員と共に晩さんを食す（赤松師も共に）而して同師より仏教の奥義をきく」という。そして「本日の赤松師の来訪は決して偶然にあらざることを感ぜり」とあり（『日誌』一九〇七年、一五七頁）、単なる表敬訪問のようなものではなく、かなり内容のあるかかわりがあったことが推察できる。

照幢の義父の赤松連城はすでに一八九九年九月二四日に訪問し、施設見学や石井との懇談を行い、寄付もしている。『新報』第三六号（一八九九年一〇月）には「随行員弐名と共に来院大雨盆を覆すか如く降り来るにも拘らず遍く院内を巡視し種々談話」とあり、立ち寄ったというようなものではなく、意図した本格的な訪問であったようである。石井は連城について「やはりえらい人はえらくない感心なものぢや」と記しており（『日誌』一七五頁）、突っ込んだ意見や情報交換を行ったものと思われる。ちょうど赤松が慈善会で寄付をしたのとほぼ同じ時期でもある。

連城と照幢が会ったときに、岡山孤児院訪問の件を話題にするほうが自然であり、ここで得られた情報は照幢に伝わっていたとみるべきであろう。照幢は石井と実際に会う前にすでにかなりの情報を得ていたのである。一八九九年八月に赤松安子が物品を寄付している。（『新報』第四〇号、一九〇〇年二月）。この頃すでに、相愛会育児所が開設されており、他所に寄付などできる余裕はないはずだが、孤児救済の先駆である岡山孤児院への敬意であろうか。

また、赤松から石井宛と岡山孤児院宛の書簡が石井十次資料館所蔵資料に残っている。[15] 赤松と石井とが、前述の礼状にとどまらず、たびたび手紙のやり取りを行う関係であったことも確認できる。

赤松が岡山孤児院を意識していたであろうことは、赤松の娘、赤松常子が述べていることからも明らかである。[16] 常子は、労働運動に参加し、戦後、参議院議員（当初は日本社会党。民社党結成により民社党に）をつとめた人物である。常子は「岡山の石井先生のしていられる有名な孤児院の話を、よく父や母がして呉ましたし、母も岡山まで、女生徒をつれて見学にも行ったようです」と回顧している。戦後に書かれた回顧であり、ことさらに岡山孤児院について儀礼的配慮をする必要もないのであるから、字義どおり、照幢と安子が岡山孤児院を評価し、それを娘にも率直に伝えていたと考えてよいだろう。

しかし、これほどまでに岡山孤児院を肯定的に意識していた赤松であるが、単に石井を礼賛しているのではなく、逆に痛烈な批判をしている。[17]

目下、岡山孤児院は全国で最も成功したものといはれて居りますが僅かに八百人か千人の孤貧児の為に、必死の力を以て、運動を為し、数組の音楽隊を常に全国に放ち、時には遠く朝鮮支那迄も遠征に及び、口を酸くし、声を嗄らして、人心を鼓舞し、人の同情心慈善心を激励して居るけれども、中々思ふ様に世の同情を得ることが六か敷いではありませんか。これは、私は、其やり方が不自然であるからだらうと思ひます。即ち、或る特種の人が、他の大勢の人の子を一処に集めて、そしてそれを教養しようといふ計画其物が、頗る不自然であり、そこに多少の無理があるから、実行に当つて甚だ困難を感ぜざるを得ないのであらうと思ひます。先年も私は、石井氏に対して云ふた事がある。あなたの事業は、大きくなり過ぎはしませぬか、仕事が大きくなると兎角初めの理想通りに行き苦いものでありますぞと云ふたら、其時、石井さんも、さればです、私は其感じがありますから、決して故意に大きくしようとは思ひませぬ、只自然の発達に任せて置くより仕方がないと思うて居りますといはれました。

巨大化する一方であった岡山孤児院への強烈な批判である。しかも、石井に直接話したというのである。赤松による育児院は規模も小さく、子どもの世話は、徳山女学校の生徒が手伝うなど、いわば手作りの施設運営であった。資金も大々的な募金などは避け、慈善市などでまかなったという。意図して小規模を目指したというより、小規模にならざるをえなかったとも思えるが、いずれにせよ、拡大の一途をたどった岡山孤児院の姿は赤松には異様に映った。この点では、影響といっても、赤松の実践全体が岡山孤児院と同様にはあえてしないという、逆方向の影響であった。

山口県でのもう一人の先駆者は進藤端堂であり、長府にて防長孤児院を創設した。覚苑寺の僧侶である。覚苑寺の芳名録に石井の名が記されており、石井が防長孤児院を訪問したことは明らかである。また、長府ではたびたび、岡山孤児院による慈善会が開催されている。長府は狭い城下町であり、進藤は当然、慈善会の開催や内容、住民への影響を熟知しており、関心をもったと思われる。安東邦昭は、当時の長府の人口約六〇〇〇人に対して、一〇〇〇人を超える参加者がいたことを指摘し、長府における慈善会の規模の大きさを論じている(18)。これほどの行事が近所で開催されて、気にならないはずがない。

進藤は、防長孤児院で発行していた雑誌『同情』にて「我山口県に防長孤児院の未だ起らざる以前に、岡山孤児院は山口県内の孤貧児を三十四名収容して居ると申すことであります、これは岡山孤児院が山口県下各所に於て、慈善音楽会を開きました時に、院長石井十次氏が収容児童を県別にして、堂々と説明して居られたのを、親しく聞いたのであります。此の石井氏の説明は明らかに我山口県には一の慈善機関が備て居らぬと云ふことを証明して居るのであります。石井氏が山口県に於て岡山孤児院に同情を得んが為に、山口県より三十余名の孤貧児を収容して居ると報告せらるゝ程、既に他府県に対して我県の不名誉で有らうと思ふのであります」と述べている(19)。

この記述から、進藤が岡山孤児院の慈善会に出席したことがわかる。しかし進藤は山口県の児童が岡山孤児院に入所している実態を好ましくないととらえていた。この文章は、山口県に慈善組織を設立することの提案であり、岡山孤児院への対抗を呼びかけているわけではない。とはいえ、進藤は岡山孤児院に山口県の児童が入所する実態を変えようとしており、岡山孤児院の影響のない慈善体制を構想したのである。赤松とは異なり、尊敬ではなく克服の対象と考えていたのである。

これは第一には愛郷心あるいは、山口県で生じた課題は山口県で解決するという責任感であろうが、それに加え、キリスト教への危機意識ないし反発もあったのではないかとも思われる。進藤はキリスト教に対して批判的意識があったことは、『山口県社会時報』に掲載された文から明らかである。[20]この文章で進藤は曖昧な根拠で、山室軍平と熊本バンドで知られる宮川経輝を批判している。山室を批判の対象としているのは、キリスト教社会事業への批判的意識があったのではないかと思われる。進藤の活動の場である長府は乃木希典の出身地であり、進藤は後に乃木の銅像をつくって寺院の境内に設置している。郷土の著名人を顕彰する以上の乃木へのこだわりは、進藤の国家主義的傾向をしめしている。

しかも、安東邦昭が整理しているように、長府はじめ関門地域は岡山孤児院が活発に活動を展開した地域である。[21]キリスト教会とも連携した一連の動きは、進藤にとって愉快ではなかったであろう。

しかし、進藤自身の実践をみると、岡山孤児院と異なる方向に行くどころが、模倣するがごときである。防長孤児院でも慈善演芸会を実施する。その趣意書などが「坂本家文書」（下関文書館所蔵）にある。賛助会員の制度をつくって、資金を確保しようとした。また、一時、朝鮮進出構想をもっていた。里親制度を実施しているが、その委託の金額まで岡山孤児院と同じである。進藤が意識して岡山孤児院を模倣したのか不明である。あるいは、無意識のうちに類似してきたのかもしれないが、いずれにせよ、進藤は岡山孤児院の影響から逃れることはできなかったのである。

山口育児院の荒川道隆も、慈善事業の主要な人物である。一九〇四年三月三一日には山口育児院の荒川道隆が来訪している（『新報』第九〇号、一九〇四年四月）。荒川は僧侶であるが、一九〇四年に山口育児院を創設した。訪問した日の『日誌』（五二〜五三頁）には「孤児院設立の希望を以て参考のため話ききに来院せらる」という記載がある。荒川は、仏教系の慈善事業を開設するために、岡山孤児院を手本にしようとしたのである。山口でも岡山孤児院の慈善会が開催されている。荒川が高い関心を寄せたことは確実である。自身が参加するか、あるいは直接参加しなくても、そこで何が語られたのか、慈善会がどのような運営をされたのかなどの情報を得ていたことは確実である。

また、山口育児院の寄付募集の方法として、駅への慈善箱の設置や慈善演芸会の開催が行われている。『山口育児院月報』を発行して、支援者との関係を維持していた。また、やがて財団法人化する。こうした手法は岡山孤児院に類似している。一九〇四年の訪問で石井がどこまで情報を提供したのか不明であるが、山口育児院が仏教系の施設であるにもかかわらず、岡山孤児院を意識して模倣していったことは明らかであろう。山口育児院は一連の山口県での育児事業のなかで唯一現存しているが、もちろん、荒川自身の行動力や熱意を評価しなければならないが、そこには、創設期の困難を岡山孤児院の情報で乗り越え得たことも一因であろう。

こうしてみると、山口県の初期の慈善事業を支えた主要な人物はいずれも、僧侶でありながら、岡山孤児院から強い影響を受けていたのである。言い換えれば、岡山孤児院というものが、山口県慈善事業の形を決定づけたのである。

このほか行政の関係では、一九〇六年二月七日に県属伊藤隆祐が訪問している（『新報』第一一二号、一九〇六年三月）。伊藤は感化救済事業の講演をしている人物である。その講演では児童保護の問題に触れているが直接には岡山孤児院に言及してはおらず、影響は不明である。(22)

こうして岡山孤児院を意識しつつ発展した山口県の慈善事業であるが、石井の死、孤児院の解散のなかで、関心も低下していくことになる。『山口県社会時報』の巻頭言に孤児院の解散について触れている。(23) 筆者は「竹頭」となっているが、これは社会事業主事の篠崎篤三のことである。篠崎は、孤児院が解散することを紹介し、「石井氏の苦辛の如きは疑ひもなく重大なる寄与をなしたものに違ひない」と述べたうえ、岡山孤児院の業績を惜しんでいる。しかし、その程度の扱いでしかないともいえる。篠崎は山口県の社会事業主事となる前は家庭学校の校長をしている。キリスト教施設に関心をもっていたはずであり、この程度の発言をするのは当然であろう。この記事以降に『山口県社会時報』に岡山孤児院に関する本格的な記述は見られず、岡山孤児院が過去の施設になったという宣言の役割を果たしている。岡山孤児院への関心の低下は、岡山孤児院それ自体の存在意義の低下に加え、山口県に育児施設は山口育児院一つになって育児事業自体の比重が下がったこと、山口県の社会事業が一定の基礎を築き、もはや岡山孤児院から何かを学ぶ必要が薄れたことなどがあろう。結果、社会事業界で直接岡山孤児院を語ることはなくなっていく。

こうして、やがて関心が薄れてはいくが、初期の慈善事業を支えた人物は、岡山孤児院の影響を強く受けていた。赤松、荒川、進藤とも、社会事業の形成の時期まで活動を継続しており、彼らが岡山個人から得た知見は彼らの社会事業実践のなかで、山口県の社会事業全体につながっていった可能性がある。

5　山口県慈善事業全体への影響

岡山孤児院の活動は、山口県に慈善事業の存在を知らしめ、教育界をはじめ、広い範囲に慈善事業を認識させた。各地で行われた慈善会では受け入れ側の動きがあったし、地方委員となったり、入所をあっせんしたりするなど、主体的にかかわる契機ともなっている。

山口県にも慈善事業が生まれてくるが、それが可能になった一因として、岡山孤児院による情報発信が山口県に対してなされ、慈善事業というものの必要性と実在がすでに認識されていた。以後の山口県の慈善事業・社会事業の発展には、岡山孤児院の直接、間接の影響による面も大きいであろう。山口県慈善事業、社会事業の発展には、初期の段階での岡山孤児院の影響があったのである。

反面、岡山孤児院がそびえ立つぶん、山口県内の慈善事業が小さく見えて、山口県の慈善事業が自律的に発展することが困難になる面があった。岡山孤児院に寄付をしたことをきっかけにして慈善事業への関心を高め、山口県内の慈善事業への寄付をもしていく者もいたであろうが、岡山孤児院の慈善会で寄付をした者が、さらに他の施設に寄付をすることが困難であった場合もあったと思われる。

また、女学校など女子教育を中心とした支援が行われていたが、こうした支援が以後の社会事業のなかでより発展したかといえば、そうではない。キリスト教会は岡山孤児院支援の中核であったが、山口県でのキリスト教社会事業は、農繁期託児所のような小規模なもの以外はみられず、岡山孤児院への関心がキリスト教社会事業を生み出すことになっていない。こうした点からみると、岡山孤児院への支援や関心は慈恵心を満たすためのものに過ぎず、社会事業、さらには戦後のボランティアなどとは質的に異なるものであった。したがって、社会事業家は新たに基盤を求めて行動しなければならなかったのであり、その点では岡山孤児院を克服していくほかなかったのである。

【注】

(1) たとえば、前章の初出である拙稿「山口県における慈善事業支援体制の形成」『地域社会福祉史研究』第三号、二〇〇九年では、「岡山孤児院の影響」と題して論じている。
(2) 安東邦昭「明治期の関門北九州地域における岡山孤児院による慈善活動」『北九州市立大学大学院紀要』第一八号、二〇〇四年。
(3) 富海については、黒木五郎『梅光女学院史』下関梅光女学院、一九三四年にて、「赤間関教会の創立、富海松兵衛氏の回心」と題して、信仰をもつようになった経緯などが記されている。
(4)『防長新聞』一九一一年六月一七日。
(5) 寄付や来訪者については、石井十次資料館所蔵の史料によってより詳細かつ正確に把握できると思われるが、本研究では、寄付や来訪それ自体というより、そこから生じる影響に重きを置いている。『新報』に掲載され、公表されたという意義を重視したいので、『新報』を主要史料としている。
(6) 美徳女学校は、長府に設置されたキリスト教の学校であるが、一九〇一年に廃校になった。本章では長府という地名がたびたび登場する。長府は山口県西部に位置する小規模な城下町であり、現在は下関市の一部になっている。明治期にキリスト教による活発な宣教が展開されたことから、岡山孤児院とのつながりが多く生じた。長府とキリスト教との関係については安東邦昭

「明治期におけるキリスト教女子教育と地域社会」『キリスト教史学』第五八号、二〇〇四年で把握することができる。
(7) 山口県教育会編『山口県教育史』山口県教育会、一九八六年、二九七頁。
(8)『明治四三年度　岡山孤児院年報』岡山孤児院。
(9)『防長女子教育』第七号、一九〇五年八月、五四～五五頁。
(10)『防長女子教育』第一六号、一九〇六年、二三～二四頁。
(11) 白菊「愛の力＝岡山孤児院を見る」『防長女子教育』第四三号、一九〇八年、二五～二七頁。
(12)「河野家文書」内の「山口育児院関係一件物」一九〇八年、山口県文書館所蔵。
(13)『石井十次日誌（明治三十七年）』（二六一頁）では、この記事を第五八号と記しているが第九八号の誤記である。
(14) この施設については、下関市市史編修委員会編『下関市史・市制施行―終戦』下関市役所、一九八三年、六九〇～六九二頁に詳述されており、その記載を根拠に記述している。また、『防長新聞』一九〇三年一一月一〇日に「長府天恵園の移転」という、この施設に関する記事が掲載されている。神戸に移転することになり、長府駅を出発したという内容である。神戸に移ったものの、結局長続きせず閉鎖にいたったようである。
(15) 石井十次研究会『石井十次資料館蒐・所蔵資料仮目録』二〇〇四年。なお、同書では岡山孤児院宛の手紙の発信者を「赤松照隆」と記しているが、内容からみても、赤松照幢であることは明らかである。
(16) 赤松常子「みなし児らとともに育ちて」『白梅』元徳山女学校同窓会、一九六三年。
(17) 赤松照幢『土曜講話　第壱集』、一九二五年、二二～二三頁。
(18) 安東邦昭「明治期の関門北九州地域における岡山孤児院による慈善活動」『北九州市立大学大学院紀要』第一八号、二〇〇四年、三五二頁。
(19) 進藤端堂「山口慈善保護会を設立するの議に就て（再び）」『同情』第二二号、一九〇八年。
(20) 進藤端堂「仏徒の自発的奮起を要望す」『山口県社会時報』第一一号、一九二五年六月。
(21) 安東邦昭「明治期におけるキリスト教女子教育と地域社会」『キリスト教史学』第五八号、二〇〇四年。
(22) 伊藤隆祐「感化救済の要項」『山口県第一回地方改良事業講演集』山口県内務部、一九一〇年。
(23) 竹頭「茶臼原孤児院」『山口県社会時報』第二七号、一九二六年。

第5章　山口県勤務時の田子一民

1　山口県と田子一民

田子一民は内務官僚として、初期社会事業行政に寄与し、また『社会事業』などの著作で社会連帯思想に立脚した社会事業論を提起した人物として、社会福祉史を論述する際に重視されてきた。

田子が内務官僚としてスタートしたのは、山口県である。一九〇八年一一月に文官高等試験に合格した田子は、同年一二月に内務省に入り、山口県警部兼属に任じられた。一九一〇年六月に都濃郡長になった。都濃郡は、徳山町に郡役所があり、徳山町周辺の町村で構成され、現在の周南市と下松市にあたる地域である。一九〇七年の人口は約九万七〇〇〇人である。(1)徳山町は、町とはいえ、商工業が発展し、県内で当初は五校のみ設置された旧制中学がおかれるなど、主要都市といってよい。他は山間地も含めた農村地域である。郡長時代には、住居も山口町から徳山町に移すことになる。

一九一二年三月に山口県事務官に任じられ、警務長となる。四月に山口県市吏員並びに町村吏員懲戒審査会委員となる。一九一三年六月に内務省警保局警務課長に転ずることで、山口県を去る。その後、社会課長として社会事業行政の基礎を築き、『社会事業』などの著作で、社会連帯に基づく社会事業論を展開した。そのほか、地方自治に関連したものなど、多数の著作を残した。内務省を辞した後に衆議院議員となり、戦後は吉田内閣での農林大臣、全国社会福祉協議会会長など、幅広く活躍した。

田子が山口県に勤務していたのは四年半ほどにすぎず、田子の八三年に及ぶ官僚・政治家を中心とした人生全体からすれば、きわめて短い期間にすぎない。しかし、官僚としてのスタートである。通常誰にとっても、こうした初期の活動は、所属する組織の基本的や役割や思想を吸収していくなど、期間は短くとも、その後の人生への影響は大きいのではないだろうか。田子自身は「山口県での見習時代」と表現して回顧している(2)。「見習」という弱い立場であったという謙遜した表現ではあるが、「見習」であるがゆえに、知識や思想を積極的に獲得したともいえる。

赴任時の二八歳という年齢は、当時としては必ずしも若くはないが、まださまざまな影響を受け入れながら思想形成を行う段階である。岩手県出身の田子からすれば、見聞することの多くは新鮮であっただろう。しかも、私的には、長男の出生間もなく、長女の誕生と死亡、次女・次男の誕生と、思い出深い出来事が続いた。

田子自身、宇部の炭鉱や下関の賭博や「密売淫」の検挙を見学するなど見聞を深め、それが「社会問題に打ち込む基盤になる」と述べている(3)。田子のこの記述は晩年のものであり、そのまま鵜呑みにはできない面もあるが、額面通りに受け取れば、田子の社会事業への関心は山口県で芽生えたことになる。

やはり晩年の座談会での回顧であるが、「四十二年に内務省に地方改良講習会というのがあったとき留岡先生、井上友一先生中川先生、こういう人々の講演を承わったのです。それを県に帰って私も復習するような講習会を開きました。そのとき私がやりましたのは今日の水平社問題ですが、それに非常に感銘してそれをやったものでした。その翌年四十三年に郡長になりまして、それから私の郡で講習会を開いて本省から井上神社局長、それから留岡先生、お二人ともこの社会問題に触れて話され若い者に非常な感銘を与えられました。それが官界で社会福祉問題に興味をもった、動機だと思います」と述べている(4)。ここでは、山口県からの直接の影響というより、内務省本省とのやりとりと県での業務との相互作用の結果という認識ではあるが、時期的には山口県勤務時に社会福祉問題に関心をもったとされている。少なくとも晩年において、田子が自身の人生の総括を考えた際、社会事業への関心の出発点は山口県勤務時と理解していたと断定してよいであろう。

また、山口県勤務時に社会事業家との交流がみられるなど、社会事業への認識を深めていったことは明らかと思われる。

高石史人は「時あたかも内務省が地方改良運動に着手したその時機に、彼はその最前線に身を置いた」と述べて、地方改良運動との関連を指摘しているが[5]、地方改良運動の最前線に置かれたことで、社会事業への志向を高めざるを得ない状況に立たされていた。

本章は、田子の人物研究を目指しているのでもないし、内務官僚としての田子を分析して、社会事業行政の研究をしようとしているのでもない。あくまで、山口県をフィールドにした地域社会福祉史研究の一環である。地域社会福祉史において、地域が「中央」に支配された場ではなく、その地域独自の要因や地域住民の自発性によって社会事業が発展することを重視する。しかし、そのことは、地方行政を内務省が支配している現実を軽視することではない。戦前、地方行政が内務省によって管理され、戦後になっても自治官僚ほか中央官僚が、地方自治体に出向するなどして政府が自治体に直接の影響力を行使し続ける。その際に、地方と「中央」とを行き来する官僚を一人の人間として捉えて直視しておくことは、決して「中央」の論理に屈することではなく、むしろ「地方」側から思考していく材料として不可避の作業ではないだろうか。社会事業行政の中枢になっていく田子が山口県に勤務していた事実は、山口県の地域社会福祉史において、重要な課題である。

2　先行研究と史料

社会事業の成立を論じる際に、田子をキーパーソンとして触れる著作は少なくない。ただし、田子について論述するとき、山口県に勤務した事実を、それなりに重視する場合と、そうでない場合があった。

池本美和子『日本における社会事業の形成』では、社会連帯思想を分析するに際して、田子を重視して、田子から論述を始めている。同書では田子について「内務省に入り、地方局救護課長、社会課長を経て」と紹介しており、山口県勤務は飛ばしている[6]。

笛木俊一は、田子の社会事業論の形成についての詳細な論文を書いている。(7) 同論文では、田子の社会事業への関心の始まりが、山口県勤務時にあることを指摘している。しかし笛木の関心は田子の社会事業論の分析にあり、緻密な研究での議論のプロセスのなかで、ごく一部触れているにすぎず、山口県に勤務したことに特に着目しているわけではない。加藤千香子は、地方改良運動の前提としての「自治民」育成について論じているが、山口県勤務についてはその事実に簡潔に触れているだけである。(8) 野口友紀子は、田子の社会事業論の詳細な分析を試みているが、関心の軸足は理論そのものにあるので、山口県勤務の問題とは次元が異なる。(9)

こうした田子の山口県勤務について、ほとんど追究しない研究の一方で、山口県勤務のもつ意味に関心を向けている研究も、いくつか見られる。佐藤進は、「山口県の郡長の経験、そして内務省地方局市町村課長の時代に、地方行政や地方開発にかかわる見聞を大いに広めたことはいうまでもない」と述べて、郡長時代に限ってはいるが、そこでの経験が以後の田子の思想や活動に影響したことを示唆している。(10) 高石は前述のように、ある程度重視した記述をしているばかりでなく、田子の「地方及び現場志向性」は「官吏への道を地方からスタートさせたことにも拠っている」と述べるなど、田子の思想や立場の基盤形成の一つに、山口県に勤務したことがあることを指摘している。(11) 黒川みどりの論考では、「国家の基礎としての地方」という節の最初の段落すべてが、内務省入省後最初の勤務地が山口県であることの指摘と、都濃郡長時代の田子の回想の引用である。(12) さまざまな研究のなかで、山口県勤務を最も重視する記述は、『よくわかる社会福祉の歴史』の「田子一民」の項であろう（執筆は畠中暁子）。そこでは見開き二ページのうち、四分の一近くを「地方官の時代」という見出しで、山口県に勤務して地方行政への関心を高めたことを指摘し、参考文献として『郡に在りし頃』をあげている。(13)

しかしながら、いずれにしても、山口県勤務それ自体が分析の関心事ではなく、田子の山口県勤務時代を全体として詳細に把握しているわけではない。あくまで、わが国社会事業の形成の特質を明らかにしていくうえで、田子が地方官であった経験に着目する研究者もいるというレベルにとどまっていた。

一方、山口県内で発行された文献での扱いであるが、田子が都濃郡長を退いた後に都濃郡役所より一九二四年に『都濃郡史』が編集されている。しかし、同書は町村ごとの記述があるだけで田子の業績はわからない。『山口県警察史　上』は、田子が警務長であった事実が記されているだけである。(14)

山口県史を扱った文献で、田子を正面から取り上げているのは、布引敏雄『融和運動の史的分析』である。(15)布引は後述の田子による講演「特殊部落の改善」を取り上げ、そこでみられる、部差別部落住民への偏見に満ちた言説を厳しく批判している。さらに布引は「山口県地方改良期の被差別部落」という論文で、「山口県地方改良運動と田子一民」との見出しをつけて、同趣旨の議論を展開している。(16)布引は山口県の部落史研究の第一人者であるが、これらの研究は山口県における部落改善事業を論じたものである。田子の山口県時代の分析は、背景としておかれている形であり、後に出世する内務官僚が山口県に勤務していたということを紹介することに力点があって、田子と山口県との関係や相互の影響を考慮したものではない。

田子一民に関する主要な基本文献として、「田子一民」編纂会による『田子一民』が田子の死後に発刊されている。同書には、田子自身による自伝が含まれているが、そこに「山口県での見習時代」という見出しのついた部分があって、山口県勤務時の記述がある。ただ、都濃郡長時代のことが欠けているため、編者が『郡に在りし頃』を抜粋して補っている。記述は簡略であるし、晩年に書いたものであるなど、全面的に依拠することはできない。

『郡に在りし頃』は、都濃郡長時代の田子自身による回顧に妻の静子の文が加わって、一九一四年に発行されている。発行が山口県からの転任後、間もないことから、信頼性の高い文献である。しかし、扱っているのは都濃郡長時代の短期間に限定される。内容は、一般的な随想が多く、同書から郡長時代の田子の思想的影響などを読み取るには、限界がある。

結局のところ、この二つがある程度まとまったものであるが、ほかには目ぼしい文献はみられず、あとは田子による回顧を含んだ著作から、山口県勤務時に関連するものを引き出すしかない。田子は多量の著作を残したこともあって、時に山口県勤務時の回顧が含まれている場合もあるが、それぞれの記述はきわめて部分的、断片的にすぎない。

あとの可能性として、田子と山口県勤務時に交流のあった人物が、田子について書き残している可能性もあるが、今のところわずかしか発見できていない。『防長新聞』などの地元メディアに田子の動静を報じた記事がみられるが、公式業務の一部が垣間見えるにとどまる。

以上の状況のもと、先行研究や既存の文献で、山口県における田子の行動や思想的影響を把握することには限界がある。そこで、まず、田子の著述等から、田子の言動や思想を把握する。加えて、当時の山口県政の動きや特質をみることで、田子が山口県で何に直面し、何を見聞きしたのかを把握する。

3　山口県での田子の動向

(1) 山口県政、特に渡辺融知事との関係

田子の山口県勤務時の山口県知事は、渡辺融であった。渡辺の在任は一九〇三年六月から、一九一二年六月までの九年に及んでいるが、これほどの長い在任は、戦前の官選知事としては最長である。その間、まず直面したのが、山口県を廃止して、隣県と合併させるという案が政府にあることが伝えられ、廃県に反対する運動が起きた事件である。結局、国会が解散したこともあって、こうした案は流れることになる。さらに日露戦争が起きる。その際に、傷兵や遺族家族の救護が各地でなされていくが、こうした動きを主導したことが渡辺の業績の一つとされている。二代前の知事古澤滋は、自由民権運動に参加した人物であるが、産業振興を重視して積極財政を行った。しかし、財政を肥大化させたこともあって、県会が賛否をめぐって混乱するなど、少なからず批判もあった。古澤の路線を転換して、緊縮財政を徹底したことが渡辺県政最大の特徴である。[17] 日露戦争後には、「国本培養」「民力充実」を戦後経営の要点として示し、一九一〇年には、町村事務の整理、租税滞納の矯正、町村基本財政の造成の三点を地方改良の必行事項として示した。以上のような渡辺県政の動きから、渡辺が、町村を地方行政の基盤として重視したことと、住民の教化によって、地方のもつ力の向上を目指して

いたことが把握できる。

田子は著書で、渡辺について、たびたび尊敬の念を表明している。『田子一民』の「その人と追憶」の最初のエピソードも田子と渡辺知事との関係に関するものであり、田子はたびたび渡辺に随行していたことがわかる。[18]同書では田子自身も、伊藤博文が広島の宮島に来たとき、渡辺に随行して伊藤に紹介してもらったことを得意げに書いている。[19]「私の恩人たる渡辺融氏」といった表現があるし、[20]「慈愛あふるゝ渡辺明府の膝下に侍し、恩情、激発具さに至り、至誠の薫化に浴し、而も我儘に児供同様に育て上げられし」といった、最大級といってよい記述もみられる。[21]

上司であり内務省の先輩である以上、儀礼的に大切にする面もあろうから、字義通りに受け取ることはできないが、随所に渡辺への好意的な記述があることからして、渡辺の存在は田子にとって大きかったといえよう。次女の誕生に際して、命名は渡辺であったというから、[22]そのつながりは、プライベートな領域まで及んでいた。田子は、郡長時代に郡内の全町村を巡回した。二二町村あり、山間部など交通不便な地も含まれている。その体験が以後の地方自治の発想にもつながってくると思われるが、これは知事の指示だったという。[23]

田子が、渡辺から大きな影響を受けたことは明らかである。渡辺県政、すなわち緊縮財政を軸とし、教化を重視しつつ、しかし県民の困窮に対しては先手を打って対策をたてるという、長期県政を維持できたその手法の把握は、田子の理解のうえで必要と思われる。

(2) 社会問題との出会い

田子は『田子一民』にて山口県時代を回顧しているが、そこで社会問題との出会いがいくつも記されている。宇部の炭鉱を調査し、炭鉱労働者が娼妓につられて、一文なしになってしまう実情を知ったり、貯蓄を奨励したところ、貯蓄があるために欠勤する者がいることを指摘されたりしたという。下関では「密売淫」検挙の現場に立ち会ったが、その経験から「売淫問題は、とかく女の問題のように取扱われるが、事実は求めるもの、求める男あればこそ、売淫が成立する」のであり、「売春問題は買春問題」という問題意識を持つようになったという。[24] 後年の記述なので、戦後の売春防止法制定に向けての議論に影響されつつ書いた可能性もあって、下関の経験のみで問題意識を高めたのかは即断できないが、原体験として記憶され続けたのは確かであろう。

こうした一連の経験により、田子は「社会問題に打ち込む基盤になるものが多かった」と回顧する。田子はこの文章に続けて「それらを書き綴れば際限がない」としており、類似の経験が他にもいくつもあったと推察できる。[25]

また、田子は一九〇九年一〇月に開催された山口県第一回地方改良事業講演会で「特殊部落の改善」という講演を行っている。[26] この講演で田子は、久米村の被差別部落を視察したことを記しているので、山口県内の被差別部落を見聞する機会があったようである。講演の内容のなかに、山口県の被差別部落の状況を述べている部分がある。そこで述べている内容自体は、県があらかじめ把握していた情報であって、田子の知見というわけではないであろうが、岩手出身の田子にとって、山口県の被差別部落の実態を知ることで、問題の実在や対策のあり方について、考えを深める契機になったと思われる。田子は赴任した直後のあるエピソードから、「誤った不平等観の是正に心をくだくようになった」と書いており、[27] 山口県勤務が関心の発祥であった。

しかし、田子はこの講演で「彼等は詐欺窃盗に慣れて居ります」と述べている。講演の最後の「特殊部落と自治制」という部分は、被差別部落民が公共心の発達に難があることを指摘して、その改善を図ることを主張しているなど、布引敏雄が指摘しているように、被差別部落住民へのきわめて否定的な認識を示している。こうした差別的発想が、山口県に赴任する以前からあったのか、山口県での見聞で形成されたのか不明であるが、山口県内で臆面もなくこうした認識を語っていた事実は確認しておくべきであろう。

社会事業家との交流として、徳山の赤松照幢・安子夫妻との関係が確認できる。照幢は徳応寺の住職であるが、山口県積善会を設立して、『山口県積善会雑誌』を発行、田子が山口県を去った後であるが、被差別部落の改善事業にも乗り出している。安子は、浄土真宗の赤松連城の娘であり、防長婦人相愛会を設立して、やはり雑誌を発行、また徳山女学校を設立して教育事業に尽力する。なにより、防長婦人相愛会育児所を設置して、山口県での慈善事業の先駆をなしている。[28]徳山町やその周辺での夫妻の発信力・影響力はきわめて大きなものがあった。都濃郡町としての田子が、夫妻を重視するのは必然であった。

赤松安子の遺稿を収録した『清淑院全集』の後半は、安子への追悼であるが、田子が「故赤松夫人を憶ふ」と題して寄稿している。[29]それによると、都濃郡長として徳山に赴任する前から、赤松照幢について知っていた。そして着任の直後に赤松が住職をつとめる徳応寺を訪問した。その際、玄関に出てきたのが安子であったのだが、照幢には会えなかった。以後、教えを請うために何度か徳応寺を訪問するようになった。県庁に戻ってから、官舎に赤松側から訪問したこともあり、その際に安子は、山口に女子の感化院がないのは痛恨事であると語っていたという。

『郡に在りし頃』でも徳山に赴任するに際して、徳山ゆかりの人物として、著名人として児玉源太郎を挙げた後、いくつかの人物を列挙するなかで「宗教家で教育化又慨世家の赤松照幢氏」と記している。[30]

ここからわかるのは、田子は、社会事業家である赤松の情報をあらかじめ得ていたこと、赤松に田子の側から積極的に接していたこと、そこで社会事業のことも話題にしていたということである。田子が赤松から影響を受けた側面と、赤松が田子から情報を得て活用した両面があったものと思われる。

前述のように田子は久米村の被差別部落を訪問したことを講演で述べているが、その講演で、部落改善事業を先駆的に行っていた河野諦円について、詳細に紹介している。[31]田子は「改善の実例」という柱を立てて話しているが、その実例とは河野の活動のことである。青年会や婦人会の活動、貯蓄奨励、共同購買、農事改良などについて述べている。もちろん、こうした紹介は望ましい事例として話しているのであり、田子が河野の活動を積極的に評価しているのである。河野に面会したことにも触れているが、話している内容の詳細さからみても、面会時にかなり突っ込んだやりとりがなされたこと、訪問以前から河野の活動についての情報を相当に収集したであろうことが推察できる。

こうしてみると、田子は県内の社会事業の全体の状況についても把握していたのではないだろうか。山口ではすでに山口育児院が設立されるなど、山口県内では他にも社会事業があり、何らかの交流があったかもしれない。

留岡幸助との交流も、山口県勤務時に深まっている。田子は留岡の死後、『社会事業』に追悼記を書いている。(32)そこでの記述の相当部分は、山口県勤務時のエピソードである。内務省による地方改良講習会に講習生として出席した際の講師の一人が、留岡であった。ただしこのときは一方的に話を聞いただけで、留岡と会話することはなかったという。また、都濃郡の地方改良事業講習会で留岡を講師として呼ぶ話があり、それまで郡レベルでの講習会に本省から出向くことはなかったが、あえて来訪した。

この追憶では「山口県に居った頃、留岡先生は自転車で旅行され、今日の水平運動の方面を取調べられたことがあります」とも記しており、山口県勤務時に留岡とは、さまざまな関わりがあったようである。

留岡側の記述として、一九一一年に都濃郡を訪問したときの日記として、徳山駅到着時「道源権治、田子郡長、その他の人々に迎へられ」とあり、また出発時に「徳山にては田子郡長、道源権治、その他の人々数名停車場まで見送らる」と記している。(33)

田子と留岡は、当然本省勤務時に深く関わったであろうが、それは山口県勤務時に始まっていたのである。田子が仮に同じ時期に、山口県以外の府県に勤務していたとしても、留岡との交流はもったであろう。しかし、藩閥政権の残る時期、山口県で出会っていたことの意義も見逃せない。

同様に井上友一との関係も山口県勤務時に深まっている。留岡と同様に、田子は井上死去後の追悼記において、井上との出会いを記している。(34)田子は第一回地方改良事業講習会に渡辺知事に随行して参加したときに、井上を初めて見た。翌年の講習会でも出会いがあり、そして一九一〇年に都濃郡で地方改良講習会に井上が講師として来訪して、井上と語ることになる。留岡にも増して、井上とは内務省の官僚同士として、当然に関わりあうことにはなったであろうが、井上とのつながりも山口県勤務時の出来事であった。

（3）救済行政との関係

田子は、社会事業に直接タッチする部署にいたわけではないし、また当時はまだ山口県では本格的な社会事業行政が発足する前の段階である。したがって、田子と社会事業行政との関連は小さなものと思われる。ただ、都濃郡長のときは郡長として、包括的に社会事業も職務内容に含まれていた。救済行政に限らず、郡長時代の田子の施策や行政手腕に興味がもたれる。しかし、都濃郡に関連する史料は、郡役所廃止にともなって廃棄されるなど、現在わずかしか残っていない。[35]かろうじて山口県文書館に残っている史料は、田子在任中以外のものである。地元史家の佐伯隆が、都濃郡職員であり町長も務めた釵持勝之の残した文書を調査している。一部田子在任中と重なる史料もあるものの、行政の内容を示すものではない。[36]したがって、現在の研究水準で、田子在任中の都濃郡行政を把握することはきわめて困難である。

現在、確認できているのは、郡長時代、ちょうど済生会の寄付募集の時期であったことである。済生会の山口県内での寄付募集について、筆者はすでに論じたことがあるが[37]、当時の首相、かつ初代会長が山口県出身の桂太郎であること一つをとっても、山口県は確実に寄付募集を達成しなければならない立場であった。

山口県文書館所蔵の済生会関係の文書のうち、都濃郡関係のものには、郡長として田子の名が見える。[38]あくまで郡長としての職責で田子の名があるにすぎないが、田子自身も寄付をしている。これは官吏には割り当てがあったためで必ずしも自発的なものではないかもしれない。それでも、救済行政に一定の関与をすることになったとはいえよう。田子自身が、寄付募集にどの程度関与したのか不明であるが、内務省から派遣されているゆえ、他の行政関係者よりも寄付を推進すべき立場であったはずである。田子は、晩年の座談会で、「私は幸徳事件は郡長時代だと思いますね。それで済生会ができた」とまず述べたうえ、「あの募集には桂さんが、自分で県下を歩いたですよ。私は当時や山口県下の郡長でしたが、桂さんは来県されて募金の趣旨をいわれました」と述べている。[39]こうした発言からすれば、田子が当時済生会の寄付において、深い関心があり、熱意をもって取り組もうとしていたことは明らかである。

郡長時代のエピソードとして、不就学児童の保護規則を設けて、郡費を要求した話が『郡に在りし頃』に書かれている。[40]郡参事会の議論では「貧乏者」への保護に否定的な意見ばかりだったのだが、ただ一人「貧乏者」に同情する意見があったおかげで、原案通りに通ったというのである。田子は郡長時代『都濃郡彙報』に「学校で貧困児童に食事をさすことは医者の無料往診と同様父兄を益々貧乏に堕落せしめ、無責任ならしめるものであるとの議論も起らう。けれども此の施設は健康なる身体を造り、堅固敏活なる精神を築くに大なる効果ありとせば、次代の貧困を救済し防遏する働きをなすものではないか」と記している。[41]貧困問題への関心をもち、貧困対策の必要を感じていたことや、惰民観を排していたことが示されている。

田子が講師を勤めた第一回山口県地方改良事業講演会では、同時に「感化救済」をテーマとした講演がなされている。講師は山口県属・伊藤隆祐である。[42]「感化救済」を田子が聴いたのかは不明である。ただ、河野諦円を訪問時には、伊藤と同行しているし、『社会局三拾年』に寄せた回顧のなかで、「山口県庁奉職以来の知り合いでもあり、同じ課に勤務していた伊藤隆祐さん」と、親しげに書いている。同時に、内務省救護課の人選をめぐる話で「実は伊藤さんに命令一下しようかと胸中思い定めていた」と述べていることから、伊藤よりも強い立場にあったようではあるが、強い信頼感があったということでもある。[43]親密さ、あるいは「同じ課」であることからして、伊藤の講演内容が田子の考えと著しく異なるということはないといえよう。

4　田子への影響

田子は採用されたばかりとはいえ、国家官僚としての意識はすでに明確であった。官僚として任務を果たして統治するという意識をもち、それが渡辺知事の指導によって、より鮮明になったと思われる。そして、地方改良運動に遭遇したことで、積極的に推進していくことにもなる。あくまで国家意思を貫徹する冷酷な一官僚であったことを、軽視してはならない。

しかし、田子も一人の人間であって、山口県勤務時の経験は、きわめて貴重なものであった。訪問する県内各地での見聞は、それまでの人生にはなかったものであって、その一つひとつを吸収していった。しかもそれは、単なる受身で影響を受けてしまったのではなく、田子の側から情報を集め、積極的に関与していった結果であった。

また、山口県側に、田子に影響をもたらす要素がいくつもあったことも見逃せない。一つは、朝鮮半島に近いなどの地理的な特性、多数の被差別部落の存在、炭鉱などの客観的条件であり、もう一つは、赤松照幢ら多数の魅力的人物である。

こうして田子の以後の思考に、山口県での経験が影響を与えていった。田子の社会事業論に山口県での経験が反映しているなどと短絡的に考えるべきではないとしても、田子の社会事業や地方行政の議論は、山口県での一連の経験を視野に入れつつ分析する必要があるであろう。

【注】

(1)『都濃郡誌』都濃郡役所、一九二四年、四一頁。
(2)『田子一民』「田子一民」編纂会、一九七〇年、一一七～一三五頁。
(3)『田子一民』、一一九頁～一二二頁。
(4) 座談会「大正デモクラシーと社会事業―『社会と救済』創刊の頃」―」『社会事業』第四〇巻第八号、一八五七年八月、一八頁。
(5) 高石史人「田子一民」室田保夫編『人物で読む社会福祉の思想と理論』ミネルヴァ書房、二〇一〇年、六三頁。
(6) 池本美和子『日本における社会事業の形成―内務行政と連帯思想をめぐって―』法律文化社、一九九九年、一〇五頁。
(7) 笛木俊一「一九二〇年代初頭における内務官僚の社会事業論研究のための覚書（1）―〈田子一民・社会事業論研究ノート〉」『社会事業史研究』第二一号、一九九三年九月。笛木は同論文の（2）を第二二号に発表しているが、こちらは理論分析がほとんどで、田子の生育歴や人間関係などにはほとんど触れていない。
(8) 加藤千香子「大正デモクラシー期における「国民」統合と「家」―内務官僚・田子一民の思想にみる―」『日本史研究』第三九八号、一九九五年一〇月。

(9) 野口友紀子「社会事業観に関する基礎的研究—大正後半期の田子一民の場合—」『東洋大学大学院紀要』第三九号、二〇〇二年。野口『社会事業成立史の研究—防貧概念の変遷と理論の多様性—』ミネルヴァ書房、二〇一一年。
(10) 佐藤進「田子一民と山崎巌」『社会福祉古典叢書5　田子一民・山崎巌集』鳳書院、一九八二年。
(11) 高石史人「「感化救済」から「社会事業」へ—田子一民試論—」『筑紫女学園大学紀要』第二号、一九九八年一二月。
(12) 黒川みどり「第一次世界大戦後の支配思想—田子一民における自治・デモクラシー・社会連帯—」内務省史研究会編『内務省と国民』文献出版、一九九八年、一九五頁。
(13) 畠中暁子「田子一民」清水教恵・朴光駿編著『よくわかる社会福祉の歴史』ミネルヴァ書房、二〇一一年。
(14) 山口県警察史編さん委員会編『山口県警察史　上』山口県警察本部、一九七八年、九二二頁。
(15) 布引敏雄『融和運動の史的分析—山口県融和運動の歴史—』明石書店、一九八九年、一一頁。
(16) 布引敏雄「山口県地方改良期の被差別部落」『アファーマティブやまぐち21』第三号、一九九七年、四頁。
(17) 山口県文書館編『山口県政史　上』山口県、一九七一年など。
(18) 久慈直太郎（談）「乗換切符で名声」『田子一民』、四七八～四七九頁。
(19) 『田子一民』、一二四頁。
(20) 田子一民『現代青年の真生活』帝国地方行政学会、一九二三年、四四頁。
(21) 田子一民『郡に在りし頃』中央報徳会、一九一四年、二頁。
(22) 『郡に在りし頃』、一六九頁（妻・静江の執筆部分）。
(23) 田子一民「地方事務の整理」『第八回地方改良講演集』内務省地方局、一九一五年。
(24) 『田子一民』、一二一頁。
(25) 『田子一民』、一二二頁。
(26) 田子一民「特殊部落の改善」『山口県第一回地方改良事業講演集』山口県内務部、一九一〇年。
(27) 『田子一民』、一二三頁。
(28) 赤松照幢・安子については、杉山博昭『近代社会事業の形成における地域的特質—山口県社会福祉の史的考察—』時潮社、二〇〇六年の「育児事業の創設と慈善思想」。『寺史』徳応寺、一九九二年は写真などもあって、概略を把握することが容易である。

(29)田子一民「故赤松夫人を憶ふ」『清淑院全集』金蘭会出版部、一九一五年、一三〜二〇頁。
(30)『郡に在りし頃』、七頁。
(31)河野諦円については、布引敏雄『融和運動の史的分析―山口県融和運動の歴史―』など、部落史関係の著作でしばしば言及されている。
(32)田子一民「留岡先生の追憶」『社会事業』第一七巻第一二号、一九三四年三月。
(33)『留岡幸助日記　第三巻』矯正協会、一九七九年、三二八頁、三三三頁。
(34)田子一民「井上博士の事ども」『斯民』第一四巻第七号、一九一九年七月。
(35)田村貞雄「周南市史の編纂を提案する」『徳山地方郷土史研究』第二七号、二〇〇六年三月。
(36)佐伯隆「都濃郡役所について―戸田釼持家文書を史料として―」『徳山地方郷土史研究』第二九号、二〇〇八年三月。
(37)杉山博昭『山口県社会福祉史研究』葦書房、一九九七年の「済生会の設立と山口県の動き」。
(38)山口県文書館所蔵県庁文書、内務部庶務係「明治四十四年済生会一件」。
(39)座談会「大正デモクラシーと社会事業―『社会と救済』創刊の頃」―」、二四頁。
(40)『郡に在りし頃』、二六頁。
(41)田子一民『心の跡』帝国地方行政学会、一九二三年、二〇四頁。
(42)伊藤隆祐「感化救済の要項」『山口県第一回山口県地方改良事業講演集』山口県内務部、一九一〇年。
(43)『社会局三拾年』厚生省社会局、一九五〇年、七頁。

第Ⅱ部　社会事業体制の確立

第6章　市町村による方面委員制度

1　山口県の特質としての市町村の制度

山口県における方面委員制度の特質は、県全域の制度とともに、市町村独自の制度が並行して実施されたことである。市町村で実施している場合は、その市町村では県の制度は実施されない。

山口県の方面委員制度は一九二四年四月にまず宇部市で実施されて、宇部市が先行して導入することとなった。一九二五年に山口県社会事業協会による方面委員制度が実施される。その後続々と、市町村による制度が開始される。すなわち、一九二七年一二月に厚狭郡藤山村、一九二八年八月に八代村社会事業協会、一九二九年三月に下関市、一九二九年四月大島郡小松町、一九二九年七月に都濃郡徳山町、一九二九年九月小野田町で実施された。

一九三一年六月に県社会事業協会から山口県に移管される。県移管後は、市町村の制度は廃止が続く。廃止されると、県が実施することとなる。

最後まで残ったのは、宇部市と下関市であるが、一九三七年一月の方面委員令施行により、下関市と宇部市が廃止されて県に移管され、市町村独自の制度はなくなった。

『山口県民生委員五十年の歩み』が山口県の方面委員史における最大の文献であるが、県の動きが中心で、市町村独自の制度についての動向は、一応「市町村単位の方面委員制度とその概要」という見出しで、書かれてはいるものの、おおざっぱであり、ことに廃止への動きが不明瞭である。(1)

ただ、それもやむをえない面もあって、主要史料の『山口県社会時報』は、県の制度の動向は詳細だが、市町村の制度についての記載は、宇部市について詳述されたこともあるが、創設など動きがあったときが中心で、県の制度ほどには動きは把握できない。

県全体の動向は、『山口県民生委員五十年の歩み』や、拙著等である程度明らかになっているが、市町村独自の制度は、宇部市については県より先行したことから、『山口県民生委員五十年の歩み』や拙著でいくらか触れられているものの、他の市町村については存在したことが確認できるだけで、詳細は不明である。

一見すると、県の制度が根幹で、付随的に市町村の制度があったように感じるが、もともと県内では市は下関市だけで、次いで宇部市が市制を施行する。県の二大都市で独自の制度が実施され、徳山町、小野田町も下関市・宇部市に次ぐ主要都市である、つまり、主要都市で独自の制度をもたなかったのは、県庁所在地の山口市だけである。山口県の方面委員制度は、主要都市は独自の制度、主要都市の除いた他の地域が県、というまさに二本立てになっていた。したがって、市町村の制度を丁寧に把握しないと、山口県の方面委員制度を把握したことにはならない。

本章では、史料的限界で全体像を把握することはできないまでも、収集できる史料のなかで、できる限り市町村の制度の動きを描こうとした。

2　宇部市

山口県の方面委員制度は、一九二四年に宇部市で始まる。県より先行したことで、『山口県民生委員制度五十年の歩み』でも、宇部市については「宇部市方面委員制度の概要」と題して、まとまって触れている。[2]また、筆者もこれまで、若干の研究や紹介を行った。『山口県社会福祉史』の「宇部の方面委員制度」[3]、『近代社会事業の形成における地域的特質―山口県社会福祉の史的考察―』の「方面委員制度の創設と展開」[4]である。史料として「方面委員記録綴」（教念寺所蔵）を筆者が複写により入手した。その一部を『中国四国社会福祉史研究』第一三号[5]と第一五号[6]で紹介した。

こうしたことから、宇部市については、本章では特に触れないこととする。ただ、筆者のこれまでの研究で触れなかったこととして、県社会課の木村尭による高い評価を紹介しておきたい。木村は『山口県社会時報』で「宇部市社会事業中他に誇り得る自慢の施設である。（中略）毎月例会を開き、熱心に社会救済の為に委員事業に努力してゐる。委員の選定宜しきを得た為か、それとも報徳思想の普及してゐる宇部市の空気が委員制度に相応しいのか、設置以来業績大に挙り、委員数は約百二十名にして、昭和七年度の取扱件数は五千件の多きに達してゐる。宇部市方面委員事業は先づ県内に於ける模範であると言つてよからう」と述べており[7]、手放しといってよい礼賛である。

宇部市は、単に時間的に先行していただけでなく、方面委員制度のお手本として、県全体が到達すべき目標として認識されたということである。発足の経緯から宇部市が特例的に独自に存在したのではなく、県全体の中核としての役割が期待された。

3　厚狭郡藤山村

藤山村は、比較的早く創設された独自の制度をもった。しかし、一九三一年の宇部市への合併にともない、すぐに解消した。それゆえ、方面委員関係の史料に掲載される機会も短かった。たとえば、『昭和六年十二月末調　全国方面委員制度概況』には、すでに掲載されていない[8]。しかし、同村の方面委員制度は、村の社会事業への積極的な姿勢とも関係しており、期間は短くても、歴史的な意義は小さくない。

藤山村に方面委員制度が設置されることは、設置前から情報が、『山口県社会時報』に掲載されている。一九二七年一二月に藤山村を含めた県内七か所で行われた、方面事業宣伝活動写真講演会を伝える記事のなかで、「藤山村は嘱託以来本協会方面委員にして努力せられつゝある松谷現村分区長及佐貫委員の協力に依り村営方面委員制度を計画され、既に大体の人選を終へ不日本県最初の村営委員制の実現を見る筈である。吾人は同村委員制度の効果をより以上に高むると同時に本県の委員事業の振興に寄与する処あらん事を切望する」と、儀礼的な表現も込められているとはいえ、藤山村の動きが、藤山村にとどまらず県の方面委員の振興にもつながると位置付けている(9)。

そして次号で、「藤山村方面委員設置」と題する記事を掲載して、一九二八年一月二五日の第一回集会を報じている(10)。「方面委員の経営主体を村とするは未だ多くの例を見ない。同村今回の計画は畢竟村当局及有志が斯業に対する理解の大なるものにあるに帰することであらう。切に本村委員制の健全なる発達を祈望して止まない」と改めて、高い評価と期待を示した。記事では、方面委員七名の氏名と藤山村方面委員規程が掲載されている。

藤山村は、いったん県社会事業協会の委員が置かれた後に創設されたので、協会の委員が廃止される最初のケースになる。ちょうど協会の委員の任期満了と重なっていて、二名の委員は協会の委員としては退任となった(11)。うち一名は村長でもある松谷辰三である。他の一名の佐貫三四郎は村の委員を継続した。

藤山村方面委員規程では、第一条で目的を「村民ノ社会的現象及ビ其傾向ヲ査察シ生活改善ヲ向上ヲ図ル為」としている(12)。村内七地区に各一名を置き、任期二年で再任を可とする。取扱事項は、住民の生活状態調査、要救護者救護、社会的施設の活動助成、その他、である。年四回以上の方面委員会を開催し、委員会は村長を議長とし、村長不在時には助役を代理とする。事務処理のため、書記一名を置く。村の規模から考えると、かなり充実した制度である。県社会事業協会制度では委員二名なので、委員会開催などもありえない。

こうした背景に、村の社会事業への積極姿勢がある。村内では、社会事業に関するさまざまな動きが見られた。一九二七年四月二九日の天長節に村の連合報徳会が開かれているが、県社会課長を経て県立育成学校校長を務める熊野隆治を講師としており、内容は社会事業である(13)。また、児童の関係では、妊産婦児童保護講習会が開催された(14)。一九三〇年七月には藤山児童保護協会が設立され(15)、妊産婦、乳幼児、学童の保護を推進することとした。また、生活困窮者対策では、一九三〇年二月に、藤山村窮民救助規則が制定されている(16)。

児童保護協会設立を報じる『山口県社会時報』の記事では、「現村長松谷辰三氏が予て村内の社会事業に就て熱心に研究し村設の方面委員制を設置して村内の福利増進に努めつゝありしが、今回更に歩を進めて」と述べている[17]。この記述から、松谷について、社会事業への立場が、県社会課からみても評価できるものであったことがわかる。村民のなかにも、社会事業に協力する機運がみられた。窮民救助資金を寄付する動きが続き[18]、また村内の医師は、村長の証明のある貧困者に無料診療券を発行した[19]。

方面委員そのものの動きとして、一九二八年一月二五日に方面委員会が開催され、県社会事業主事の篠崎篤三が出席している[20]。同年一〇月四日には、村長・方面委員、村の方面委員を担当する幹事藤本重明による、カード階級実況調査のための共同視察を行い、八日から一三日にかけて藤本が、広島・岡山への社会事業視察を行った[21]。

村の方面委員制度創設の動機について、『山口県社会時報』第五六号に、松谷辰蔵による「藤山村方面委員に就いて」が掲載されている[22]。そこでは、県社会事業協会の方面委員が、二〇〇〇人につき一人となっており、人口三三五六九人の藤山村では二人となり、戸数でいうと九〇〇戸数で少ないと考え、より多くの委員を置く必要を感じて「協会の幹部にも諮つて、村設を思ひ立ちました」とある。村長自身が村独自の方面委員制度を構想し、それを協会側に相談したという流れであるという。

そして、毎年二回、小学校長、宗教者、警察官も加えて、委員会を開催すること、カード階級者の調査をしていること、委員により村内の共同視察を行っていることを報告している。そして、具体的なケースとして、①頼母子講の借金のために高齢者の母を残して失踪したケースへの対応、②悪癖で退学した児童の素行を改善させて復学にいたった、という二つを紹介している。

こうして、活発な動きをしようとしていたのであるが、一九三一年九月に宇部市と合併したために、村独自の制度としては短期間で終わって、宇部市の制度に統合された。七名という人数は維持されたが、藤山小学校区が一方面となったので、地区ごとの選任という形ではなくなった[23]。

4　八代村社会事業協会

一九二八年に熊毛郡八代村社会事業協会が創設された。同協会は、村内有志の首唱によるもので、村に方面委員一二名を配置することを主な事業としていた[24]。それによって、村独自の方面委員制度が発足する。藤山村は宇部市に接していて、農村以外の性格も持っていたが、八代村は純農村といってよい。そこでの制度の発足は、住民内の積極的な動きがあったのである。

ただ、八代村社会事業協会は、方面委員の設置を主目的としているわけではなく、それ以外の事業も構想していた。方面委員で処理できない事項に対応するため毎月二回、人事相談所を開設した。月一回の医師による児童健康相談も実施し、無料診断・収容救護・農繁期託児所の実施を目指した[25]。

協会が総合的な社会事業団体を目指す一方、方面委員については将来の村営を目指した。しかし、村営どころか一九三四年頃廃止されて、県に移行した。村社会事業協会の中心であった田村満吉が離村したことが原因であるという。個人的なリーダーシップで生まれた社会事業であったがゆえに、積極的な活動が短期間で可能になった反面、リーダー不在になると、動きが止まってしまったという結果になった[26]。

5　下関市

下関市は、県内最大都市であり、また九州や朝鮮半島との玄関口としての交通の要衝であるなど、都市問題が発生しやすい状況にあり、方面委員の役割が大きかった。

『下関市史　市制施行―終戦』では、簡略ながら通史的な記述のなかでの記載がある[27]。さらに他の箇所で「方面委員」

と題して、やや詳しく載っている。(28) しかし、県社会事業協会の委員がまず任命されたはずなのに、その記述はない。しかも「方面委員は昭和四年、救護法制定に当たって実施協力機関として各地方に設置された」とあって、救護法によって初めて制度が発足したかのような記述で、正確さに欠ける。

『山口県社会時報』第五六号に、創設についての記述がある。(29) それによると、多数の貧困者が存在して、防貧救貧施設よりも方面委員が必要との判断があった。方面委員委嘱式を伝えているが、市長自身が辞令を交付、また下関仏教同盟済世会の多田道然会長が来賓として祝辞を述べ、下関市の社会事業界全体としても積極的に受け止めている。また、県社会事業主事の篠崎篤三が講演を行った。

この記事では、下関市の制度の特徴として、通常は市部の委員は小学校区が単位になるのに対し、市内の町を単位をしていることであるとしている。下関市方面委員規程の一条に「本市各町に若干名の方面委員を置く　方面委員は常に受持町内に於ける社会状態に注意し之が向上改善に必要なる措置の講究及実施に努むるものとす」としている。それは「町総代制度を参酌する意味であらう」としている。

記事では、「下関市方面委員規程」「下関市方面委員施行細則」さらには、下関市方面委員名簿が掲載されている。ただ、「未定」となっているのが五名分あり、委員の選任が間に合わなかったと思われる。

『昭和七年度　下関市社会事業社会教育要覧』では、「社会生活ノ実情ヲ調査シ之カ改善向上ヲ図ル目的ヲ以テ昭和四年三月二十三日市内各町方面委員四十六名ニ対シ事務嘱託ヲナシ各委員ノ活動ニ依リテ其ノ目的ニ向テ漸進シツツアルカ現在委員ハ五十四名ナリ」となっており、「未定」はどこかの時点で、選任できたようである。(30) 同要覧にも「下関市方面委員規程」「下関市方面委員規程施行細則」が掲載されている。

しかし、県社会課の木村尭は「市としても相当の努力を払ってはゐるらしいが、非常に良好な成績を収めてゐるものとは言ひ難いし、又宇部市の夫に比較すれば、遺憾ながら相当の見劣りのすることを免れない」と酷評している。(31) 木村のこの論考は、県内各地の社会事業を好意的に紹介することが基調なので、かなりの強烈な批判的記述に感じる。下関の抱える諸課題への対応が期待はずれだったように、木村には感じられていたのではないか。

6　厚狭郡小野田町（現・山陽小野田市）

小野田町は、鉱工業の発展のなかで社会事業の必要性が高まっていた。また、姫井伊介の一連の社会事業活動の本拠地でもあり、他の市町村と比べ、方面委員制度への関心が高まるのが自然であった。

小野田町の方面委員について、一九六二年発行の『小野田市史』には、社会事業についての若干の記述はあるものの、方面委員には触れていない。[32]同書発刊の頃、社会事業史への認識がいかに低かったかが示されているといえる。しかし、『小野田市史　史料下』一九八八年になると、社会事業の史料もいくつか掲載されている。[33]「姫井伊介議員より社会事業委員設定の発議（昭和四年）」という見出しで掲載された史料のなかに「方面委員制町営ノ件」がある。そこでは、町会への提案として「現行山口県社会事業協会ノ事業ニ係ル本町方面委員制ヲ町営トシ委員ヲ増加スルコト」とある。理由として、方面委員制度が生活改善の基本方策で国としても奨励助長しているが、現行制度が有名無実化する憂慮があり、また宇部市・藤山村の制度が実績をあげていて、自治体経営が緊要であることは明らかとしている。県社会事業協会の制度が効果をあげていないことを批判するとともに、近隣の宇部市・藤山村については一定の効果があることを評価した。宇部市・藤山村を評価しているのは、方面委員制度についての情報収集をしているということでもある。

こうした結果、一九二九年八月に「本町住民の生活状態ニ留意シ其ノ改善向上ヲ図ルタメ」という目的の小野田町方面委員規程が制定されて、小野田町独自の制度が発足した。同規程には附則があり「財団法人山口県社会事業協会ノ方面委員制ト連携ヲ保持スルモノトス」とある。県社会事業協会の制度との前向きな関係が明示されていた。

「昭和七年度社会事業・方面委員活動の報告」という史料もある。方面委員が三〇名から五〇名に増員されたこと、方面委員会が一回、常務方面委員区集会が五回開催されたこと、取扱件数として、「救護ニ関スルモノ」二六八件、「職業斡旋ニ関スルモノ」一八八件、「身上及家庭上ニ関スル相談」三五五件、「其ノ他」一五〇件であったことが、記されている。

『山口県社会時報』でも、小野田町での設置を報じた。[34] そこでは「小野田町は工業地として漸次人口の膨張を来しつゝあると共に方面委員の活動を要するもの益々多き状態にある」ことを創設の理由としている。また、一九二九年九月九日の町役場での第一回方面委員集会が報じられている。町長らが出席し、県社会事業主事補の稗田実言による講演が行われている。

しかし意外にも、必ずしも高く評価されていない。木村尭は「取扱件数は余り多くなく、成績は良好とも言ひ難ひ」と述べて下関市に対する批判ほどではないが、否定的な評価である。[35]

『小野田町政概要』という、町役場による冊子で、制度の説明がなされている。[36]「町が本制度の必要を認めて、之が実施に着手したのは、昭和四年九月一日のことで、委員員三十名を設置したのに始まる。而して其の成績大に見るべきものがあったので、更に本制度の徹底を期する為、同八年八月委員数を五十名に増加したが、翌九年五月三十一日本方面委員事業を廃止し、県方面委員に移管して今日に及む」とある。このように、一九三四年五月三一日で廃止されて、県による制度に移行した。

7　都濃郡徳山町（現・周南市）

徳山市は、県中部の中心として、やはり工業の発展が顕著になってくるので、小野田町などと同様の課題が広がってきたと考えられる。徳山町の方面委員制度について、『徳山市史　下』では、「同年（筆者注―一九二九年）六月の町会では、方面委員の設置を可決した。町内を一一方面区に分け、各区二名ないし三名の委員を委嘱した。ついで八月には職業紹介所を開設し、また方面事業助成会を結成した。会員約二〇〇名、一五万七〇〇〇円の拠出金を得て、趣旨の宣伝と普及をはかった」と記述している。[37]

『徳山市　史料中』には、「昭和四年事務報告書　社会事業に関する事項」として、下記のように掲載されている。(38)

六方面委員制　昭和四年六月二十四日町会可決ノ方面委員ハ七月十日嘱託ヲナシ、更ニ昨年十二月増員ヲナシ、目下二十二名ノ委員ニヨリ夫々社会ノ深層ニ於テ活躍シツツアリ

七徳山市方面事業助成会　昭和四年八月八日助成会ノ創立ニヨリ鋭意同会ノ趣旨宣伝普及ニ努メツツアリ、醵金一五七、六〇〇ニ達シ会員約二百名ヲ算ス、更ニ一月十七日総会ヲ行ヒ附設活動写真（県派遣）ヲ公開シ、之ヲ機トシ会ノ充実活動期ニ入ラントス

『山口県社会時報』第六一号では、「本県内新規社会事業紹介」という欄で、徳山町での方面委員の設置を報じた。全一一区の委員について、氏名と職業を掲載している。(39)その職業は、写真師、代書人など多岐にわたっており、特定の職業への偏りは見られない。受持世帯数は四五〇戸であるという。

しかし、県社会事業協会の制度は発足時すでに四〇〇世帯を基準としていた。さらに一九二九年には、委員を増員し、二〇〇世帯以下にすることとなった。しかも、市町村ごとに女性を一名含めることとした。そうすると、徳山町の制度は、県社会事業協会より受持ちが多いことになる。また、徳山町で選任された委員に女性はいない。県社会事業協会よりも水準の低い制度を発足させたことになり、他の市町村と違うところである。(40)

続いて、徳山町方面事業助成会が設置された。会則は一九二九年八月八日に制定され、第一回総会が、同年一一月三日に行われる予定となった。『山口県社会時報』第六二号では、助成会の会則が掲載されている。(41)役場に事務所を置き、年二五円以上を寄付することで会員となることなどが定められている。『山口県社会時報』第六五号には、助成会の総会についての記事が掲載されている。(42)

一九三一年六月六・七日には慈善演芸大会を開催して、基金を募集し、二〇〇〇名が参集したという。(43)この演芸会にあ

たっては、県社会課から活動写真班を派遣し、また稗田実言が講演している。参加者は演芸にとどまらず、方面委員についての理解を深める機会を得ることにもなった。徳山町の制度は、一九三四年五月に廃止された。

8　大島郡小松町（現・周防大島町の一部）

小松町は、離島の周防大島の一部である。したがって、都市的な要素はなく、農漁村である。「大島郡小松町方面委員制」という記事が『山口県社会時報』第五七号に掲載された[44]。そこでは、下記のように、町による方面委員制度の発足を報じている。

同町に於ては本年四月一日より町営を以て方面委員制を実施することに成つたので協会の委員制は撤廃し其の旨会長より四月十六日付で通知すると共に会長より各委員に解嘱書及謝状を送呈し、事業は凡べて同町に移管することになつた。

新委員制の施行区域は町内笠佐島を除きての地域であつて大字に依り之を四方面に分ち委員四名を置く由である。詳細は次号に記載する。

次号に制度の概要が掲載されると予告しているが、実際は次号ではなく、次々号の第五九号であった[45]。四方面の委員の氏名が掲載され、受持世帯は二〇〇～二八〇戸である。「小松町方面委員規程」が掲載されている。

しかし、一九三二年三月三一日で廃止された[46]。『山口県社会時報』では廃止された事実のみ記述されており、廃止に至った事情は不明である。それにともなって、県による方面委員が委嘱されることになったが、手続きの関係で空白の期間が発生した[47]。

9　市町村の制度の経過と意義

県社会事業協会の制度がすでに始まっていたにもかかわらず、市町村独自の制度がいくつも現れたのはなぜであろうか。木村尭によると、社会事業協会の方面委員制度が発足したとはいえ、「出来得るだけ市町村に移管経営せしむべきであって、協会としても成るばくなれば方面制度より手を引きたい」と回顧している。[48] したがって、市町村のほうがあるべき姿であり、協会はあくまで過渡期のものと考えられていたということになる。とはいえ、現実に全市町村が方面委員制度を実施するとは考えられず、そういう理想論と現実のはざまで中途半端になってしまった。

県社会課長の足立文男は、「尚未だ予期の成績を収め得ず日暮れて路尚遠しの感を深うするものがあるのは誠に遺憾に堪えぬ」と当初は消極的な評価をしていたが、[49]『山口県社会時報』第六四号の「山口県社会事業の趨勢」では、社会事業協会のほか方面委員制度を実施しているすべての市町村を列挙したうえで、「是程重實な社会施設はない」と高い位置づけをしている。[50]

県社会事業協会の制度は、一九三一年五月の山口県方面委員設置規程によって県営に移管する。同規程の第一条では「市町村ニ方面委員ヲ置ク但シ市町村其他団体ニ於テ方面委員ヲ設置スルモノハ之ヲ除ク」とされており、市町村経営の制度と並立する状態は継続した。[51]

行政の基礎的な単位としての市町村での独自の制度があることは、社会事業の自治という点では、大きく評価すべきである。反面、県の方針が徹底しにくいうえ、県全体の連携が困難という課題も考えられる。「県内各市町村千四百名の方面委員は有機的連絡と結合の下に」という記述が『山口県社会時報』にみられるが、[52] 独自の制度をもつ市町村は「有機的連絡と結合」に含まれにくいのである。全国方面委員大会に、宇部市や下関市からも出席してはいるが、[53] 全国の動きとの連携も気になるところである。

市町村の方面委員制度を概観したが、整理すると以下のようになる。市町村の方面委員制度の創設趣旨やプロセスは、必ずしも明確ではないが、県に比べると、委員数が多いなど充実しており、県以上の水準を目指したものと思われる。ただし徳山町のように、必ずしも水準が高いといえない場合もある。姫井伊介もまた、「理想としては行く行く市町村営化するものであらう」と述べていて[54]、市町村営のほうが望ましいという見解であった。しかし姫井は、一九三五年に方面委員を論じたときには、市町村営の拡大は特に主張していない[55]。姫井は、市町村の制度について、宇部市以外の活動の乏しさを、委員一人当たりの取扱件数を根拠に認めている。その件数の最低となっているのは、姫井の活動拠点の小野田町である。こういうことも、姫井が市町村営を強調しなくなった一因ではないだろうか。

また、県を上回るものを目指したといっても、県への批判や対立があったわけではない。県から、職員を派遣するなど、県社会課と協力している。しかし、県が個々の市町村に積極的に働きかけたかは不明である。藤山村村長の松谷は、自分が発案し、県の協会幹部に諮ったと述べている[56]。それを信用すれば、市町村にイニシアティブがあったことになるが、松谷の述べていることをそのまま受け取るのも慎重であるべきであろう。一九二九年に四市町が集中していることについて、救護法の影響が考えられるが、各史料内では救護法に触れたものはなく、明確にはいえない。

救護法による救護委員が選任されたことで、方面委員と救護委員が併存する複雑な形が一時期生じたので、救護委員を方面委員とすることとした。県が制度改正を説明するにあたり、「独自の方面委員制度を経営してゐられる市町にとっては、単に、救護委員の名称が方面委員と改称せられたに過ぎない」として、大きな変化ではないと説明していた[57]。しかし、このときに県の委員を増員したこともあって、小野田町と徳山町が独自の制度を廃止する契機となった。

いずれにせよ、宇部市と下関市のみが継続したが、方面委員令によって、東京市、横浜市以外は、道府県が経営することとなったので、独自の制度がすべて廃止された。宇部市と下関市には駐在職員が配置されることになって、独自どころか、県の指導下に入ってしまうことになった[58]。

全体としてみれば、宇部市が先駆的モデルとなっていて、宇部市の活動が良好であったことから、他の市町村も宇部市同様の成果が期待された。しかし、実際には宇部市と同様の成果をあげる市町村はなく、市町村独自の制度を維持する意味に疑問が生じるようになった、そこに他の要因も加わって、結局、宇部市・下関市の県内の二大都市は、都市問題対策として維持されたものの、他の町村では継続できなかった。

【注】

(1) 山口県社会福祉協議会編『山口県民生委員五十年の歩み』山口県民生児童委員協議会、一九七五年、四七〜五六頁。
(2)『山口県民生委員五十年の歩み』、二七〜三七頁。
(3) 杉山博昭『山口県社会福祉史研究』葦書房、一九九七年。
(4) 杉山博昭『近代社会事業の形成における地域的特質—山口県社会福祉の史的考察—』時潮社、二〇〇六年。
(5)「山口県宇部市の方面委員制度」『中国四国社会福祉史研究』第一三号、二〇一四年九月。
(6)「山口県宇部市の方面委員制度（Ⅱ）」『中国四国社会福祉史研究』第一五号、二〇一六年八月。
(7) 木村尭「社会事業と社会事業人（七）」『山口県社会時報』第一一五号、一九三四年五月、一五頁。
(8)『昭和六年十二月末調　全国方面委員制度概況』、三〇頁。ただし、『方面委員二十年史』全日本方面委員連盟、一九四一年、三二五頁には、「市町村自体に於て方面委員制度を経営するもの前述の宇部市以外に、下関市徳山町（後に市）小野田町、小松町、藤山村（後に宇部市に合併）八代村があった」と記されている。
(9)『山口県社会時報』第四二号、一九二八年一月、四〇頁。
(10)『山口県社会時報』第四三号、一九二八年二月、二一〜二三頁。
(11)『山口県社会時報』第四四号、一九二八年三月、二一頁。
(12)『藤山村報』第四号、一九二七年三月、二頁にも掲載されている。
(13)『藤山村報』第四号、一頁。
(14)『藤山村報』第三号、一九二七年二月、三頁。
(15)『藤山村報』第三四号、一九三〇年八月、一頁。

(16)『藤山村報』第二三号、一九二八年一一月、三頁。
(17)『山口県社会時報』第七〇号、一九三二年七月、二五頁。
(18)『藤山村報』第一八号、一九三〇年八月、一頁。第三四号、一頁。
(19)『藤山村報』第三四号、一頁。
(20)『藤山村報』第一四号、一九二八年、一頁。
(21)『藤山村報』第二三号、一九二八年一〇月、二頁。
(22)松谷辰蔵「藤山村方面委員に就いて」『山口県社会時報』第五六号、一九二九年四月。
(23)『山口県社会時報』第八五号、一九三一年一〇月、三八頁。
(24)『山口県社会時報』第五三号、一九二九年一月、三一頁。
(25)『山口県社会時報』第五四号、一九二九年二月、二一～二三頁。
(26)木村尭「社会事業とりどり（二）」『山口県社会時報』第一一〇号、一九三四年一月、一九頁によると、田村満吉が転居し、村内の住職が後任になったという。しかし、木村は『山口県社会時報』第一四七号（一九三七年一月）一八頁で、田村の離村によって方面委員制度が崩れたことを記している。
(27)『下関市史　市制施行―終戦』下関市役所、一九八三年、八〇頁。
(28)『下関市史　市制施行―終戦』、六八二頁。
(29)『山口県社会時報』第五六号、一九二九年四月、二四頁。
(30)『昭和七年度　下関市社会事業社会教育要覧』下関市、二二頁。
(31)木村尭「社会事業と社会事業人（六）」『山口県社会時報』第一一四号、一九三四年四月、二一頁。
(32)『小野田市史』小野田市、一九六二年。
(33)『小野田市史　史料下』小野田市、一九八八年。
(34)『山口県社会時報』第六一号、一九二九年九月、二三～二四頁。
(35)木村尭「社会事業と社会事業人（三）」『山口県社会時報』第一一一号、一九三四年一月、二九頁。
(36)『小野田町政概要』小野田町役場、一九三五年、六一頁。

(37)『徳山市史　下』徳山市編纂委員会、一九八五年、八一四頁。
(38)『徳山市　史料中』徳山市役所、一九六六年、三二九頁。
(39)『山口県社会時報』第六一号、一九二九年九月、二三頁。
(40)『山口県社会時報』第五九号、一九二九年七月、三三頁。
(41)『山口県社会時報』第六二号、一九二九年一一月、四〇〜四一頁。
(42)『山口県社会時報』第六五号、一九三〇年二月、三一頁。
(43)『山口県社会時報』第八一号、一九三一年六月、二五頁。
(44)『山口県社会時報』第五七号、一九二九年五月、二二頁。
(45)『山口県社会時報』第五九号、一九二九年七月、二六頁。
(46)『山口県社会時報』第九一号、一九三二年五月、二二頁。
(47)『山口県社会時報』第九六号、一九三二年一〇月、一七頁。
(48)木村尭「本県に於ける方面制度の回顧」『山口県社会時報』第一四七号、一九三七年一月。
(49)足立文男「方面委員と其の使命」『山口県社会時報』第五六号、一九二九年四月、一〇頁。
(50)足立文男「山口県社会事業の趨勢」『山口県社会時報』第六四号、一九三〇年一月、一五頁。
(51)『山口県社会時報』第八〇号、一九三一年五月、二九頁。
(52)『山口県社会時報』第八三号、一九三一年五月、二九頁。
(53)『山口県社会時報』第一〇二号、一九三三年四月、一六頁。
(54)姫井伊介「社会事業の振興方途に答へて」『山口県社会時報』第一〇七号、一九三三年九月、一五頁。
(55)姫井伊介「本県の社会事業に望む」『山口県社会時報』第一二九号、一九三五年七月。
(56)松谷辰蔵「藤山村方面委員に就いて」『山口県社会時報』第五六号。
(57)『山口県社会時報』第一一六号、一九三四年六月、三三頁。
(58)『山口県社会時報』第一五四号、一九三七年八月、三一頁。

第7章　仏教社会事業の動向

1　社会事業の発展と仏教

山口県の社会事業の発展をみたとき、慈善事業が広がっていく初期において、仏教による実践が先駆をなしていることが目立つ。赤松照幢による山口県積善会をはじめとした活動、荒川道隆による山口育児院、進藤端堂による防長孤児院、丘道徹による下関保護院・薫育寮など、中核的な実践はいずれも仏教系であり、仏教によって山口県の慈善事業は開拓されたのである。当初は社会事業の一領域として重視されていた釈放者保護事業も、仏教の独擅場であった。全国的な社会事業の発展をみる場合は、キリスト教が大きな役割を果たしたことが評価されるが、山口県でのキリスト教社会事業は、長府でのバプテスト教会による育児事業のような小規模なものにとどまる。

一九二〇年代以降の山口県の社会事業の形成・発展のなかでは、仏教以外の動きも活発になる。一つは、山口県社会課およびそれと実質的には深く結びつく山口県社会事業協会など、県行政を中心とした動きである。人物でいえば、足立文男のような社会課長や、篠崎篤三などの社会事業主事の活躍である。方面委員制度が創設され、公益質屋のような基本的には公営によってなされる事業が広がる。

もう一つは、姫井伊介に代表される、宗教的な動機は希薄な、非仏教系の実践である。この場合、個人的にはどこかの寺院の檀家であり、葬儀などは仏式で行うという意味では仏教徒かもしれないが、社会事業の創設の目的や実践者としての指針として、仏教のもつ意味は小さい。

しかし、引き続き仏教系の実践も広がっていく。被差別部落の改善事業を開始した河野諦円は、久米村共楽園を設置して隣保事業を行うし、辻田玄粲によって船木隣保館が開設され、兼安英哲の宇部共栄会もある。なかでも、下関仏教同盟済世会は、「仏教」を明示した組織的事業として、仏教団体が積極的に社会事業に参入するものであった。農繁期託児所や常設託児所が広がるなか、かなりのものは寺院を用いた事業である。農村社会事業の諸活動にも、仏教が関与していくケースがある。

つまり、大きく分ければ、行政、民間非仏教系、仏教系の三つの勢力によって、社会事業が発展していくのである。むろん、実際には明確に区分できるとは限らない。なかでも方面委員は、この区分では「行政」になるが、委員には相当程度僧侶などの仏教関係者がいる。方面委員制度の実施は、仏教から行政へと社会事業の軸足を移すものではなく、むしろ僧侶らの社会事業実践への参加の機会を大きく広げる機能をもったのである。

いずれにせよ、仏教が社会事業発展への一つの大きな勢力であったことは明らかである。筆者はこれまで、個々の実践について取り上げ、『山口県社会福祉史研究』では、「仏教社会事業の実践」という章を設けている。筆者以外でも、脇英夫や松本れい子らの研究も、赤松照幢、進藤端堂など主に仏教社会事業家が研究対象であった。個々に注目すべき実践がみられたことは、こうした研究によってすでに明らかにされている。しかし、いずれも人物史あるいは施設史であり、「仏教」という枠組みではとらえてこなかった。

本章では、個別の事例としては以前の研究と重なる点があるかもしれないが、「仏教」という勢力が社会事業の発展に貢献することで、山口県社会事業の実践が豊かなものになった側面に着目し、その意義や限界を考察していく。

なお、「仏教社会事業」をどうとらえるのか。仏教社会事業については、戦前から長谷川良信らによる探求があり、浅野研真『日本仏教社会事業史』が書かれた。近年でも、吉田久一や長谷川匡俊らの研究がみられる。(1) また、「寺院社会事業」という表現も使われた。(2)「仏教福祉」なるものは実体がなく、「寺院の社会福祉」として議論しようとする見解もある。(3) 辞典的理解としては『仏教社会福祉辞典』に「仏教福祉と仏教社会福祉」という項目があるが、概念の説明としては鮮明ではない。むしろ、その項目の執筆者でもある中垣昌美による「刊行の辞」での「仏教社会事業・仏教社会福祉を歴史と社会に規定された社会事業の一形態」ととらえつつも、「種々雑多な用語や概念が混在していて、正確な意味内容についての混同と混乱が存在している」という記述のほうが、共感が持てる。(4)

いずれにせよ、本章の目的は山口県社会事業の展開に関心をもちつつ、そこへの仏教の関与の実態を把握することが目的であり、仏教社会事業それ自体を研究することが主目的ではない。近代になって宣教が開始されたキリスト教の場合、個々の信徒も、明確な主体的信仰をもっているので、岡山孤児院のように一信徒が開始した事業も、キリスト教社会事業として認識される。しかし、仏教の場合はそうではないので、仏教社会事業は、寺院を核として営まれる事業や、僧侶による活動などに限定して考えていく。

2　社会事業の形成と仏教

社会事業形成の動きは、山口県の社会課の設置、山口県社会事業協会の設立などによって、鮮明になっていく。そのプロセスで民間社会事業が奨励され、なかでも仏教による社会事業への着手が期待される。一九二四年一月発行の『山口県社会時報』第二号に掲載された、田村浅市「我国に於ける社会事業発達の経路に就て」では、わが国の慈善事業の発展において、聖徳太子など仏教の事跡が多いことに触れたうえ、「従来主として仏教の所謂慈善の念より割出されたる救済観念に基き行はれ来りたる関係上、今日に至るも尚此種事業は、宗教家に依りて経営せられたるもの多きは社会事業の先覚者として、宗教家に対し吾々は、満腔の謝意を表すると同時に、又将来を期待すること大なるものがある」と述べている。(5)「宗教」と表現して、キリスト教なども一応は含めたつもりかもしれないが、山口県内の実態からすれば、仏教が主に意図されているといってよいであろう。「期待」という好意的な表現ではあるが、仏教がさらに社会事業に進出することを要請しているといってもよい。

一九二四年から毎年、児童愛護デーが実施されるようになる。実質的には児童愛護デーを実施することのみを目的として、山口県児童愛護連盟が、県内の社会事業、医療、教育、宗教団体によって結成される。その構成団体の一つは山口県連合仏教団であるように、仏教による社会事業への寄与が求められる。

県側が明瞭に仏教の役割を求めたのが、『山口県社会時報』に二号にわたって掲載されている熊野隆治「県下仏教家各位に檄す」という論考である。熊野は、わが国の社会事業史の仏教の事跡や、全国仏教徒社会事業大会の決議、下関保護院・防長孤児院などの県内の仏教社会事業を紹介し、仏教と社会事業との関係を示す。しかし、山口県連合仏教団が結成されたのにもかかわらず活動実績が乏しいことなど、仏教による社会事業への関心が乏しいことを厳しく批判し、仏教の社会事業への取り組みを強く促している。(6)

そして、仏教家が取り組むべき事業を具体的に列挙している。(7)組織的に行うべき「共通的なもの」として、釈放者保護事業、不良青少年保護、地方改善、思想善導、婦人教化、児童日曜学校、養老、葬儀改善、先賢善行者追弔会、浄化運動及保勝事業、個別の寺院で行う「各個的のもの」として、人事相談、婦人相談及救済、孤貧児及遺棄児救済、宿泊救護、施薬救済、争議調停、児童遊園、託児所および臨時託児所を挙げている。当時は社会事業の成立期で、社会事業の概念が明確ではなかったこともあって、社会事業の範疇からはずれているような事業もいくつかある。たとえば「浄化運動及保勝事業」とは、地域や家庭の清潔を保持したり自然環境を守ることである。要は、仏教家が狭い宗教活動にとどまることなく、社会的責任を自覚することを求め、それをより具体化するために、個別の事業を明記したのである。

熊野の論考での肩書は、山口県社会事業協会常務理事となっている。熊野は社会課長であり、その後は県立育成学校校長を務めていく。熊野の立場からすれば、熊野の個人的な思いを書き綴ったものではなく、県の意向が反映しているといってよい。社会事業が必要であることが明らかであるとはいえ、県が直接事業を経営する意思は、法的義務である感化院以外ではないため、民間に求めるしかない。では民間の誰が担うかといえば、仏教者であり、それをストレートに表現した論考といえよう。

熊野の論考に直接呼応したわけではないが、第五号掲載の進藤端堂による「長府人事相談所の現在と共同宿泊所設置の必要」は、長府仏教団が行っている無料人事相談所で扱った事例を紹介したものである。[8]進藤はさらに、第一一号で豊浦郡連合仏教団団長の肩書で「仏徒の自発的奮起を要望す」を書いている。[9]まず、豊浦郡の仏教団が有名無実であったが、ようやく組織化できたので、今後は具体的な活動に着手したいとの意向を示す。そのうえで、ある出獄者が救世軍の山室軍平への面会を求めたが会ってもらえず、さらにキリスト教の著名な牧師である宮川経輝を訪ねたところ、やはり冷たい対応をされて斬りつけてしまったという事件を紹介して、暗にキリスト教を批判し、仏教の重要性を説いている。

進藤自身はすでに防長孤児院を設立し、機関誌の『同情』を発行するなど、精力的に活動していた人物である。したがって、仏教者が社会事業に覚醒したというより、仏教社会事業家として、熊野同様、仏教の活動を推進しようとしたといえる。

3　実践の広がり

こうしたなか、仏教による実践が実際に広がっていく。以前から釈放者保護事業や育児事業が、仏教者によってなされていたが、新たな事業がなされていく。なかでも注目すべきなのは、下関仏教同盟済世会である。同会については、まとまって述べたことがあるので、ここでの詳述は避けるが、下関仏教各宗同盟会が一九一八年に感化保護部を設置したのを契機とし、一九一九年に下関仏教同盟済世会と改称し、釈放者保護のほか、人事相談、職業紹介、精神講話、店員修養慰安会、少年会、壮年団・婦人会、幼児保育、実費診療を行おうとした。[10]実際にはこうして掲げた事業をすべて実施できたわけではないが、仏教団体としての組織的事業であること、特定の宗派にとどまらない宗派を超えた事業であったこと、釈放者保護のような従来から仏教が担ってきた事業にとどまらず総合的な社会事業を目指したことなど、社会事業発展のうえでの意義は大きい。

下関以外でも、仏教者のなかでの社会事業への動きがみられるようになる。一九二六年四月には、美祢郡仏教団託児事業講習会が開催された。郡内二か所で、篠崎篤三社会事業主事と、当時社会事業協会嘱託であった姫井伊介を講師として、農繁期託児所を行うための講習を行った。女性の参加が多数みられたとされる(11)。

一九二六年七月一七日から一九日には岩国で本願寺派山口教区、八月二六日から三〇日には萩にて浄土宗山口教区教務所の主催で、仏教講習会が行われ、そこに篠崎篤三が出席して、社会事業の講習を行った(12)。そのときの様子について「二百余名に近い出席者であつて、婦人の聴講者が多い、お婆あさんが多い。社会事業といふ様なことの話を聞きに来たのであらうか、聞いても分るであらうかとは思い乍ら児童保護其ものが社会事業の大なる区分を占めて居るといふやうなことから説き起し、面白いと考へる実例を述べて東京市内外の社会事業が四十八種六百八十有六事業に渉ること抔を述べ、終りに欠乏貧困の問題に及んで其の克滅に説き及ばし、勤倹の必要を貧乏線高下の事実に立入り而して富国安民の方法を述べて説を終つた。お婆あさん決して席を立たぬ。聴衆の一人だもが身動きもせぬ」と述べている(13)。この講習会が、僧侶ではなく一般の信徒向けのものであったことと、内容はかなり専門的な水準でなされたことがわかる。なお、「お婆あさんが多い」といっても、当時の寿命を考えれば、七〇～八〇歳といった意味ではなく、もっと低い年齢層であり、社会の担い手でもあったと思われる。

一九二六年八月には、厚狭郡慈恵会・船木町慈恵会により、融和問題、農村社会事業、釈放者保護事業等についての講習会が開催され、姫井伊介と社会事業主事補の稗田実言を講師とした。姫井が二時間、稗田が四時間担当したというから、かなり内容の濃い講習である。参加者の多くが僧籍にある者であった。同月、萩町では、浄土宗山口教区主催仏教講習会が浄念寺で行われた(14)。社会事業を取り上げることとなり、篠崎篤三が講演している。萩ではその少し前に、矢吹慶輝の講演会がなされており(15)、萩での仏教社会事業への関心の高まりが期待された。

こうした動きが、仏教関係者の内発的な動きなのか、県などから働きかけた結果なのか、断定的なことはいえないが、おそらくはその両方であろうと思われる。県からの働きかけがあったとしても、仏教側に社会事業への関心がなければ、講演会などを具体化するのは難しいであろうし、かといって自発的に企画するほどの積極性にまでは至っていなかったのではないか。県のほうも、『山口県社会時報』で論考を掲載するだけで何もしなかったわけではなく、仏教宗派などに直接によびかけるなどの対応もしたのであろう。

4　児童保護への着手

さらに、県は児童保護施設や託児事業の奨励など、重要度の高い事業を奨励していく。奨励は仏教だけを対象にしているわけではないが、実施主体として寺院が想定のなかにあったと思われる。実際に、仏教による事業が設立されていく。児童保護として、一九二七年に右田村興禅院住職であり、方面委員でもあった福谷堅光は、右田村小児保護協会を設立した(16)。同協会は、単に設立が県内で早かったというだけでなく、山口県におけるモデル的な施設として活動したといってよい。

農繁期託児所は、先駆となったのは、山中六彦が校長である田部高等女学校によるものであるが、その後の広がりのなかで、寺院による託児所が増えていく。県による一九二七年度の奨励補助金を受けた託児所が二八か所あり、そのうち、明照寺児童保育園のように寺院名が名称に付せられるなど、仏教系であることが明らかなのが、六か所である。実際には、仏教系でありながら名称に寺院名が付せられていないケースがあるかもしれない。また、二八か所のうち、宇部市処女会によるものが六か所あり、経営主体数でみれば仏教系の比率は高まる(17)。

大島郡蒲野郡三蒲農繁期託児所の珠山順哲は『山口県社会時報』において、農繁期託児所の影響として、「寺院の殿堂を開設場所に供せし為、従来寺院なるものが説教や法要のみの道場であると考へられてゐたのが児童の愉快な楽園と考へられるやうになつてきた」と記し、寺院の使用が、単に場所を提供しているだけにとどまらず、人々の寺院への認識を変える契機となったことを指摘している(18)。さらに、従事者の多くが僧侶ら、児童からの親しみのない者で、それが児童と交流することで児童からの見方が変化したことを述べている。珠山は、ことさらに寺院と農繁期託児所との関係を強調しているわけではないが、寺院で農繁期託児所を開設することの、仏教側のメリットを明らかにした。社会課長の足立文男は、「場所は寺院が最も多く」と指摘しており、[19]県としても農繁期託児所開設における寺院の有用性を認識していた。

岡崎純皎は、「初めて農繁期託児所を経営して」において、まず「経営主体としての寺院」を挙げている。[20]岡崎は、小学校や公会堂は、児童の日常の生活環境と異なるので適切でなく、個人宅では狭すぎるので、寺院がふさわしいとする。また、寺院のあり方として、「現代に処して寺院自ら生き、農村亦生きる所以の途であつて寺院が本来の宗教的使命を果す所其の儘が社会事業的活動になるのである」と、寺院側の使命としての意義も説いた。岡崎は幼稚園経営者でもあり、比較的客観的な視点から寺院の優位性を説いた。

さらに、県嘱託の藤河安太郎は、「従来は兎角寺院を開封するを歓迎しない傾向があつたのであるが、漸次農繁時の労働を直接農業に関係のないもの迄も共にわかつと云ふ連帯感から、純真な児童保護の聖業を営むといふ美はしい奉仕的精神に覚醒めて来たことは実に慶すべきことである」としている。[21]藤河によれば、寺院の使用には当初は抵抗があったが、やがて広がったという。誰が「歓迎しない傾向」にあるのか。当の寺院の僧侶らであろうか。いずれにせよ、経過はどうあれ、寺院が農繁期託児所の主要な場であることが常識化していった。

一九三〇年八月二〇日から二四日まで。真宗本願寺派山口教区では、日曜学校経営および児童保育に関する講習会を開催し、県から稗田実言が講師として派遣されている。[22]一九三三年五月一四日・一五日には、美祢郡仏教団主催により、農繁期託児所講習会が開催され、それぞれ二四〜二五名が出席したとされる。[23]こうした動きは、県の奨励を受けて農繁期託児所を設置するにとどまらず、仏教団体自身が託児所の設置を奨励する側にもまわったことを示している。

『山口県社会時報』第九三号には農繁期託児所について二つの論考、稗田実言「農繁期託児所視察瞥見」[24]、篠崎篤三「農繁期託児所をめぐりて」[25]が掲載されている。いずれも、農繁期託児所を訪問しての報告であり、ことさらに寺院に焦点を当てているわけではないが「農繁期託児所瞥見」では、俵山村の西念寺託児所を好意的に紹介し、「農繁期託児所をめぐりて」では、寺院の託児所を紹介しつつ、曹洞宗の寺院が山側にあり、真宗が平地にあることが多く、真宗寺院のほうが望ましいという感想を記している。

ある程度農繁期託児所が普及した一九三二年の状況を見ると、県内の託児所三四七か所のうち、経営主体が婦人団体一四三、次いで寺院教会が五二、仏教団及同女子青年会三二となっている。開設場所としては、寺院教会が一四九で、最大となっている。(26) 山口県は全国のなかでも農繁期託児所の普及が進んだとされるが、それは仏教界の協力があって可能になったのである。

常設の託児所についても仏教への期待があり、実際に、兼安英哲による昭和保育園、小山定雄による西覚寺幼稚園などが設置されている。『山口県社会時報』第八七号には、長府町にて寺院を活用して開設された慈雲寺託児所について、概要が掲載されている。(27) この託児所は経営主体は個人となっているが、慈雲寺住職と檀信徒代表が世話役となることが明記されており、寺院が主体となることが志向されている。こうした記事の掲載自体が類似の託児所の設置を期待したものといえる。

5　県によるさらなる奨励

『山口県社会時報』第四二号（一九二八年三月）には、社会課長足立文男による「差当り努力を要する県下社会事業の考察」が掲載されている。(28) 八つ挙げているが、二番目が「宗教家と社会事業に就て」である。救貧事業や育児事業に宗教家の事跡が多いことを指摘し、「宗教家の天職」とする。具体的に県内外の宗教家の事跡を列挙するが、救世軍以外はすべて仏教である。そして「本県下に於ても宗教家の力に俟たなければならぬ社会事業が甚だ多い」ことを述べたうえ、「宗教家の活動を切に希望する」と訴えている。「宗教家」といっても、内容的にはほぼ仏教者と同義である。熊野の論考に続き、仏教による社会事業を要請したのである。

第七三号には、足立生の名で、足立文男が「神社仏閣を中心とする社会事業の一班卑見」を書き、神社仏閣による社会事業の推進を説いた。[29] ただ、実施すべき事項には託児所の設置のような、社会事業の中核的な事業が含まれてはいるが、国旗の掲揚とか、精神的な内容もあって、社会事業推進の趣旨が、やや不鮮明な感もある。さらに第七四号では、竹頭生の名で、篠崎篤三が「宗教と社会事業」を執筆している。[30] 篠崎は山口県社会事業主事に就く前は、家庭学校の教頭をしており、自身がキリスト教社会事業の一線にいた。宗教と社会事業についての理解は他の論者より深いといえる。事実、他の論者の論考が、「宗教」と呼びつつ、実質は仏教であるものばかりであったが、篠崎の論考はキリスト教にもかなり触れており、視野を広げて論じている。そのため、仏教は何をなすべきか、具体的に述べているのは、矯風事業（廃娼と禁酒）であり、仏教がキリスト教に比して廃娼運動への積極さに欠けることを批判している。

第八三号には、足立文男「神社寺院と児童遊園」が掲載されている。神社寺院の境内を利用すれば、児童遊園を増やすことが容易であるという、実務的な議論である。[31] ただ、実際はそれほど容易に神社寺院での児童遊園が広がっているわけではなく、神社寺院側で拒絶的な場合があり、そういう姿勢に対しては「遺憾千万」と厳しく批判している。なお、同号の編集後記によれば、リーフレットにして関係方面に配布するという。[32]「関係方面」とは、神社寺院と考えられ、直接に神社寺院にこの論旨を伝えることになっていた。ただ、実際に配布されたのか、筆者はこのリーフレットの存在を確認できていないが、記述の内容からみて、配布されたのは確実なようである。

第八四号には、足立による同じ題の論考が載っている。連載というより、事後報告のような内容である。[33] それによると、論考の影響が新聞報道され、県において社会課と社寺兵事課が対立しているかのように、受け取られたようである。足立はそうした対立はないと否定している。とはいえ、境内地の状況によっては実施できないこともやむを得ないとか、社寺仏堂の尊厳の維持に努めなければならないとか、前稿に比べると、神社寺院側の事情に配慮したような内容になっており、「遺憾千万」という論調からは後退した感がある。県内部で、何らかの調整がなされたのかもしれない。

この論考に呼応してか、第八五号に篠崎篤三による「下関市内に於ける寺院境内地利用の児童遊園地」が掲載されている。[34]下関市は、山口県最大の人口規模を持つとともに、当時は九州や朝鮮との結節点としての役割もあり、それだけ社会問題の広がりが危惧された。一方で港湾都市特有の坂が多く人口が稠密であり、児童遊園の土地を新規に確保するのは困難であった。農村地域などと比べ、寺院の活用の意義は大きかった。そういった背景もあって、下関市の寺院での児童遊園を調査したものである。市内に七か所あり、うち三か所が寺院を利用したものであることが示されている。

一九三一年一二月六日から一二日にかけて、県社会事業協会主催で、神職と僧侶を対象として岡山県・大阪市への社会事業団体視察が企画された。[35]一六名が参加し、うち僧侶は一〇名である。こうした企画をすれば費用もかかるであろうから、予算を計上してのより明確な、社会事業の奨励である。

第九三号に、篠崎篤三による「洞春寺開山」という一文が掲載されている。[36]洞春寺は、荒川道隆によって、山口育児院を設置した寺院であり、社会事業の先駆的役割を果たした。記事自体は、宗教的な内容に終始し、社会事業雑誌としては違和感がある。掲載の意図もわかりにくいが、社会事業を牽引した寺院への評価を示したものといえる。

稗田実言は農繁期託児所の視察記のなかで、由宇町の仏教団主催の託児所を訪問した報告のなかで「信仰の生活には行の生活が伴うべきことは云ふまでもないが、厳かな殿堂が時代の流れに逆行する時既に生命はない、聖なる道場をして常に民衆と密接なる関係を保持せしむることのみに依りその存在値が存する。此の意味に於て寺院を大衆のために開封することを希望して已まない」と述べている。[37]

農村社会事業の推進をめぐり木村尭が「農村社会事業偶感」を書いている。そこでは、「寺院等の活動に依る農村に於ける隣保事業も面白い」と指摘しているが、それ以上の議論がない。[38]しかし、第一〇九号の「農村社会施設としての隣保事業」では、寺院と隣保事業との関係を詳細に論じている。[39]農村での隣保事業の役割や必要性について論じた後に「最後に私は農村隣保事業と寺院とに就て少しく考察して見たい」として、寺院にあえて論点を絞って論じた。まず、寺院は日頃はあまり利用しない伽藍があるなど、建物を新築する必要がなく人物も寺院の住職が当たることができる。宗教は極楽や浄土を説くだけでなく、「生きた人間の救済に努め現世極楽の実現に精進すること」が必要であると説く。そのための隣保事業についての考慮を要請する。さらに、各宗派の本山が児童保護施設などを行うよう指令していることを、「何故寺院として最も適してゐると考へられる農村隣保事業の経営に就ての指令が出ないのであらうか」と、むしろ批判的に論じている。そして、「県あたりが仏教団体等と提携して寺院の社会事業進出―殊に農村隣保事業への進出―に努力せられむことを切望して已まない」と、農村隣保施設こそ強く推進すべき事業であることを説いた。

第一〇六号掲載の稗田実言「寺院と社会事業」は、論点を寺院に絞って、寺院の社会事業への参加を強く促している。[40]前半は、寺院が慈善事業に貢献してきたという一般論を述べているだけであるが、後半は、山口県の状況を具体的に示して、議論を展開している。県内での仏教系の社会事業の統計を示して、「最も多いものが農繁期託児所にして釈放者保護、保育所、人事相談等が之に次でゐる」という現状を示す。そして「本県には寺院や仏教団に於て要保護少年に対する保護事業、助葬事業、無料裁縫伝習、子守教育等に就ては未だ注意されていない様である。此外生活改善、殊に融和事業、内鮮融和事業等に就ては一般と提携し一層の努力を要望して已まない」と事業名を挙げて、さらなる参加を促している。さらに、県内の寺院の状況を統計によって示し、もっと社会事業に進出できることを主張している。ことに「農村漁村方面に於ても其地に応じて善隣運動を起すべきではあるまいか」と述べている。最後に「他日更に稿を起す」と結んでいるので、稗田としては、今後もっと詳細に論じる意向を持っていたようである。稗田はその後、「谷山恵林氏の仏教社会事業史を読む」も書いている。[41]

以上のように、県社会課の者たちは、それぞれ仏教による社会事業への参加を奨励した。それは、社会事業への寺院活用の推進という実務的な要請にとどまらず、仏教の現状への批判ともとれる言説を含んでいた。

6　仏教社会事業の組織化

こうして、それなりに仏教社会事業が定着するなかで、組織化の動きが出てくる。一九三四年二月二二日に県庁において、仏教社会事業協議会が企画された[42]。郡市仏教団長、山口県仏教団長、県下各宗派代表者、寺院社会事業経営者（ただし常設の施設のみとしているので、農繁期託児所のみの経営である者は除く）を対象としている。すでに社会事業を経営している仏教社会事業家の集まりというより、仏教団体の指導者を重視している。協議事項として、「寺院トシテ経営スベキ適切ナル社会施設ニ関スル件」「寺院主体ノ社会施設促進ニ関スル具体的方策ノ件」「寺院経営社会施設ヲ統制連絡スベキ有効適切ナル方途ニ関スル件」の三つが挙げられている。

四〇名ほどが出席し、兼安英哲から動議が出て、山口県仏教社会事業協会創立の提案がなされた。万場一致で決議され、さっそく五月に創設することとし、創立準備委員に兼安英哲、村上織江、中村泰祐を依嘱した。三月七日に県会議事堂参事会室で第一回の委員会が開催された。この委員会には、井口正夫社会課長と稗田実言社会事業主事補が出席した[43]。山口県仏教社会事業協会の「趣意書」が存在するが、この「趣意書」の発行が三月となっているので、この委員会で策定されたと考えられる。

「趣意書」では、「社会的欠陥は続出し貧困、失業、犯罪者等」の問題の広がりを指摘し、「我等仏教徒の責務は重且つ大なりと謂ふべく」として仏教徒がそうした状況に責任を持つことを述べ、「寺院として隣保親和の中心的道場たらしめ相携へて教化救済の仏陀の理想顕現に努め以て明朗なる楽土建設に一路精進せん」と訴えている。

組織化がたちまち進んでいくのだが、あまりに短期間に進むことに違和感を覚える。これらの会議場所が、寺院など仏教施設でも、公会堂のような場所でもなく、県庁や県会議事堂である。しかも、純粋な民間団体のはずなのに、委員会に県から二名出席している。この委員会は兼安英哲が欠席したので、委員二名、県側二名となる。社会事業界の先駆者兼安が不在のなか、県の主導で話が進んだことは明らかである。兼安不在にもかかわらず、重要な事項が決められているが、これは兼安があらかじめ承認しているということではないだろうか。こうした事実からして、推測ではあるが、あらかじめ、県の側で協会創設の意向があって、意向に沿って話が進んだということであろう。

その後、準備が進み、創立へ向けて一〇〇名を超える入会申し込みがあったという[44]。そして、一九三四年七月一〇日に、創立発会式が開かれ、山口県仏教社会事業協会が創立された[45]。式では、県から知事、学務部長、社会課長、社寺兵事課長、社会課員が出席し、また、山口市長など五〇名、正会員が一五〇名ほど出席したとされる。創立委員の兼安英哲が挨拶をし、会則の審議などを行った。内務省社会局長官、中央社会事業協会長、そのほか高野山管長など仏教宗派幹部などの祝電が寄せられており、協会の発足をあらかじめ、広く周知していたようである。

式では、次のような宣言と決議を行った。

宣　言

現下ノ多難ナル社会情勢ニ鑑ミ我等ハ仏教徒トシテ光輝アル二千五百年ノ伝統ト人類救治ノ大使命ニ基キ仏教社会事業協会ノ大旆ノ下ニ一致団結以テ楽土建設ノ大業ニ邁進セン事ヲ期ス

右宣言ス

昭和九年七月十日

山口県仏教社会事業協会

決　議

一、社会ニ於ケル寺院ノ特殊的地位ニ即シタル社会事業ノ実現ニ努ムルコト

一、物質偏重ヲ排シ教化ニ依ル精神救済ノ徹底ニ努ムルコト

会則も定められた。目的を「仏教精神ニ基キ県下仏教徒一致団結ノ下ニ社会事業ノ普及徹底ヲ図ル」とし、事業として「寺院社会事業ノ連絡統制、社会事業ノ調査研究、社会事業ニ関スル知識ノ普及徹底、寺院社会事業ノ施設経営及助成、其他必要ト認メタル事項」を掲げている。組織として「各宗寺院住職、其ノ関係者及其他ノ有志者」とし、寺院住職らに

よる会員制度によって組織が形成されることとした。会員は寺院住職か関係者であるので、施設、あるいは宗派などの団体ではない。

こうして、仏教社会事業の本格的な組織化が実現したかに見えた。しかし、総裁が知事、会長が県学務部長、専務理事のうちの一人が社会課長であり、事務所も県庁内に置かれた。これは実態としてそうなっているのではなく、いずれも会則で明記されている。民間活動としての協会のはずなのに、官的な色彩も強くもっていた(46)。このことからも、県が主導したことが推測できる(47)。なお、『山口県社会時報』では、「仏教社会事業の誕生」と題する「巻頭言」を掲載し、設立の意義を強調した。

創立後も会員募集は続き、入会が続いた(48)。しかし、評議員が決定しないなど、すべてが順調だったわけではない。会員は四〇〇名ほどになり、ようやく評議員が定まり、一九三五年四月一七日に評議員会が開催された(49)。理事はこの評議員会で推薦することになっている。ようやくここから実質的にスタートした。評議員会により、理事に、金子黙丈、村上織江、辻田玄粲、進藤端堂、兼安英哲、辻弘道が委嘱され、常務理事が兼安、副会長が村上となっている(50)。なお、常務理事は二人いて、他の一人は前述のように県社会課長である。

こうしたなで、『山口県社会時報』第一二六号には「農村寺院の一過程」が掲載された(51)。下関市に隣接した川中村の住職が「ｘｙｚ」というペンネームで、事実上無記名で執筆している。社会事業主事の原田士驥雄から執筆依頼を受けたということなので、編集側の意図で掲載されている。農村寺院において「合掌協会」と称する組織をつくり、そこでは社会部なども社会事業的な活動が含まれている。今後の寺院と社会事業のモデル的な活動として、紹介したのではないだろうか。

さらに、稗田実言による「寺院と社会事業」が第一二八号に掲載された(52)。以前と同じ題名であるが、仏教による社会事業が広がっていることを認めて評価しつつも、隣保事業が少ないなど、なお不十分であるし、社会事業への無理解な考えが仏教側に少なくないことも指摘する。生活苦などについて「仏教徒として現実の社会を看過することは許されない」とする。「仏教徒として又寺院として出来る範囲から必要の方面に於て漸次に歩を進めて行くことである」として、新たな事業を広げることを求める。巻末に（続）とあるが、実際には掲載されていない。

仏教社会事業の組織化の一方で、評議員会と同じ四月一七日、しかも同じ県会議事堂で、時間を変えて山口県私設社会事業協会の結成への協議会が開催されている。[53] 同日に設定しているのは、両方ともに出席する人物がいたのではないだろうか。

この協議会を受けて、一〇月八日に山口県私設社会事業連盟が結成される。[54] 中心となっているのは宗教色の薄い姫井伊介ではあるが、加盟団体には、久米村共楽園、山口育児院といった仏教系の事業ばかりか、下関仏教同盟済世会、熊毛郡仏教団保護会といった仏教を標榜している団体、豊浦郡連合仏教団のように、社会事業というより仏教団体というべき団体まで加盟しており、仏教社会事業協会と、相当に共通している。

仏教社会事業協会に続いて、私設社会事業連盟が結成されるのは、山口県の民間社会事業の組織化の進展として、歓迎すべき動きではある。また、目的も大きく異なるので、二つの団体が発足することに問題があるわけではない。しかし、私設社会事業の中核が仏教社会事業であったことを思うと、類似の組織が二つできたという印象は免れない。現実を考えても、仏教社会事業施設の側から見た場合、会費を双方に払ったり、会議などがそれぞれに開かれたり、負担になる。二つの団体それぞれが活発に活動するには、限界もあったのではないか。

いずれにせよ、仏教社会事業協会の活動が開始され、さっそく七月八日から一一日にかけて長門部の一〇か所で仏教社会事業講演会を行った。[55]「現代思潮と仏教」「仏教と社会事業」のテーマで、前者は僧侶が出講し、後者は協会から係員が派遣されている。前者で仏教が社会事業を行うことへの理念が語られ、後者で具体的なノウハウが語られたと思われる。講演会が開催されたのは、長府町や船木町のように社会事業の実績の多い町もあるが、主に社会事業の実績の乏しい農村地域である。こうした地域での新たな動きを期待したのであろう。さらに、一九三六年三月二八日から三一日にかけて、清末村、田布施町、鹿野村、大田町、大井村、防府町でも実施し、全体で四五七名の参加があったとされる。[56]

木村尭の論考「本県社会事業の進展方策に関する考察―昭和十一年の本県社会事業への待望―」は、今後重視すべき社会事業の領域を列挙したものである。(57) 列挙した最後の項目が「仏教社会事業の振興」である。「寺院住職の社会事業に対する進出こそ昭和十一年の本県社会事業の一特色として期待したい」と述べ、仏教社会事業協会結成を契機とした仏教社会事業の積極的活動を督励している。この時期の動きから考えると、木村の個人的意見ではなく、県の意向を改めて強調したといえる。

しかし、仏教社会事業協会の活動は決して活発ではなかった。一九三六年五月一一日の理事会および評議員会を報じる『山口県社会事業』の記事では「前年度の活動のあまり活発ならざりし事情に鑑み」とあって、満足できる実績ではなかった。(58) この理事会および評議員会以降、七月二五日に、仏教社会事業協会佐波郡南部協議会が、防府町成海寺で開催され、ほとんど全寺院の出席があって、盛会であったという。(59)

けれども、この後には、仏教社会事業協会の活動は報じられなくなって、事実上消滅していったように感じられる。活動がすべて『山口県社会時報』に掲載されるとは限らないが、実質的に県が関与して創設した組織であり、活発に動いているのに、何ら報じられないとは考えられない。

なぜ、短期間の活動に終わってしまったのか、推測するしかないが、仏教社会事業家からの内発的な動きから起きたのではなく、行政側からの要請であったため、仏教社会事業側の意欲が高まらなかった、仏教社会事業協会に加えて私設社会事業連盟まで結成されるなか、仏教だけの組織の必要性が明確でなかった等の理由が考えられる。また、本願寺派のように宗派によっては独自の社会事業組織があり、宗派を超えた組織よりも自派の組織への関心のほうが高かった事情もある。たとえば、浄土宗務所社会部が刊行した『浄土宗社会事業要覧』には、性乾院人事相談所、専称寺人事相談所、広雲寺児童遊園など、山口県側の史料にはあまり見られない事業が掲載されている。(60) あるいは、本願寺派社会事業協会による『本願寺派社会事業要覧』に掲載のある、角島児童保護会、西覚寺人事相談所、横超山社会事業課、奉仕仏教団といった事業も、そうである。(61) 取り上げている「社会事業」の範囲が、こちらのほうが広いので、単純に比較はできないものの、自派の組織への所属意識がより強かったことを推測させる。

また、活動内容は、会則では「寺院社会事業ノ連絡統制」や「社会事業ノ調査研究」が掲げられているが、実際には講演会など行事の実施に偏っている。予算からも明らかで、昭和一〇年度予算を見ると、歳出のうち事業費に八〇五円があてられ、内訳は大会費一五五円、講演会費四〇〇円、活動写真会費一〇〇円、視察補給費が一〇〇円、会報費が五〇円であり、行事関係の支出が大部分である。「会報費」が計上され、会報を発行する意図があったようであるが、昭和九年度予算でも計上されながら支出されておらず、実際には発行されなかったと思われる。単に講演会などを開催するだけであれば、一部の担当者が奔走するだけで、全体としての組織化にはならない。

財源についても、昭和一〇年度予算の歳出では全歳入二五三九円のうち、会費が二一〇〇円、県費補助が三〇〇円となっている。会費がしっかり徴収されるのであれば、自主財源で運営される好ましい形もありえたであろうが、実際には入会しても次第に会費の支払いが滞ることになったのではないだろうか。事業には「助成」が掲げられているが、他を助成するどころか、みずからの財源もままならないのが実態であった。

こうした仏教社会事業側の状況に加え、一九三七年に日中戦争が本格化していくと、社会事業の重点課題が、戦時体制に資する事業に移ったので、仏教社会事業振興の意欲が、行政側も薄れたことがあろう。

こうして、仏教社会事業の組織化は成功したとはいえないが、組織化の実現まで達成できたのは、仏教社会事業の実績が広がったことの反映でもあり、積極的に評価すべき側面もある。

また、仏教社会事業の組織がまったく消えたわけではない。一九四〇年に『山口県仏教徒社会事業一覧』という冊子が、山口県連合仏教団によって発刊されている[62]。この冊子では、社会事業法に該当する施設を一九三九年一〇月に調査したとして、以下の施設を掲載している。

保育事業として、前田慈雲集童園（下関市）、教泉保育園（下関市）、あそか保育園（下関市）、慈光保育園（下関市）、西覚寺保育園（宇部市）、昭和保育園（宇部市）、慈光童園（宇部市）、中央幼児保育園（宇部市）、岬幼護園（宇部市）、正法保育園

（萩市）、愛珠園（周南町）、東光保育園（周南町）、久米共楽園常設託児所（久米村）、二葉幼稚園（久米村）、小野田幼護園（小野田町）、船木隣保館常設託児所（船木町）、正善寺仏教愛児園（防府市）、福川保育所（福川町）、神田保育園（神田町）、乳幼児妊産婦保護として、屋代勝友保護会（屋代町）、右田村小児保護会（右田村）、隣保事業として隣保館島光社（久賀町）、久米村共楽園（久米村）、船木隣保館（船木町）、簡易宿泊として下関簡易宿泊所（下関市）、実費診療として下関仏教済世婦人会慈済病院、育児として財団法人山口育児院、連絡統制として山口県連合仏教団。このほか、社会事業法の届出のない事業として、保育事業の高千帆幼護園（高千帆町）、下松慈光園（下松市）が掲載されている。仏教徒経営の季節託児所として、四七か所載っている。ただ、「寺院関係者ガ経営主体デアル場合ハ無論　寺院開封会場提供ノ場合モ其ノ託児所ノ事業成績ヲ御報告下サイ」と呼びかけているし、まったく掲載のない郡市があり、載っているのは報告のあった一部の託児所に限定されていると思われる。

また、社会事業法による届出を基準に掲載しているため、司法保護事業が掲載されていない。そのため、下関保護院や宇部共栄会などの、山口県の社会事業を牽引してきた施設が掲載されていないし、下関仏教同盟済世会も、慈光保育園として保育事業のみが載っているにすぎない。したがって、この一覧で仏教社会事業の総体がすべて掲載されているわけではない。しかし、狭義の社会事業についての、戦前の一応の到達点が示されているといえよう。

この冊子を編集したのは、山口県連合仏教団社会部である。社会部の所在地は、船木町来迎寺、すなわち船木隣保館を運営する辻田が住職を務める寺であり、辻田が中心になって動いていたと思われる。社会部の目的は、仏教徒方面委員の連絡、寺院で行う社会事業の調査、研究、懇談、季節託児所の開設普及と奨励指導とされている。いつ設置されたのかなど、詳細は不明である。山口県仏教社会事業協会との直接の継承関係があるかどうかも、筆者が入手している史料の範囲ではよくわからない。ただ、仏教社会事業協会が停滞した後も、仏教社会事業の組織が存在していたことは確認できる。

この冊子には、以下の宣言と決議が掲載されている。

宣　言

現下重大時局ニ鑑ミ特ニ吾等仏教徒方面委員及ビ社会事業従事者ハ朝ニ皇軍ノ武運長久ヲ祈願シ夕ニ戦没勇士ノ忠霊ヲ追悼シ銃後教化国民精神総動員ニ参加シテ専ラ物心両面ノ教化ニ努メンコトヲ期ス

右宣言ス

昭和十四年十月七日

決　議

一、肇国ノ理想ヲ奉シ感謝報恩ノ念ヲ顕揚スルコトニ努ムルコト

一、祖先崇拝ノ念ヲ昂揚シ特ニ忠霊ノ墓地清掃ニ努ムルコト

一、応召軍人遺家族ヲ慰問シ特ニ人事相談ニ努ムルコト

一、銃後家庭ノ児童保護特ニ季節託児所ノ開設普及ニ努ムルコト

一、県下未曾有ノ旱害ニ際シ事後ノ救済ニ努ムルコト

右決議ス

昭和十四年十月七日

いずれも日付が一九三九年一〇月七日なので、この日に総会か何らかの会合があったではないか。翌日の一〇月八日に、第三回山口県方面委員大会が開催されているので、大会に合わせて、会合を設定した可能性もある。内容は、戦時下であることを強く反映して、仏教社会事業の戦争協力の姿勢を示すものになってしまっている。仏教ないし仏教社会事業の戦

争協力問題は重要な論点ではあるが、ここでは問わない。むしろこの時期において、仏教の組織化が維持され、仏教社会事業の拡大が目指されていたことに注目したい。組織を維持しつつ、全体を把握し、さらなる発展を図っていくという、この状況が戦前の仏教社会事業の到達点であったといえる。これ以降は、戦時体制がますます強固になっていくので、仏教の独自性を示すような活動の広がりは限られてしまったものと思われる。

7　山口県社会事業への仏教の貢献と限界

赤松照幢、荒川道隆、進藤端堂、河野諦円らによる仏教社会事業が山口県社会事業発展の基礎となっただけでなく、社会事業の発展のなかでも仏教の果たす役割は大きい。個々の人物や事業にとどまらず、県全体の社会事業を広げる意義をもった。県行政もその意義を認識し、仏教による事業の開拓に期待を寄せ、あからさまにそれを表明することも繰り返された。社会問題を看過できずに社会事業として取り組もうとする仏教側の姿勢を、みずからは経費や手間をなるべくかけずに社会事業の広がりを目指す県側の思惑が重なった。仏教の役割が広がり、やがて山口県仏教社会事業協会の結成にいたった。

一方で、姫井伊介のように仏教への関心がさほど深くない立場の者もいた。姫井の議論は必要とされる社会事業の領域を具体的に示し、その実現の方策を探るもので、そこで宗教に触れる機会は少ない。姫井も、仏教による実践があることはもちろん承知しているし、評価もしていた。しかし、仏教を全面に押し出して、社会事業の振興を目指すという姿勢ではない。たいした財源もないのに、現実に社会事業を拡大する必要に迫られて仏教の寄与を必要とする県に対し、理想主義的に社会事業を構想する姫井とでは、議論の視点が異なっていた。

いずれにせよ、育児事業や釈放者保護事業などで先駆的な役割を果たした仏教は、社会事業が発展していくプロセスでは、農繁期託児所、農村社会事業、児童保護など、さらに活動の場を広げた。また、方面委員として僧侶らが活躍したケースも多かった。山口県社会事業の発展は、仏教社会事業の広がりがなければありえなかった。

そのようになりえた要因として、丘道徹、河野諦円、兼安英哲ら先駆的に社会事業を行った人物が、指導的な立場で携わることができたこともある。また、県が補助金などを活用して、事業を促進した背景も無視はできない。また、浄土真宗の大谷派や本願寺派、浄土宗など、宗派自体が社会事業への一定の積極性をもっていた場合、県内の寺院もその影響をうけたという面があろう。

しかし、それだけではなく、地域で発生する生活課題について、自己の責任として対応していこうとする仏教の姿勢が、多くの社会事業をもたらした面も強いであろう。そうした姿勢について評価していくことで、地域に広がっていく社会事業の意義が明確に示されていくことにもなる。

【注】

（1）吉田久一・長谷川匡俊『日本仏教福祉思想史』法蔵館、二〇〇一年。
（2）長谷川匡俊『念仏者の福祉思想と実践—近世から現代にいたる浄土宗僧の系譜』法蔵館、二〇一一年では、近代の「寺院社会事業」を考察している。
（3）三宅敬誠『寺院の社会福祉—家族を守る仏教—』せせらぎ出版、二〇〇五年。
（4）日本仏教社会福祉学会編『仏教社会福祉辞典』法蔵館、二〇〇六年。
（5）田村浅市「我国に於ける社会事業発達の経路に就て」『山口県社会時報』第二報、一九二四年一月。
（6）熊野隆治「県下仏教家各位に檄す」『山口県社会時報』第一号、一九二四年七月。
（7）熊野隆治「県下仏教家各位に檄す（続）　仏教家に希望する社会事業一班」『山口県社会時報』第三号、一九二四年九月。
（8）進藤端堂「長府人事相談所の現在と共同宿泊所設置の必要」『山口県社会時報』第五号、一九二四年一一月。
（9）進藤端堂「波部常吉の犯罪始末を伝へ　仏徒の自発的奮起を要望す」『山口県社会時報』第一一号、一九二五年六月。
（10）『下関仏教同盟済世会紀要』下関仏教同盟済世会保護部、一九四一年。
（11）『山口県社会時報』第二三号、一九二六年五月、二三頁。

(12)『山口県社会時報』第二五号、一九二六年七月、一五頁
(13)竹頭生「見たり聞いたり」『山口県社会時報』第二五号。
(14)『山口県社会時報』第二七号、一九二六年九月、一六頁。
(15)『山口県社会時報』第二六号、一九二六年八月、一七～一八頁。
(16)『山口県社会時報』第三六号、一九二七年七月、三二頁。
(17)『山口県社会時報』第四〇号、一九二七年一一月、三三頁。
(18)珠山順哲「大島郡蒲野村三蒲農繁期託児所」『山口県社会時報』第六〇号、一九二九年八月、二〇頁。
(19)足立文男「農繁期託児所の開設」『山口県社会時報』第六九号、一九三〇年六月。
(20)岡崎純皎「初めて農繁期託児所を経営して」『山口県社会時報』第七二号、一九三〇年九月。
(21)藤河安太郎「昭和五年挿秧期開設農繁期託児所の概観」『山口県社会時報』第七一号、一九三〇年八月。
(22)『山口県社会時報』第七一号、三三頁。
(23)『山口県社会時報』第一〇三号、一九三三年五月、三四～三五頁。
(24)稗田生「農繁期託児所視察瞥見」『山口県社会時報』第九三号、一九三二年七月。
(25)竹頭生「農繁期託児所をめぐりて」『山口県社会時報』第九三号。
(26)足立文男「農家経済保護の立場より農繁期託児所の設置を奨む」『山口県社会時報』第一〇三号、一九三三年五月、三～四頁。
(27)『山口県社会時報』第八七号、一九三一年一二月、四一頁～四二頁。
(28)足立文男「差当り努力を要する県下社会事業の考察」『山口県社会時報』第四二号、一九二八年三月。
(29)足立生「神社仏閣を中心とする社会事業の一班卑見」『山口県社会時報』第七三号、一九三〇年一〇月。
(30)竹頭生「宗教と社会事業」『山口県社会時報』第七四号、一九三〇年一一月。
(31)足立文男「神社寺院と児童遊園」『山口県社会時報』第八三号、一九三一年八月。
(32)『山口県社会時報』第八三号、六七頁。
(33)足立文男「神社寺院と児童遊園」『山口県社会時報』第八四号。一九三一年九月。
(34)竹頭生「下関市内に於ける寺院境内地利用の児童遊園地」『山口県社会時報』第八五号、一九三一年一〇月、二〇～二二頁。

(35)『山口県社会時報』第八八号、一九三二年一月、三三～三四頁。
(36)篠崎篤三「洞春寺開山」『山口県社会時報』第九三号。
(37)稗田生「周東部農繁期託児所視察記」『山口県社会時報』第一〇五号、一九三三年七月。
(38)木村尭「農村社会事業偶感」『山口県社会時報』第一〇六号、一九三三年八月。
(39)木村尭「農村社会施設としての隣保事業」『山口県社会時報』第一〇九号、一九三三年一一月。
(40)稗田実言「寺院と社会事業」『山口県社会時報』第一〇六号。
(41)稗田実言「谷山恵林氏の仏教社会事業史を読む」『山口県社会時報』第一一一号、一九三四年一月。
(42)『山口県社会時報』第一一二号、一九三四年二月、三七～三八頁。『山口県社会時報』第一一三号、一九三四年三月、三〇～三一頁。協議会の日付が、第一一二号の記事では二二日、こちらでは二〇日と記載されている。
(43)『山口県社会時報』第一一三号、三一頁。
(44)『山口県社会時報』第一一五号、一九三四年五月、二五～二六頁。
(45)『山口県社会時報』第一一七号、一九三四年七月、二一～二二頁。『防長新聞』一九三四年七月一一日にも、創立の記事が掲載され、事実関係に加え、宣言と決議が掲載されている。ただ、それほど大きい扱いではなく、仏教ないし社会事業に関心を持つ者以外に影響を与えるほどの記事ではない。
(46)山口県文書館所蔵県庁文書には「昭和十年度　一般社会事業　社会課」「昭和十一年度　一般社会事業　社会課」という簿冊があり、仏教社会事業協会が県費による補助を申請した文書「県費補助願ニ関スル件」が含まれている。申請に際しての「調書」のほか、予算決算や「趣意書」「会則」が添付されている。
(47)『山口県社会時報』第一一七号、一頁。
(48)『山口県社会時報』第一一八号、一九三四年九月、二五頁。
(49)『山口県社会時報』第一二六号、一九三五年四月、三〇頁。
(50)『山口県社会時報』第一二七号、一九三五年五月、四二～四三頁。
(51)「農村寺院の一過程」『山口県社会時報』第一二六号。
(52)稗田実言「寺院と社会事業」『山口県社会時報』第一二八号、一九三五年六月。

(53)『山口県社会時報』第一二六号、三〇頁。
(54)『山口県社会時報』第一三二号。一九三五年一〇月、一四頁。
(55)『山口県社会時報』第一二九号、一九三五年七月、一九頁。
(56)『山口県社会時報』第一三七号、一九三六年三月、三八頁。
(57)木村尭「本県社会事業の進展方策に関する考察―昭和十一年の本県社会事業への待望―」『山口県社会時報』第一三五号、一九三六年一月。
(58)『山口県社会時報』第一三九号、一九三六年五月、三七頁。
(59)『山口県社会時報』第一四二号、一九三六年八月、二〇頁。
(60)『浄土宗社会事業要覧』浄土宗務所社会部、一九二六年。『浄土宗社会事業要覧』浄土宗務所社会部。一九三一年。
(61)『本願寺派社会事業便覧』本願寺派社会事業協会、一九三六年。
(62)『山口県仏教徒社会事業一覧』山口県連合仏教団、一九四〇年。

第8章　私設社会事業連盟の活動と山口県社会事業との関係

1　私設社会事業の組織化

一九三〇年代の社会事業界における特筆できる動きとして、一九三一年の全日本私設社会事業連盟（以下、「全日本連盟」と省略する）の設立がある。全日本連盟は、丸山鶴吉を理事長として、『私設社会事業』の発行、大会の開催をはじめ、私設社会事業の発展に資するための活動を展開していく。実現はできなかったが共同募金運動の実現を模索した。また私設社会事業従事員の待遇調査は、戦前の社会事業従事者の状況を実証した有意義なものである。社会事業の組織化自体は、一九〇八年の中央慈善協会の設立はもちろん、それ以前の動きもある。しかし、官の関与があることが否定できず、純粋な民間レベルの組織化や運動とはいえない面があった。全日本連盟の場合、民間性の強い組織といってよい。

全日本連盟の動きには、山口県の社会事業界も関係を持っていく。全日本連盟には、理事や代議員として、山口県の人物も参加していく。機関紙の『私設社会事業』には姫井伊介は四回執筆している。そして、山口県にも山口県私設社会事業連盟（以下、「山口県連盟」と省略する）が結成されることになる。

山口県社会事業は、草創期より赤松照幢や荒川道隆など民間の事業が先駆をなし、やがて姫井伊介が中核になる。姫井は行政側で仕事をした時期もあるが、基本的には在野の人物といってよい。その姫井は、全日本、山口県とも連盟の活動に積極的に参加する。

本章では、全日本連盟における山口県関係者の動向と、山口県の私設社会事業連盟の動きの双方を把握する。全日本連盟は、機関紙『私設社会事業』を発刊した。同紙は、六花出版によって、二〇一二年に復刻版が出版されたため、容易に閲覧できるようになった。同紙には山口県に関係する記述も見られるので、それを拾うことで、山口県と全日本連盟との関係、山口県から連盟への影響などを把握することができる。同紙の山口県に関連する記述に依拠しつつ、全日本連盟の動向に山口県の社会事業がどう関与したのかを、明らかにする。

山口県私設社会事業連盟の動きは短期間で終わるが、短期間とはいえ見られた私設社会事業の主体的活動を明らかにしていくことで、山口県社会事業の民間での積極的な役割を確認していく。

2　全日本私設社会事業連盟における山口県関係者

全日本連盟は創設時、東日本私設社会事業連盟（以下、東日本連盟）、関西私設社会事業連盟（以下、関西連盟）、西日本私設社会事業連盟（以下、西日本連盟）によって構成されていた。山口県の私設社会事業も、このうち、関西連盟や西日本連盟に加盟していたことで全日本連盟に関係していく。

一九三三年の代議員の改選では、東日本、関西、西日本の各連盟から選出されている[1]。関西連盟から河野諦円、西日本連盟から丘道徹が選ばれている。このことから、河野らが関西連盟に、丘らが西日本連盟に加入していたことがわかる。関西連盟は、近畿や中国地方の私設社会事業によって組織され、西日本連盟は九州が中心であるが、丘は下関が活動の拠点であることから近接した西日本連盟に加入していたようである。代議員になったからといって、全日本連盟に大きな影響力を行使できるほどのことではないが、その府県におけるリーダー的な人物として承認されたという意義はあるであろう。

全国の施設・団体から、全日本連盟への刊行物の送付が行われ、『私設社会事業』に「寄贈図書」として掲載されている[2]。『山口育児院報』『山口県社会事業一覧』（県社会課）『山口県社会時報』が寄贈されていることから、山口育児院などの山口県内の私設社会事業はもちろん、県社会課も全日本連盟とのつながりについて意識していたと思われる。山口育児院三〇周年記念式にあたって、『私設社会事業』には予告記事も掲載されている(3)。

一九三五年に代議員が改選されるが、この改選では府県ごとに割り当てられた人数が選出される形になっている。したがって、当然に山口県から一定数選ばれることになり、山口県から仁保次郎、姫井伊介、丘道徹の三名が就いている(4)。この代議員選出にあたって、山口県の加盟団体での選挙があり、姫井がトップで、次に丘、三位は仁保と小山定雄（西覚寺幼児遊園）が同数になり、最終的に仁保となるという経過を辿っている(5)。仁保は、窮民救助を目的とした長府町保仁社の代表者である。規模の小さな事業で、なぜ仁保が選出されているのか、違和感が拭えない。活動的な人物だったのであろうか。

姫井が代議員に就任して、以後は全国大会での姫井の活発な発言もあって、姫井が全日本連盟においても一目置かれる存在になっていく。しかし、全日本連盟創設直後は、姫井の存在は確認できない。『私設社会事業』第二四号（一九三四年一二月）に、労道社発刊の『労道』寄贈の記載があるのが、姫井に関する動きの最初である。推測にすぎないが、全日本連盟と山口県とのつながりは、当初は河野諦円や丘道徹といった、山口県社会事業草創期からの事業家が中心に進んでいた。中途から姫井が関わるようになり、かつ主導権を握ったようである。

一九三八年の改選では、各府県から理事も選出された。全日本連盟の山口県からの役員は、理事が姫井伊介と兼安英哲、代議員が、河野基孝、中村泰祐、町原虎之介、辻田玄粲、丘道徹、それに渡辺翁記念文化協会の弓削達勝である(6)。辻田の所属は、自身が経営する船木隣保館ではなく、厚狭郡慈恵会となっている。

一九四〇年九月二三日から二六日にかけて、全日本連盟の主催により、私設社会事業中堅幹部練成会が開催された。山口県から、町原公益財団の町原貞助、沖ノ山保育園の網野英策が参加している(7)。一九四二年からは、姫井が理事、兼安、河野、中村、町原、丘が代議員である(8)。一九三八年と比べると、兼安が理事から代議員となり、辻田が抜けている。

一九四二年に小野田町を中心に水害が発生し、社会事業施設も被災した。『私設社会事業』では、山口県の施設の被災状況を報じている。[9]さくら保育園での瓦の飛散、船木隣保館も屋根の飛散があった程度で、むしろ臨時託児所を設置するなど救援の側に回った。小野田幼護園の被害が大きく、三〇〇〇円程度の被害額となっているが、同園も臨時保育所を設置して、救援に当たっている。

3　全国大会と山口県

(1) 第二回全国私設社会事業家大会

全日本連盟は毎年、全国規模の大会を開催する。大会に山口県から出席することで、山口県から全国への関与や意見表明がなされていく。

一九三四年一月二〇日と二一日に、第二回全国私設社会事業家大会が開催された。[10]山口県から、丘道徹、進藤端堂、河野諦円らが出席している。議題として、姫井伊介による「私設社会事業助成法ノ急速制定ヲ其筋へ要請ノ件」「私設社会事業団体ニ対シテハ鉄道乗車賃及船舶乗船賃半額割引方ヲ其筋へ要請ノ件」「私設社会事業団体ノ経営金ヲ全国的若クハ府県的ニ調達スル最モ合理的ニシテ公正ナル方途如何」が提出されている。[11]ただ、姫井自身は出席していない。[12]協議で発言しているのは丘で、共同募金について「全国一斉ニ行フト云フ御意見ノ様デアリマスガソノ方法如何」と質問したが、回答は曖昧なものであった。丘は深追いせず「各府県ニ於テ適宜ニ為ス事カ」と述べるにとどまっている。

長府町保仁社の名による感想文が、『私設社会事業』に掲載されている。[13]執筆者が団体名になっているが、実際の筆者は仁保次郎であろう。そこでは「一、丸山理事長の熱誠に満足せり　二、社会事業に資金経費を要すれ共往々寄附金又は補助金を主眼とし事業をなす傾向見えるものあるは遺憾なり　三、連盟に於て各事業家現状調査し奨励意味を以て表彰の途を開きては如何　宿泊所は今回の如く機関を利用せられ各自経費減少を図られたし」としている。「一」は「最も満足されしこと」、「二」は「最も不服なりしこと」、「三」は「次回開催の場合の注意」という問いへの回答である。

（2）全国私設社会事業統制協議会

一九三五年三月二九日から三一日にかけて、全国私設社会事業統制協議会が開催された[14]。『山口県社会時報』にも開催の予告記事が掲載されている[15]。それによれば、「本県よりも五、六名の出席者ある模様」としている。この記事の書き方では、全日本連盟の動きを、県側がある程度把握はしているものの直接には関与しておらず、あくまで民間の自主的な動きととらえているように感じられる。また、山口県連盟結成の動きがあることに触れている。

この大会からいつも姫井が出席するようになり、目立って発言を繰り返している。まず「万国社会事業大会開催ノ件」の議題に対し、「万国社会事業大会開催ニ対シテ反対デハナイガ、ソノ前ニナスベキ一ツノコトガアルト思フ、我国ニ未ダ同胞差別ノ思想ガ解決シテヰナイコトヲ思フトキ、私ハコノ問題ヲ解決セズシテ万国社会事業大会ヲ開クト云フコトハ余リニモ矛盾シテイマイカト思ヒマス」と述べている。

この議題は、紀元二千六百年の行事として、海外から関係者を招聘して万国社会事業大会を開催するという構想である。実際には戦争のためそれどころではなくなるが、仮に戦争がなかったとしても、資金の目途も不明で、海外各国との調整の見通しもなく、実現性の高い提案だったとは思えない。姫井は、正面から反対するのではなく、部落差別の現実を指摘して、優先順位が間違っているとの批判をした。直接には、部落差別撤廃という、姫井の長年の強い主張をここでも展開したものである。それに加え、足元の問題解決ができていないのに、空論的な構想を提起する全日本連盟への異議を申し立てたということでもある。

次に、山口県連盟から提出の議題「全国共同資金ノ造成並ニ之ガ運用方法如何」について発言している。「従来ノ経営ノ方針ハ各自ノ募金、団体補助ニヨッテヰタノデアル、思フニ各自ノ募金ハ余リニ形式的デアリ社会事業精神ヲ没却シテヰナカッタカ又団体補助ニシテモ非常ニ不公平デアル、余リニモ各団体ハ利己的自我的ニナッテハヰマイカ、コヽニ於テ私ノ考ヘハ、本連盟、府県連盟ソレカラ各市町村ニモ連盟ヲ設ケテ互ニ連絡ヲトレバ、分配ノ如キモノハ公平ニ行ハレルコトト思フ、又寄附者側デモ便利ダラウト思ハレル、又一面連盟ノ拡大強化、事業ノ統制ガ図ラレル事ト思ハレマス」と述べている。

山口県連盟提案の議題は、類似の他の議題と合わせ、五名程度の委員によって研究調査すべきとの提案があったことから、委員を選出することとなり、姫井が委員に含まれている。しかし、「山口県連盟提出案ハ全連幹部ニ於テ善処セラレンコトヲ望ム」という、曖昧な結論になった。

全日本連盟からの、連盟と行政との関係についての議題については、丘道徹が発言した。「只今ノ御意見ヲ聞キ感謝シマス。各府県ノ団体（連盟所属員）ヲモウ少シ増員セネバ真ノ統制ガトレナイト思フ、（県、市、町、村当局トノ交渉ノ関係上）山口県デ漸ク連盟ヲ結成シタワケデアルガ、未結成地帯ガ多イノデ、ソノ結成ヲ促進シテ頂タイ」と述べて、山口県で連盟ができたとはいえ、組織に広がりが欠けていることをみずから指摘している。

続いて姫井が発言する。「山口県ノ提出ニモウ少シ附加シタイト思フ、ソレハ全連ガ成立スルト同時ニ県連ガ出来タガ、更ニ地方即チ市町村ニモ連盟ヲ結成スル必要ガアルト思フ、即チ連盟網ノ確立デアル、要スルニ各市町村ニマデ細胞的ニ連盟ヲ作ルト云フコトデアル。社会事業ノ対象ハ自然的ニ、個人的ニ、社会的ニ又広ク国際的に生ズルノデアル、昨日社会事業ヲ撲滅スルノガ社会事業家ノ任務ダト云ハレタガ、如何ニ社会政策ガ確立サレテモ自然的原因ガナクナルモノデハナイト思フ、私ハ政治的ニモ社会的ニモ連絡統制ヲ図ル必要ガアルト思フ」と、市町村単位での社会事業連盟の設置を再度主張している。

姫井発言が大会全体のなかで回数も、発言時の長さも、突出している。こういう姫井の態度は、いつものことであるが、参加者には相当に印象に残ったのではないだろうか。この頃の全国の社会事業界における姫井の知名度がどの程度だったのかは不明であるが、大会での積極的な発言によって、全国からの参加者に姫井の存在が強く記憶されたのは間違いない。姫井が、いわば全国にデビューする場になったのである。

（3）全国私設社会事業協議会

一九三六年三月二五日から二七日にかけて、全国私設社会事業協議会が滋賀県大津市で開催された。[16] 関西での全国大会開催の声を受けた大会である。ここでも姫井が参加し、盛んに発言している。一つは、「農漁山村救済更生ニ関シ私設社会事業ノ寄与スベキ方策如何」についての発言である。姫井の前の発言者が、禁酒を強調するあまりに農村医療が不要であるかのような発言をするなどして議場が混乱した直後の発言である。

姫井はまず、農村において隣保事業を行うことが必要であると述べる。その隣保事業を実施するには背景に思想がなければならないとする。また、隣保事業という場合、協同組合が含まれるが、産業組合が農村で組織される一方で、潰れる組合が少なくない事実や、組織のない農村のあることを指摘する。医療が必要であるが、国民健康保険法制定を待っていられないので隣保事業で対処すべきであり、また公会堂や集合所を用いて託児所を行って、できる範囲で隣保事業を実施すべきであることを主張した。その後、この議論について、委員を決めて少人数で討議することとなり、姫井も選ばれている。といっても、結論は、隣保事業施設として必要な事業を「研究項目」として列挙するにとどまっている。

姫井はもう一度、発言している。「公私社会事業限界確立ノ件」で、社会事業の分野のうち、「公設の分野」と「私設の分野」に区分して列挙された。融和運動が「私設の分野」に入っていたことから、これを批判した。「融和運動は第一の公設分野の第一項に入れて頂きたいと思ふ、何故ならばこの事業はどうしても公権の発動に依らねばならぬ」と主張した。確かに提案では、融和事業が「私設の分野」に掲げられている数多い事業の一つに過ぎないように見えて、さほど重要でない事業のように感じられる。姫井からすれば、最優先に取り組むべき重大な事業であるはずであり、一覧を見たときに強烈な違和感を覚えたことは間違いない。

（4）第五回全国私設社会事業大会

一九三七年五月一四日から一六日にかけて、第五回全国私設社会事業大会が開催された。[17] この大会から、過去の全国大会からの通算の回数が示されている。提出議題として、山口県連盟より「社会事業助成法早急制定方ヲ其筋ヘ要望ノ件」が出されている。類似の議題が全日本連盟からも出されたので、議事では全日本連盟より三輪政一から詳細な説明があり、補足的に姫井が議長より発言を促されている。姫井は、建議案の理由書に社会苦の増大が書いてあることについて、「人口増加と社会経済機構の変化の大きな問題になりまするからこれらから来る生活不安といふことを建議の中に入れて頂きたい」ということなど、理由書への追記や修正を求める発言をしている。

このときの発言は控えめであるが、積極的に意見を開陳するのは、「皇紀二千六百年ヲ記念スヘキ社会事業施設如何」という議題への発言である。記念事業として行うべきは、助成機関の完成と、全国的な連盟の拡充強化であることを主張した。後者について、連盟が未結成の県での組織化をなすべきことと、市町村ごとに連盟を組織することを、今回も述べている。さらに具体的な提案として、会費が均一制になっているために小規模な団体が加入しにくくなっているので、団体の予算規模に対応した段階的な会費制度を提起している。「社会事業ト教化事業ノ関係ヲ一層緊密ナラシムル方策如何」でも発言し、「私は頭よりも手足の問題を考へて見たいと思ひます。両者の理解両者一つにして研究機関を作ることが必要でありセツトルメントの如きに於てか混然一体化してゐるが如く更に経済統制運動に於て総て順序を辿るが如く手足より頭に迄順次に地固めすることが出来るのであります」と述べた。

(5) 紀元二千六百年記念全国私設社会事業大会

一九四〇年五月一一日から一三日にかけて紀元二千六百年記念全国私設社会事業大会が開催され、姫井が出席している(18)。「日満支社会事業連絡提携に関する件」の議案について、三輪政一、田辺熊蔵とともに提案理由の説明を行っている。ただ、これ以上の姫井の発言は、実際にはあったのであろうが、大会記録が簡略であるために確認できない。

（6）第七回全国私設社会事業協議大会

一九四一年五月二三日・二四日に第七回全国私設社会事業協議大会が開催され、姫井が出席している。[19] 姫井は大会の宣誓文の起草委員七名の一名に選ばれている。また、「全体に対しての意見を述べて宜しうございますか」と議長（生江孝之）に発言を求めている。議事録によれば、それに対する議長の発言がすべて終わらないうちに、発言を始めている。時局下における社会事業の役割として「国策に順応」すべきであるとし、その国策とは「人的資源の涵養確保」であるという。社会事業家は、国策への順応と国家全体の統制への協力が必要であることを説いている。姫井は、戦時下に一貫して戦争協力の立場を示しているのではあるが、それにしても強烈な戦争協力へ向けての発言である。議事録を見る限り、姫井が職務として発言したのではなく、みずからの強い意志として発言していると受け止めざるを得ない。

4　『私設社会事業』掲載の篠崎篤三と姫井伊介の論考

『私設社会事業』には、さまざまな論考が掲載されている。執筆者の多くは、全日本連盟の主要なメンバーであるが、それ以外の者が執筆していることもある。山口県社会事業主事であった篠崎篤三による「私設社会事業将来の開拓」が掲載されている。社会事業についての壮大ともいえる議論である。この論考掲載時には篠崎は山口県を去っているが、篠崎が観察した社会事業の相当な部分が山口県での経験である。直接山口県に触れているのは「十一年の山口生活中に於ても土曜や日曜を潰して仕事をしたことも珍しくはない。頼まれゝば旅費なしで仕事に出懸けたものも一度や二度ではない」という記述である。[20] 篠崎の山口県での活躍は、こうした篠崎の姿勢が背後にあったことがわかる。

連載になっていて、その次の号の掲載時に「山口県在勤時代に、僕の妻が矯風運動の手伝をして、東京山口間の幹部に介在し、微力を致した事があつて之を労動《ママ》運動の一種とでも思つた様で、特高付きの巡査がやつて来て愚にも付かないことを調査するのみならず、亭主が県庁や学校に在職し乍ら、家内がかういふ運動に携はるのは甚宜しくない様のことを放言するので、或は亭主の方から、或は奥様の方から運動中止の機運が起り出し廃娼、禁酒の廓清的気分を沮抑することが濃厚であったことは今に記憶新なる所である」と述べている[21]。こういう事実の披露は、山口県在勤時代にはみられない。篠崎が、単なる行政の一員であることを超えて、社会事業を捉えていたことがわかる。

篠崎以外では、何といっても四回にわたって執筆した姫井伊介である[22]。一回目は、一九三六年五月の第三九号の「農村隣保事業の将来」である。『私設社会事業』には、全日本連盟の役員など著名な社会事業家が執筆しているなか、姫井が執筆できたのは、テーマからみて、全国私設社会事業協議会における農村隣保事業についての積極的な発言の影響と考えていいであろう。

論考の趣旨は、以下のようである。農村隣保事業は都市隣保事業とは違う独自の課題があるので、都市と同一視してはならない。都市では「勤労無産者」のように対象が限定されるのに対し、農村では地域を一体に考えなければならない。農村の部落に一つの隣保館があることが望ましく、また方面委員などの委員事務所が置かれることが望ましい。事業内容は、実際的に必要なものがなされるべきである。隣保事業が、社会事業にとどまらず地域の文化の拠点になるべきである。実際の事業として、教養的施設、経済的施設、副業を推進する施設、生活改善、母性・児童保護施設、保健衛生施設、慰安・娯楽施設、相談・指導施設、自治的施設、調査・連絡統制を挙げることができる。隣保事業は、単なる総合的社会事業ではなく、地域に真に必要な事業を推進していく役割がある。経済団体との連携の欠落から、農村隣保事業が貧弱になったのであり、経済団体との協力が大切である。さらには、地域のさまざまな団体や組合などとの連携に進んでいかなければならず、隣保事業は共同事業なのである。そうすると、公益法人となることが望ましい。建物は、寺院の開放だけでなく、公会堂なども活用すべきである。

こうした議論の後に結論として、「農村隣保事業の将来は最高度の社会理想に立脚しながらも常に実生活の情勢と其れより生ずる有声無声の要求との留意し、必然的に綜合統制せる最も広き意味の社会事業として全区民を対象とし、全区民並に関係諸団体との総協力によりて施設経営せらるべく、従って之がための隣保館は、各部落地区毎に普設せらるゝであらう」と述べている。

二回目は、一九三六年一二月発行の第四六号掲載の「隣保事業は果して行詰れるや」である。書き出しに「表題の如き課題を受けたが」とあるので、テーマと合わせて依頼があったようである。この論考の主張を一言でいえば、隣保事業は都市では行詰りの面があるかもしれないが、地方では「行詰り如何が問題にされるほど生長してゐない」ということである。隣保事業は、数からみても地方では少なく、未設置の県さえあり、個々の事業も必要であって、「大いに指導奨励されるべき」と強調している。

三回目として、一九四二年一月発行の第一〇四号に「社会事業界の回顧と展望」が掲載されている。紀元二千六百年記念全国社会事業大会の決議などを踏まえて、戦時下の社会事業を論じたものである。姫井は戦時下に、戦時体制を踏まえた社会事業や融和運動を論じたが、そういう論考の一つである。「東亜社会事業の実現」とか「人的資源の保護育成」とかの戦時社会事業の課題を示して、それがまだ不十分であることを、個々の事例を挙げて論証したうえ、現状を嘆いている。

四回目として、一九四三年一〇月の第一一一号に「斯業戦線の隘路」を掲載している。この号は、『私設社会事業』を発行できた最後の号である。最後だから姫井が執筆者に選ばれたわけではなかろうが、もはや発刊できなくなる窮乏した状況ありながら、姫井が執筆できたというところに、姫井への評価を感じることができる。

内容は戦時色を一段と強め、文体も難解になって、何を主張しているのかも、あまり明確ではない。「田舎」で活動しているという立場を示したうえ、戦時下の急迫した状況なのに、「報国的努力は、自分ながら相済まなく、甚だ恥かしく思ふほどに、余りにも劣弱」と、努力の不十分さを告白する。自虐的な表現だが、厚生事業全体への批判でもある。その「劣弱」さの原因を分析する。「第一は、過去社会事業の性格」であるとする。過去の社会事業では防貧や救貧が中心であったため、国民総力発揮、戦力増強というような積極的な課題に対応できていないという。「第二は、民間厚生事業に対する関心漸減」であるとする。戦時下において、軍事援護や国民健康保険のような法令による事業が拡大強化されたために民間事業が無力視されるようになった。

「第三は、国策上取上げ方の微弱性」であるとする。政府が厚生事業について、過去の社会事業についての感覚から脱せられず、積極的に厚生事業に対して国策への協力を求めていない。「第四は、民間厚生事業家の性格」であるとする。民間厚生事業家忍苦を美徳とする発想があって、積極的、運動的な取り組みが乏しい。「第五は、斯業従事者の不足と素質低減」であるとする。厚生事業従事者が応召されることにより、厚生事業の適格者が減少し、適格を欠く人や女子によって担われるようになった。

以上のような状況で戦時体制への貢献が不十分であるのは「遺憾至極」であり、現状を突破しなければならないというのが、姫井の結論である。社会事業の現状を批判的に分析して叱咤するのは姫井の得意とするところであり、従来からの社会事業への批判の延長線上に、戦時体制を重ねた論法なのではあるが、結果的には厚生事業へのより一層の「貢献」を私設社会事業に要請する論考になっている。

四つ目の論考は、もはや戦時下の疲弊が本格化していく時期なので、具体的な影響は乏しかったであろうが、姫井が『山口県社会時報』等で論じていた議論を全国に発信した。それまで、「中央」の論者が仕切っていた論壇に、地方から斬り込む意義はあった。

5　山口県私設社会事業連盟の結成と展開

全日本私設社会事業連盟結成当初は、東日本、関西、西日本の各連盟のよって組織されていたが、方向として府県単位での連盟結成が期待されていた。『私設社会事業』創刊時にすでに、各地で結成の動きがみられて報じられているものの、山口県の動きは報告されていない[23]。その後、各府県での連盟の結成が進み、一九三五年一月の段階で、三〇府県で創設されていた[24]。全日本連盟は、府県連盟単位制に移行していくので、各府県での連盟結成が不可欠であったが、山口県は遅れたといわざるを得ない。

一九三五年になってようやく、山口県での動きが具体化した。『山口県社会時報』では、「本県には未だ私設社会事業の県連盟の結成を見るに至ってゐないが、私設団体の有志の間で右結成に関し寄々打合せ中であるが、連盟統制上からも洵に喜ぶべきことで、その結成は少らず期待されてゐる」と報じている。(25)

翌号の記事によれば、「仮結成を見るに至り、その事務所を県社会課内に置くことになつた」という。そして、県社会課の斡旋によって四月一七日午後二時から県会議事堂で加盟団体による協議会が開かれることも伝えている。(26)記事では「次号に於て詳報するであらう」としているが、実際には続報は掲載されなかった。

むしろ『私設社会事業』がそれを報じるが「各団体三十里を隔てゝ散在、会合、連絡統制上不便極まりなく之れが結成に地理的困難を見つゝありし私県に於ては此度県社会課との協調により、遂に山口県社会事業連盟の結成を見、事務所を山口県庁内に置き、加盟十六団体の堅き協力を見たる由」という。同じ号に掲載された他県の連盟、高知県、佐賀県、静岡県と比べても簡略な記述である。(27)

ようやく続報が載るのは、九月号の第一三一号である。「協議打合」がどうなったのかは不明であるが、会員の獲得に努めた結果、三四団体が加盟することとなり、発会式の準備中であるという。当初は一六団体であったので、約二倍になったことになる。(28)

そして、一九三五年一〇月八日に県会議事堂にて山口県連盟の発会式が行われた。式には全日本連盟理事長の丸山鶴吉のほか、知事、学務部長、山口市長らが出席した。式は姫井伊介の司会で始まり、座長を山口育児院の中村泰祐、創立に至る経過報告は、佐波郡北部仏教団長の金沢文雄によってなされた。次のような宣言を行った。(29)

宣　言

社会ノ情勢ハ社会事業ノ普及ト統制ヲ要求スルヤ切ナリ本県ニ於ケル私設社会事業団体茲ニ本連盟ヲ結成シ全日本私設社会事業連盟ノ加入団体トシテ全国的ニ将又地方的ニ将来大ニ私設社会事業ノ使命遂行ニ努力センコトヲ期ス

右宣言ス
十月八日

山口県私設社会事業連盟

また、「山口県私設社会事業連盟規約」を定めた。規約では、目的を「山口県下ニ於ケル私設社会事業団体相互ノ連絡提携ヲ図ルト共ニ其ノ改善発達ヲ期する」こととしている。事業として、「私設社会事業団体ノ連絡統制」と「私設社会事業団体ノ経営ニ関スル調査研究及運動」を挙げている。

発会式時点では、四二の施設・団体が加盟団体となっている。施設のほか、方面事業助成会や仏教団などの団体がある。宇部市救済会や宇部市同和会のように、設立の経緯において、行政の意向が反映した団体も含まれている。したがって「私設」といっても、「公立」ではない、という程度の緩い意味であったといえよう。事務所は引き続き県社会課内に置かれている。県社会課への事務所の設置は仮結成時の暫定的な対応ではなく、恒久的な体制であった。私設社会事業の運動体であるはずなのに、行政の協力を受けざるを得なかったのである。一時期、宇部市社会課に置かれているが[30]、基本的には以後も県社会課に置かれ続け、県とは協調的な組織であったといえる。開会式について、『私設社会事業』では「山口県私設社会事業連盟開会式挙行サル」との見出しで事実関係を報じている[31]。

この大会の時点では役員は決めず、書面での投票を行うこととしていた。理事として、中村泰祐、丘道徹、姫井伊介、町原虎之介、兼安英哲が選任されている。一九三六年一月二〇日に県庁内で理事会が開催され、姫井が理事長に選ばれている[32]。

具体的な活動として、一九三六年三月六日に研究会を県会議事堂で開催した[33]。午前中は、「私設社会事業経営資金ニ関スル件」(姫井・丘提出)、「社会事業法制化ニ関スル件」(姫井提出)、「事業宣伝ノ為巡回講演並映画使用ノ良法ナキヤ」(丘提出)の協議を行った。午後は山口育児院、愛国婦人会山口県支部子供の家、山口隣保館を見学した。出席者は連盟関係者が二九名、ほかに社会課長と課員が出席した。

続いて五月一三日に県庁内で理事会を開催して、姫井のほか二名が出席し、予算や事業内容を決定し、会員獲得に努めることとした。(34)

一九三七年三月二二日に、研究会が宇部市役所で行われた。協議題は、「社会事業の使命遂行上持つべき組織体系如何」(県連盟提出)、「私設社会事業中最も努力すべき施設如何」(同)、「私設社会事業団体の指導助成に関し建議の件」(下関方面委員助成会提出)、「常設保育所に関する件」(宇部市提出)、「融和事業に関する件」(同)である。参加者は三一名で、県から社会課長と社会事業主事補が出席した。この時期は宇部市役所に山口県連盟の事務所が置かれ、しかも宇部市から協議題が出されており、宇部市が山口県連盟に協力的な姿勢であったのは確実である。また、議事のなかに「日満社会事業大会報告」があるのが注目できる。(35)

その後の山口県連盟の活動は不明であるが、一九四四年一月一〇日に山口県教育会館にて、この時には大日本社会事業報国会と改称していた旧全日本連盟の第七回中国・四国地方協議会が開催された。山口県連盟理事長として、姫井が開会の辞を述べている。(36)この協議会の時までは山口県連盟が存続して、姫井が理事長を継続していることが確認できる。なお、この協議会は、大日本連盟の理事長、理事らが出席し、多数の来賓があり、大日本連盟の理事らが運営している様子が伺える。山口県連盟にとっては、開催地が回ってきたという以上の主体的な役割はなかったように感じられる。

6　山口県にとっての連盟の意義

山口県連盟は結成はしたものの、以後の活動が活発であったとはいえないのが実情である。それは、全国レベルでは社会事業法制定など連盟にとっての明確な運動目標があるのに対して、具体的な目的が見出しにくかったこと、戦時体制になるなかで私設社会事業の振興よりも軍事援護や方面委員などに社会事業の比重が移っていくこと、姫井の指導力が大きいゆえにそれが限界にもなったこと、などの要因が重なったと思われる。

しかし、全日本連盟の大会への出席や『私設社会事業』の購読などによって、全日本連盟での動きが県内にも情報として入った。財源問題や従事員の待遇など、社会事業の抱える課題への問題意識を高める契機にもなったはずである。全国大会も、全国社会事業大会など他の全国大会に比べて、直接に山口県側からの意見を反映しやすい状況にあった。官からとは異なる観点からの情報は、より有益であったと考えられる。こうした相互作用によって、山口県の社会事業の水準が引き上がっていく可能性を有していた。ただ、実際には戦時下に入っていくため、具体的な成果をあげるには至らなかった。

【注】

(1)『私設社会事業』第六号、一九三三年七月、三頁に、一九三三年六月開催の代議員会の記事があり、欠席代議員として、丘の名が記載されている。
(2)『私設社会事業』第六号、一九三三年七月、八頁。
(3)『私設社会事業』第八号、一九三三年八月、七頁。
(4)『私設社会事業』第二六号、一九三五年三月、一〇頁。
(5)『私設社会事業』第二七号、一九三五年四月、二四頁。
(6)『私設社会事業』第六四号、一九三八年六月、五頁〜七頁。
(7)『私設社会事業』第九〇号、一九四〇年一一月、三頁。
(8)『私設社会事業』第一〇七号、一九四二年六月、二頁。
(9)『私設社会事業』第一一一号、一九四二年一一月、四頁。
(10)『第二回全国私設社会事業家大会報告』全日本私設社会事業連盟、一九三四年。
(11)『第二回全国私設社会事業家大会提出議案』全日本私設社会事業連盟、一九三四年。
(12)『第二回私設社会事業家大会出席者名簿』全日本私設社会事業連盟、一九三四年に姫井の名がなく、また『大会報告』での議事においで姫井の発言がまったくない。姫井の行動パターンからいって、出席していて何も発言しないとは考えられない。
(13)『私設社会事業』第一三号、一九三四年二月、五頁。
(14)「全国私設社会事業統制協議会議事録」『私設社会事業』第二七号、一九三五年四月。なお、一九三五年一〇月に開催された第八回全国社会事業大会に姫井は、『山口県社会時報』第一三三号、一九三五年一一月、一八頁によれば出席している。しかし、『第八回全国社会事業大会議事録』中央社会事業協会、一九三六年には、姫井の発言は記載されていない。労道社からの議題を出してはいるが、それならなおさら、姫井が出席しているのに何も発言しないということは考えらず、実際には欠席した可能性もある。
(15)『山口県社会時報』第一二五号、一九三五年三月、三〇頁。
(16)「全国私設社会事業協議会議事録」『私設社会事業』第三八号、一九三六年四月。
(17)「第五回全国私設社会事業大会議事録」『私設社会事業』第五二号、一九三七年六月。
(18)「紀元二千六百年記念全国私設社会事業大会」『私設社会事業』第八五号、一九四〇年五月。
(19)「議事録」『私設社会事業』第九七号、一九四三年六月。
(20)篠崎篤三「私設社会事業将来の開拓」『私設社会事業』第一五号、一九三四年四月、四頁。
(21)篠崎篤三「私設社会事業将来の開拓（二）」『私設社会事業』第一六号、一九三四年五月、二頁。
(22)寺脇隆夫・庄司拓也「解説」『私設社会事業　第1巻』六花出版、二〇一二年、五頁では、姫井の執筆回数を三回としているが、正しくは四回である。『私設社会事業　第4巻』の執筆者索引には、四か所がそれぞれ記載されている。
(23)『私設社会事業』第一号、一九三三年二月、五〜六頁。
(24)『私設社会事業』第二四号、一九三五年一月、八頁掲載の表による。
(25)『山口県社会時報』第一二五号、一九三五年三月、三〇〜三一頁。
(26)『山口県社会時報』第一二六号、一九三五年四月、三〇頁。
(27)『私設社会事業』第二六号、一九三五年三月、六頁。
(28)『山口県社会時報』第一三一号、一九三五年九月、二五頁。
(29)『山口県社会時報』第一三二号、一九三五年一〇月、一四〜一七頁。『防長新聞』一九三五年一〇月九日、三頁には「四十団体

を打つて一丸　私設社会事業連盟組織　きのふ山口市で発会式」という見出しの記事が掲載されている。内容は、連盟結成の事実を伝えているだけであるが、写真が付せられている。
(30)『全日本私設社会事業連盟昭和十二年度事務報告』全日本私設社会事業連盟、一九三八年掲載の道府県連盟の一覧で、「宇部市役所社会課内」としている。しかしその前後は、県社会課となっており、宇部市役所社会課に置かれたのは一時的と思われる。
(31)『私設社会事業』第三三号、一九三五年一〇月、一一～一二頁。
(32)『山口県社会時報』第一三五号、一九三六年一月、二二～二三頁。
(33)『山口県社会時報』第一三七号、一九三六年三月、二二～二三頁。この研究会の記事が『防長新聞』一九三六年三月八日、二頁に掲載されているが、開催の事実を報じているのみである。
(34)『山口県社会時報』第一三九号、一九三六年五月、三七頁。
(35)『山口県社会時報』第一五〇号、一九三七年四月、三〇頁。
(36)『昭和十八年度大日本社会事業報国会事業報告書』大日本社会事業報国会、一九四四年、三四～三八頁。

第9章　窮民救助団体の動向

1　貧困者とその救済

社会事業が成立するとされる一九二〇年代に、隣保事業など新たな事業が広がる一方で、恤救規則などの公的救済は不十分であった。一九三二年から救護法が実施されても、その対象はなお年齢などでの制約があり、すべての貧困者に対応できたわけではない。したがって、公的救済で対処しきれないが、放置できない貧困者に対する対応が特に大きな課題であった。

そのための方策の一つとして、法に該当しない貧困者の救済を目的とした団体が各地で創設されていく。それら団体は、個々には小規模であるため目立たないが、公的救済を補完する意義があったものと思われる。貧困者救済の全体像は、公的救済の統計だけでなく、こうした個々の団体の状況を把握すべきであろう。個々の団体は救済人員としてはわずかではあるが、貧困者への対応を地域において実施しようとした意義があるはずである。また、社会事業施設などが存在しない小規模な町村では、数少ない社会事業団体でもあった。個々には実績が乏しくても、全体としてみれば、社会事業の一つの傾向を示すことにはなろう。そこで本章では、山口県内に設立された窮民救助団体をできるだけ個別に取り上げ、その性格や意義を検討する。

窮民救助団体には、窮民救助のみを目的としたもの、いくつかの事業を掲げて実施し、そのなかに窮民救助が含まれるもの、方面委員助成を目的として掲げつつ窮民救助を行っているものがある。いずれにせよ、実質的に窮民救助を行っているのであれば、対象としていく。ただし、年末年始に金品を贈与するという、一時的な扶助を行う活動が広く見られたが、それらは慈恵的な性格が強いうえ、貧困者への全面的な対応を目指したわけではないので、本章では継続的な救助を行う団体に限定する。

2　公的救済の実態

(1) 公的救済の抑制傾向と方針転換の萌芽

窮民救助団体の存在は、公的救済の実態が前提であるので、まず山口県の公的救済の実態を確認する。公的救済の中核である恤救規則によって、山口県内でも明治期にはある程度の救済がなされたが、一九〇八年の全国的な救済引き締めのなか、山口県では全国と比較しても急激に救済の削減がなされた。(1)「老衰廃疾者」は市町村が救助して費用の二分の一を県費で補助し、「疾病幼弱者」を国費で救助することとし、国費救助と地方費救助を整理して、国費救助が増大しない仕組みにしたのである。(2)

いずれにせよ、公的救済の人員はわずかであり、貧困者を確実に救助できる状況ではなかった。大正期になっても抑制傾向に変わりはない。一九二四年発行の『山口県社会事業紀要』に一九二二年度の統計が掲載されているが、国費救助が三七人、県費救助が一一七人となっている。(3)国費救助がゼロの郡もあり、佐波、美祢、大津の各郡がゼロである。宇部市でさえ一人である。県費救助も、国費より救済人員は多いものの、厚狭郡でゼロとなっている。これは市町村の救済抑制的な態度だけが原因なのではなく、そもそも恤救規則は対象を厳しく限定しており、厳しい困窮があっても公的救済の対象にできないケースが少なからずあったことが、容易に推測できる。一九三〇年一二月の「窮民救助人員及救助費所要見込額」によると、国費救助が七〇名、市町村費救助が三一五名、国費、市町村費以外の救助が七六名、「現ニ救助ヲ受ケサルモ救助ヲ要スル者」が三五四名となっている。(4)調査主体が記されていないが、漏給が広がっていることが認識されていた。こうした状況は、その者が現に存在している地域において、具体的な対応策を迫ることにもなった。

公的救済の抑制方針は、一九二〇年代後半には、いくらか修正されてきたと考えられる。県は、一九二七年一月の市町村長集会では、社会課関係の事項として「窮民救助ニ関スル件」を挙げ、そこでは恤救規則や市町村救育費補助規則で対応できない場合は市町村によって救助すべきであるが、それが県内全体でも八十余名にすぎないことを指摘し、「相当予算ヲ計上シ済貧救恤ノ実ヲ挙クルニ努メラレムコトヲ望ム」として、市町村独自の救済の推進を求めた(5)。さらに、一九二八年九月一八日付で学務部長より各市町村長宛に「市町村窮民救助規則制定ニ関スル件」を出して、市町村が窮民救助を行う際の規則制定の便宜を図っており、市町村による窮民救助を促す動きといってよい(6)。

一九二七年の第三回山口県社会事業大会では、山口県社会事業協会提出の議案として「窮困者（方面委員制ニ所謂第一種及第二種ノカアド階級者）ノ生活状態ヲ改善スル第一ノ要件如何」が出され、「結局救助規定の範囲を広めて貰ひたい」という意見に一致したという(7)。社会事業協会提出といっても、その実質は県社会課である。こうした動きは、当時の社会事業主事篠崎篤三ら、社会課内の開明的な人物の意向があったと思われるので、県行政全体の明確な方針とまではいえないであろう。しかし、少なくとも県社会課のレベルでは、窮民救助の必要性を認識し、意識を喚起しようとしていた。

社会課レベルでの意識として、『山口県社会時報』第三六号（一九二七年七月）に、「佐波郡北部に於ける貧困者救助」という記事が掲載されていることも指摘できる(8)。佐波郡出雲村の篤志家山本与平の申し出により、佐波郡北部の貧困者を調査したところ、救助を要する者が二八名おり、二八名全員に玄米一斗を支給した。この記事は、単なる事実の報道というだけでなく、この事例を模範とする、町村独自での窮民救済の促進である。

（2）窮民救助団体の必要性

一方、一九二五年には、県社会事業協会による設置により、全県的に方面委員制度を実施した。山口県の方面委員制度は、発足時期については、他府県と比べて早いとはいいがたい。しかし、他県では県内の一部地域でのみ先行して実施するなどの限界がみられるのに対し、全県で一斉に実施するなど、積極性もあった。しかし、いくら方面委員制度のみ普及しても、方面委員が接する貧困者を具体的に救済する制度がなければ、精神主義的な働きかけばかりになって実態が伴わない。武器なしで戦場に出ているようなもので、せっかくの方面委員の活動も、効果をあげにくい。そうなると、法制度以外の救済策として、形式的には民間にあたる救助団体を設けて、そこが救助を行うのが一つの方策として考えられた。そのため、後述する団体が続々と創設されることになる。

もっとも、法制度以外の窮民救助の拡大に、社会事業行政として非常な熱意を持っていたかというと、行政担当者の発言から判断しようにも、どちらともいいがたい。『山口県社会時報』第四二号の社会課長足立文男「差当り努力を要する県下社会事業の考察」という論考では、必要な社会事業を八つ列挙していて、六番目に「救助事業に就て」を挙げている。しかし、根本は「救療事業である」として、済生会の事業を紹介しているにすぎない。「県下に於ける救済事業として認むべきもの二三ないでもない」と曖昧にのべているように、紹介しうる具体的事例に乏しいことも、この論考執筆時にはいえる。だが、済生会のような全国レベルの強力な組織を例示的に出されても、類似の規模や性格の組織を他につくることは不可能である。足立が今後どういう施設や団体を想定しているのか、不明である(9)。

第五三号（一九二九年一月）の、安永生「救貧事業現状を概して」では、「窮民救助施薬施療の如き事業は実際の必要頗る大なるにも係はらず、遅々として進展の跡見るべきなく」と述べるなど、現状を批判し、窮民救助の必要性を強調している(10)。とはいえ、その議論は抽象的である。そもそも、安永のいう窮民救助とはどういう事業を指すのか不明である。事業を実際に振興させるためにどうすべきかの実務的な提起にも欠けている。

足立は、第五八号（一九二九年六月）では「奨励を要する県下社会事業の五方面」を書いている。その「五方面」に、窮民救済は含まれていない。ただ、救護法制定後に脱稿したと思われることから、窮民救助問題は一応の解決をみたという発想があったのかもしれない(11)。

足立はさらに、一九三一年一月にも「当面の本県社会事業」を論じている。救護法が実際には実施されない状況であったこともあってか、「貧困者の救済ということが重要なる事項である」と述べて、貧困者が増加する一方、救護法が実施されないので、公私の救助を利用するケースが広がって「夥しい数に達する」と憂慮する。しかし、「貧困の根本たる源因の除去」を強調した。けれども、「貧困の根本たる源因」が何か、具体的な言及はなく、またそれに取り組むべき者として「当該市町村長、方面委員、篤志家等」と列挙しているだけで、窮民救助の指針となるような議論はみられない。[12]

足立らの一連の論考を見る限りでは、窮民救助への関心を持ちつつも、最優先の課題とまでは考えていなかった。それは、必ずしも窮民救助を軽視していたとは限らない。公的救済は多額の予算を必要とするうえ、法的根拠も必要なので、社会課だけで必要性を強調するわけにもいかなかった。農繁期託児所の奨励のようなケースでは、さほどの財源が必要ではないので、県全体への積極的な奨励が可能であった。しかし窮民救助の場合、財源の保障なしに、推進だけ唱えることも難しかった。

3　初期の動向

このように、県行政の態度は明確ではないとはいえ、実際には山口県において社会事業が発展するなかで、各地で窮民救助を掲げる事業が発足してくる。一九二四年発行の『山口県社会事業紀要』では、社会事業が成立してくる初期の県内の社会事業が、すべての事業について網羅的に示されている。『山口県社会事業紀要』では、一九一八年設立の熊毛郡伊保庄村の伊保庄村救済会を唯一、窮民救助に区分している。[13]米騒動の原因ともなった米価の高騰に伴う窮乏が同村でも広がった。この状況に対応することが急務であるとして、村内の有志者が寄付金を拠出して、同会を創設した。一九二〇年には、インフルエンザの流行にあたって、村民への予防接種を行っており、窮民救助以外の事業も行うことがあったようである。寄付金は基金として蓄積し、会長でもある村長が管理した。しかし、『山口県社会事業紀要』では「近来村内ニ救助ヲ要スルモノナク」とも記しており、積極的な救助がなされたわけでもない。

『山口県社会事業紀要』には、窮民救助に区分していないものの、内容的には窮民救助と考えてよい事業も掲載されている。一九二一年創設の町原公益財団は、阿武郡小川村の地主である町原虎之助により、当初は町原慈善公益財団の名で創設され、一九二六年に町原公益財団に改称された。山口県における代表的な農村地域での慈恵団体である[14]。貧困者への救護を行っているほか、奨学金支給などを行った。窮民救助に限定せず幅広い事業を目指していたことや、町原による私的事業の色彩が濃い。町村長が代表者になり広く寄付金に依拠するなど地域的性格が強い他の窮民救助とは性格が異なる[15]。

一九一八年には豊浦郡瀧部村に、同心会が設立された。『山口県社会事業紀要』では「人事相談」に区分しているが、多様な事業を行おうとしており、「人事相談」に限定されている事業ではない[16]。実際には、人事相談のほか、釈放者保護、会館貸与、思想善導講演会を実施している。そうした事業の一つが、窮民救助である。年間で三名程度の救助を行った。村では旧来は「若講」などの「講」によって共済的に村内の課題に対応してきたが、機能しなくなった。そこで、隣保事業的施設を目指した。会員による醵金や寄付金を財源としている[17]。

こうして、窮民救助の事業が勃興してくる。この三つだけで傾向を決めつけるには限界があるが、農村地域の有力者による事業であること、「会」とか「財団」とかという名称を用いて、一応は組織的な形態をとったこと、窮民救助を主要な目的としつつも事業内容はそこに限定されてはいなかったことなどが共通点といえる。

また、都市部では下関市に、一九一八年に籠寅救難会と称して保良浅之助によって設立された。当初は個人経営であったが、会員を募るなど組織化し、御大典記念として、下関市救難会と一九二八年に改称した[18]。「皇室中心の根本精神を奉じて忠孝の大義を宣明し」という目的を掲げ、「事業」でも、「国民の思想善導に関する研究並に施設」など精神主義的な内容も含んでいる。窮民救助自体が目的で、思想的な立場はあまり存在しない他の窮民救助団体とは、異なる性格がある。しかし、「貧困者の慰安保護及救済」「社会の非常災害に際し同情救援事業」など、窮民救助も実施しようとしている。その後、一九三五年発行の『山口県社会事業便覧』では山口県救難会という名称で掲載されているので、再度の改称があったようである。[19] 山口県救難会としての事業内容は「市内薄幸者ニ対スル施米、旅費貸与、其他困窮者救助」とあるので、生活費全体の支援ではなく、部分的な救助であったと思われる。

4　各地での創設

(1) 各地の団体の概要

こうして、県内で窮民救助が始まり、一九二〇年代半ば以降になると、各地で続々と窮民救助を標榜する団体が設立されていく。以下、一つひとつを確認していく。

① 周防村共済会

熊毛郡周防村では、周防村共済会が、皇太子の行啓記念事業として、篤志家の寄付により、一九二六年に創設された。趣意書では「生存競争の益々激甚にして貧富の距離愈々拡大する不健全の社会から博愛同情の結合力によりて貧困に原因する悲惨を根絶し我村民全部を社会共同の途に上らしめ」としている。寄付金を財源とし、有限責任周防信用販売購買利用組合の附帯事業と位置付けられ、生活困難者の扶助、罹災者救助、貧困児童の修学奨励などを掲げた。[20]「浮浪者に訓戒を与へて家政の整理を為さしめ、或は正業に就かしめ」とあるように、困窮者への一方的な救護だけでなく、個別的な関与も目指していた。もっとも、一九二九年度には救助がまったく実施されておらず、[21] 実質的には機能しなくなってくる。

② 伊陸村共済会

玖珂郡伊陸村で、皇太子行啓の一周年記念として、一九二七年に方面委員河田正輔らによって設立された。[22] 村と信用組合の資金に寄付金を加えて設立された。貧困、災害、疾病などで「生活上ノ脅威ヲ来セルモノヲ救済スル」ことを目的とした。会長を村長、副会長を産業組合長とし、村内の区長を評議員として、評議員会を開催することとした。救済を必要とする場合は、評議員を通じて申し出る。一九二八年の時点で、三名の高齢者が救済され、一九二九年には生活救助四名

と、施療救助一名となっている。(23)

③ 田布施村共済会

熊毛郡田布施町で、一九二八年に御大典記念事業として開設された。対象は法令によって救済ができない貧困者で、扶養義務者がないか、いても扶養する資力がなく、その日の生活も困難な場合、衣食の施与や施薬を行う。また、病気とまではいかないが、通常の生活をするのが困難な者についてはその者に適した職業の紹介や金銭の貸付を行うこともできる。窮民救助のほか、妊産婦保護や人事相談も行うこととした。救済を受けるためには、方面委員に申し出て、救済方法について協議をすることとなっていた。(24)

資金として、米騒動時に用意した米廉売資金残余金を町より貰い受けて基金とし、その利子と、補助金、寄付金で維持することとしている。つまり、独自の財源をもっており、比較的財政基盤がしっかりしている。一九二九年末には、窮民救助人員が七名、年末の貧困者への金品給与が五八名と、ある程度の実績を残している。(25) しかも、窮民救助以外の事業も行っている。財政基盤をもつことも影響していると思われる。

④ 長府保仁社

豊浦郡長府町では、方面委員の仁保次郎が、長府保仁社を一九二七年に設立された。(26) 個人経営であるが、町長や警察署長の後援があったとされる。敷地も町から無料貸与を受けた。仁保は、全日本私設社会事業連盟の全国大会に出席したり、連盟の評議員になるなど、事業規模が小さい割には、目立つ活動を行っている。「長府町民及ヒ其他ノモノニシテ扶養者ナク生活ノ途ナキモノヽ救助保護及救貧救済事業」を行うこととした。貧困者救済とともに、収容保護施設や人事相談所も行うことになっていた。長府保仁社に対し、長府町の方面委員は援助をし評議員になることが求められている。(27)『山口県社会時報』第八八号掲載の「県下方面委員経営社会事業施設一覧」では、唯一「窮民救護」として掲載されている。(28)

⑤ 長府救済会

長府町ではさらに、一九二九年一二月に、長府救済会が設置された。「篤志家及金品寄附者」によって組織されることになっているが実際には町役場関係者、方面委員、町内有志によって組織され、町長を会長とした。「貧困者又ハ病者ニシテ救護ノ必要アルモ法令ノ規定ニ依リ難キ者」と、法令によって救護できるが手続き履行中に放置できない者を救済することを目的とした。[29] また、貧困者が死亡した場合の費用も出せることとしている。方面委員からの情報提供により、救助がなされることが基本である。

⑥ 和久浦慈恵救済会

一九二八年には、豊浦郡神玉村で、篤志家の寄付金を基金として、和久浦漁業組合の事業として、和久浦慈恵救済会が設立された。[30] 組合員が対象で、幼老病者で扶養者のない者、遭難負傷のために業務ができない者、「自然ノ不運」によって衣食に窮する者などを対象としている。

なお、在宅での救助を前提とした団体のほか、貧困者を対象とした入所施設設置の動きもある。阿武郡萩町では、一九二八年に町営の萩町救護所を設置している。篤志家の指定寄付を財源とした。他の事業が在宅での救済なのに、入所による救済を行った。[31] 防府町では、困窮する老衰者を対象とする窮民収容所が計画された。[32] 救護法制定後は、同法による救護施設として発展していくケースもある。いずれにせよ、入所施設は、本章が前提としている在宅での救助を基本とした団体とは性格が異なるので、設置の動きが出てきたことの指摘にとどめておく。

（2） 設立後の状況

こうした事業の共通的な特徴は、町村単位で設置され、その町村の住民を対象としている。小規模な町村であることもあって、救助人員は年間数名にすぎない。しかし数名にすぎないのに設置運営しているのは、その数名が公的救済の対象ではないが、放置できないということでもあった。

設立後の状況を把握する手がかりとして、『山口県社会時報』第一〇九号（一九三三年一一月）から県社会課の木村尭による「社会事業人とりどり」（三回からは「社会事業と社会事業人」）という、県内の社会事業について広く紹介している連載記事がある。

窮民救助に関しては「伊陸村には伊陸共済会があり」[33]「周防村の共済会であるが、これは大正十五年の創立で、事務所を村役場内に於き、罹災救助や窮民救助に多少の活動を示してゐる。更に田布施町の共済会であるが、これは昭和三年の設立で、窮民救助や浮浪者の救済に相当の成績を挙げている」というように[34]、存在を指摘するだけで、詳細な紹介にはいたらない。題名のように「人」を中心にしているためでもある。

そうしたなかで詳細なのが長府保仁社で「長府町には篤志家―左様、確かに文字通りの篤志家―仁保次郎氏の主宰する保仁社がある。これは昭和四年十二月の創設で、氏が方面委員として職務遂行上其の必要に迫られて、県や町の助成の下に、私費を投じて設けたものであるが、長府町内の鰥寡孤独を収容して、充分保護救済を図らんとするものである。現在の収容者は三、四名であり、規模こそ小さいけれど、財的余力なき仁保氏の篤志事業として特筆に足ると考へられる」とある。この記述だけで決めつけられないが、仁保は県社会課において評価を得ている。また、仁保は自身は裕福でないなかで事業を行っているようである。

長府町救済会について、「町役場内に事務所を置く長府町救済会があるが、これは昭和四年の創設で、町長を会長とし町の救済機関として活動してゐる。富豪等の多い同町のことであるから、毎年寄附金も多額に上り、県下町村に於ける同種団体としては最も基金が多く、従つて救済件数も多数に上り、類似事業中出色の施設であると言ひ得らるゝであらう」としている。また、和久浦慈恵救済会について「漁業組合長を会長とする和久浦慈恵救済会があり、窮民の救済に尽力してゐる」と述べて、同会が活動を継続していることを伝えている[35]。

一九三五年発行の『山口県社会事業便覧』での「窮民救護」の事業はすでに約半数は入所型の事業である[36]。既存の団体については、救助人員が掲載されていない。単に記入を怠っただけなのかもしれないが、むしろ可能性としては人員が少ないために記載していないのではないだろうか。いずれにせよ、救助人員は増加していないこと、また窮民救助の中心が、入所施設に移行してきたとはいえるであろう。救護法によって、以前よりは法による救助ができるようになるとともに、救護施設の制度化で、施設による救助へのニーズが顕在化した。

5　方面委員助成会による窮民救助

山口県に方面委員制度が創設されると、県内の市町村に方面委員助成会が設置されていく。これら助成会は、文字通り方面委員への助成を行う会と、個別的な貧困者への救護も行う会があった。後者の場合、実態としては窮民救助団体と同様の活動をしていくもとになる。

そうした例として、一九二八年に本郷村社会事業後援会が設置された[37]。事業は「貧困ノ老幼又ハ病者村ノ手続実行ニ至ルマデ一時ノ手当ヲ為ス二方リ方面委員ヲ援助スルコト」と、方面委員支援を掲げているが、他にも事業として「官ノ救助ヲ受クル資格ナキ貧困者ノ一時救助又ハ罹病者ノ救済ヲナスコト」「貧困児童ノ就学ヲ援助スルコト」が挙げられている。他に罹災者救助と社会事業の奨励助成もすることになっていて、さまざまな事業が列挙されているが、すべてを活発に実施したとは考えられず、主な目的は窮民救助といってよい。

方面委員助成会の設置のなかで、県社会事業協会がひな形を作成して、各会がそれに準じて規則をつくるので[38]、法令で対応できない貧困者や、法令で対応できても手続きに時間を要する場合に救助するという、それまでの窮民救助団体と同様の規定がある。防府町の規則が『山口県社会時報』に掲載されているが、そのようになっている[39]。したがって、窮民救助の規定があるからといって、必ずしも積極的な意図があるとも限らない。ただ、協会がそういう雛形を作成したこと自体、貧困者への個別的救助を期待していたことでもあろう。

『山口県社会時報』第八五号では、「県下に於ける方面委員事業助成状況」が掲載されている。稗田実言による記事のなかでは、資金不足など運営が困難である実態にも触れ、実情に応じた容易な活動から始めることを勧めている[40]。なお、何らか個別救済を行ったことが確認できるのは、防府長三田尻方面委員応援団と徳山町方面事業助成会である[41]。

6　山口市救済会と宇部市救済会

小規模な、農村を中心とした団体の設立の一方で、都市部において、ある程度本格的な団体が設立される。一つは、山口市で一九三〇年に設立された山口市救済会である。「山口市救済会規則」によれば、市長を会長とし、篤志家の寄付を財源とし、「貧困者又ハ病者ニシテ救済ノ必要アルモ法令ノ規定ニ依リ難キ者」「法令ノ規定ニ依リ救済ヲ為シ得ヘキ程度ノ者ニシテ之カ手続ヲ履行中捨テ置キ難キ状況ニアル者」「水、火災等臨時ノ災害ニ依リ急ニ救護ヲ要スル者」が対象である。救済の方法は「救済ノ方法ハ救護ニ関スル法令ヲ参酌シ会長之ヲ定ム」となっていて曖昧である。(42)「宇部市救済会の如くまだ多くの資金を有してもゐない」と評されており、発足当初から順調であったわけではなかったようである。(43)実績も大きいのが、宇部市救済会である。「県下に於ける同種施設中白眉であると言つてよかろう」と評されている。(43)そこで、宇部市救済会を特に取り上げて検討したい。(44)

宇部市救済会については、『宇部戦前史　一九三一年以後』では、「各種社会事業」のなかの「方面委員」のなかで、その一つの事業という位置づけで、「収支一覧表」が掲載されている。宇部市救済会が社会事業の一つとして示される一方、独自の事業というより方面委員制度の一部としての紹介になっている。(45)

『宇部市史　通史編　下巻』（一九九三年）にて、「救済会の設立」との見出しをつけて紹介されている。(46)そこでは、宇部市の方面委員制度設立の功績者でもある国吉亮之輔宇部市長が、多数の窮民の存在を把握したことから、恤救規則の欠陥を補うために、独自の救済機関として設立したことを記している。そして「やがて方面委員制度を補完する役割を担うようになった」と評価している。こうして、宇部市救済会が設立され、宇部市の社会事業の柱であったことが示された。しかし、宇部市救済会の、山口県社会事業全体のなかでの意義や、窮民救助の動きのなかでの役割など、多様な視点からの分析には至っていない。『宇部市史　史料編　下巻』（一九九〇年）では、「宇部市救済会規則」と「宇部市救済会の設置を報じた記事」を掲載している。後者は、宇部市の地元紙である『宇部時報』（現『宇部日報』）に掲載された、「新たに設置された宇部市救済会　法令の欠陥を補ふ為に」という一九二四年九月二八日の記事である。[47]

宇部市では、一九二四年に県内で先駆けて市独自で方面委員制度を創設した。それは、村から一気に市制を施行した急激な都市化・人口増、炭鉱による都市問題などが背景としてある。報徳会と呼ばれる教化組織を市内に広く設置させ、精神的教化で社会問題の激化に対応する一方、方面委員制度を発足させるなど、社会事業も推進する。その際、法令では救護できないが、「捨て置き難い」貧困者を対象として宇部市救済会が設立された。いくら方面委員が活躍したところで、放置できない貧困者に対して、具体的な経済的支援を行わないことには、対策にならない。しかし、恤救規則ではとうてい対応は無理である。宇部市救済会設置を報じる『宇部時報』記事では、貧困の悲惨さを強調しつつ「救済に就ては法令も種々に出てゐるが、情けないことには法令なるものはその範囲が頗ぶる局限せられてをり、且つその手続きが繁雑であつて多種多様の悲しむべき事実に対し悉くこれを適用し得ざるの恨みが多い」と指摘している。社会事業について詳しいとは思えない『宇部時報』の記者をもってしても、公的救済の制度は、現実に対応しきれない不十分なものであったのである。そういう公的救済を前提とした方面委員制度では役割を発揮しえない。方面委員制度を創設した場合に、要救護者を発見しても、既存の法制度では対応できない場合に、この救済会からの救護を行い、場合によっては貸付も行う。宇部市救済会をもって、宇部市の、社会問題への対策が一応の完成をみたというべきであろう。

宇部市救済会規則によると「本会ノ目的ニ賛成シ篤志家ノ寄附ヲ為セルモノヲ以テ組織シ宇部市長在職者ヲ以テ会長トスル」とし、事務所は市役所社会課内に置いた。救護の必要がありながら法令での救護ができない場合と、法令での救護が実施させるまで放置できない場合に、宇部市救済会による救済を行うこととした。救助対象は、この時期に設置された他の町村の同様の組織とほぼ同じ規定である。「救済ノ方法ハ救護ニ関スル法定ノ金額ヲ参酌シ会長之ヲ定ム」としている。また受給者や受給者に等しい者が死亡した場合には、埋火葬費を支給できることとした。方面委員は、該当者がいる場合に、会に通知する。

表　宇部市救済会の収支および救済人員

年　次	収入金額（円）	支出金額（円）	救済人員（名）	年末現在金高（円）
1924年	157	6	2	152
1925年	1,775	253	11	1,674
1926年	286	425	43	1,859
1927年	2,384	605	36	2,638
1928年	1,695	470	40	4,862
1929年	2,396	482	51	6,775
1930年	1,747	708	122	7,814
1931年	1,347	1,400	368	7,761
1932年	1,554	1,551	631	7,764
1933年	1,238	710	618	8,292
1934年	1,156	844	608	8,603
1935年	1,487	1,570	678	8,521
1936年	2,203	1,038	580	9,686
1937年	4,414	1,260	665	12,840
1938年	3,497	1,405	563	14,931
1939年	1,666	2,089	561	14,509

1929年までは『宇部市制十年誌』宇部市役所、1932年、270頁。1930年以降は山田亀之介編著『宇部戦前史　一九三一年以後』宇部市郷土文化会、1975年、130〜131頁より作成。宇部市史編集委員会編『宇部市史　通史編　下巻』宇部市、1993年、605頁に同じ史料より作成した同様の表が掲載されている。なお、『宇部市制十年誌』では、金額について銭の単位まで記されているが、この表では四捨五入して円の単位としている。明記されていないが『宇部市史』も同様の処理をしているようである。

篤志者の寄付金を主な財源として、窮民救助を行った。香典返しを廃して寄付することが期待されていた。方面委員助成を掲げており、『宇部市社会事業要覧』（一九三六年）では、「方面委員助成会」として位置付けている。実態は窮民救助である。(48)

救済人員は表のようになっている。設立当初は一〇〇名にも満たなかったが、一九三〇年代以降は、六〇〇名の規模で推移している。一九四〇年の人員によると、「救護法による救護」が一〇七名に対し、「宇部市救済会による救護」が二七八名となっており、人員だけみると、救護法の二倍以上である。しかし、常に収入に比して支出が少なく、年末現在金高が年々積み上がっている。財政力に対応するだけの救済を行わなかったともいえる。

7　窮民救助団体の特質と意義

これら窮民救助は、長府保仁社のように個人が設立したケースもあるが、多くは市町村長を会長とするなど、公設である。大きく分けると、宇部市救済会のように都市部で設置され、救助人員も多いものと、農村部に設置され、救助人員も数名の場合である。いずれも、寄付金を主な財源とし、既存の法制度で対応できない者か、手続き中の者も対象とした。方面委員制度が創設されるなど、生活困難な者への対応が拡充されることで、実際には法制度での救助に限界があることが明らかになった。法制度を恣意的に運用するわけにはいかないので、自由に使えるものが求められたが、その場合公費の投入ができないので、社会事業団体を設置した形で寄付金を財源とするしかなかった。篤志の社会事業家による設置ではないので、思想的な展開があるわけではないし、宇部市救済会を除いて、救助人員もわずかなので、目立つことがない。

しかし、いくらかでも恤救規則や救護法などの不備を補う役割を果たしたこと、方面委員の活動の幅を広げることになったことなど、社会事業を支える役割を果たした。本来は、公的救済制度そのものを拡充させるべきものである。団体の存在は、公的救済の乏しさの証明でもある。とはいえ、曲がりなりにも社会事業を目的とした団体が設立されたことは、社会事業の意義を住民に知らしめる意味をもった。個々の事業がどのように廃止されていったのか不明であるが、その役割は、救護法実施や以後の諸法制の整備のなかで、縮小していったものと思われる。

【注】

（1）杉山博昭「恤救規則の展開と特徴」『山口県社会福祉史研究』葦書房、一九九七年。
（2）『山口県社会事業紀要』山口県内務部社会課、一九二四年、二五頁。
（3）『山口県社会事業紀要』一九二四年、二六〜二七頁。

(4)『山口県社会時報』第七七号、一九三一年二月、二八頁。
(5)『山口県社会時報』第三一号、一九二七年一月、二三頁。
(6)『山口県社会時報』第五一号、一九二八年一〇月、二〇頁。
(7)『山口県社会時報』第三三号、一九二七年四月、二六〜二七頁。
(8)『山口県社会時報』第三六号、一九二七年七月、三〇〜三一頁。
(9)足立文男「差当り努力を要する県下社会事業の考察」『山口県社会時報』第四二号、一九二八年一月、二六〜二七頁。
(10)安永生「救貧事業現状を概して」『山口県社会時報』第五三号、一九二九年一月。
(11)足立文男「奨励を要する県下社会事業の五方面」『山口県社会時報』第五八号、一九二九年六月。
(12)足立文男「当面の本県社会事業」『山口県社会時報』第七六号、一九三一年一月。二〇頁。
(13)『山口県社会事業紀要』山口県内務部社会課、一九二四年、四九〜五〇頁。
(14)『山口県社会事業紀要』六八〜七三頁。
(15)町原公益財団については、杉山博昭「社会事業の展開と農村対策」『近代社会事業の形成における地域的特質—山口県社会福祉の史的考察—』時潮社、二〇〇六年で、詳細に論じている。
(16)『山口県社会事業紀要』一九二四年、八〇〜八三頁。
(17)『山口県社会事業紀要』山口県社会課、一九三〇年、九四頁。
(18)『山口県社会時報』第四九号、一九二八年九月、三三頁。
(19)『山口県社会事業便覧』一九三五年、七頁。
(20)『山口県社会時報』第四三号、一九二八年二月、二四頁。
(21)『山口県社会事業紀要』一九三〇年、九六頁。
(22)『山口県社会時報』第四四号、一九二八年三月、二二頁。
(23)『山口県社会事業紀要』一九三〇年、九八頁。
(24)『山口県社会時報』第五九号、一九二九年七月。
(25)『山口県社会事業紀要』一九三〇年、九七頁。

(26)『山口県社会時報』第四二号、一九二八年、三八〜三九頁。
(27)『山口県社会時報』第六三号、一九二九年一二月、三二頁。
(28)『山口県社会時報』第八八号、一九三二年一月、四八頁。
(29)『山口県社会時報』第七七号、一九三一年二月、三一〜三二頁。
(30)『山口県社会事業便覧』八頁。『山口県社会時報』第六七号、一九三〇年四月、二七頁。
(31)『山口県社会時報』第五九号、一九二九年七月、二五〜二六頁。
(32)『山口県社会時報』第五九号、二五頁。
(33)木村尭「社会事業人とりどり（一）」『山口県社会時報』第一〇九号、一九三三年一一月、二五頁。
(34)木村尭「社会事業人とりどり（二）」『山口県社会時報』第一一〇号、一九三三年一二月、一七頁。
(35)木村尭「社会事業と社会事業人（四）」『山口県社会時報』第一一二号、一九三四年二月、二二頁。
(36)『山口県社会事業便覧』一九三五年、七頁〜八頁。
(37)『山口県社会時報』第四三号、一九二八年二月、二三頁。
(38)『山口県社会時報』第七七号、一九三一年二月、三六頁。
(39)『山口県社会時報』第八八号、一九三二年一月、四八〜五〇頁。
(40)「県下に於ける方面委員事業助成状況」『山口県社会時報』第八五号、一九三一年一〇月、三一〜三二頁。
(41)『山口県社会事業便覧』五頁。
(42)『山口県社会時報』第六四号、一九三〇年一月、二九頁。
(43)木村尭「社会事業と社会事業人（七）」『山口県社会時報』第一一五号、一九三四年五月、一六頁。
(44)筆者は、宇部市の特異な性格とそのもとでの社会事業の展開を論じたが（杉山博昭「米騒動後の宇部における地域組織の形成過程」『山口県社会福祉史研究』）、宇部市救済会の意義については位置づけておらず、認識がはなはだ不十分であった、
(45)山田亀之介編著『宇部戦前史　一九三一年以後』宇部郷土文化会、一九七五年、一三〇〜一三一頁。
(46)宇部市史編集委員会編『宇部市史　通史編　下巻』宇部市、一九九三年、六〇五頁。
(47)宇部市史編集委員会編『宇部市史　史料編　下巻』宇部市、一九九〇年、九六〇〜九六一頁。

（48）『宇部市社会事業要覧』宇部市社会課、一九三六年、四〜五頁。

【資　料】

（1）周防村共済会規定

第一条　本会は周防村共済会と称し本村在籍者を会員とす
第二条　本会は左の事項を執行し共同捄済の実を挙ぐるものとす
一、かん寡孤独又は生活困難者の扶助
二、罹災者の救護
三、免囚の保護及不良少年の感化
四、貧困児童の就学奨励
五、其他村内慈善事業
第三条　本会は有限責任周防信用販売購買利用組合の附帯事業とし理事に於て本会一切の事務を統括す
第四条　本会は協議員並に業務委員を置く協議員は村長、農会長、小学校長、青年団長、軍人分会長、村会議員、駐在巡査並に神官僧侶に嘱託す
　業務委員は区長及世話掛に嘱託す
第五条　本会は会員又は団体の寄附金を以て基本金を蓄積するものとす
第六条　本会の経費は基本金より生ずる利子金又は特に指定の寄附金を以て之に充つ
第七条　本会は毎年五月会員の総会を開き事業の状況を報告するものとす

（『山口県社会時報』第四三号、一九二八年二月、二四頁）

（2）伊陸村共済会規定

第一条　本会ハ伊陸村共済会ト称シ伊陸村在住者ヲ以テ組織ス

第二条　本会ハ貧困、又ハ非常、天災、地変、災禍、疾病等ニ遭遇シ生活上ノ脅威ヲ来セルモノヲ救済スルヲ以テ目的トス
第三条　前条ノ目的ヲ達スル為メ毎年村及ヒ産業組合ヨリ各金弐百円宛ヲ醵出シ其他篤志者ノ寄附金ヲ以テ之ニ充ツ
第四条　本会ニ左ノ役員ヲ置ク
　会長　一名
　副会長　一名
　主事　一名
　会計係　一名
　評議員　十二名
第五条　本会ノ役員ハ名誉職トシ総テ無報酬トス
第六条　会長ハ会務ヲ総理シ副会長ハ会長ヲ補佐シ会長事故アル時ハ之ヲ代理ス
　会計係ハ本会ノ会計事務ニ従事スルモノトス
　評議員ハ本会ノ会務ニ関スル一切ノ事件ヲ評議決定スルコト
第七条　本会ノ会長ハ村長副会長ハ産業組合長トシ評議員ハ各区長ヲ以テ之ニ充テ其他ノ役員ハ会長之ヲ任免ス
　村長ノ職ニ在リテ同時ニ産業組合長ヲ兼ヌルトキハ副会長ハ産業組合理事ヲ以テ之ニ充ツ
第八条　本会ノ評議会ヲ分チテ左ニ二種トス
　一定期評議員会
　毎年一回一月之ヲ開キ会務ニ関スル報告及決議ヲ為シ且ツ会務一切ノ監査ヲナスモノトス
　一臨時評議会
　必要ニ依リ会長之ヲ招集ス
第九条　本会ノ救済ヲ要スル者アルトキハ其ノ区ノ評議員ニ於テ其ノ事情ヲ具シ会長ニ申出ツルモノトス
第十条　本会ノ年度ハ暦年会トス
第十一条　本会ニ左ノ帳簿ヲ備ヘ置キ役員又ハ評議員ノ閲覧ニ供スヘシ
第十二条　本規程施行細則ハ別ニ之ヲ定ム

（3）「熊毛郡田布施共済会は何をするか」

（『山口県社会時報』第四四号、一九二八年三月、一二一頁）

一、　本会の目的

イ法令の規定に據りて救済し難き貧困病弱者にして扶養義務者なく又扶養義務者あるも之れを扶養する資力なくして其日の生活が困難の人々に対して瞬かなりとも衣食の施設与をなし其情状ニ依りては医薬の施療をするものであります尚ほ病気に非らすと雖も充分の働きは出来ず其日の生活を為すことが困難なるも救助をすべきまでに至らざる程度の者に対しては其身体に適応する職業の紹介をなし生活の途を指示し督励し若くは其人の希望に依りては本会の定めたる約束を厳守して間違のない者に対しては一口金拾円以内のお金を貸付して援助を致すのであります

ロ妊産婦乳幼児児童保護

本会は皆さん方に健康で智慧の深い志の円満なお子さんを育て上げてお国に対して働きがいのある人を作て戴きたいと言うことを目的とするものであります

ハ人事相談

吾人人類は日常生活をする上に於て又一身上に於ける事柄に就て自分自身に於てのみては如何にしても解決することに出来ない問題が起ることが沢山あります其様なことが起りました時に其申込みがありましたならば本会は様々秘密裡に調査研究をして親切に其相談に預るのであります

ニ其他社会的共済

以上の外に吾々人間が社会的存在をなす上に於て杞憂を生したる場合に御申込が有りましたなら本会は目的に反せない限り御相談に応ずるのであります

二、　本会事業方法

1貧困病弱者の有りました時は方面委員のお方へ申出で下されましたなら協議を致しまして其救済の方法を講ずるのであります其他職業紹介及援助に就ては御本人直接事務所へ御申出になりましたなら直に調査研究に着手して速かに御希望に応ずる様に致すのでありますます

2妊娠の御婦人方には時々巡回産婆を差向けてお身体や胎児に異常の有無を診て上げるのであります又早産児或は人工栄養のお子さんに対しては巡回看護して発育上の御注意を申上げます又お子さん御健康上の事に就ては一切の御相談に応ずるのであります猶毎年一回お子さんの健康診断をして上げまして其お子さんが幼稚園に入園なさる年まで引続て発育の順調の御子さんに対しましては本会の定めたる選奨規定に依りまして選ばれましたお子さんに対しては聊かの賞与を差上るのであります

五、本会事務所　田布施町役場内

妊娠の御婦人は本会に於て引式受けて御世話をなし時々産婆が受持区域内を巡回します妊娠中病気に罹つて居られる方産前産後の御婦人乳幼児病弱児にして病気に罹つて居られる人等を発見したる場合には関係委員より本会に通知しますれば何等の費用を要せず直に産婆が参りまして手当を為し御注意を申上げることになつて居ります

四、本会の設備

簡易蒸気消毒器（一）包帯貯槽器（六）手洗鉢（若干）脱脂綿（若干）手拭（若干）の外に貸付分娩具も備付けてあります

（『山口県社会時報』第五九号、一九二九年七月、二九頁。印刷物の抄録であるが、見出しの数字にうち、五の次が四であったり、「本会事務所　田布施町役場内」という見出しと、内容が異なるなど、正確さを欠くと思われる部分があるが、『山口県社会時報』掲載の通りとしている）

（4）長府町保仁社規約

第一条　本社ハ長府町住民及ヒ其他ノモノニシテ扶養者ナク生活ノ途ナキモ、救助保護及救貧救済事業ヲ行フヲ以テ目的トス

第二条　本社ノ事務所ハ長府町大字豊浦村（筆者注―字名と地番省略）ニ置ク

第三条　第一条ノ目的ヲ達スル為メ左ノ事業ヲ行フ

一、救助者ヲ収容保護スル為メ保仁社ト称スル収容所建設経営

二、貧困者ノ救済及ヒ衣食の施与

三、其他本社ノ資力ニ応スル救済及ヒ人事相談所

第四条　本社ノ経費ハ主唱者ノ特別寄附後援者ノ施米其ノ他有志者諸団体ノ金品寄附補助等ノ収入ニヨリ支弁ス

第五条　本社ニ主事一名評議員若干名ヲ置ク、主事ハ本社ノ事務ヲ掌理シ評議員ハ重要事項ヲ評議ス

第六条　主事　当分ノ間主唱者仁保次郎之ニ当リ評議員ハ長府町長、長府町方面委員、後援者、其他篤志援助者ニ請託ス
第七条　主事ハ毎年一回収支計算、事業経過ヲ評議員後援者及ヒ重ナル援助者ニ報告ス
第九条　事業執行ニ関シ必要アルトキハ細則ヲ設クルコトアルヘシ

（『山口県社会時報』第四二号、一九二八年一月、三九頁）

（5）長府救済会則

第一条　長府救済会ハ本会ノ目的ヲ賛成セル篤志家及金品寄附者ヲ以テ組織シ長府町長ヲ以テ会長トス
　本会ハ理事若干名ヲ置キ会務ヲ処理セシム
第二条　事務所ハ町役場内ニ之ヲ置ク
第三条　本会ハ左記各号ノ一ニ該当スル者ヲ救済スルヲ目的トス
　一、貧困者又ハ病者ニシテ救護ノ必要アルモ法令ノ規定ニ依リ難キ者
　二、法令ノ規定ニ依リ救護ヲ為シ得ベキ者ト雖モ之ガ手続ヲ履行スル迄捨テ置キ難キ状況ニ在ル者
　三、其他特ニ必要ト認メタル者
第四条　救済ノ方法ハ救護ニ関スル法定ノ金額ヲ参酌シ会長理事合議ノ上之ヲ決定ス
第五条　受給者若ハ受給者ニアラザルモ其状況受給者ニ等シト認ムル者死亡シタルトキハ相当ナル費用ヲ補助スルコトヲ得
第六条　方面委員ニ於テ第三条ニ該当スルモノアリタリト認メタルトキハ直チニ之ヲ本会ニ通知スルモノトス
第七条　本会ノ収支決算ハ少クトモ毎年一度寄附者及篤志家其他ヘ通知スルモノトス
　昭和四年十二月二十五日

（『山口県社会時報』第七七号、一九三一年二月、三二頁）

（6）和久浦慈恵救済会

第一条　我国曠古ノ盛儀タル御大礼ヲ永ヘニ記念スル為左記共同施設ヲナス
第二条　本会ハ和久浦慈恵救済会ト称ス

第三条　本会ハ和久浦漁業組合員ニシテ左記各号ノ一ニ該当スル者ニ対シ救済ヲ施スヲ以テ目的トス
　一、幼老病痾者ニシテ扶養者ナキモノ
　二、遭難負傷ノ為メ正業ヲ為ス能ハサルモノ
　三、自然ノ不運打続キ衣食ニ窮スルモノ
　四、其他救済ノ必要アリト認ムベキモノ
第四条　第三条ノ目的ヲ達成スル為メ篤志者慈善家ニ対シ本会ノ趣旨ヲ宣伝シ基金ノ寄贈者ヲ仰クコト
第五条　基金寄贈者ニ対シテハ感謝状ヲ贈リ芳名ヲ基金寄贈者名簿ニ登録シ永年保存ヲナスモトトス　但シ　円以上寄附者ニハ記念品ヲ贈ルモノトス
第六条　本会基金ノ管理及出納ハ漁業組合長之ニ当ルモノトス
第七条　管理者ハ漁業組合役員会ノ同意ヲ得テ確実ナル方法ニヨリ利殖ヲ計ルモノトス
第八条　管理者ハ適当ナル方法ニヨリ被救助者ヲ調査シ役員会ノ詮衡ヲ経テ毎年十二月廿日迄ニ救済金品ヲ決定シ救済ヲ為スモノトス
第九条　前条ノ救済金総額ハ其ノ年度内ニ基金ヨリ生シタル利子ヲ超過スベカラザルモノトス
第十条　本会会計ノ収支状況ハ毎年一回年度末ノ総代会ヘ報告スルモノトス
（『山口県社会時報』第六七号、一九三〇年四月、二七頁～二八頁。第五条の金額の空白は引用元のママ）

（7）山口市救済会規則

第一条　本会ハ山口市救済会ト称シ本会ノ事業目的ニ賛成シ事業資金トシテ寄附ヲ為セル篤志者ヲ以テ組織シ山口市長ヲ以テ会長トス
　本会ニ理事若干名ヲ置キ会務ヲ処理セシム
第二条　本会事務所ハ市役所社会課内ニ置ク
第三条　本会ハ左各記載ニ該当スル者ヲ救済スルヲ目的トス
　一、貧困者又ハ病者ニシテ救済ノ必要アルモ法令ノ規定ニ依リ難キ者
　二、法令ノ規定ニ依リ救済ヲ為シ得ヘキ程度ノ者ニシテ之カ手続ヲ履行中捨テ置キ難キ状況ニアル者
　三、水、火災等臨時ノ災害ニ依リ急ニ救護ヲ要スル者

四、其他会長ニ於テ特ニ必要ト認メタル者
第四条　救済ノ方法ハ救護ニ関スル法令ヲ参酌シ会長之ヲ定ム
第五条　受給者若クハ受給者ニアラサルモ其状況受給者ニ等シト認ムル者死亡シタルトキハ相当ノ埋火葬費ヲ支給スルコトアルヘシ
第六条　方面委員ニ於テ第三条、第五条ニ該当スル者アリト認メタルトキハ直ニ之ヲ本会ニ通知スルモノトス
第七条　寄附金ノ収支決算ハ毎年一回新聞紙ニ広告其他ノ方法ヲ以テ寄附者ニ之ヲ通知スルモノトス
（『山口県社会時報』第六四号、一九三〇年一月、二九頁）

（8）宇部市救済会規則

第一条　宇部市救済会ハ本会ノ目的ニ賛成シ篤志家ノ寄附ヲ為セル者ヲ以テ組織シ宇部市長在職者ヲ以テ会長トス本会ニ理事若干名ヲ置キ会務ヲ処理セシム
第二条　事務所ハ理事若干名ヲ置キ会務ヲ処理セシム
第三条　本会ハ左記各号ノ一ニ該当スル者ヲ救済スルヲ以テ目的トス
一、貧困者又ハ病者ニシテ救護ノ必要アルモ法令ノ規定ニ依リ難キ者
二、法令ノ規定ニ依リ救護ヲ為シ得ヘキ者ト雖之カ手続ヲ履行スル迄捨テ置キ難キ状況ニ在ル者
三、其他会長ニ於テ特ニ必要ト認メタル者
第四条　救済ノ方法ハ救護ニ関スル法定ノ金額ヲ参酌シ会長之ヲ定ム
第五条　受給者若ハ受給者ニアラサルモ其状況受給者ニ等シト認ムル者死亡シタルトキハ相当ト認ムル所ニ依リ埋火葬費ヲ支給スルコトアルヘシ
第六条　方面委員ニ於テ本会ノ目的ニ該当スル者アリト認メタルトキハ直ニ之ヲ本会ニ通知スルモノトス
第七条　寄附金ノ収支決算ハ少ナクトモ毎年一回新聞紙ノ広告其ノ他ノ方法ヲ以テ寄附者ニ之ヲ通知シヘシ
（『宇部市史　史料編　下巻』九六〇頁にも「国吉良一家文書」を典拠として掲載されているが、本章では「方面委員記録綴」宇部市教念寺所蔵より引用した。そのため、『宇部市史』には規則中に読点が記載されているが、本章には無い。なお、『宇部市史』では、第七条の次に「右宇部市救済会設立ノ為メ本規則書ヲ作リ、設立者各自左ニ署名捺印ス」という記載と、「大正十三年九月

十日」という日付、国吉亮之輔、藤本忠介、国吉左門、岸田昇、高木貢、椋梨並枝の名が記されている）

第10章　生活改善と社会事業
―『山口県社会時報』掲載記事をめぐって―

1　社会事業における生活改善の存在

山口県の社会事業を、情報面から支えたのが、山口県社会事業協会発行の『山口県社会時報』である。『山口県社会時報』の特徴の一つは、生活改善に関連する記事が非常に目立つことである。『山口県社会時報』は、社会事業についての最新の理論や情報を提供して、山口県の社会事業の水準向上に大きく寄与した。その一方で、生活改善に関する記事を多数載せることで、生活改善への関心を鼓舞した。生活改善とは、不合理な生活習慣を改善することによって生活困難を緩和しようとしたものである。山口県では、社会事業の一分野として扱われ、関連の記事が毎月のように掲載された。

生活改善を、社会全体で取り組むべき課題として推進したのが、生活改善運動であるが、生活改善運動について久井英輔は、「人々の消費生活や生活習慣全般の改善・向上を目標として、文部省の外郭団体である生活改善同盟会、その他様々な官民の団体が展開した社会教育事業の総称」と述べている(1)。久井はそのうえで、生活改善運動が時期ごとに性格が変容していることを指摘し、長期的視野でとらえるべきことを指摘している。

久井が文部省系統の運動に重点をおいているように、生活改善は文字通り、生活スタイルの自主的な改善であり、生活困難者を個別的に救済する社会事業とは、異なるものである。『社会事業』『社会事業研究』など主要な社会事業雑誌を見ても、生活改善を直接取り扱った記事はほとんど見られない。他の道府県で発行された社会事業雑誌も同様である。せいぜい岡山県の『連帯時報』、広島県の『社会時報』、『愛媛社会事業』などで、生活改善に関連する記事が散見されるが、山口県に比較するとわずかなものである。戦前の社会事業の範囲は、防貧に関連する広い領域を含んでいたので[2]、単純に社会事業から排除することはできないかもしれないが、少なくとも児童保護や方面事業のような主要な分野とはいえないであろう。しかしながら、『山口県社会時報』では、あたかも社会事業の主要な柱であるかのように扱われており、これは全国的に見てきわめて突出しているといわざるをえない。

『山口県社会時報』に生活改善も記事が載ったのは、生活改善の担当が山口県では社会課であり、社会課にとって自由に扱えるメディアが『山口県社会時報』であったために、都合よく活用されたにすぎない、といえなくもない。だとすれば、そこに政策の意図を感じ取るのは、単なる深読みにすぎないことになる。

しかし、たとえそうだとしても、読者は、生活改善の重要性を認識し、貧困対策の一つとして重視したはずである。したがって、『山口県社会時報』に生活改善が大きく取り上げられていたことは、山口県での社会事業観に影響を与えたと考えられる。生活改善がどう扱われたのかを認識することは、山口県の社会事業を把握するうえで、不可欠の課題であるといえる。

そこで本章では、『山口県社会時報』掲載記事での生活改善の扱われ方をたどることで、山口県での生活改善と社会事業との関係を概観しておきたい。ただし、あくまで、社会事業の領域において生活改善がどういう影響を与えたのかを、社会事業史研究の一部として把握することが目的である。生活改善そのものを分析しようとしているのではないので、生活改善の性格や展開自体は深追いしない。生活改善の概念や範疇も厳密には検討せず、食生活、衣服、冠婚葬祭などの生活習慣の改善により、生活困難に対処しようとした動きという程度の大雑把なとらえ方で考えていく。それゆえ、生活改善それ自体の取り上げ方には、生活改善そのものを重視する立場からすれば、ずさんな面があるであろう。また、本章ではとりあえず、『山口県社会時報』による影響を検討した。もちろん、それだけが生活改善と社会事業をつなぐ手段ではなく、県行政による直接的な指導、生活改善運動家による働きかけなどもあったが、本章では『山口県社会時報』に限定している。

2　生活改善への関心

わが国で社会事業が成立するのは一九二〇年頃とされ、山口県でも同様の動きが見られる。なかでも象徴的なのは、山口県社会事業協会設立であり、同協会により『山口県社会時報』が発刊されていく。それと同時期に生活改善も強調されていく。その動きの一つが、一九二二年一〇月一八日に県知事橋本正治が、生活の簡素と消費の節約についての「告諭」を出したことである。そこでは、節約七則を提示している(3)。

一、時間を正しく守りませう。
二、酒煙草を節約しませう。
三、宴会を簡易にしませう。
四、服装を質素にしませう。
五、婚礼祭儀の費を節約しませう。
六、贈答品を簡素にしませう。
七、貯蓄を励行しませう。

このように、生活習慣を改善することで、生活の質を高めようとする動きが高まってくる。政府は、一九二四年以来、勤倹強調週間を設定して、勤倹奨励運動を推進していた。山口県でも、勤倹奨励山口県委員会を設置して、生活改善や時間尊重などの取り組みをすすめていくという動きもあり、それがそのまま、社会事業に持ち込まれていく(4)。

一九二四年九月二九、三〇日に開催された郡市社会事業主任集会では、指示事項の一つに「勤倹奨励に関する件」が含まれ、協議事項にも「勤倹奨励に関する件」があって、実情把握や成績向上について話し合われている。この時点で、勤倹奨励が社会事業行政の主要な課題となっていた。[5]これは、政府の方針に沿って動いたのに加え、一九二四年の時点ではまだ山口県では方面委員制度も発足しておらず、「社会事業」といっても実態は不十分であった。社会事業行政のほうが、実際の制度よりも先行して整備された面があり、社会事業の実態が整わないなかで、とりあえずの課題として、勤倹奨励への重視につながった面もある。

一九二四年一一月の『山口県社会時報』では、「本県に於ける勤倹奨励施設要項」を掲載するとともに、「特色ある勤倹奨勤の団体」という記事を掲載し、吉敷郡大内村の「無駄せぬ会」という組織を紹介している。[6]さらに社会課の熊野隆治の「勤倹奏功の二途」という論考があり、国民の自覚と勤勉でない者への社会的制裁の必要を説いている。熊野は、社会課長や感化院の育成学校校長をつとめるなど、山口県の初期社会事業を支えた人物である。この号は勤倹奨励が主要な内容になっているように、社会事業の初期の時点で、勤倹奨励が社会事業の主たる課題として提示されたのである。

翌一二月発行の『山口県社会時報』では、「本県に於ける勤倹奨励運動の効果」という記事を掲載している。[7]また、姫井伊介による「防長の勤倹史片」という連載が始まる。この連載は江戸時代の勤倹の実例を紹介したものである。姫井は、『山口県社会時報』にたびたび執筆していくが、他の通常の論考は社会事業に直接関連したものである。この連載は異質といわざるをえない。姫井研究の立場に立てば、姫井の学識の深さを示す例証として評価できるのだが、読者に対する客観的な評価としては、山口県の勤倹の「伝統」を示すことで、勤倹を勧める効果を生むものになっている。「防長の勤倹史片」は、『山口県社会時報』の歩み全体を見ても、最長の連載記事になっている。

『山口県社会時報』は、一九二六年の第一九号より、判型が変わって雰囲気が一新されるが、引き続き、「勤倹奨励施設彙報」という、勤倹奨励山口県委員会の動向や勤倹奨励運動家庭経済講演会についての記事がみられる。[8]また、一九二六年三月の社会課関係郡市主任集会では、指示事項に「勤倹奨励ニ関スル件」があり、諮問事項にも「勤倹奨励運動ニ関スル既往ノ実績ニ鑑ミ将来特ニ施設ノ必要アリト認メラル、事項如何」があり、相変わらず県として、勤倹奨励を社会事業行政の主要な課題として位置づけていた(9)。

ただし、一九二四年の郡市社会事業主任集会と比べると、この集会では勤倹奨励の指示事項は、指示事項八つのうちの一つであり、多数の課題のなかの一つとなっている。草創期の社会事業行政が、まだ行政の具体的課題に着手できず、勤倹奨励に傾いていたのに対し、社会事業行政の本格的展開や課題の広がりのなかで、相対的な比重は低下してきた。その集会での知事訓示では、社会事業施設の普及について言及しているが、勤倹奨励については触れていない(10)。

一九二六年三月の第二回山口県社会事業大会でも勤倹奨励や生活改善に類する議題はなく、次第に社会事業本来の課題への取り組みが重視されていく(11)。しかし生活改善への関心が減ったともいえない。以後の『山口県社会時報』を見ても、第二六号に「勤倹強調週間彙報」が載っている(12)。第二七号には「家庭経済講演会雑感」がある(13)。第二九号には「生活改善展覧会開催」という短文ではあるが、「生活改善」という語も見られ、県内三か所で展覧会が開催されることが告知されている(14)。

第三〇号になると、やはり「生活改善展覧会」という記事があり、そこでは出品者と出品物の一覧が載っていて、正味一ページ半ほどの、比較的詳細な記事になっている(15)。ちなみに、主な出品内容は、行政当局による図表、県内の高等女学校による服装改善や台所改善などである。この展覧会については、さらに第三一号で「展覧会瞥見感」という二ページを超える記事が掲載されており、この展覧会を重視していた様子がうかがえる(16)。また、一九二七年一月の郡役所廃止後初の市町村長集会では、提出事項として「主婦会設置奨励ノ件」があり、そこで主婦会について「生活ノ改善」を目的として示している(17)「生活改善」について、漠然とした推進ではなく、主婦をターゲットとして明確に設定し、また改善すべき内容をより明確に示すようになってくる。

したがって、主婦会の動向が、『山口県社会時報』での情報提供の主要な事項になっていく。第三二号には「県外優良主婦会視察概況」が載っている。県下の婦人会関係者が福岡県の婦人会を訪問した記事であるが、見学内容の柱は生活改善、台所改善の事項である(18)。第三四号には「県下婦人団体の現状」が載り、県下の婦人団体の数が郡市別に掲載されている。その後も、「主婦会状況」はじめ、婦人団体の動向を伝える記事がある。[19]

こうして、『山口県社会時報』が提供する情報において主婦会を重視するのは、一面では「児童愛護デー、農繁期託児所の実施等、主婦会の手に依りて促進」とあるように、主婦会が社会事業の主要な担い手になることへの期待である。[20]社会事業が急速に発展を見せていくものの、必要なだけの人材や財源が確保できていたわけではない。業務が容易で経費もさほど必要でない事業については、すでに存在している主婦会に担ってもらえば、社会事業を普及させやすい。

しかし、それだけなら、社会事業と直結するわけではない活動についてまで、逐一報じる必要はない。主婦会それ自体の役割としての、生活改善への期待もあったとみるべきであろう。県では「台所改善の栞」という冊子を発行して、生活改善への動きを後押ししている。[21]その後も、一九二八年四月二五、二六日に県外優良主婦会団体視察がなされたり、[22]五月に第二回婦人団体幹部協議会が開かれ、台所改善や勤倹奨励が指示されたりするなど、[23]主婦会を軸にした生活改善の動きが続く。

この時期の動向として、社会事業の急速な発展のなかで、社会事業の専門化が進み、それゆえ、山口県社会事業大会、社会事業夏期大学等の社会事業関係の動きはそれを反映して、狭義の社会事業のみを扱うようになる。それまで、「稲刈稲扱競技会」を山口県社会事業協会主催で実施しているように、[24]社会事業の概念は漠然としていたが、県外からの理論的影響や内務省の動き、方面委員制度の開始などのなかで、明確化されていく。したがって、明確化された事業を促進していくことが、行政の使命であり、同時に『山口県社会時報』の役割である。

しかし一方で、専門的・科学的な社会事業が、実際には県内ではわずかな実績しかなく、生活困難の解決という社会事業の目的を実現していくには、専門化された社会事業ではなく、生活や地域に密着した取り組みがなお必要であった。そのために、片方では「中央」で語られるのと同一の社会事業が語られ、一方では生活改善への着目が生まれた

3　社会事業の成長と生活改善の外見上の後退

一九二八年頃から、『山口県社会時報』での生活改善に関連する論考は、第五三号に「婦人の勤労の基調としての台所改善の二町村」が掲載されているのが目につく程度で(25)、それとて、黒井村と川中村の主婦会の活動を紹介している記事である。姫井の連載も第四九号で終了した。最後の論考では、これが最終の掲載であることを記載しておらず、唐突に終わった感がある。編集後記でも何も書いておらず、終了を判断した理由は不明であるが、『山口県社会時報』の記事が多様化するなか、以前は看板記事といってもよかったものが、逆に雑誌全体のなかで違和感を与えるようになっていたことは確かである。

すっかり生活改善から手を引いたわけではなく「雑報」ではときおり主婦会の動向を記事にしている。また、一九二九年一月の第五三号の足立文男社会課長による「年頭所感」では、社会事業に関連する事項に加え、市町村単位の主婦会の設置が進んでいることを紹介している(26)。ただ、足立は婦人について社会事業の主体として評価すべきことを強調しており、生活改善のことは若干触れている程度である。

この時期は、社会事業が急激に膨張していく。方面委員制度の定着・発展、農繁期託児所の広がり、農村地域の町村の小児保健協会の設置など、各種の社会事業が次々と設置され、公益質屋の設置の奨励はじめ、課題も山積していた。また、融和運動が活発化し、さらには山口県社会事業協会自身が「内鮮融和事業」として、下関市に昭和館を設置するなど、社会事業に関する取り組みは増えるばかりであった。社会課の業務も、農繁期託児所講習会をはじめとして各種講習会・講演会の企画・運営、方面委員制度の運営や委員への指導、出版物の発行など、多様な業務に追われるようになった。

『山口県社会事業』の記事も、広がっていく社会事業に対応した記事で毎号埋まるようになり、生活改善に触れる余裕がなかった。「内鮮融和運動」や方面委員制度の特集号などもあり、さらに生活改善の入る余地がなくなる。実際に社会事業施設が開設されていくと、生活課題の一部は社会事業を利用することで解決することも可能になる。そうなると、ますます本来の社会事業のほうを強調することになり、生活改善について触れる必要もなくなってくる。

しかし、だからといって、生活改善が忘れられて軽視されるようになったわけではない。県としては、むしろ強化しており、『台所改善設備の栞』『台所の設備管理』『予算生活と家計の整理』『家庭生活と能率促進』といった冊子を発行し、その広告が『山口県社会時報』に掲載されている。社会課長足立文男は、「奨励を要する県下社会事業の五方面」と題する論考で、五つの領域を提示して、今後推進すべき社会事業の主要な課題を提示している。(27) そこで「方面委員事業の充実」などと並んで示されているのは、「婦人団体の完成」である。その理由として、「農村疲弊の声」があるなか「家庭経済の改善緊縮を行はしめ」ることが、指摘されている。

足立の婦人団体への期待は、「子女の教養其の他納税等町村自治」や「副業其の他産業の振展」など多岐にわたり、生活改善はその一つにすぎないのではあるが、「町村自治」や「副業」などは、婦人団体固有の課題ではない。生活改善は、実際に食生活や衣服について扱っている婦人に特に求められていることからすれば、他の事項以上の重みがあるといえる。生活改善は、社会事業の多様化のなかで、相対的に小さくなったようでありつつ、なお社会事業行政担当者からすれば、より発展させたいと考えていた。

また、社会事業の動向とはまた別の動きではあるが、一九二九年八月に公私経済緊縮運動が提起され、公私経済緊縮山口県地方委員会が、県知事を会長として、官民の主要な立場の者を委員として結成されている。(28) これは新たに成立した浜口民政党内閣による緊縮財政の政策の具体化の一つであり、一地域の社会事業の流れとは規模も発想も異なる動きである。

この運動に関連する記事が『山口県社会時報』第六二号に、二五ページにわたって掲載されている。『山口県社会時報』では、方面委員制度、感化法、「内鮮融和事業」で特集を組み、同テーマで多くのページを費やしたことはあるが、それはテーマが共通してはいるが、執筆者は何人もいて、多様な記事を同じテーマでくくったという形である。特定の事項がこれほど一度に掲載されたのは、きわめて異例である。それだけ、読者に与えたインパクトは大きかったはずである。政友会の勢力の強い山口県で、民政党の政策がどこまで浸透したのか疑問であるが、運動の成否がどうであれ、社会事業関係者に、生活の緊縮をみずからの実践課題として認識させる効果はあったのではないだろうか。

全体として、一九二八年から一九二九年は、行政も社会事業の諸課題に具体的に取り組んでいく。農繁期託児所一つとっても、その意義を県内に普及させ、実際に県下全域での実施を実現していくのは、簡単な作業ではない。おのずと相対的には、生活改善への関心は高まらなかったといえる。ただそれは生活改善を無用と考えたわけではないので、いつでも最前線に出ている可能性を持っていた。

4　生活改善の強化

一九三〇年頃から、生活改善の記事が『山口県社会時報』に目立ってくる。足立文男社会課長による「台所改善視察片見」が一九三〇年四月発行の『山口県社会時報』第六七号に掲載されている。[29] 前述のように、足立は社会事業一般の論考のなかで生活改善に触れてはいたが、このようにそれ自体をテーマとした論考を出すのは初めてである。「在来の台所は欠点が多くて之が改善は都鄙の別なく急務」と述べたうえで、県内の事例を見学した報告を詳述している。県の学務部長より、三月二〇日付で通牒された「山口県共通励行事項」が掲載され、そこで「国民精神を涵養すること」「時間を尊重すること」「婚礼葬儀を改善すること」「社交儀礼を改善すること」「家庭経済の節約をなすこと」という事項が列挙されている。[30] 足立の論考とは一応独立した別の記事ではあるが、ページの中途から連続して載っており、一体のものとして感じられる形態である。しかもこの号は、他の論考としては、倉橋惣三による「児童愛護と婦人」という講演録の連載があるのみなので、足立の論考はいつも以上に突出している。

さらに足立は、「婦人作業服の改善に関する卑見」を第七五号に掲載している。[31] 服装の改善を呼びかけるだけでなく、改善された服の形状について、縫い方の図まで掲載している。ここまで個別具体的な記事はさすがに珍しいが、生活改善が理念を語る段階から、すぐに実行すべき段階になったというメッセージでもあるだろう。それにしても、足立が作業服のことについて、詳しい知識があるとは考えにくい。実際には知識を持つ別の人物がこの論考を実質的に作成したか、あるいは誰かに情報提供を依頼したのではないだろうか。

足立は、第七八号で「婦人作業服の改善及其の様式の決定」を書き、再び婦人作業服を取り上げている。[32] 県が婦人会によって研究会を開催し、その結果、「改善作業服」が考案されたという報告であり、やはり図が掲載されている。婦人改善作業服について、県内各地で座談会を開くなどして普及に努めた。

足立は第七六号の「当面の本県社会事業」において、不況期での社会事業の課題を論じている。[33] そこでは失業対策などを主に論じつつも、最後は「生活改善事項」を取り上げ、全県的な努力を求めている。読みようによっては、社会事業というものが生活改善によって完結するようにもとれる。いずれにせよ、以前の足立は、社会事業の体系のなかに生活改善を明瞭には位置づけていなかったのに、むしろ主要な領域として設定するようになったのである。

こうした生活改善を重視していく方法に変化したのは、一九三〇年代の経済不況に対する対策として生活改善に着目され、推進していくことになったためであろう。一九三〇年一一月に、県学務部長より、市町村長、教化団体代表者、婦人団体代表者宛に、「生活改善ノ実施ニ関スル件」が出されている。[34] そこでは、「経済時難に処する一方策として日常生活様式の改善事項を実施」として、経済状況の打開策として、生活改善の必要があるとして、日常生活の様式改善として、服装や飲食物の改善、台所改善、記帳の実行などを掲げているほか、祭礼の挙行、時間尊重、婚礼葬儀の改善、社交儀礼の改善など、些細な生活習慣にいたるまで、細かく生活改善事項を列挙している。

生活改善に関連する『山口県社会時報』の記事が以後、非常に頻繁にあらわれることになる。第六九号には「結婚改善事例」と「本県における国産品愛用運動」[35]、第七〇号には「台所改善戸数調査」として、県内の改善戸数について詳細な統計が約一〇ページにわたって掲載されている。[36] さらに同号では「山口県共通励行事例中結婚の挙式を読んで」という、方面委員による寄稿が二ページ半にわたって載っている。[37] 第六七号の足立の論考への、さっそくの反響であるとともに、方面委員が生活改善に関心を寄せ、具体的な動きをみせていくことの奨励でもあるといえよう。また、この論考の筆者は男性である。これまで生活改善は主に婦人団体が担う課題として語られていたものが、男女にかかわりない課題になってきたということでもある。

第七九号は「家庭講習会の開催」「生活改善実施状況団体視察」「川中村台所改善視察につきての感想」「生活改善講習会」と生活改善を直接テーマとした記事が四つも目次に並んでいる。[38] さらに、この号からしばらく『山口県社会時報』では、「彙報」について、「児童保護」「方面委員事業」というように、社会事業に関する情報を分野ごとに整理して掲載されるようになったが、そうして示されている分野の一つとして「生活改善」が掲げられている。つまり、生活改善は、社会事業の関連領域とか付随した活動にとどまるものではなく、社会事業の一つの分野として明確に位置付けられたのである。

山口県内の方面委員や社会事業関係者は、『山口県社会時報』が、最大の社会事業の情報収集源であり、学習・研究の教材であった。その『山口県社会時報』で、「生活改善」が社会事業の一分野として示されている以上、県内の社会事業関係者は、生活改善について、社会事業の主要な柱として受け止めたであろう。もっとも、一九三一年三月の第六回山口県社会事業大会の協議題や決議では、「婦人団体ノ設置普及並婦人ノ社会的活動の促進」といったものはあるが、生活改善への積極的な関心は感じられず、単純に生活改善への関心を深めたというわけではない。[39] しかし、社会事業主事として、県内での社会事業論をリードしていた篠崎篤三までもが「時に関する観念のさまざま」という論考を書いている。[40] 生活改善に重きが置かれるようになったのは明らかであろう。

社会事業が、生活改善をどこまで取り込んだといえるのかは、『山口県社会時報』を見る限り、二面性があって単純ではない。一面では、さほど侵入していないようにも見える。たとえば一九三二年三月の第七回山口県社会事業大会では決議中に、「生活改善ノ徹底ヲ図リ家庭経済ノ向上ニ努ムルコト」が含まれており、その点では、生活改善がますます重視されている。[41] ところが、協議において「発言者続出」となったが、生活改善に関連する発言はみられない。つまり、社会課がお膳立てをした可能性のある決議では生活改善に触れたものの、社会事業家が自由な場で発言すると、生活改善は話題にならないのである。この一事で決めつけることはできないが、県が生活改善を社会事業に中枢に置こうとするものの、少なくとも現場で活躍する社会事業家は影響されなかった。

しかし一面では、生活改善を社会事業の主要な柱とする動きが、ますます鮮明になっていくのも確かである。一九三二年に時局に対する県の対策が示され[42]、そこでは「失業に対する防止及救済」と並んで、「生活改善の実施社会」が含まれている。また、一九三二年七月に「生活改善ノ普及徹底ニ関スル件」が、学務部長より、各市町村長に出されている。内容自体に新味はないが、生活改善を重視する県の姿勢が確認された[43]。八月の市町村長集会での社会課主管事務として提出した事項が四つあり、そのうちの一つが「生活改善ノ徹底ニ関スル件」である[44]。一九三二年九月には、方面委員、社会事業従事者、市町村吏員を集めて、救済事務協議会が県下の主要な市町村一六か所で開催されているが、そこでの八つの協議題の一つが「生活改善実施事項の徹底」である[45]。

一九三二年半ばの時期に生活改善運動が、社会事業政策の主要な事項として県行政において、これまで以上に明確に位置づけられ、それを市町村の末端にまで徹底させる方策がとられたのである。末端がどう受け止めたのかという以前に、こうして位置づけた一連の動きが報じられることですでに、生活改善と社会事業とを密着する理解が浸透したと考えられる。

ただ、こうした県の動きにもかかわらず、一九三三年三月の第八回山口県社会事業大会でも、協議題や決議に生活改善の事項はみられない[46]。生活改善が決議には含まれていた第七回より、むしろ後退した感がある。生活改善が扱われたのは、足立文男社会事業協会常務理事（つまり社会課長）による、経過報告のなかのそれも「附帯事項」に含まれているにすぎない。県が盛んに鼓舞しても、社会事業関係者の生活改善への関心は盛りあがっていない。一九三三年一〇月の第九回山口県社会事業大会においても、決議に生活改善の事項はなく、一四の協議題のうち、「結婚紹介と様式改善の件」が出されてはいるが、参加者の関心はひかなかったようである[47]。

この時期、社会事業の主要な論者であった姫井伊介は生活改善と社会事業の関係をどう理解していたのか。「社会事業の振興方途に答へて」という論考を『山口県社会時報』に発表しているが、生活改善には触れていない[48]。姫井はかつて「防長の勤倹史片」を連載していたほどであるから、生活改善に関心がなかったはずがない。その姫井が、社会事業の全体像を論じた機会に、生活改善に触れないのは、姫井にしてみても社会事業への位置づけに躊躇があったためではないだろうか。姫井は「本県の社会事業に望む」でも生活改善については、小地域懇談会の推奨との関連でごくわずかに触れているだけでほとんど扱っていない[49]。「社会事業の振興に関する一元的努力」でも、生活改善について、触れていない。姫井社会事業論の体系において生活改善は位置づいていない[50]。

ただ、姫井は戦時下になると、節制した生活態度を強く要請するようになる。生活改善それ自体に関心が乏しかったのではなく、社会事業の一部に位置づけることがなかったということである。それは、姫井は先進的な社会事業論に多く触れていたので、社会事業についてのより適切な理解が可能であったこと、また足立文男や木村尭ら社会課所属の論者は、自己の研究成果や信念を語ることには制約があり、政策課題の正当化を任務として議論せざるをえなかったのに対し、姫井は自由な立場で議論できたということがあろう。

5　さらなる強化と戦時下の動き

一九三〇年代半ばでも強化する県の姿勢はなお明らかで、一九三四年一月の第一一一号には社会課の宮崎基房により、「時局と生活改善」が掲載されている[51]。第一一二号には、やはり宮崎による「農村生活改善実施状況」と稗田実言による「生活改善は結婚改善から」が載っている[52]。ただ、他の記事より小さい活字になっている。

一九三四年三月二一日には「生活改善ノ普及徹底ニ関スル件」が、学務部長より各市町村宛通牒として出されている[53]。二六日付で同内容のものが、市町村各婦人団体宛にも出されている。内容は、「生活改善実施要項」として、従来と同様の、結婚改善、葬儀改善、時間尊重、服装改善、住宅改善などの改善事項を列挙するとともに、「徹底方法」として、生活改善協議会の開催、権威ある人物を実行委員として督励すること、各種団体による連絡提携を図ること、講習講演会の開催を挙げている。改善事項自体はすでに言い尽くされていることであり、あとはいかに実行にもっていくかである。その点で、方面委員らに影響力のある『山口県社会時報』は相変わらず重要であった。

この時期、社会事業と生活改善を融合させた取り組みとして、佐波郡島地村における「社会事業実行計画」がみられる[54]。この計画は、農村社会事業の推進のために、県が社会事業指導村を設定し、指導村に対して県が奨励指導することで、農村社会事業の模範にしようとしたものであり、現代風にいえば、地域福祉計画のモデル事業のようなものである。村当局による一方的な計画とせず、「村民大衆の世論に依つて盛り上がつたものとする」とされているように、現代風にいえば住民主体、住民参加が基本的な考えであった。もっとも、現在でも、住民主体が叫ばれてはいても、実際には一部の指導的立場の関係者の関心にとどまって、住民全体のものにするのは困難であるように、当時の農村の実態のなかで、実際にどこまで住民の声が生かされ、住民に浸透したかは、疑問である。

とはいえ、計画策定にある程度の時間をかけ、村の指導的な人物が集まって話をする場を設けるなどしたのは確かであり、地域の上層部の者にある程度の影響を与えたのもまちがいない。計画では、かなり大きな比重で生活改善の事項が取り入れられている。計画を解説している、社会課の木村尭は、順序としては児童保護などを先に述べていて、生活改善を最後にもってきている。しかし、量的には生活改善に関する説明を多く用いていて、もはや社会事業の推進というより生活改善の推進といっても過言ではない。

こうなったのは、本来の社会事業を計画の中心に置いて、社会事業の地位を高め、活性化していきたい願いがある。しかし、実際にはそれほどの発展が短期間に実現することは困難である。資金も不足しており、奉仕袋や奉加帳によって募金する有様であった[55]。結局、すぐに実施できるのは生活改善であるので、生活改善を強調するほかなかったのである。これは、島地村だけでなく、山口県社会事業全体がかかえる課題であったともいえる。

この計画に参与していた木村は、『山口県社会時報』で社会事業全般への発言も繰り返している。「昭和十年の本県社会事業への待望」において、社会事業の課題についていくつか指摘した後に、生活改善に触れている。[56]論理構造は島地村の社会事業計画と同様であり、社会事業の必要を強調した後、最後は生活改善に行きついてしまうのである。木村は翌年にも「本県社会事業の進展方策に関する考察―昭和十一年の本県社会事業への待望―」を書いている。[57]そこでは、多様な課題を列挙しているが、「生活改善の徹底」を掲げ、生活改善が農村において必要であるにもかかわらず、実際には徹底されていないので、徹底が社会事業の課題であることを主張している。

木村は姫井とは違って、社会課の一員としての立場がある。農村を実際にまわっていた木村は、生活の不合理に直面する機会も多く、その改善が急務であることを個人的にも痛感していたと思われる。そこに生活改善を重視する県行政の方針も加わり、生活改善を社会事業の柱ととらえる社会事業観が形成されたのではないだろうか。

こうして、生活改善が社会事業の課題として強調される動きが継続するなか、戦時体制の時代をむかえ、生活改善が戦時体制に必須のこととして改めて確認された。『山口県社会時報』でも、一九三八年一月に「国民精神総動員と本県の生活改善について」[58]、一九三八年七月の「支那事変一周年記念編輯号」に「国民生活総動員と本県の生活改善について」が掲載され、生活改善への関心を高めようとしている。[59]生活困窮対策として取り組まれたはずの生活改善は、そのまま戦時体制に適応することができたので、すぐに戦時対策として重視されていく。

そのために、戦争が長期化するにつれ、生活改善による節制した生活は、もはや社会事業の一領域といった狭いものではなく、国策ともいうべき意味をもって生活を縛っていく。もはや、社会事業という、一分野の課題を大きく超えていくので、戦時下については、ここまでの分析とは区別して考えるべきであろう。また『山口県社会時報』が一九四二年一月・二月号を最後に発行されなくなるので、本章の目的からもはずれてしまう。

6　山口県社会事業と生活改善

山口県において、生活改善について政策側は、社会事業の一分野として位置づけて推進しようとした。それは、県民の生活困難への当面の対応として、一定の効果が認められるうえ、直接的な費用もかからない。また、勤倹奨励や生活改善運動の推進などの政府の動きと重ねることもできた。そのため、本来の社会事業推進との間で、比重が変化したことはあったが、基本的には生活改善を社会事業の主要な一分野として推進することとなった。その推進の道具として『山口県社会時報』が活用されていくことになる。

社会事業と生活改善とは性格が大きく異なるので、社会事業の実践者からすれば違和感は強く、社会事業大会の様子や実践者の説く社会事業論からみて、実践者たちは、ある程度区別して考えていた。県としても、社会事業協会のような、社会事業そのものの組織ではなく、主婦会のような地域組織に生活改善の推進を担わせているのは、社会事業家らのそうした違和感に配慮したためであろう。

しかしそれでも、県側は絶えず、生活改善を社会事業として推進する。あえて社会事業のなかで推進したのは、生活困窮の解決策という点では社会事業と共通性を有していたこと、また社会事業行政の推進のなかで、方面委員、各種施設などが整備されて、推進する手段をもっていたこと、実際に農村には不合理な生活習慣が少なくなく、社会課職員の一個人としても、見過ごせなかったうえ、それゆえに本格的に推進すれば効果が予測できたこと、費用のかからない対策として期待されたことなどがあるだろう。

生活改善が強調されたことは、一面では生活を直視する発想をもたらしたという積極面もあったかもしれないが、社会事業の性格を曖昧にするマイナス面を強くもった。そして、その社会事業と性格改善との関係を整理する機会のないまま戦時体制をむかえて、曖昧なまま一気に戦後の社会福祉をむかえていくことになる。

【注】

(1) 久井英輔「戦前の生活運動における「知識」と「実行」―生活改善同盟会／中央会の性格とその変容に関する一考察」『日本社会教育学会紀要』第四二号、二〇〇六年、六五頁。久井にはこのほか、「戦前生活改善運動史研究に関する再検討と展望―運動を支えた組織・団体をめぐる論点を中心に―」『兵庫教育大学　研究紀要』第三三巻、二〇〇八年二月などの論考がある。
(2) 野口友紀子『社会事業成立史の研究』ミネルヴァ書房、二〇一一年。
(3) 『大正十二年一月　消費節約と生活改善』山口県内務部。
(4) 『勤倹強調運動概況』山口県社会課、一九二六年。
(5) 『山口県社会時報』第四号、一九二四年一一月、一〇頁。
(6) 『山口県社会時報』第四号、一九二四年一一月、一二～一三頁。
(7) 『山口県社会時報』第六号、一九二四年一二月、八～九頁。
(8) 『山口県社会時報』第二〇号、一九二六年二月、九～一一頁。
(9) 『山口県社会時報』第二一号、一九二六年三月、一三頁。
(10) 『山口県社会時報』第二一号、一九二六年三月、一四～一五頁。
(11) 『山口県社会時報』第二二号、一九二六年四月、一四～二四頁。
(12) 『山口県社会時報』第二六号、一九二六年八月、一〇頁。
(13) 『山口県社会時報』第二七号、一九二六年九月、一五頁。
(14) 『山口県社会時報』第二九号、一九二六年一一月、一七頁。
(15) 『山口県社会時報』第三〇号、一九二六年、一五～一七頁。
(16) 翠峰生「展覧会瞥見感」『山口県社会時報』第三一号、一九二七年一月。
(17) 『山口県社会時報』第三一号、一九二七年一月、二七頁。
(18) 杉山生「県外優良主婦会視察概況」『山口県社会時報』第三二号、一九二七年二月。
(19) 『山口県社会時報』第三四号、一九二七年五月、二四～二五頁。
(20) 『山口県社会時報』第三四号、一九二七年五月、二五頁。

(21)『山口県社会時報』第三四号、一九二七年五月、一七頁。
(22)『山口県社会時報』第四五号、一九二八年四月、二一～二二頁。
(23)『山口県社会時報』第四七号、一九二八年七月、二五～二六頁。
(24)「本協会主催稲刈稲扱協議会」『山口県社会時報』第四〇号、一九二七年一一月。
(25)『山口県社会時報』第五三号、一九二九年一月、二五～二六頁。
(26)足立文男「年頭所感」『山口県社会時報』第五三号、一九二九年一月。
(27)足立文男「奨励を要する県下社会事業の五方面」『山口県社会時報』第五八号、一九二九年六月。
(28)「公私経済緊縮及教化動員に関する本県の運動」『山口県社会時報』第六二号、一九二九年一一月。
(29)足立生「台所改善視察片見」『山口県社会時報』第六七号、一九三〇年四月。
(30)『山口県社会時報』第六七号、一九三〇年四月、一七～一八頁。
(31)足立文男「婦人改善服の改善に関する卑見」『山口県社会時報』第七四号、一九三〇年一一月。
(32)足立文男「婦人作業服の改善及其の様式の決定」『山口県社会時報』第七八号、一九三一年三月。
(33)足立文男「当面の本県社会事業」『山口県社会時報』第七六号、一九三一年一月。
(34)『山口県社会時報』第七四号、一九三〇年一一月、二二～二三頁。
(35)『山口県社会時報』第六九号、一九三〇年六月。
(36)『山口県社会時報』第七〇号、一九三〇年七月、一〇～一一頁。
(37)『山口県社会時報』第七〇号、三一～三三頁。
(38)『山口県社会時報』第七九号、一九三一年四月。
(39)『山口県社会時報』第七九号、一九三一年四月、五五～六〇頁。
(40)篠崎篤三「時に関する観念のさまざま」『山口県社会時報』第八一号、一九三一年六月。
(41)『山口県社会時報』第九〇号、一九三二年三月、一二～一八頁。
(42)『山口県社会時報』第九三号、一九三二年七月、一五頁。
(43)『山口県社会時報』第九三号、一九三二年七月、三〇～三二頁。

(44)『山口県社会時報』第九四号、一九三二年八月、四四～四五頁。
(45)『山口県社会時報』第九四号、一九三二年、四三～四四頁。
(46)『山口県社会時報』第一〇二号、一九三三年四月、九～一三頁。
(47)『山口県社会時報』第一〇九号、一九三三年一一月、三〇～三五頁。
(48) 姫井伊介「社会事業の振興方途に答へて」『山口県社会時報』第一〇七号、一九三三年九月。
(49) 姫井労堂「本県の社会事業に望む」『山口県社会時報』第一二九号、一九三五年七月。
(50) 姫井労堂「社会事業の振興に関する一元的努力」『山口県社会時報』第一三五号、一九三六年一月。
(51) 宮崎生「時局と生活改善」『山口県社会時報』第一一一号、一九三四年一月。
(52) 宮崎生「農村改善実施状況」、稗田実言「生活改善は結婚改善から」『山口県社会時報』第一二二号、一九三五年二月。
(53)『山口県社会時報』第一一四号、一九三四年四月、四二～四三頁。
(54) 木村尭「指導村に於ける社会事業実行計画―主として佐波郡島地村の実行計画に就て―」『山口県社会時報』第一二一号、一九三四年一一月。
(55)『山口県社会時報』第一二二号、一九三四年一二月、二八頁。
(56) 木村尭「昭和十年の本県社会事業の待望」『山口県社会時報』第一二三号、一九三五年一月。
(57) 木村尭「本県社会事業の進展方策に関する考察―昭和十一年の本県社会事業への待望―」『山口県社会時報』第一三五号、一九三六年一月。
(58) 藤井信張「国民精神総動員と本県の生活改善について」『山口県社会時報』第一五九号、一九三八年一月。
(59) 藤井信張「国民精神総動員と本県の生活改善に就て」『山口県社会時報』第一六五号、一九三八年七月。

第Ⅲ部　社会事業形成過程における児童への対応

第11章　夏季児童保養所事業の概要

1　夏季児童保養所と社会事業

夏季児童保養所とは、虚弱とされる小学生を対象にして、夏休み中の一定期間、主として海水浴場に接した場所で合宿し、参加児童の健康増進を図る事業である。二〇世紀になって、学校や赤十字社などを実施主体にして、全国各地で開催された。

短期間の臨時的な活動でしかないので、社会事業として重視されることはない。しかし、一九二〇年代に始まり、戦時下にいたるまで、継続されていること、主催した愛国婦人会や赤十字社にとってはそれなりに重要な事業として認識されていたと思われること、参加児童にとっては、強烈な体験として残ったと考えられること、などを考慮すると、社会事業史のささやかな一コマとしてすませてよいことでもない。だが、これまで山口県の夏季児童保養所について、ことさらに取り上げて分析されることはなかった。[1]

ただし、全国的な動きについては、社会事業史ではないが青木純一『結核の社会史』の第九章「結核対策としての虚弱児教育」において、結核を予防するための虚弱児への健康増進策として、丁寧な分析が行われている。[2]本章では、山口県において夏季児童保養所がどのように行われたのか確認するとともに、社会事業史における意義について分析していきたい。なお、史資料によっては「夏期」と記載されている場合があるが、語義に特に違いがあるわけではないので、本章では「夏季」に統一して記述している。

2　事業の開始

夏季児童保養所は、社会事業の初期においては、早急に取り組むべき課題として重視されていた。一九二三年発刊の『山口県社会時報』の創刊号に、篠崎篤三による「学童救病設備」という論考が掲載されている。(3) 何らかの健康に課題のある児童に対する対策を列挙しているのであるが、そこで「露天学校」という名称で紹介されている。すなわち「体格のよろしくない、普通にいふ虚弱な学童を収容する学校」であり、永続的な学校も想定しているが、山口県での具体例は、赤十字社の夏季児童保養所と、藤井正一による林海学園だとしている。

一方で、教育の一環としての類似のものとして、臨海学校などの「夏季聚落」が開催されている。学校や郡の教育会など教育関係の機関により、やはり夏季休業中に開催されるものである。山口県での先駆としては、一九一五年に玖珂郡教育会によって臨海学校が行われている。(4) しかし、社会事業の分野では、これとは別に夏季児童保養所の名称で開催される。本格的には、一九二二年に開始された日本赤十字社山口支部によるものがみられる。第一回目は、豊浦郡長府町で行われた。

「小児の保護を平和事業の第一着とし其の方法を攻究して実施の促進に努めつつあり夏季の児童保護は其の施設の一」として開始された。(5)「体質虚弱の者を収容して保養をなしその健康を増進せしむるを以て目的とす」としている。赤十字社はいうまでもなく、戦時での敵味方を問わない救護を目的とした国際組織で、日本では西南戦争時に佐野常民らによって博愛社の名で創設された。山口県では山口県赤十字社の名で創設された後に、日本赤十字社山口支部となっている。(6) 赤十字社は、戦時救護で活動する一方、平時の医療、保健事業にも活動を拡大しつつあり、その一貫として全国的に夏季児童保養所が実施されていく。『日本赤十字社支部夏季児童保養所実施概要』として、全国の概況を冊子にして報告している。こうした流れのなかで山口県でも、夏季児童保養所に着手したのである。

翌二三年は当初は「長府の如きは交通の便及び物質関係上最善の適地と目されをれば多分同地に開催する事となりべし」とされていたが、[7]実際は熊毛郡室積町の女子師範学校内を借りて実施した。これは長府では水が不足するためとされている。一九二三年の夏季児童保養所を実施するために一九二三年七月に発行された「夏季児童保養所開設に就きて」という印刷物が、下関文書館所蔵の「椿惣一先生資料」に含まれている。[8]そこでは、前年の保養所について「結果最も著しく」と評価したうえで、室積が「最も海水浴に適し夏季の保養所として一般の着目する所」として、場所の適正さを強調している。そのうえで、保養所への賛同を求め、「大正十二年度夏季児童保養所規程」を附記している。参加者は倍増の一〇〇名を定員としたが、実際は一一〇人であった。さらに一九二四年には、「更に多数」の参加を募ることとなり、[9]実際は一八四人となっている。初期において、事業を積極的に拡大しようとしていた様子がうかがえる。

赤十字社とともに夏季児童保養所を運営していくのが、愛国婦人会山口県支部である。愛国婦人会は、奥村五百子によって創設され、山口県にも支部が設置される。平時においては、一般的な社会事業にも積極的に取り組み、山口県でも子供の家の設置、農繁期託児所の開設など、主として児童を対象とした社会事業を推進している。[10]

一九二四年に第一回海風童園の名で、豊浦郡長府町で実施された。愛国婦人会単独ではなく、山口県社会事業協会との共同主催であり、また赤十字社山口支部の後援を得ていた。愛国婦人会の場合、夏季児童保養所を行っている支部は一九三一年では、山口県以外では台湾のみであり、国内での実施は山口県だけであった。[11]一九三二年は、山口県のほか、京都、富山、高知で実施されている。以後も広がりはみられない。[12]一九二〇年代から長期的に一貫して行ったのは山口県のみである。

「自家に保養の余裕なきもの丶為に、夏季の幾日間を海岸に常住せしめ、規律ある生活と訓練とに依りて其健康を催進させるを目的」としている。[13]また、指導者側が「天性虚弱に生まれついた子等に真に同情して寝食行動を共にすること」の重要性も指摘されている。三〇名を定員とし、三一名が参加したが、途中三名が退園し、二八名が最後まで参加した。[14]

『山口県社会時報』の巻頭には、写真も掲載され「先生も園児も嬉々然として余念がない。かくして体量はふへ、健康は加はり、そして心力は盛になつていく」との説明が付されている。[15]なお、この年『山口県社会時報』は、赤十字社の保養所についても、実施前に詳細に紹介されているうえ、[16]海風堂園自体が赤十字社の後援を得ていることから、あくまで赤十字社の保養所を補完するものであって、対抗的な意図とは考えられない。

一九二五年には「昨年の好成績に鑑み其の規模を拡張」とのことで、社会事業協会、赤十字社、愛国婦人会の主催により行われるが、この年の特徴は、吉敷郡吉敷村にて林間保養所が実施されたことである。[17]臨海のほうも長府町で行われ、二か所で実施された。林間保養所の開所式の写真が『山口県社会時報』に掲載されている。[18]実務的には、林間保養所のほうを社会事業協会が、臨海保養所のほうを愛国婦人会が担っている。しかし、この形態はこの年限りで、以後は社会事業協会は主催から手を引き、一九二九年までは愛国婦人会と赤十字社の共催、一九三〇年からは愛国婦人会単独で、海水浴を主体とした夏季児童保養所を実施していくことになる。一九二六年の実施状況が『山口県社会時報』に好意的に掲載されていることや、[19]以後もたびたび『山口県社会時報』に関係記事が載っていることからみて、社会事業協会が主催を降りたのは、対立などのネガティブな理由ではないものと思われる。

赤十字社、愛国婦人会のほか、下関市の藤井正一により私立下関林海学園が一九二〇年より下関市武久の海岸にて行われている。[20]藤井は一九一九年より、下関少年相談所という施設の相談所を設置していた人物である。相談所といっても収容設備もあり、入所児童が夏季に帰省して空室になることから、それを利用することで始まった。一九三〇年頃まで実施されていることは確認できるが、以後社会事業関係の資料への掲載がみられず、詳細が不明なうえ、全国規模の組織による事業と、個人的な活動とでは性格も異なると考えられるため、本章では、事実を指摘するだけにとどめておく。また、地域や時期が限定された小規模なものは各地で試みられていたと思われる。前述のように、教育の場でも類似の事業が実施されており、一九二三年には、佐波郡での林海学校や長府町豊浦小学校長による林海教育が報じられている。[21]こうしたものも掘り起こしていく必要があるが、やはり赤十字社や愛国婦人会と同列には論じられない面があり、これ以上は触れない。

これら夏季児童保養所の内容であるが、『昭和二年八月　小串夏季児童保養所概況』でみてみよう。[22] このときは、赤十字社と愛国婦人会との共催で行われている。豊浦郡小串町（現・下関市の一部）は、山陰本線沿いで、響灘に面しており、海水浴場として知られる場所である。八月一日から二一日間行われた。宿舎は町内の寺院を用いている。後述の虱対策も必要だった。

日中は松林のなかに天幕を張り、学習と休憩の場とした。職員として、愛国婦人会主事の杉山逸次郎が主幹となり、教員二名、嘱託医一名、事務員二名、看護婦一名がおかれた。事務員の二名は赤十字社からの派遣である。ほかに、小串町長、安楽寺（宿舎の寺院）住職、小串警察署長、小串小学校長が「顧問」とされているが、名誉職的な存在であろう。参加児童は男子四一名であるが、途中で一名が病気で、一名が家庭の事故で参加を取りやめたため、最後まで参加したのは三九名である。郡市別にみると、阿武郡以外の県下全域からの参加がある。地元の豊浦郡が五名だが、やや離れた宇部市から七名の参加がある。対象児童は、尋常小学校三年から高等小学校二年までである。各学年から参加があり、特にどの年齢層が多いという傾向はない。

日課は、午前五時半に起床し、点呼や洗面などが行われる。六時半から体操などがあり、七時から朝食、自習などの後、一〇時から海水浴である。正午に昼食をとり、午後も自習をした後、四時から再び海水浴、六時に夕食をとり、夕食後散歩や娯楽会などが行われる。この日課を繰り返したものと思われるが、日によっては近隣の温泉地や離島の見学も行われている。また、毎日体温や脈拍を測り、身長、体重、胸囲を入所翌日と閉所前日に計測した。

海水浴を中心とするということで事故の懸念が生じる。体力の乏しい子どものみを集めているのであるから、一般的な児童の集団と比べても、危険性か高かったはずである。その点は保養所の担当者にも認識されていた。「海水浴が保養中最も心配な行事である若し溺るゝ様の事がありては夫こそ大変なので沖側に網を張り、左右に多数の浮を設け、其内を水浴の区域とし、水に入る前に点呼を行ひ、予て二人づゝ組を作り置きて水浴中臨時に其組に手を組ましめ、上陸の際は組々が相携へ揃うた所で更に点呼をする。此の方法の外担任の教員が浴場に入りて監視し、陸上よりも職員が監督する」と説明されている。[23] 実際の運用がこのように徹底されていたかは不明だが、一定の安全対策はとっていたようである。

赤十字社山口県支部の「昭和六年夏季児童保養所規則」によると、対象児童は「山口県内に現住する尋常小学校在籍児童中身体虚弱なる者」である。[24] ただし、伝染性疾患のある者、治療を要する者、付添いを必要とする者などは対象外となっている。したがって、病児や知的障害児はごく軽度の場合以外は対象になりにくかったと思われる。あくまで、保養所での生活により体格や健康の改善が見込まれる児童に限定されたものであった。

入所費用と定員は、「有料の部男女百四十名無料の部男女四十名」とされている。当初は無料であったが、やがて有料と無料とが行われるようになる。無料から発足し、有料化後も無料の部を残しているということは、この事業が終始貧困児童を視野に入れていたことを示している。無料となるのは「保護者の資力乏しくして費用を自弁し能はさるもの」であり、保養所までの交通費も支給することとなっている。入所は保護者が申し込み、定員超過の場合に、抽選によって選抜することとされている。

夏季児童保養所のあり方については、全国的にある程度、理論化、標準化されていく。一九三一年に発行された大西永次郎監修『施設中心虚弱児童の養護』では、日本赤十字社嘱託の小林省三「聚落事業」、東京市学校衛星技師野村礼之「休暇集落」が掲載されており、なぜこういった事業が必要なのか、実施するうえではどういう内容を盛り込み、何に留意すべきなのかなどが書かれている。こうした何らかの指導のもとで、事業が遂行されていったと思われる。[25]

効果については、いつも大きな効果があったと報告されている。赤十字社主事の磯部輪一は効果を整理し「体重は全児童を通じ平均二百目以上を増加す」「皮膚強くなりて風邪に罹らざるに至る」「元気旺盛となり喰い嫌の弊を矯め食事前後の口内の清潔方」「其他の良習慣を体得す」と述べている。[26] そして、高い効果が得られる理由として、「教員を得たこと」「食物の選定に努めたこと」「設備を完全にしたこと」をあげている。[27]

効果がみられなかったなどと報告するとは考えられないし、効果を過大に示したいのが関係者の心情であろうから、報告をそのまま鵜呑みにはできない。だが、規則正しい生活と適切な食事と運動を行うわけであるから、健康増進に一定の効果がみられたのは確かであろう。しかし、「短期間の養護施設のみでは、十分健康増進の効果が期待できないことが判明してきた」との評価もある。(28)

実施には、前述の『昭和二年八月　小串夏季児童保養所概況』のような、その概要を示した冊子が実施後に発行されている。学校や赤十字社などの関係者に配布したと思われる。参加者数や学年などの統計、担当職員の氏名、開設場所、期間中の日課などが詳細に記されている。これだけのものを編集、発行することは相当の労力を要したと考えられる。夏季児童保養所が、単なる一行事ではなく、重要な取り組みとして重視されていたのである。

夏季児童保養所を外部から観察した報告として、一九二七年の赤十字社嘱託小林省三による報告がある。(29)小林は前述のように、夏季児童保養所などのあり方について文献を執筆している人物である。岡山、鳥取、島根などの夏季児童保養所を視察し、山口県も訪問した。小林は「理想的海水浴場で、加ふるに附近一帯林間の勝景に富み名所旧跡が多い。その設備は殆ど間然する処がないと云つてよい。就中給水の良好にして豊富なる、食堂、浴室等の状況他に比類を見ない」と評して、立地や環境については高い評価を与えている。

ただし、問題点として「寄宿舎に虱の発生せること」をあげている。ただ、それも駆除方法を工夫することで、改善されている。全体として水準が高く、入所料の水準は高いものの、希望者が多いと理解されている。外部といっても赤十字社の者である以上、まったく客観的に見ているわけではない。ただ、この一連の視察で、鳥取県や島根県に対して、「適当な林間なきは遺憾」と指摘しており、儀礼的に礼賛しているわけではないので、山口県への評価は、ある程度客観性もあると思われる。

夏季児童保養所に参加した子ども自身は、どのように感じたのであろうか。参加経験をもつ生存者から聞き取りをすることが望ましいであろうが、実際には困難である。子ども自身が書いた手紙が紹介されていて「私のよろこびより一そうに親はよろこんでゐます。このありがたいおんは一生忘れません」とある。(30)また、『大正十五年八月　室積夏季児童保養所概況』には、「児童からの通信」という欄があって「家内一同有難く思つております」「先生方の御恩は決してわすれはいたしません」などと書かれている。[31]あるいは、一九四二年の『夏季児童保養所事業概況』に、感想文が掲載されている。[32]しかし、こうしたものは、もともと主催者を意識して書かれ、しかも主催者の意に最もそったものが掲載されていると考えられるので、子ども自身の真意をつかむことはできない。

推察すると、酷暑期に二〜三週間、親から離れ、鍛錬を含んだ日課をこなしていくというのは、過酷である。筆者の少年時代、中学、高校にて二泊三日の宿泊訓練というものがあったが、それだけでも疲れてうんざりするものがあった。反面、貧困児童の場合、いつもより食事が多いなどのメリットもあったであろう。生まれて初めての旅行だった子どももいたかもしれない。友人ができたとか、自分と同じ虚弱体質の子どもが少なくないことを知って気持ちが安定したとか、子ども自身がこういう外泊が好きであるとかといったケースもあるであろう。子どもにとっては、不満、歓迎の両面があったと推測できるが、推測の域を出ない。

3　事業の展開

こうして、夏季児童保養所は、夏休み中の恒例行事として定着し、愛国婦人会と赤十字社によって毎年安定的に行われることになる。その具体的な開催状況を表1と表2に示した。

両者を比べると、参加人員が赤十字社のほうがはるかに多く、大規模で行われている。赤十字社は一五〇〜二〇〇人の規模であるのに対し、愛国婦人会は四〇人を定員として変化がない。赤十字社は一九二六年のみ一〇〇人を割っているが、これは、この年に限り宿舎の事情で豊浦郡小串町で行い、そこでの宿舎の収容能力の関係で例年より縮小せざるをえなかったためである。[33]一九三五年には、二六八人という大規模な数になっている。この年は、開始前からすでに「入所志望者も定員に倍加」と報告されていた。[34]愛国婦人会はそもそも赤十字社との共催という形でスタートし、独立後も四〇名という定員を保持し続ける。

表1　赤十字社による夏季児童保養所

年	開設期間	場　所	参加児童数
1922	8月2日～23日	豊浦郡長府町	49人
1923	8月1日～21日	熊毛郡室積町	110人
1924	8月1日～21日	熊毛郡室積町	184人
1925	8月1日～21日	熊毛郡室積町	202人
1926	8月1日～18日	豊浦郡小串町	99人
1927	8月1日～21日	熊毛郡室積町	129人
1928	8月1日～21日	熊毛郡室積町	154人
1929	8月1日～21日	熊毛郡室積町	188人
1930	8月1日～21日	熊毛郡室積町	141人
1931	8月1日～21日	熊毛郡室積町	155人
1931	8月2日～20日	熊毛郡室積町	131人
1932	8月1日～21日	熊毛郡室積町	162人
1933	7月28日～8月17日	熊毛郡室積町	122人
1935	7月28日～8月17日	熊毛郡室積町	268人

各年の『日本赤十字社支部夏季児童保養所実施概要』より作成。1934年以降も実施されているが、該当年度の同史料を筆者が入手できていない。1935年のみ『時報』第23号、日本赤十字社山口支部、1935年9月、4頁による。1931年は2つに分かれて開催。

また、場所も赤十字社が熊毛郡室積町でほぼ一貫しているのに対し、愛国婦人会はたびたび変更している。一九三〇年に厚狭郡高千帆村で実施し、「衛生、風紀等の点」で適地であり、毎年ここで実施されると計画されたようであるが[35]、高千帆村も二年限りで、ようやく吉敷郡東岐波村で定着することになる。ただし、愛国婦人会として最後の保養所となる一九四一年は萩市で実施される。萩市は、良好な海水浴場があるものの、おそらく日本海側で交通不便なことからこれまで会場にならなかったと思われる。ならば、なぜこの年だけ萩市で行うことになったのかは、不明である。

予算規模も、赤十字社が多い。一九三二年の場合、赤十字社が三六五一円に対し、愛国婦人会は九五〇円[36]、一九三三年も赤十字社が三〇三一円に対し、愛国婦人会は八三〇円である[37]。

こうした傾向は、赤十字社は医師、看護婦

表2　愛国婦人会による夏季児童保養所

年	開設期間	場　　所	参加児童数
1924	8月10日～24日	豊浦郡長府町	28人
1925	8月5日～24日	吉敷郡吉敷村	28人
1925	8月5日～19日	豊浦郡長府町	33人
1926	8月1日～14日	熊毛郡室積町	59人
1927	8月1日～21日	豊浦郡小串町	41人
1928	8月6日～19日	豊浦郡小串町	40人
1929	8月1日～14日	日豊浦郡小串町	40人
1930	8月1日～14日	厚狭郡高千帆村	40人
1931	7月27日～8月9日	厚狭郡高千帆村	40人
1932	7月28日～8月10日	吉敷郡東岐波村	40人
1933	7月28日～8月10日	吉敷郡東岐波村	40人
1934	7月28日～8月10日	吉敷郡東岐波村	46人
1935	7月28日～8月10日	吉敷郡東岐波村	43人
1936	7月28日～8月10日	吉敷郡東岐波村	42人
1937	7月28日～8月10日	吉敷郡東岐波村	43人
1938	7月28/日～8月10日	吉敷郡東岐波村	40人
1939	7月27日～8月10日	吉敷郡東岐波村	42人
1940	7月30日～8月12日	吉敷郡東岐波村	41人
1941	8月1日～12日	萩市	40人

『愛国婦人会山口県支部沿革史』愛国婦人会山口県支部清算事務所、1942年より作成。1929年までは赤十字社との共催。1925年は2か所で開催。

の医療スタッフを自前で揃えることができるなど実施条件にすぐれ、また健康保持が赤十字社の活動として、本来の任務と考えられる。一方、愛国婦人会は夏季児童保養所が本来なすべき任務というほどではなく、また財政力などにも限界があった(38)。

　大きな変化は、愛国婦人会の保養所は一九二九年までは赤十字社との共催であったのに対し、一九三〇年以降は愛国婦人会単独の事業になったことである。それについて、後年の説明では「無料夏季児童保養所を開設して来たが其の間の経験観察の結果、実際無料保養のそれに該当せる家庭の児童を収容することは相当困難なるを認め、寧ろ県下在住者の中産階級者に適用する方目的達成上有効なるを信じ」とされている[39]。それまでは、貧困者を対象として無料で行っていたが、対象児童が限定されるため、参加希望が多くなかった。そこで有料化して、だれでも参加できるようにしたというのである。有料化したため、従来の対象者は参加が困難となる。この結果従来よりも参加申し込みが大幅に増えたというのである。

赤十字社の場合は、前述のように、有料の部と無料の部があり、貧困児童もなお対象としていた。したがって、赤十字社と愛国婦人会とでは、単に規模が異なるだけでなく性格もやや異なるようになっていった。

4　戦時下の変質

淡々と毎年行われてきた夏季児童保養所であるが、戦時下にはその役割に変化が生じる。一九四二年に赤十字社山口支部主催で行われた保養所では、「逐年入所希望者の増加を来し殊に今次事変以来時局の認識により著しく激増し本県虚弱児童養護施設中心的位置を占むるに至れるは健民国策上洵に喜びに堪へざる所なり」として、健民政策の一翼を担うことが期待されている[40]。

また、傷痍軍人や戦病死軍人の遺家族については、入所料の減免が行われた。入所申し込みが六百数十名で、参加者が二四五名と、大規模化している。

開所式では「衛生講話」が行われ「日本は支那事変を五年以上も戦って居りますが、昨年十二月八日遂に米国並英国に対しての宣戦の大詔が降り、支那事変は大東亜戦争に発展致したのであります。此の戦争は大東亜共栄圏の成立を妨げる処の蔣介石政権が亡び、米英両国が屈服致すまでは飽くまでも戦ひ抜かなければならないのでありまして、此の状態は今後何年何十年続くかわからないのであります。皆さんがやがて大きくなって御国の為につくされる為には、何よりも身体が丈夫でなければなりません。戦場に立つて手柄を樹てるにも銃後の守りを果すにも先づ健康が一番大切であります」として、戦争遂行と保養所との関連を強調している。

さらに、児童は毎朝「誓詞」を斉唱させられ、そこでは「大東亜戦争下の子供として心を磨き体を練り強く正しき日本人となることを御誓ひ致します」とある。

このように、夏季児童保養所の目的は、虚弱児童の健康増進よりも、戦時体制における児童の健康や体力維持が重視されたのである。もっとも、内容自体は、海水浴、散歩、学習を中心とした従来のものと変わるものではない。

より明確に戦時体制での鍛錬を明確にしたのは、山口隣保館児童部による夏季臨海学園である。山口隣保館は山口県社会事業協会によって設置された隣保施設である。一九四〇年の募集広告では「鍛錬の夏　海に鍛えよ」との宣伝文句を掲げ、「聖戦三年　興亜大業翼賛の夏、時難克服国民心身鍛錬の夏です。東亜の新秩序建設の成る日、大日本を背負つて立つ国民の体位を憶ふ時、今小国民の健康増進こそ吾人の最大関心事でなければなりません」と述べている。戦時下に開始された事業であり、継続している赤十字社、愛国婦人会に比べても、戦時対策そのものとして開始されたことが明瞭である。(41)

5　社会事業への影響

夏季児童保養所が社会事業に位置づくのであろうか。現在、このような事業が行われたとしても、おそらく教育としてみなされ、社会福祉とは考えにくいであろう。しかしやはり社会事業の一部をなしたというべきである。山口県社会事業協会の共催がなくなった後も、『山口県社会時報』にたびたび関連記事が掲載された。『社会事業便覧』にも、社会事業として掲載されており。当時、社会事業と認識されたことは明らかである。

しかし、そういう形式的なことよりも、社会事業としての内容を含んでいることに目を向けるべきである。第一に虚弱児を対象としており、弱い立場の者への支援という性格をもっている。障害児の教育や福祉の先駆という側面もある。第二に貧困者に配慮があり、貧困対策という面をもっている。

もっとも、違和感がないわけではない。第一に多くの社会事業が厳しい条件化で民間人によってつくられたのに対し、主催は赤十字社、愛国婦人会という全国規模の組織である。民間にありがちな、財源難、人材難といった困難は乏しかった。第二に、第一の点とも関連するが、地元行政や教育関係者の協力関係もある。孤軍奮闘することになりがちだった民間社会事業と比べ、この点でも好条件である。第三に、有料の利用児童も多く、特に生活上の課題のない子どもも利用可能であった。だから価値がないということではない。ただ、それなら普通の教育活動と大差なく、社会事業の範疇に入るかとなると疑問もある。

こうした違和感を残しつつも、社会事業史に位置づける意味がある。虚弱児を対象として長期間継続できたということは、潜在的には、より広いニーズがあったと考えられる。利用対象外とされた病気や障害のある子ども、あるいは夏休みは家業を手伝わざるを得ないといった諸事情で参加できない子どもなど、さまざまな子どもの存在を間接的に示している。

一方で、解明すべき点はまだ残っている。教育の場でも類似の事業が開催されている。特定の学校や郡を単位としたこれら事業のほうが実施は容易だったはずで、なぜ、わざわざ全県的な事業を別途行わなければならなかったのか。相互の影響などはなかったのか。また、実施後の冊子の発行などかなり力を入れているように感じられる。これは、虚弱児童への配慮が深かったからではなく、国民の体位保持や疾病予防などの意図があったとみるべきであろう。結核との関連は、すでに青木純一らによる指摘がある。全国的な衛生対策との関係も検討すべきである。

したがって、安易に高く評価することには慎重であるべきで、国家の政策に社会事業が組み込まれていた側面を軽視すべきではない。反面で、児童を対象にした社会事業として、農繁期託児所、児童保護事業など個々には小規模ながら発足し、戦後の社会福祉につながっていった事業が県内全域にみられる。夏季児童保養所も、そうした小規模ながら戦後につながる事業の一つとみることもできる。社会事業は必ずしも施設のような目立つ活動だけではなく、こうした小さな取り組みの積み重ねとして、内実を深めていったことも見逃してはならない。

【注】

（1）『山口県教育史』山口県教育会、一九八六年では、山口県教育会による「夏季集落」については記載しているが（五三〇～五三一頁）、本章で触れている夏季児童保養所については記述していない。全国病弱虚弱教育研究連盟病弱研究史委員会編集『日本病弱教育史』日本病弱史研究会、一九九〇年は、都道府県ごとの病弱教育を概説しており、山口県についてもまとまった記述がある（筆者は岡功）。そこでは教育会や学校によって行われた臨海学校などの「夏季聚落」の記述はあるが、社会事業の一貫として行われた夏季児童保養所については触れていない。

（2）青木純一『結核の社会史』御茶の水書房、二〇〇四年。全国的な動きの概要は文部省『特殊教育百年史』東洋館出版社、一九七八年の一五六～一五七頁でも触れている。簡略なものとしては、鈴木清・加藤安雄編『講座　心身障害児の教育Ⅰ　心身障害児教育の歴史と現状』明治図書、一九七三年など。

（3）篠崎篤三「学童救病設備」『山口県社会時報』第一報、一九二三年一一月。

（4）『日本病弱教育史』五二〇頁。

（5）『防長医薬評論』第一九四号、一九二二年七月、四頁。

（6）山口県の赤十字社の歴史については『百年のあゆみ』日本赤十字社山口県支部、一九九一年がある。ただし、夏季児童保養所の記述はほとんどない。

（7）『防長医薬評論』第二〇〇号、一九二三年一月、一一頁。

（8）「椿惣一先生資料」は戦前から戦後にかけて小学校や盲唖学校の教員として活躍した椿が保存していた、多様な資料群である。児童や障害児など社会事業に関連するものも含まれている。

（9）『防長医薬評論』第二一三号、一九二四年一月、七頁。

（10）杉山博昭『山口県社会福祉史研究』葦書房、一九九七年。

（11）『愛国婦人会四十年史　附録』愛国婦人会、一九四一年、一四〇頁。

（12）『愛国婦人会四十年史　附録』一四九頁。

（13）『山口県社会時報』第一号、一九二四年七月、一〇頁。なお、『山口県社会時報』は創刊当初、「報」で通算の発行回数を数えていたのを、この号から「号」で数えなおしている。この号は創刊号ではない。

(14)『山口県社会時報』第二号、一九二四年八月、一四頁。
(15)『山口県社会時報』第三号、一九二四年九月、一頁。
(16)『山口県社会時報』第五報、一九二四年六月、九頁。
(17)『山口県社会時報』第一三号、一九二五年七月、八頁。
(18)『山口県社会時報』第一四号、一九二五年八月、一頁。
(19)『山口県社会時報』第二四号、一九二六年九月、一七頁。
(20)『山口県社会事業紀要』山口県内務部社会課、九六頁。『山口県社会事業紀要』山口県社会課、一九三〇年、六一頁。
(21)『防長医薬評論』第二〇八号、一九二三年八月、五頁。
(22)『昭和二年八月　小串夏季児童保養所概況』日本赤十字社山口支部・愛国婦人会山口県支部。同様の史料として筆者が確認できたものとして、『大正十五年八月　室積夏季児童保養所概況』日本赤十字社山口支部・愛国婦人会山口支部がある。
(23)磯辺輪一「夏季児童保養の感想」『山口県社会時報』第一六号、一九二五年一〇月、四頁。
(24)『山口県社会時報』第八三号、一九三一年八月、四五〜四六頁。
(25)大西永次郎監修『施設中心虚弱児童の養護』右文館、一九三一年。
(26)磯部輪一「日本赤十字社山口支部の経営事業」『山口県社会時報』第八一号、一九三一年六月、二二頁。
(27)磯辺輪一「夏季児童保養の感想」。
(28)文部省『特殊教育百年史』、一五七頁。
(29)小林省三「六支部八保養所を視察して」『博愛』第四八三号、一九二七年八月。
(30)『山口県社会時報』第一六号、一九二五年一〇月、五頁。
(31)『大正十五年八月　室積夏季児童保養所概況』日本赤十字社山口支部・愛国婦人会山口支部、五四頁。
(32)『夏季児童保養所事業概況』日本赤十字社山口支部、一九四二年。
(33)『防長医薬評論』第二六二号、一九二六年八月、四頁。
(34)『時報』第二二号、日本赤十字社山口支部、一九三五年七月、一四頁。
(35)『山口県社会時報』七二号、一九三〇年九月、二〇頁。

(36)『山口県社会事業一覧（昭和八年三月末現在）』山口県社会課。
(37)『山口県社会事業便覧』山口県社会課、一九三五年、二二頁。
(38)『愛国婦人』第九号、一九三二年九月には「学童保護施設としての夏季臨海保養所についての成果　山口県支部よりの報告」と題する記事が掲載され、実施時期、参加者数、入所日に医師の診断があることなどが書かれている。
(39)『愛国婦人会山口県支部沿革史』日本赤十字社山口支部、一九四二年。
(40)『夏季児童保養所事業概況』日本赤十字社山口支部、一九四二年、四四二頁。
(41)『山口県社会時報』第一九〇号、一九四〇年八月、七八頁。

第12章　近代山口県における吃音

1　近代史における吃音

吃音は、障害としては比較的軽微であるために、社会福祉の課題として論じられることが少ない。しかし、生活のさまざまな場面で不便であり、現実の生活上の壁は大きいものがある。また、今日と比べてさまざまな障害者と出会う機会の少ない時代においては、日常的に出会う唯一の障害者といってよかった。それゆえ、障害者差別の矢面に立ってきた面さえある。今日、「障害者を差別してはいけない」という言説が浸透しているため、たとえば車椅子を利用している人をあからさまに嘲笑する人はいないであろう。しかし、吃音は見た目ではわからないので、「差別してはいけない」という対象からはずれることになりかねない。

吃音者は、あらゆる場でその障害からくる不便や嘲笑に耐えつつ生きていたはずである。コミュニケーションの重みの増した近代社会においては、それがよりいっそう強まることになった。しかし、吃音者の生活実態は、史料として残ることが少ないので、研究対象として関心をもっても、具体的に明らかにすることが困難である。したがって、かろうじて史料が残る著名人、たとえば大杉栄(1)とか、金閣寺放火犯(2)とかが注目されてしまう。

だが、もちろん無名の市民として生活していた吃音者が多数いた。と同時にその吃音に興味をもち、矯正を試みる者が現れる。吃音は軽微に見えることや、自然治癒するケースも少なくないことから、あたかも容易に治療できると錯覚されたのである。戦前、著名で影響力が大きかったのは伊沢修二によって設立された楽石社である。以後も、今日にいたるまで多くの矯正機関が、現れては消えていく。小島信夫の短編小説「吃音学院」はそうした矯正機関を舞台にした作品である。しかし、実際には、矯正機関によって容易に完治できるものではない。矯正機関ではせいぜい一時的に症状が緩和されるだけで、むしろ一時とはいえ緩和されたことが以後余計に苦悩を深めることさえある。無用な矯正から吃音者が解放されるのは、吃音者のセルフヘルプグループである言友会が、一九七六年に創立一〇周年記念大会で採択した「吃音者宣言」によってであろう。(3)

吃音者は、地域でとりあえず普通の暮らしをしていたのだから、その課題は地域に潜在している。事態の深刻さは他の障害に比べ小さいかもしれないが、それゆえに重い障害者であれば排除されていた学校、軍隊、職場、地域組織等に参加するしかなかった。健常者の論理のなかで障害者が生きていくという、非情な社会の課題を早くから示している面がある。

本章は山口県を素材にその動きをとらえている。史料が少ないので、断片的な史料や事実を提示しているにすぎないが、従来ほとんど顧みられることのない吃音者の歴史の一面を示すことを試みた。

2　吃音への関心

山口県においても、近代社会の発展のなかで吃音者が、あぶりだされていったものと思われる。それを示すのは、『留岡幸助日記』の一九〇九年の「小論と雑記」での、楽石社についての記述の一部分である。(4)そこでは「山口県最も多し五・〇六」と書かれている。山口県で一〇〇〇人中五・〇六人の吃音者がいるという意味のようである。さらに陸軍省が徴兵検査の際に吃音者を調べたところ、「其平均ヨリ多キモノハ久留米、豊橋、山口の三・八六人ニ至ル」と書かれている。当時のこうしたデータらしきものがどれほど正確なのか疑わしく、山口県に吃音者が多かったと決めつけることはできない。ただ当時、地域にとって名誉とはいえない吃音者の存在が統計化されるまでに表面化しているのは、吃音者が多く実在するばかりでなく、吃音というものが問題視され、対応すべき何らかの課題と認識されてきたということである。

その認識が山口県では他県と比べて強かったことは推測できるであろう。

問題視される以上、吃音者もしくは家族などその周辺の者は、治療（矯正）を希求することになる。吃音を治したいというニードに対して、治してやるという供給が出現していく。山口県を代表する新聞『防長新聞』に一九一一年頃、「音声どもる人に不思議に全治美音となり如何なるどもる人にても全治再発せざる保護薬」とうたった東京市牛込区好生薬院と称するところの広告が何度か掲載されている。広告主からみて、『防長新聞』に限らず、全国各地の新聞に掲載されたのであろう。当時は癩が治るとか、結核が治るとか、治癒困難な病気の「特効薬」と称する薬がよく登場しており、当時の『防長新聞』には「癩新薬」の記事とか広告が載っている。また、一九一一年三月一日には「どもり　直接及通信矯正　矯正親切　全治保障」とうたった、大阪江戸堀帝国吃語矯正会なるところの広告がある。

もちろん、この吃音治療薬が効果があるはずもないし、「全治保障」できる矯正法もありえない。吃音に苦しむ人につけこんだ悪徳商法であろう。ただ、この広告から言えるのは、吃音について社会的な関心が生まれ、また吃音者自身が治癒への希望や意思をもっていたことである。吃音が山口県においても社会的な認識を広げていたことがわかる。それにしても、「矯正会」は大阪の広告であるから、「通信」もあるとはいえ、「直接」のほうを受けるのであれば山口県から大阪まで出かけることになる。その経費や労力は相当に大きなものがあったはずである。それでも、矯正しようと考えたのは、巨大な労力を上回る生活の困難があったのであろう。

山口県でも一九二〇年代の前半に社会事業が形成されるが、社会事業の場で吃音が話題になったのが確認できるのは、一九二六年三月二五日に開かれた第二回山口県社会事業大会である[5]。そこでは「県下児童保護上最も適切なる施設如何」という協議案があり、篠崎篤三社会事業主事は「聾唖盲児童に対する保護及教育の普及徹底」「不具《ママ》児童に対する保護及教育の施設実施」を具体案として提示して、障害児関係の対応を述べた。それに対し、「吃音者の矯正を加へたし」という意見があった。ほかにいくつかの意見があって、「会員の満足を得たるものがあつた」という。吃音児童への対応を、他のさまざまな児童への施策と同様に考える者もいたのである。ただし、「吃音矯正」が社会事業として具体化されることはなかったので、その場の議論で終わったようである。

しかし、吃音矯正への関心はあって『山口県教育』に「吃音児童に就いて」が掲載されている(6)。著者は山陽吃音学院長上西為助である。「山陽吃音学院」とあるが、後述の山陽吃音学院の設立前の論考であるし院長名も違う。後述の「山陽吃音学院」とは別のものと思われる。内容からみて、上西は教員を体験した人物であるように思われる。

上西はまず「吃音者の大部分が此の模倣より発生するのである」と述べ、模倣を原因とする。「四五才位より十四五才迄の最も模倣力の溢盛時代に近隣の人或は学校にあつて同じ『クラス』内に吃音者が対話及朗読等の際吃音を発するのを面白半分に何日とはなしに真似る」ということをすると、対人関係のなかで、やがて吃音が常態化してくるというのである。上西はこの論考の結論でも、「吃音者の真似位実に恐ろしいものはないのである。今正に吃音児童を持った家庭は勿論のこと吃音児童の居ない家庭にあつても実に真似をせない様にすることが如何に必要であるか」と強調している。

他人の吃音を真似ることによって自分も吃音になるという模倣説は、吃音の原因として現在にいたるまでかなり信じられ、特に戦前は楽石社の伊沢修二がこの説であったために科学的装いもこらされていた。しかし、ちょっと考えればわかるが、一度や二度真似たからといってすぐに吃音になるはずもない。かといって日常生活のなかで、繰り返し吃音を真似るはずもない。現実からかけ離れた空論である。だいたい、真似て吃音になるのなら、吃音者を演じる俳優は次々と吃音になるはずである。吃音の原因には不明確な面があるとはいえ、明らかに誤った説である。

また、模倣説は吃音の原因を吃音者本人の、他人の障害を真似るという不道徳な行為に求めるものである。模倣説は吃音者を二重に苦しめるものであった。吃音者は吃音それ自体の苦しみに加え、その原因が自分の悪行にあるという不当な攻撃にもさらされなければならなかった。多くの障害や病は、それによる苦痛は吃音をしのぐものはたくさんあるけれども、その場合でも原因が本人自身の悪行にあるとして道徳的に非難されるものは、前近代では「前世の報い」といった形で説明される疾病や障害もあったにせよ、現代においてはあまりないだろう。しかし、吃音者本人がそう語ることさえあるぐらい、広く信じ込まれている俗説である(7)。

上西は、こうした模倣説を前提をしつつ、矯正の方法を説明する。上西によれば、矯正に必要なのは「複式呼吸」と「発声練習」だという。そして、複式呼吸と発声練習の方法を説明する。いずれも、実際に継続して行おうとすれば、かなり過酷なものである。複式呼吸と発声練習を重視した矯正は、上西の独創ではなく、楽石社ですでにとなえられていた。伊沢修二は一九一二年に発行された『吃音矯正の原理及実際』において、複式呼吸の重要性について「科学的」な説明をしたうえ、その方法を説き、発声練習について語っている(8)。

また、教師への注意として、「先生は吃音児童に対しては可成物静なる態度で接する事である。そうして、朗読及応答等の場合先づ最初に落付けよ落付けよ、と云ふのである」などと述べる。こういうことをすれば、実際には逆効果で、吃音を定着させるだけである。つまり、上西は思弁的に語っているだけで、実際に吃音者にどれだけ接したのか疑問である。結局、上西の論考の内容は吃音者にとって、百害あって一利なしの内容である。それは、上西は吃音者に対して悪意があるためではない。むしろ、他の多くの者が吃音者の存在を軽視するなか、上西はあえて吃音に向き合っているのである。しかし、当時の吃音をめぐる謬説にとらわれて、吃音者に何の益にもならない発言を善意で行っている。ハンセン病にかかわった人の多くが善意であったものが、実は強制隔離に加担して、患者を苦しめる結果となったことと類似した構造があるのではないだろうか。

一九三〇年一〇月には、山口県内の吃音矯正機関として、山陽吃音学院なるものが発足する(9)。社会事業の一形態という認識があって、山口県社会課による『山口県社会事業便覧』に掲載されており、公的に一定の認知があった。『便覧』によれば、個人経営で、所在地は熊毛郡三丘村円通院、代表者は円通寺住職角家義雄、吃音矯正員数一八人となっている。円通院は三丘村（熊毛郡熊毛町を経て、現在は周南市の一部）の中心部にある曹洞宗の寺院である。角家義雄は、一九〇四年に東京市本所区の生まれで、永平寺で三年間修行ののち、一九三〇年七月に住職となった(10)。したがって、住職になってすぐに山陽吃音学院を開設したことになる。開設時には二六歳である。

木村尭は「三丘村円通院住職角家義雄氏は自己の酷い吃音を矯正した体験に基いて、山陽吃音学院を設けて吃音矯正を熱心にやつてゐるが、これも広義の社会事業人と目してもよからう」と紹介しており、[11]一応知られていた。しかし、「広義」ということは、一般的な社会事業には該当しないということでもあり、社会事業としてとらえるにはやや違和感があった。しかし、稗田実言は「寺院と社会事業」において、山口県内の寺院・仏教関係の社会事業として「吃音矯正事業（二）」として示している。[12]これは山陽吃音学院のことであろう。ただ、都市部から遠く離れた一個人の事業であり、利用者の獲得や継続性などの点で、はじめから限界を有していた。

3　吃音矯正講習会

こうして、吃音矯正への動きがあったとはいえ、県外からの誘いや小規模な民間活動でしかなかったのだが、行政による取り組みがあらわれる。戦前の山口県での吃音に関する最大のイベントとなったのは、一九三五年八月の吃音矯正講習会である。

その史料が山口県文書館に所蔵されている山口県社会課による行政文書「昭和十年一般社会事業　社会課」に残されているため、内容や準備状況を把握することができる。

吃音矯正講習会は一九三五年の八月一〇日から二四日まで、山口市の白石尋常高等小学校で行われた。講師は伊沢八作である。対象は「吃音ノ習癖アリ矯正ノ必要アルモノ」で、聴講料は不要であるが、講習に必要な教科書代は自己負担である。教科書は五円と二円三〇銭の二種類あり、いずれか一方を購入すればよかった。

午前九時より一二時までが「児童ノ組」、午後一時より同四時までが「成人ノ組」とされており、児童、成人とも対象として認識されていた。講習生約一〇〇名とされている。申込受付期限が八月五日であり、告知から締め切り、講習までの日数が窮屈である。申込先は県社会課である。「児童成人各別ニ講習ヲ為ス予定ナレドモ申込員数ニ依リテハ同時ニ為スコトアリ」とされており、申込みがどの程度あるは、予測しかねる面があったようである。

経費は二〇〇円とし、内訳は講師謝儀一五〇円と講師自動車代弁当その他雑費として五〇円である。それを、社会事業講師講習懇談会費から一〇〇円、教育資金奨励費から五〇円、予備費から五〇円支出するとする。

七月二六日付で学務部長より各市町村長と各小学校中等学校青年学校長宛に「吃音矯正講習会開催ノ件」が出され、住所、職業または学校名および学年、氏名、年齢を明記して八月五日までに社会課宛に申し込むこととし、申込多数の場合は選考するとした。「第一日ハ診査日ニ付受講者ハ全部午前九時迄ニ会場ニ出頭スルコト」とし、また、宿泊の斡旋希望はその旨記入することとなっているので、宿泊斡旋を行うという便宜を図ろうとしていた。

『防長新聞』一九三五年七月二八日には「吃音矯正講習会」という記事があり、「山口県学務課と社会課の協力によって吃音矯正講習会を八月十日から十五日間毎日午前九時から正午まで児童、午後一時から四時まで成人と二分して山口市白石小学校で開会、講師は東京財団法人楽石社教師伊藤八作氏である聴講料は不要で吃音の習癖のある人は誰でもよく来月五日までに住所職業氏名年齢等を明記して県社会課へ申込めばよい」とする。

『防長新聞』七月三〇日にも「地方短信」という欄の「山口市」にやはり「吃音矯正講習会」の見出しで「吃音習癖のため学習其他常住生活に不自由を感ずる者に対し之が矯正の目的を以て県主催にて八月十日より二十四日まで十五日間白石小学校に於て毎日午前九時より正午迄児童のため午後一時より四時まで成人のために吃音講習会を開催する事になったが講師は財団法人楽石社教師伊沢八作氏で講習員は選衡の上百名とし料金は不要なるが書籍費は自弁の由である」として、新聞を通じても、講習の開催が広く報じられた。大きく載っているわけではないが、吃音者にとって朗報と感じられたであろう。ただし、『防長新聞』には開催そのものの記事はない。

また、この講習会との関係で、吃音児童調査がなされたようで七月二九日付で、「吃音児童調査報告ノ件」として、山口市の白石尋常高等小学校に一三名、大殿小学校六名が報告されている。

この講習会は急に決まったように思われる。七月二三日付で「吃音矯正講習会開催ノ件」という学務部長より楽石社の伊沢春子宛の文書が出されており、「八月十日頃ヨリ二週間講習会差支無キヤ」と記されている。開講予定日まで一か月を切っているのに、まだ日程が決めきれていないのである。七月六日と一二日の伊沢春子から手紙には、準備に関する細々したことが書かれている。最終的に実施された基本的な内容は、この伊沢の手紙に沿っている。あまりに県側の主体性が乏しいこと、締め切りまでの期限が短いこと、予備費からの支出など、いかにもあわただしく決めた感がある。また「斯種講習会は最初の計画にて勝手不案内」という記述もあり、県の自信のなさを示している。何らかの動機で急に決まり、しかし児童を対象に行うには夏休み期間中しかできず、短期間に準備するしかなかったのであろう。

受講者からの申込み書も残されており、三二名分がある。申込者は山口市周辺が多いものの、萩市、熊毛郡上関村、大津郡深川町といった遠方からもある。なかには幼稚園児のものもある。

この講習会の実施は、県社会課において吃音を、行政も関与しつつ解消すべき課題として認識したことを示すものである。一方、申し込み書は所定のものがあったわけではないので、一つひとつ手書きされている。吃音者自身または、親による手書きの申し込みの手紙には、講習会に期待するしかない、それまでの生活上の苦悩が表現されているように思われてならない。

この講習会の様子を記した記事が『山口県社会時報』に掲載されている。[13]「気の毒にも吃音の習癖の為、学習或は日常生活の上に少からぬ不自由を感じてゐる人の為に、之が矯正を図る目的で、今回県に於ては社会、学務両課協力の下に、去十日より白石小学校に於て十五日間の予定を以て講習会が開催されてゐる。講師は財団法人楽石社の伊沢八彌、同春子の両氏である。出席者約五十名は酷暑の折にも拘らず汗みどろになつて熱心に講習を受けてゐる」とある。講師の名が少し違うが、同一人物であろうか。伊沢春子も同行しているようである。出席者は五〇名とされているので、当初の定員一〇〇名は大きく下回る結果となっている。それは、募集期間の短さ、宣伝の不足、会場が交通が至便とはいえない山口市であること、酷暑期に半月も連続する講習内容、成人においては半月も家を空けることは困難等が理由であろう。さらにあえて付け加えれば、「矯正」ということへの吃音者自身の不信もあったのではないだろうか。

実際には、五〇名のうち、このような講習で吃音が治ったのは何人であったであろうか。講習で治癒しない場合、今度は、本人の努力が足りないから治癒しないのだという非難にさらされるのである。吃音者には、前述のように、模倣説による攻撃が加えられるが、さらに治す努力が足りないという非難が重なる。もともと自分の悪行で障害者となったとされたうえ、さらに治せるのを治さないというので、怠慢のせいにされ、苦悩が増していくのである。

この次に同様の講習会が開催されたのは一九四〇年である。七月五日に山口県社会事業協会長より、小学校長、青年学校長、中等学校長宛に「吃音矯正講習会開催に関する件」が出されている。[14]やはり楽石社から講師を招聘し、七月二七日から八月一〇日までの一五日間、午前八時半から午後二時まで開催することとなっていた。対象は小学校児童と青年学校・中等学校生徒であり、成人は除かれている。場所は山口市の防長青年館である。定員は一〇〇人で、希望超過の場合は申込み順とされた。申込みは七月一七日までに社会事業協会宛である。遠隔地の者については宿泊を会場の防長青年館に斡旋し、その場合の費用は食費の実費のみである。会費等は無料であるが、教科書代として二円四〇銭必要であった。携帯品として、筆記用具のほか、鏡と匙が求められている。「矯正」の際に必要であったと思われる。

主催は山口県社会事業協会のようであるが、「昭和十五年度財団法人山口県社会事業協会事業計画」には、この講習会のことは書かれていない。[15]年度当初の予定になかった企画であり、一九三五年のときと同様、急に決まったものと思われる。戦時下であることが影響しているのかどうかは不明である。

前回から五年経過して、学校の生徒は入れ替わっているので、一九三五年のときと異なる参加者が中心であったであろう。相変わらず酷暑時の長時間の講習であり、苦労の末、何の効果もなかった受講者の苦悩はどうであっただろうか。

4　社会システムとしての吃音矯正

農山漁村を中心として形成され、これといった大都市をもたない山口県において、吃音をめぐって具体的な動きがみられた。それは、吃音が単なる個人的な癖ではなく、病理的に認識され、またその病理が治療可能と考えるというある意味で近代的な吃音観が山口県にも浸透したことである。学校制度や徴兵制などの近代的なシステムが、共通の言語能力を必要とし、それが不十分な吃音者を、異形の存在としてあぶりだした。[16] ただし、それは排除や隔離の対象とするのではなく、矯正へと追い立てる形で処理しようとした。楽石社なる偶像が山口県にまであらわれて、吃音者を囲い込んでいく。個々の動きは吃音者の苦悩を緩和するための善意の取り組みであるのだが、その善意が吃音者を社会生活を全うできない存在として位置づけることで、本当に社会生活困難な存在に仕立て上げていくのである。

史料的制約から、吃音者の生活上の苦悩を山口県において実証することは困難であるが、苦悩がないのに、講習会などに参加する者がいるわけもない。矯正機関や講習会の存在自体、その苦悩の増殖が山口県でも絶え間なく続いたことを示している。

【注】

（1）大杉栄は『自叙伝』（初出は改造社、一九二三年であるが、筆者が見たのは岩波書店により一九七一年に発行された『自叙伝　日本脱出記』）において、自分について「生来の吃り」「生まれつきの吃り」と述べて、吃音に関わる体験を記している。大杉研究においてもその吃音に関心が寄せられ、飛矢崎雅也『大杉栄の思想形成と「個人主義」』東信堂、二〇〇五年では索引によると「吃り」が七か所にわたって出てくる。

（2）三島由紀夫の『金閣寺』は文学に関心をもつ者なら知らぬ者のない名著である。映画化もされた。『金閣寺』を吃音者ら障害をもつ登場人物を軸に分析したのは、後藤安彦『逆光の中の障害者たち』千書房、一九八二年、一八〇～一八三頁、花田春兆編著『日本文学のなかの障害者像』明石書店、二〇〇二年、一九八～二〇一頁（この部分の執筆は楠哲雄）。また、水上勉に『金閣炎上』という作品がある。同書では、吃音の原因として、鏑木良一なる人物の「著書によると」と称して、「感染、心理的ショック、病気、肉体的ショック、欲求不満、環境」を挙げている（文庫版の四六～四八頁）。同書の刊行が一九七九年ということを考慮しても、おかしな説ばかりが並んでいる。特に「感染」として、家族または近親者や出入りの者が吃音である場合、子が感染すると述べている。こんなことが事実なら、吃音がどんどん広がって、人類は全員吃音になるはずである。また、こんな説が広がれば、吃音者を就職等で排除することにもなるし、日常生活でも吃音者を遠ざけなければならなくなる。また、「環境」

として「暗い家に生じた」などとも記述している。作家にとっては、吃音が宿命的で悲惨で醜悪なほうが都合がいいのだろうが、当時の吃音研究の水準とも、経験的事実ともかけ離れた原因論である。現在も同書は新潮文庫として流布している。筆者は、作者がすでに死去した過去の文学作品について、差別的内容があるからといって削除したり修正したりする必要はないとは考えるが、同書の奇怪な原因論を真に受ける読者が少なくないかもしれないという不安は感じる。

（3）言友会は当初は「日本吃音矯正会」という副称をもち、矯正をめざしていたが、やがて「治す努力の否定」へとすすみ、「吃音者宣言」において「どもりを持ったままの生き方を確立することを、社会にも自らにも宣言することを決意した」と述べるにいたった（伊藤伸二編『吃音者宣言』たいまつ社、一九七六年）。もっとも、相沢浩二による、「不毛の言語病理学なるものの落している影の一つにしかすぎない」との批判があった（相沢浩二『吃音学を超えて』弓立社、一九八〇年、二二五～二五八頁）。

（4）『留岡幸助日記　第三巻』矯正協会、一九七九年、五四九頁。

（5）「第二回山口県社会事業大会記事」『山口県社会時報』第二二号、一九二六年四月、一八頁。

（6）上西為助「吃音児童に就いて」『山口県教育』第三四三号、一九二九年三月、五〇～五二頁。

（7）たとえば、「僕がどもるようになったのは、身から出たさびで、子供のころ近所のどもりの子をまねして、からかっていたためだ」という吃音者による記述がある（『吃音と私』東京言友会、一九九〇年、一一頁）。この文章の初出は『日本経済新聞』（一九六八年二月一六日）であるから、かなり多くの人が読んでいる。ほかにも、出典は示せないが、自分の吃音の原因を模倣に求める吃音者の発言が多々あったように記憶する。吃音者を苦しめる言動を、吃音者本人がしてきたのである。

（8）伊沢修二「科学的吃音矯正法」伊沢編『吃音矯正の原理及実際』大日本図書、一九一二年。同書を解説した上野益雄は、伊沢ないし楽石社について「その取り組みは単なる慈善的教育家ではなく、科学者の姿勢をもっていた」「彼の吃音矯正の事業が、学校教育から離れた民間の事業とみなされたことは惜しまれる」などと賞賛しているが（上野益雄「解説」『日本児童問題文献選集30』日本図書センター、一九八五年、五頁）、吃音者の立場から乖離した援助者側からの一方的な発想である。吃音矯正事業が広がらなかったのは、それが吃音者にとって、非科学的で有害無益だったからにほかならない。吃音矯正事業が公的事業として発展しなかったのは、公的に扱うだけの信頼性がなかったためである。楽石社は、吃音矯正を発想した近代という時代を解くうえでは興味深い材料だが、福祉の先駆者という意味ではネガティブな、いわば影の部分を示す存在でしかない。

（9）『山口県社会事業便覧』山口県社会課、一九三五年、三〇頁。

(10) 可児茂公編纂『山口県寺院沿革史』山口県寺院沿革史刊行会、一九三三年、五八六頁。
(11) 木村尭「社会事業人とりどり」『山口県社会時報』第一一〇号、一九三三年一二月、二〇頁。
(12) 稗田実言「寺院と社会事業」『山口県社会時報』第一〇六号、一九三三年八月、二〇頁。
(13)『山口県社会時報』第一三〇号、一九三五年八月、一九頁。
(14)『山口県社会時報』第一八九号、一九四〇年七月、五六〜五七頁。
(15)『山口県社会時報』第一八五号、一九四〇年三月、五五〜六二頁。
(16) 渡辺克典「徴兵制と発話障害者の身体—吃音者に着目して」『社会言語学』V、二〇〇五年一〇月では、徴兵制を手がかりにして、近代において吃音者がどういう存在として意味づけられたかを分析している。

第13章　宇部市における炭鉱と保育所

1　炭鉱における保育所

戦前期に社会事業の一つとして保育所が広がっていくなかでみられた一つの形態は、工場等において労働者の子弟を対象として、工場自身が設置した保育所である。[1] この種の保育所は、実務的に設置されたもので、創設者の理念によるものではないことや、史料が残りにくいことなどから、積極的な研究対象になってこなかった面がある。しかし、だからといって社会事業としての意義が低いわけではなく、むしろ保育とは何かを鮮明にする面がある。生活と密着している側面や労務政策としての性格など、解明すべき点を多く有している。

本章では、山口県宇部市の炭鉱に設置された保育所を、対象として分析している。炭鉱は戦後の一時期までわが国の産業を支えてきたが、厳しい労働条件やそれとの関連での労働運動の活発化、炭鉱特有の労働習慣など日本の労働問題を集積していた場である。炭鉱労働者を対象とした保育所も、そういう背景を背負いながら発展した。戦後になると、労働運動の展開や、さらに炭鉱の縮小や閉山などのなか、ますます地域の生活課題が厳しくなる。労働問題と幼児との関係を意識した活動として、筑豊炭田での福岡県宮田町（現・宮若市の一部）の服部団次郎による幼稚園が例としてあげられる。[2]

戦後の炭鉱と保育の分析として、野依智子の『近代筑豊炭鉱における女性労働と家族』のなかの「抗内保育所の成立・発展と女性鉱夫」と題した部分がある。[3] 戦前期の炭鉱保育所について、保育内容その他を詳細に分析し、労務管理や労働者懐柔策としての側面から分析し、就労保障的性格をもちつつ、しかしそれは育児が母親の役割であることを示唆する面があったことを示している。同書の詳細な分析は、本章にとっても関心の重なりがあるが、ただ同書は女性や家族をめぐるイデオロギーを分析したものであり、社会事業史を意図する本章とは目的が異なっている。

宇部市は、現在は化学工業などで栄えている工業都市であるが、戦前は炭鉱によって大きく発展した。宇部市の社会事業も炭鉱と関係して展開した。保育所も同様である。筆者は宇部の社会事業について、すでにたびたび論じてきたし、また宇部の保育所のいくつかが、炭鉱に関係したことも触れ、特に西覚寺幼稚遊園を取り上げて、分析を試みたこともある。しかし、「炭鉱と保育」という観点からではなかった。

他の文献では、一九九三年発行の『宇部市史』に炭鉱保育所の創設時の記述がある。[4] 宇部が炭鉱とともに発展する動きを描いた堀雅昭『炭山の王国』でも触れており、[5] その存在については一定の認識がみられる。しかし、いずれも社会事業史を意図した文献ではないので、保育所については断片的な記述である。また、宇部市の主要な炭鉱は、やがて宇部興産へと合併していくことになるが、『宇部興産創業百年史』などの文献には、保育所の記述は、かろうじて年表に創設の事実が述べられているだけで、[6] それ以外はみられない。大企業の感覚からすれば、かつての一時期に存在した保育所など、とるに足らないことであろう。

ただ、宇部市が刊行した『炭鉱―有限から無限へ―』という写真集では「沖ノ山炭鉱保育園」という、園児が庭で遊戯をしている写真と、食事風景の写真が掲載されている。[7] 炭鉱保育所は、宇部が炭鉱都市として発展していくなかで生じた一事象として無視できないという意識が、写真集の編集者にあったようである。

いずれにせよ、史料的には、炭鉱保育所を引き継いだ西覚寺幼稚遊園については、まとまった史料を筆者が同園から提供を受けたことがあるが、他の炭鉱保育所については、社会事業関係の発行物の一部に記述がみられるなどの断片的な史料をたどっていくしかない。それを宇部市全体の動向を意識しつつ、その全体像を把握し、社会事業における意味を検討していく。

2　宇部市での社会事業の背景

炭鉱保育所についてみる前に、宇部市の社会問題あるいは、社会事業をめぐる状況をみておきたい。なぜなら、炭鉱保育所は炭鉱単独の事情のみで創設されたのではなく、宇部市全体の状況を背景にしたと考えられるからである。宇部市は山口県のなかでも早くから各種の社会事業が始まっていく。戦前を通じて、社会事業が活発な地域であったといってよい。その背景や原因については、筆者がかつて述べたことがあるが[8]、改めて確認しておきたい。

宇部はもともとは、平凡な一地方であったが、近代になって炭鉱によって大きく発展していく。人口が急増し、一九一六年には二万三五七二人であった人口が一九二六年には五万人を超えるというように、一〇年で約二倍になっており、一九二一年には、村から一挙に市へと昇格したほどである。このことは社会問題の発生を不可避にすることであった。宇部がかかえる問題を露呈したのが一九一八年の米騒動である。米騒動に労働者多数が参加し、全国的に見ても大きな規模で発生し、軍隊が派遣される事態にまでなった。米騒動は、単に他地域の動きが飛び火したとか、物価高への不満が高まったといったことではなく、蓄積された労働問題の発露である。とりあえず、軍事力で抑えたとはいえ、本質的な問題は何ら解決されていなかった。

また、都市化の進行や交通網の発達は、文化や情報の流入を促すことになる。地元紙の『宇部時報』の発刊をはじめ、メディアの発展もみられた。これは、労働運動や社会主義等の情報の浸透にもつながる可能性をもっていた。

こうした状況は、支配層も理解しており、『宇部時報』には労働問題に関連する記事がみられる。たとえば、一九二〇年七月には「労働私見」という論説が連載されている。こうした記事は支配層の意向を反映しているとともに、記事を読む者に影響を与えていたのは確実である。

支配層による対応の一つは、市民への教化を広げることである。報徳会と呼ばれる組織を地域や職場に設けた。この手法は朝鮮人にも用いられ、朝鮮人を対象とした組織をつくり、やがて社会事業を目的とした宇部市同和会結成といたる。

しかし、教化だけでは不十分であることは歴然としており、社会問題の緩和策としての社会事業への支配層の関心が高まり、社会事業に着手していくことになる。方面委員制度を山口県全域で実施するより早く、宇部市独自で実施した。山口県全域の制度が発足して後も、宇部市独自の制度を維持し、それは方面委員令施行まで続いた。一九二四年には市に社会課を設置した。宇部市独自の窮民救済策として、宇部市救済会が発足した。

また、民間でもすでに教念寺住職の兼安英哲によって、宇部慈恵会が設置され、釈放者保護などを行った。兼安は融和運動にも参加する。隣接する小野田町では姫井伊介が長陽育児園を設置し、さらに隣保事業の労道社を設置していく。社会事業の必要性への認識は高まっていた。これら民間の事業も、個人の慈恵心の発露にとどまるものではなく、社会情勢への憂慮からきている。一九二二年一一月一二日の『宇部時報』では「社会事業四要項と本市の対応策」という記事を巻頭に掲載し、さまざまな事業を例示して、その遂行の必要性を訴えている。そこでは「託児所」や「児童保護」についても強調されている。一九二二年一二月には「社会事業としての公益質屋を勧告す」という論説が連載されている。公益質屋法の制定や山口県で公益質屋が設置されていくよりはるかに早い主張であるが、依存的な発想につながらない形で労働者対策をしようとする施設であり、保育所設置とも通底する発想である。宇部共栄会では、社会事業大会を計画し、そこでは児童博覧会を開催して、児童保護への関心を喚起しようとしていた。大会の実施にはいたらなかったが、児童への対策の必要性の認識は高まっていたのである。

このように、宇部にとっては社会事業は篤志家による特別な活動ではなく、必要不可欠な取り組みとして急務とみなされていた。「三たび叫んで社会課の急設を望む」という論説が『宇部時報』一九二三年一二月二八日の巻頭に掲載されているように、行政の取り組みへの圧力が強まっていた。それは同時に、行政と同等か、宇部では実質的にはそれ以上の力をもつ炭鉱が無関係でいられなかったのである。

宇部の炭鉱は、大小さまざまなものがあるが、そのうち大規模に発展していたのが沖ノ山炭鉱と東見初炭鉱である。沖ノ山炭鉱は渡辺祐策によって創設され、渡辺は他にも多数の会社を経営し、これらは現在の宇部興産へと発展していく。東見初炭鉱は藤本閑作によって経営され、やはり宇部興産へとつながっている。大規模であるぶん、労働者も多く、適切な労務対策が求められていた。またこの両社は、単なる一企業という枠を越えて、宇部の支配層の中心的存在であり、ことに渡辺は衆議院議員でもあり、その影響は大きく、同時に地域の安定への責任を負っていた。

また、実際の問題として、女性が労働者として働いている実態があり、夫婦で炭鉱で働くのはごく通常の形態であった。しかし、幼児をかかえている場合、適切な対応ができなくなる恐れがあり、子どもが危険にさらされる可能性があった。実際、保育所開設後のことではあるが、『宇部時報』一九二五年七月四日に「沖の山旧鉱付近で幼児が溺死した」という記事があり、祖母がいたものの両親が炭鉱労働で不在時に五歳の子が死亡した事件を報じている。こうした報道にあらわれるのは氷山の一角であり、潜在的には、子どもへのさまざまなリスクが存在していた。

3　炭鉱保育所の創設

こうした状況のなかで、炭鉱経営者こそ、社会事業への関心を高くもったはずである。社会事業の不備から社会問題が激化すれば、その根源である炭鉱経営自体が危機に陥りかねない。さしあたり、みずからの炭鉱で社会事業を行うことを考えたのは自然である。

一九二二年四月に沖ノ山炭鉱保育園が創設された(9)。創設の経緯や創設後の動向が、沖ノ山炭鉱はじめ、宇部のさまざまな企業や団体に関与し、政治家でもあった渡辺祐策の業績を整理した『素行渡辺祐策翁』にまとめられている。それによれば、以前から、多数の労働者を雇用していることから、保育所の創設が唱えられていた(10)。一九二一年になって具体化し、調査したところ希望者が四三名おり、ちょうど公会堂が設置されたが平日は使われていないので、公会堂を使うことができ、また近所に医師がおり、食堂もあることから、懸案解決のため保育所の設置が決まったという(11)。

「炭鉱ノ従事者ニシテ幼児保育ノ関係上労務ニ服スルコト困難ナルモノゝ為、保護者ニ代リテ昼間養護ノ労ニ任シ、且在所子女ノ訓育ヲ通シテ労務者ノ品性ト家庭ノ向上トヲ図ル」ことを目的としていた。「労務者ニシテ子女ノ入所ヲ志望スルモノハ成ルヘク之ヲ収容保育スルノ方針」であり、選抜などは想定されていない[12]。また、育児相談部を設置して、嘱託医をあたらせることが検討されており、単に子どもを勤務中預かるのでなく、支援の機能をもたせようとしていた。

設置にあたっての課題は保母の確保であり、日高トメが主任保母となった。日高をまねくにあたり、兼安英哲らが説得にあたったというが、事実であれば兼安は自身も保育所を設置するので、その前に保育所設置に関与していたことになる。

保母の確保の困難さについては、『宇部時報』一九二二年三月一九日に「沖ノ山、西沖等で託児所の設置計画　保母の人選が困難」との記事が掲載されている。そこでは沖ノ山炭鉱関係者の話として、「何分困るのは保母に其人を得難き事」であり「主任たる婦人は相当教育もあり又信仰を有する者を雇ひたい」として、東京や大阪にまで照会しており、適任者がいれば報酬は惜しまないという。

保母の確保が困難といっても、就労を希望する女性自体が少ないとは考えにくく、それだけ保母の条件が厳しかったということであろう。子どもの世話ができれば誰でもいいという発想ではなかった。このことは、この保育所が、単なる労働者への救貧的な保護機関としてとらえていたわけではなく、幼児教育機関とする意欲があったことを示している。

四月一日に炭鉱公会堂にて、開所式が行われた。炭鉱関係者のほか、宇部警察署、宇部共栄会の理事らが参加した。衆議院議員でもある渡辺は議会開会中なので出席できず、代わりに俵田明が訓示を行った。宇部共栄会の理事が参加しているということは、会長の兼安が保母の人選に協力していることとも合わせ、この保育所が一企業の一部門ではなく、宇部市の社会事業の一つであることを承認したことでもある。慈恵的な事業ではなく、労働者の必要に対応した必然的な事業という位置づけでもあった。開園式を報じる『宇部時報』一九二二年四月二日の記事では、病院や食堂が近くにあることなどを指摘し、「理想的な位地を占めて居る」と述べたうえ、山口県では下関市に続く施設で「地方としては珍しき事業」として、保育所設置の意義を肯定的に述べている。

その意欲的な姿勢は、保育の綱目を定めていることにも示されている。沖ノ山炭鉱保育園では、下記のような綱目を定めていた。(13)

一、遊戯、唱歌、談話及び手芸を其の教授綱目とし、自由遊戯を主とする。
二、随時郊外保育を行ひ、幼児をして自然の風物に接触せしむる。
三、受託児に対して、毎月一回身体検査を行ふ外、小児疾病の流行に際しては、適当な処置をする。
四、保育研究会を設け、幼児の保育訓練に関する研究及び協議をする。
五、毎月保母は託児の家庭訪問をなし、保護者の意見を聞き、家庭との連絡を図る。

こうしてみると、子どもを就労中に預かるだけでなく、さまざまな試みが想定されているうえ、家庭訪問まで企図されている。どこまで実際に行われたのかは不明であるが、単なる託児所ではなく、当時の幼児教育の水準を反映させる意図が明確といえよう。特に、研究会の設置は実施されたとすれば、画期的な試みである。宇部を代表する炭鉱会社直営の保育所として注視されており、ある程度の水準を確保していたことは確かであろう。

設立まもない時期の状況として、保母五名、嘱託位一名、事務員一名をおき、三四〜三五名を保育していた。対象は二歳から六歳、保育時間は午前六時から午後六時、保育料は一日五銭を毎日支払う。(14)それ以外の費用は炭鉱側が負担することになっていた。公会堂を活用して開始したが、託児場が新設され、設備は拡充していく。

やはり一九二二年四月に、東見初炭鉱託児所が開設されている。目的などは沖ノ山炭鉱保育園と同様である。『宇部時報』一九二二年四月二日には、沖ノ山炭鉱保育園開設の記事に続けて、「東見初でも保育事業準備」という記事があり、準備ができ次第開始とされているので、沖ノ山よりやや遅れて開所したようである。対象は一歳以上六歳未満、一日一〇銭を徴収した。一九二二年の一日の平均託児数は七・四名とされているので、沖ノ山炭鉱保育園と比べると小規模であ

る。(15)

さらに、一九二三年一月に第二沖ノ山炭鉱託児所が開設されている。(16)第二沖ノ山炭鉱の講堂を利用したものであるが、対象は四歳から六歳までとされているので、他の二か所と比べると、せまくなっている。保育時間は午前六時から午後五時までで、一日五銭を徴収した。毎日平均して三〇名の利用があり、保母二名をおいた。ただ、第二沖ノ山炭鉱託児所について触れた史料は乏しく、短期間で閉鎖されたものと思われる。

炭鉱保育所の特徴を示すのは、開園日や保育時間である。沖ノ山炭鉱保育園の場合、炭鉱公休日を休日とするほかは毎日を開園とする。保育時間は四月一日から九月末日まで、午前五時から点灯時間まで、一〇月一〇日から三月末日までは、午前六時から点灯時間としており、一般の保育所と比べて長時間となっている。炭鉱労働者に特化した保育所ならではの対応である。また、炭鉱が経費のかなりの部分を負担する一方、一日五〜一〇銭を徴収していた。利用者の父母は炭鉱労働者であるため、ある程度の費用負担は可能であったと思われる。(17)

創設期を示す史料として、市長であった国吉亮之輔による、宇部市立図書館付設郷土資料館所蔵の「国吉家文書」内の「社会事業調査会他一件」のなかの「社会施設」と題した手書きの文書がある。文末に「創立ハ何レモ本年四月ナリ」とあるので、一九二二年に書かれた文書である。「沖ノ山炭鉱ト東見初炭鉱ハ各一ケ所宛ノ託児所ヲ設ケシメ炭鉱労働者ニシテ幼児ヲ有スル者ニ子女ヲ受託シ昼間保育ヲナシ以テ工場能率ノ増進ト子女ノ訓育ヲ通シテ労務者ノ向上ヲ従進セシメントス」とあり、目的が工場の能率推進であるとしている。保育所は労働者対策である以上に、炭鉱の生産性向上であったのである。また、両炭鉱について、同時に記載していることから、偶然同時期に開設されたのではなく、同一の動きのなかでの実施であったことが示されている。生産性への意識は、一九二八年頃の発行と思われる『沖ノ山炭鉱株式会社鉱業報告書』でも「幼児保育の関係上稼働に能はさる者の為めに幼児の委託保育をなすの目的」とされており。こうした認識は炭鉱において以後も維持されたといえよう。

これら炭鉱託児所について、社会事業の少ない一九二〇年代前半においては、主要な社会事業と認識されていた。『山口県社会時報』にて、新規に実施されることが期待される事業を列挙するなかで「託児所」がある。そこでは、「宇部市渡辺祐策氏及藤本閑作氏の経営に関するもの三箇所」として、すでに存在する事業として紹介されている。[18] また、渡辺が山口県社会事業協会の理事に、評議員に藤本閑作が就いている。[19] 企業経営者としての就任というより、社会事業経営者としての就任と考えるべきであろう。姫井伊介が「外から見た宇部市の社会事業」という論考を『宇部時報』(一九二六年二月八日)に掲載し、そこで宇部市に現存する社会事業を列挙しているが、そこでも「炭鉱の託児事業」に触れている。

ただ、以後の社会事業の展開のなかでの位置はほとんど見えなくなる。他の社会事業が増加していくなかで、相対的に独自性が薄れていく。山口県社会事業協会発行の『山口県社会時報』で紹介されているのも、社会課の木村尭が、県内の社会事業を個別の広く紹介した報告のなかで「第一は沖の山保育園である。これは沖の山炭坑の福利施設で、炭坑自ら其の従業員の為に経営するものである。大正十一年の創立で、保母も四人あり、炭坑の講堂を使用しつゝあるもの」と述べている程度である。[20] 他の事業は助成や寄付を求める必要があったのに対し、炭鉱託児所にはその必要性が薄く、対外的な活動が求められなかったということがある。

以上の点から、炭鉱託児所の特徴として、第一に直接的には炭鉱労働者の利便が目的であって、それ以外の崇高な理念を掲げるようなことはない。第二に社会問題対策への意識があった。費用の多くも会社が負担した。第三に、そうした点は水準を下げるものではなく、むしろそれゆえに慈恵的発想はないので、保育水準自体は高かったということである。

炭鉱関係者の社会への危機意識を示したものとして、『宇部時報』一九二二年一〇月二二日に掲載された「宇部市社会事業に就て」という論考がある。筆者は東見初炭鉱の「土井生」であるが、かなり長文の論説であり、社会問題が発生しているうえ、複雑になっていることを指摘し、社会問題の発生が産業の発達を阻害することを憂慮している。結論として、社会事業が必要であると述べており、例としていくつかの事業を提示して「緊急問題」としているが、そこでは「託児所」も含まれている。個人の私的な論考という形をとってはいるが、炭鉱経営にとって社会問題対策が不可避であり、その一環として保育所も位置づいていることを市民に広く示したものといえよう。炭鉱保育所はそうした対策を具体的に実施したものなのである。

4　炭鉱保育所の展開

このように、相次いで設立された炭鉱託児所は、以後どのような歩みをしていくのであろうか。保育内容を示す具体的な史料に乏しいが、『宇部時報』一九二五年六月四日には児童愛護デーの記事のなかで、沖ノ山炭鉱保育園の様子が描かれている。そこでは、園長の日高の発言として「大きい子には遊戯自由画手工等を教へます何しろ炭鉱地のことで毎月四五十名位の異動があり年齢も満一才から預ってゐますので他の幼稚園等とは大分趣が異なります」とあり、一定の教育活動を行っていることを自負しているものの、入所児が常に入れ替わって、継続的な指導が困難な実態が示されている。ただし、「親子の情に至っては寧ろ富裕な方々以上で朝連れてくる時涙ぐましい情景を見せつけられることが度々あります」と述べて、親子関係は概して良好であることが強調されている。

しかし、具体的な実践内容を明示する史料は少ないので、主に保育人員などの数量的な把握によって、状況を理解していきたい。

沖ノ山炭鉱保育園であるが、一九二五年の保育延人員は三万四五五四名である。[21] 一九三〇年は「能く労働者の需要に適したる施設なりし為め漸次発達し今日に及べり」とされ、実人員五六八名、延人員五万四一〇九名、現在人員一四九名となっている。[22] この時点での特徴は、一九二五年と比べ増加傾向にあることと、実人員と現在人員が四倍もの開きがあることである。年度を通してほぼ同一の子どもが通っていれば、この両者はさほど差がつかないはずである。事実、他の保育園は二倍程度の違いがあるにすぎない。また、現在人員も突出して多く、他は一〇〇名未満である園のみであり、西覚寺幼稚遊園が一〇〇名である。突出した大規模園となっていたことがわかる。人員に比例して、延人員も非常に多くなっている。

沖ノ山炭鉱の昭和三年度の『事業報告所』によると、一九二八年には、保育延人員二万七七五八名、保育延日数二九一日、年度末在籍園児数一六二名、保母八名となっている。この頃がピークであると思われる。

昭和一〇年度の年度末現在の人員は八三名、保母四名となっているので、半減に近い縮小をしたことになる。[23] これは、宇部市の他の保育所と比べると、西覚寺幼稚遊園の一一七名、保母五名より少なく、岬幼護園の八三名と同じである。規模の点だけいえば、特に突出した施設ではなくなっている。延人員も昭和四年度二万七一五二名と比べて減少傾向にある。[24] これは、必要な児童の受け入れが一巡して安定期に入ったことと、宇部市内に保育所が設置され、そちらを利用するケースもでてきたことによると思われる。一九二九年度上半期から一九三四年度下半期にかけての半期ごとに区切った数字があるが、延数、在籍児ともに一九二九年頃に比べて以後は横ばいないし減少傾向にある。[25] ただ、戦時下にあたる一九三九年一一月の調査では在籍園児数が一二〇名とされていて、一時より増加したことになる。[26] 戦時下において女性の炭鉱労働が求められたり、夫が召集されるなどして、必要が増したのかもしれない。

大きな変化を見せるのは、東見初炭鉱託児所である。一九二三年に西覚寺住職小山定雄により、西覚寺幼稚遊園が設置された。この保育所は、経営自体は炭鉱とは関係なく、純然たる個人経営である。しかし、場所は東見初炭鉱に近く、労働者の子どもを対象としてスタートする。『宇部時報』一九二五年二月一四日の記事で小山が「下級労働者の手助けにでもなればと思つて開園するに至つた次第」と述べ、『宇部時報』一九二六年三月八日に、西覚寺幼稚遊園を伝える記事が載っているが、そこでは、「東見初や沖見初の労働者にとつてはなくてはならぬ機関」と書いてあり、炭鉱労働者を意図した保育所であることは周知の事実であった。そのため、保育時間も炭鉱労働者の実態を意図して設定されていた。経費の一部を東見初炭鉱も負担していた。一九二五年の時点では、西覚寺幼稚遊園と東見初炭鉱託児所がともに存在しているが、年間の保育延人員四万三三〇二人で、これは沖ノ山炭鉱保育園を上回っており、西覚幼稚遊園のために児童が減ったわけではない。[27]

東見初炭鉱については、一九二七年一月、西覚寺幼稚遊園が引き受けることとなって、炭鉱託児所は廃止されることになる。そのぶん、西覚寺幼稚遊園の園児が増えるので、一九三一年一二月に園舎を拡張する。[28]ただし、西覚寺幼稚遊園は寺院による保育所であるうえ、筆者はすでに詳細に触れたことがあるので、[29]これ以上は触れない。いずれにせよ、炭鉱保育所は沖ノ山だけが最後まで残って保育を継続していくことになる。

5　炭鉱保育所の意義と限界

宇部の炭鉱保育所は、宇部の労働問題の深刻化のなかで生まれた。米騒動や労働運動の勃興などの動きと関連しながら、あくまで炭鉱の企業活動の一環として始まったものであり、営利事業の一部である。しかし、宇部市にとって最初の保育所であるし、山口県にとっても早い時期の保育所であり、保育事業というものの存在と意義を示すことになった。著名企業による設置であるだけに、社会的影響はより大きかったともいえる。宇部をはじめ、山口県の各地で、保育所が次々と設置されていく先鞭をつけることになった。

以後は、実務的に運営され続けたので、ことさらに広く紹介されることは多くはなかったが、労働者の生活を支える役割を果たし続けた。また、一定の水準をもった保育所として、他の保育所の水準を規定した可能性もある。ただ、他の保育所は、隣保事業の中心として地域と密着し、社会事業をより広げていく可能性をもっていたし、実際に何らかの実践に広がっていったケースがあるが、企業内の保育所である以上そういう可能性はなく、むしろそうして社会事業が次々広がりかねない社会状況を未然におさえる機能をもっていた。とはいえ、保育所をはじめとした社会事業というものが当然に存在すべき社会資源であるという認識を市民に植えつけ、社会事業を定着させる効果ももっていた。

【注】

（1）浦辺史・宍戸健夫・村山祐一『保育の歴史』青木書店、一九八一年、五四頁では、戦前の保育所の類型の一つとして「職場託児所」を示し、事例として「福岡県や山口県を中心に炭坑に職場託児所がつくられていった」と記している。この記述からしても、宇部の炭鉱保育所は、戦前保育所の主要な事例として究明が求められる。

（2）服部の炭鉱での活動については、中原信治「この谷に塔を建てよ（復権の塔）～ハンセン病患者と炭鉱労働者との連帯に生きた男　服部団次郎」『復権の塔を考える（改訂版）』部落解放鞍手郡共闘会議、二〇〇四年。

（3）野依智子『近代筑豊炭鉱における女性労働と家族』明石書店、二〇一〇年、第二章が「坑内保育所の成立・発展と女性鉱夫」。また、関連する研究として安東邦昭「近代筑豊炭田における慈善事業の展開～炭鉱労働と児童救済を巡って～」『北九州保育福祉専門学校研究紀要』第八号、二〇一四年三月がある。

（4）宇部市史編集委員会『宇部市史　通史篇　下巻』宇部市役所、一九九三年、六〇五～六〇八頁。

（5）堀雅昭『炭山の王国　渡辺祐策とその時代』宇部日報社、二〇〇七年、一七一～一七三頁。

（6）百年史編纂委員会『宇部興産創業百年史』宇部興産株式会社、一九九八年、八一四頁の年表に、「沖ノ山保育園開園」と記されている。

（7）炭鉱写真集編集委員会『炭鉱―有限から無限へ―』宇部市、一九九八年、五二頁、一八九頁。

（8）杉山博昭『山口県社会福祉史研究』葦書房、一九九七年。

（9）『財団法人山口県保育協会三十周年記念誌』山口県保育協会、一九九一年の年表では「宇部沖の山炭坑に企業内託児所発足（東見初）」が一九一八年の欄にあって、これが山口県で最初の保育所と読み取れる記述となっている。しかし、『宇部時報』の記事からも、両託児所の設置が一九二二年であることは明らかであろう。

（10）弓削達勝『素行渡辺祐策翁』渡辺翁記念事業委員会、一九三六年。

（11）名称が史料によって「沖ノ山炭鉱託児所」「沖ノ山炭鉱保育園」「沖ノ山保育園」「沖之山保育園」などさまざまである。積極的意図のもとに変更したというより、炭鉱に付設されたという性格上、民間施設のような名称へのこだわりがなかったためと思われるので、本章では「沖ノ山炭鉱保育園」で統一する。

（12）『山口県社会事業紀要』山口県社会課、一九二四年、九一頁。

（13）『素行渡辺祐策翁』六二一頁。

（14）『山口県社会事業紀要』山口県社会課、一九二四年、九一頁。

(15)『山口県社会事業紀要』山口県社会課、一九二四年、九〇頁。
(16)『山口県社会事業紀要』山口県社会課、一九二四年、九三頁。
(17)『素行渡辺祐策翁』六二三頁。
(18)『山口県社会時報』第二報、一九二四年一月。
(19)『山口県社会時報』第二五号、一九二六年七月。
(20)木村尭「社会事業と社会事業人（七）」『山口県社会時報』第一一五号、一九三四年五月、一六頁。
(21)『宇部市社会事業一覧表』宇部市社会課、一九二六年。
(22)『山口県社会事業紀要』山口県社会課、一九三〇年、四三頁。
(23)『宇部市社会事業要覧』宇部市社会課、一九三六年、二一頁。
(24)『宇部市社会事業一覧表（昭和五年六月末調）』。
(25)『素行渡辺祐策翁』六二二頁。
(26)『宇部年鑑　昭和十五年版』渡辺翁記念文化協会、一九四〇年、二七頁。
(27)「宇部市社会事業一覧表（大正十五年一月末調）」。
(28)『山口県社会時報』第八七号、一九三一年一二月、四二頁～四三頁。
(29)杉山博昭『近代社会事業の形成における地域的特質―山口県社会福祉の史的考察―』二〇〇六年、時潮社。

第Ⅳ部　戦時下社会事業の動向

第14章　宇部市開催の第一二回全国方面委員大会の意義

1　宇部市での全国方面委員大会の開催

方面委員制度が確立していくなかで組織化も進み、一九二七年に第一回全国方面委員大会が開催されて以降、全国大会が開催されていく。当初は不規則に開催されたが、第四回からは年に一回のペースで開催されるようになり、一九四三年の第一三回まで開催された。第一三回で「方面委員」としての大会は途切れ、一九四六年以降は「民生委員」の名での大会となる。全国方面委員大会は、単なるセレモニーではなく、研究協議が行われるなど、方面委員の資質の向上や意識の高揚に大きな役割を果たしたと考えられる。したがって、方面委員制度のあり方を考える場合、各回の大会を分析していくことが求められる。

本章では、一九四一年五月に宇部市で開催された第一二回全国方面委員大会（以下、「第一二回大会」と略す）について考察する。第一二回を取り上げるのは、第一に、戦時下での大会であり、戦時下の方面委員の状況を把握するうえで重要な意味をもつこと、第二に、県庁所在地ではない地方の小都市で開催された大会であり、東京や大都市での開催と異なり大規模な集会を運営するノウハウに乏しいはずである。そこでどのようにして大会を実施したのかということ自体が興味深いし、また開催地における方面委員についての認識への影響も大きかったと考えられるからである。

第一二回大会に触れた文献として、一連の民生委員制度の年史がある。『民生委員制度四十年史』では、「戦時中の全国方面委員大会」という見出しをつけて、戦時下に開催された各大会について触れている(1)。他の大会は三ページ程度を用いているのに、第一二回大会については、七行にすぎない。ただ、他の箇所で、この大会で議論された、隣保組織と方面委員との関係について触れて、第一二回大会を紹介している、それが二ページ余あるので、大会そのものについての箇所で、記述を絞ったのかもしれない。(2)『民生委員制度五十年史』では、第一回以来の全国方面委員大会について、その概要をそれぞれの大会ごとに記述しており、第一二回大会についても書かれている。しかし、四行のみであり、他の大会がおおむね五〜七行程度の記述なのに対して短い。(3)『民生委員制度七十年史』は、戦時下の民生委員活動について詳述している。「隣保組織と方面委員の関係」という節で、第一二回大会での部会の動きに触れているが、『四十年史』などの記述にそったもので、しかも、個々の大会の状況はあまりわからない。(4)

次に、山口県の社会事業史研究であるが、筆者自身による『山口県社会福祉史研究』『近代社会事業の形成における地域的特質』では、宇部市で第一二回大会が開催された事実には触れるものの、大会の詳細な内容までは書かれていない。

『山口県民生委員五十年のあゆみ』が、あらゆる文献のなかで、第一二回大会開催に詳しく触れている。特に元県職員の記述を用いた「大会余聞」には、大会運営の裏話などもあって、大会を支えるための関係者の苦労が把握できる。ただ、大会の流れが時系列で叙述されて、そこに「宣言」などの資料が加わっているというもので、大会の歴史的意義や特質の把握には限界がある。(5)

山口県内の地方史としては、『宇部市史　通史編　下巻』が地域的、時期的に扱ってよいはずである。しかし同書では、宇部市での方面委員制度の創設についてはある程度記述しているが、第一二回大会の開催には触れていない。(6)

このように、これまでの方面委員関係の文献では、戦時下に宇部市で第一二回大会が開催されたことはわかるものの、それ以上のことは不明確であり、隣保組織との関係についての協議があったことのみが、民生委員の年史で突出して語られたにすぎない。

戦時下のできごとを取り扱う場合、戦争との関係性や戦争責任の問題を検討せざるを得なくなる。筆者自身も、社会事業と戦争責任については、強い関心を有している。しかし本章は戦争責任を問うことに主眼を置いていない。戦争責任を問うにしても、前提として、何を語り、何をしたのかを、まずは正確にたどることが前提である。戦時下のイベントでは、「聖戦完遂」といった語が付せられたり、軍人の講演などがなされたりして戦時色が濃厚になってしまうのだが、それは戦時下である以上避けられないことである。そこだけ見て、戦争に加担したことがすべての本質であるかのように批判するのは皮相的であろう。批判するにしても、何をなぜ語ったのかを丁寧に把握して、そこから出発して批判すべきである。本章は、まず大会では何が語られたのかを把握することが目的であるので、批判的分析は、明らかに戦争への加担と判断せざるをえない明確な点に限定される。

2　大会の概要

第一二回大会は、一九四一年五月一八日（日）から二〇日（火）の三日間、山口県宇部市で開催された。[7]なぜ、宇部市で開催されたのか。一九二七年に第一回が開催された全国方面委員大会は、第三回までは東京で開催されていた。それが、第四回が大阪で開催されて以降は地方の持ち回りになって、地方都市で開催されるようになった。とはいえ、大阪市、名古屋市、熊本市、岡山市、新潟市、仙台市と、いずれもその地域での中核的な主要都市である。第一一回は奈良県橿原と奈良市であるが、これは「紀元二千六百年奉祝」という特別な意味をもったため、橿原新宮外苑の建国会館が主会場となったのであり、特殊なケースである。橿原以外の開催地と比べ、宇部市はいかにも地方の小規模な都市であるという印象はぬぐえない。

なぜ山口県、そして宇部市なのか。宇部市は、市制・町村制施行後は村だったように、もともとは都市的な要素の乏しい地域であった。中心地が山陽本線から外れているなど、交通の要衝とはいいがたい。しかし、炭鉱が発展したことから人口が急増して、村から一気に市制を施行した。炭鉱を背景に工業も発展する。都市化を背景とした社会問題が激化し、対策として社会事業活動が活発化する。とはいえ、全国の著名な都市と比べれば、地方の小都市にすぎないといえる。

一八日の協議総会で、大会の事務総長で全日本方面委員連盟常務理事の原泰一が、山口県が「維新精神発祥の地」であるとか、宇部市が「高度国防国家建設の要望に適応した」「生産力拡充其のものを如実に示して居られる」と述べているが、(8)多分に開催地への儀礼的な発言であるし、開催地に選んだ理由というより、後付の理屈である。

山口県開催を前提とした場合、山口市ではなく宇部市というのは、いくつかの理由が考えられる。一つには主会場となった渡辺翁記念会館という、大会に適した建物の存在がある。渡辺翁記念会館は、宇部市の炭鉱経営者として、また衆議院議員などを歴任した有力者として宇部市で絶大な力を有した、渡辺祐策を記念した建築物で、村野藤吾が設計した。現在でも、講演会や音楽会などのイベントに盛んに用いられているように、堅固でデザイン的にもすぐれている。当時としては時代の先端をいく建物であり、全国大会の会場として、参加者に披露するにふさわしかった。現在は、固定席、立見席を合計して一五〇〇人程度の容量があるが、当時は今よりも座席などが狭く、二五〇〇人程度の収容が可能であったようである。

宿泊場所なども、鉱工業が盛んで山口市より人口の多い宇部市のほうが、確保しやすかったと考えられる。山口市は県庁があるといっても、一九二九年に吉敷村と合併して市制を施行するまで町だったほどで、都市機能はあまり発展しておらず、人口も多くはない。近隣に温泉地があるものの、大規模な大会開催には限界があった。宇部市も山口市も、山陽本線からはずれた場所で、遠方からの交通が便利とはいえないが、石炭輸送を行っていた宇部鉄道のほうがまだしも、大量輸送に対応できる。理念的にも、宇部市は山口県内で最初に方面委員制度を発足させているので、県内の関係者が同意しやすかった。

式典と総会場が渡辺翁記念会館、部会場が宇部市内の学校講堂五か所である。主催は全日本方面委員連盟、山口県、宇部市、後援が厚生省、大政翼賛会、中央社会事業協会、軍人援護会、協賛が山口県方面委員連盟、山口県社会事業協会、軍人援護会山口県支部となっている。

大会そのものは一八日からであるが、前日の一七日に大会準備打合会が渡辺翁記念会館で、全日本方面委員連盟、山口県、宇部市、府県からの準備委員ら一八〇名によって行われた。大会の進行などの確認が主な内容であるほか、次回開催地を東京とすることを決定している(9)。

一日目の一八日には、午後一時に開始され、まず物故方面委員並方面事業関係者慰霊祭行われ、さらに宣揚式がなされた。そこでは、宮城遥拝、国歌斉唱、教育勅語奉読がなされた。第一二回大会会長としての清浦奎吾による式辞があったが、実際に読んだのは、全国方面委員連盟副会長の林市蔵である。林はいうまでもなく、大阪府知事として方面委員制度を創設した人物であるが、大阪府知事の前任は山口県知事であった。

次いで金光庸夫厚生大臣の告示がなされた。後で詳述するが、厚相本人の出席である。祝辞として、総理、宮内、内務、陸軍、海軍、司法、拓務の各大臣から寄せられたが、これらはすべて代読である。祝電披露があり、祝電を送ったのは、大久保利武、満洲国民生部大臣、大政翼賛会事務総長石渡荘太郎、司法省保護局長森山武市郎、岡山県知事、山口県会議員今西孫一、東本願寺総務総長となっている。「出征軍人将兵ニ対スル感謝電報」を出すこととした。また、清浦会長には、「御健康」について、大久保副会長には「御快癒」についての見舞をした。この二人が欠席していることからの措置のようだが、大久保が健康を害していたように思われる。

午後三時一〇分より協議総会があって、実務的な内容に移っていく。総会の議長は林市蔵である。この日の協議総会は、原泰一による会務報告である。方面会館建設の状況などを述べている。協議総会を中断して、講演として、高橋敏雄厚生省社会局保護課長より「医療保護法ニ就テ」と題して講演があった。協議総会を再開した後の議題は宣言文の決議である。総会後に、出光万兵海軍中将より「聖上陛下ノ御日常ヲ拝シ奉リテ」という特別講演があって、午後六時に終了した。この日、大会の正規の企画と異なる特別行事として、宇部市工業倶楽部で「厚生大臣を中心とする座談会」が行われた。

二日目（五月一九日）は研究協議会で、午前九時から午後六時にかけて、市内五か所の会場で研究協議会がなされた。

三日目（五月二〇日）は、研究協議の部会報告が行われた。終了後は、外地関係者協議会がもたれた。

大会の関連行事として、方面事業展覧会が、前日の一七日から二〇日までの日程で、ちまきや百貨店で開催された。また、終了後、各班に分かれて、宇部市、萩市および秋芳洞、下関市、岩国市、山口市のいずれかの名所旧跡の訪問がなされた。

大会の参加者については三〇〇〇名、あるいは二五〇〇名という数が出ている[10]。いずれも緻密に数えたわけではなく、おおざっぱな概数であろうが、『宇部時報』の記事の文中などは二五〇〇名としており、二五〇〇名のほうが実態に近いと思われる。

公式の日程のほか、一八日と一九日には、参加者の慰安を目的とした、映画と歌謡曲の催しが行われた[11]。商工会議所では、宇部市の特産品展覧即売会を行った[12]。また、仏教徒方面委員協議会[13]、愛国婦人会と婦人方面委員の懇談会など[14]、大会に合わせた企画が実施された。このように、派生的にさまざまな集まりや企画がなされた。

3　大会運営の実務

全国規模の大会を開催するためには、準備や当日の運営などの実務面を順調に進めることが大きな課題になる。本大会は地方小都市であるために、宿舎の確保、交通機関の確保、来会者への会場案内などについて、大都市部の大会と比べても困難があった。行政職員の数も少ない。県や市の社会課だけでとうてい対応できるはずはない。宇部市は日常の担当業務と関係なく、市役所の者に事務分担を割り当てて準備を行った。総務係、式典会場係、来賓係、接待係、宿舎係、会場係（部会会場）、交通係、設備係、視察係、展覧会係というように、細かく業務分担を行っている[15]。県も市より人数は少ないが、各係に職員を派遣して大会の運営を支えた[16]。宇部市の方面委員は、もちろん運営の要であるべきであり、列車案内係、総会係、部会係に、それぞれ担当が割り当てられ、実務にあたった[17]。こうした、県、市、地元方面委員の連携によって、大会が実施できたのである。

現実問題として深刻であったのは、参加者の宿泊場所の確保である。宇部市内の旅館等の収容能力は七〇〇人ほどであり、宿泊を必要とする参加者が一六四九人いたという。旅館などは著しく不足しているので、一般民家での宿泊がむしろ中心になった[18]。一般民家の場合、一軒当たりの宿泊者が二～四名であり、それだけ、多数の民家が求められた。依頼した以上、直前に取り消すわけにもいかないので、宿泊人数の正確な把握が必要であるが、情報が集まりにくく、宿泊の割り当てを決めるのにかなりの苦労をした。割り当てが発表されたのも、直前であった。宿泊を受け入れたのは、物理的に場所や寝具等の余裕があるうえ、ある程度の料理を提供できる家庭に限られるので、社会の上層に属する家庭であったと考えられる。そうした限定があるとはいえ、市民の協力のもとでの大会になったともいえる。また、大会が社会事業界という狭い世界での行事ではなく、宇部市総体にとっての取り組みであったことを示している。

なお、『第一二回全国方面委員大会要綱』には、最初に「日程一覧」があり、次に折込のページがあって、「大会施設一覧」「都道府県事務所一覧」「旅館一覧」「民家宿舎所在地一覧」が載っている。道府県事務所が、旅館または民家に設定されている。民家は、宿泊以外の役割を持つこともあったのである。またここに、府県がどの地域の民家に宿泊するのかも記されている。宇部市内の地図もあり、市街地はもちろん、その周辺まで宿泊場所が及んでおり、大会が宇部全体を包み込むものであったことがわかる。

宿泊は、県外からの参加者だけでなく、県内でも、県東部や山陰地域からの参加者には必要である。県外からの参加者が会場周辺に宿泊場所が割り当てられているのに対し、県内の参加者は、小郡町、阿知須町、小野田市、厚狭町、厚南村と、やや離れた場所になっている[19]。

参加者の宇部市までの交通にも課題があった。宇部市街は山陽本線からはずれており、山陽本線より、大阪・広島方面からは小郡駅（現・新山口駅）で、九州方面からは宇部駅で、私鉄である宇部鉄道に乗り換える必要があった（現在はＪＲ宇部線）。通常の輸送力では、対応が困難と思われた。そこで、鉄道省より客車を借り入れて、列車に臨時の増結を行って対応した。できるだけ大量に輸送できるよう、ボギー車と呼ばれる、車輪が大きく輸送力の大きい列車を活用した[20]。

東京や京都始発の列車には、小郡駅で接続する。三～五両で、五〇〇名の乗車人員を想定した列車が設定され、小郡・

宇部新川間を対応した。危惧されたのは、山口県以東からの参加者は、目的地が「宇部」なのに宇部駅で下車するのではなく、宇部駅よりも手前の小郡駅で下車しなければならないということである。宇部駅は宇部市街から遠く離れた西のはずれにあって実質的には宇部市の中心駅ではないという、わかりにくい地理関係から生じた問題であった。多くの参加者が誤解して宇部駅で下車した場合に、せっかくの増結列車が活用されないうえ、小郡駅と比べ規模の小さい宇部駅での混乱も予測された。通常の都市では理解しにくい状況なので、事前の周知を徹底する必要があった。

また九州方面からは下関始発の列車について（一九四二年に関門鉄道トンネルが開通して、九州とは直接鉄道での往来が可能になるが、この大会時はその直前である）、宇部駅で接続して、宇部新川駅まで運んだ。また、宇部市内のバスを大会に流用し、そのぶん路線バスの本来の便が減少することにもなった。

案内に関しては、宇部市の方面委員はもちろん、女子青年団員、婦人会員らが総動員されてあたったという。[21] 一日目の総会終了後は、方面委員らが宿舎に案内した。当日は晴天であったため、こうした案内は対応しやすかったようである。多数の参加者がいたこともあり、倒れる者もいたが、救護班が用意されていて、対応した。

物資不足の時代ゆえに、来賓の乗る自動車のガソリン確保に苦労するなど、戦時下でなければ発生しなかったと思われる業務もあったようである。史料には記されていない細かな労苦が相当にあったであろうと推測される。

4　大会の内容

大会における方面委員同士の議論が実質的に行われるのは研究協議である。協議事項に対応して五つの部会が設定された。二日目の午前九時から午後四時まで行われた。場所は第一部会が神原国民学校、第二部会が宇部高等女学校、第三部会が県立宇部工業学校、第四部会が宇部国民学校、第五部会が宇部沖ノ山国民学校と、市内中心部の学校を会場とした。

第一部会が「隣保組織ト方面委員制度トノ連絡提携ニ関スル事項」、第二部会が「生業援護ニ関スル事項」、第三部会が

「医療保険ニ関スル事項」、第四部会が「集団的保護指導ニ関スル事項」、第五部会が「軍人援護ニ関スル事項」である。

いずれも、各県から意見提出を求め、しかもあらかじめ意見発表者が決まっていて、それをもとにして協議するという形である。実際にどういう協議があったのかは、詳細は不明である。ただ、三日目の協議総会で、各部会より報告がなされている。その報告内容は『第一二回全国方面委員大会報告書』に記されている。それによって、若干は把握できるものの、報告者の主観や意図が混じっている可能性が大きく、報告が協議の全体を適切に示しているのか、大いに疑問の残るところである。政府や方面委員連盟等を批判するような意見があったとしても、それをわざわざ協議総会の場で披露するとは考えにくい。また、協議内容を手際よく整理して報告している部会もある。報告者がよく準備して報告している反面、よく整理されているがゆえに、整理から漏れてしまう課題があった可能性が高まる。とはいえ、それしか手がかりがないうえ、公式にはその報告が協議の結果として記録化され、政策や方面委員の意向に影響を与えたと考えられる。したがって、それに依拠して部会の協議内容を受け止めることに、一定の意義はあるであろう。

また、『宇部時報』には、各部会の地方提出意見の一部が掲載されている。また、「五部会会場瞥見記」という記事があって[22]、これが実際の部会の様子を伝える記事である。しかし、会場の雰囲気などが書かれているだけで、実際の議論まではわからない。

①第一部会

第一部会は、町内会・部落会と方面委員が緊密な連絡提携を保持すべきなのに、実際には改善の余地が大きく、どのような措置をとるべきかが課題である。

第一部会については、前述のように民生委員制度の年史で取り上げられてきた。部会に内務省地方局の事務官が出席し、講話をしたので、その影響が少なからずあったはずである。また、大政翼賛運動での方面委員活用についての議論があって、「満場の御賛同を以て大会に報告せよ」ということになったが[23]、抽象論の段階で、大政翼賛会と方面委員との具体的なかかわりについては、詰めた議論をした形跡はなく、道府県の提出意見で触れているのも一部の県にとどまる。

②第二部会

第二部会は、要保護者への生業援護が、物資不足で継続困難になっており、それをどうするか、さらに激増する要職業転換者に方面委員がどう対処するかが課題である。

地方提出意見は、生業援護の改善、授産事業の充実、転失業者対策などおおむね類似した内容である。方向性も対策もはっきりしている分野なので、あとはそれを実施することが重要になってくる。

そういうこともあってか、中小商工業者の生活実態の問題、いくつもの法令に分かれている生業扶助に関連する規程をまとめた生業扶助法の制定が提起された。また厚生省や商工省からの出席があって、生業援護物資の配給や、転失業への政府の対策に対して、説明がなされた。

政府への要望事項と全日本方面委員連盟への要望事項が決議された。政府への要望は、転業資金の増額、生業扶助法の制定、職業輔導施設の拡充など多様な項目が並んでいる。方面委員連盟への要望は、「方面事業の趣旨を各方面へ周知徹底せしむる」「生業援護に関係ある各種の組合、団体等の連絡提携を促進するの件」の二点である。

協議総会でそれを朗読している。報告者の報告が漠然としているので内容が把握しがたいが、個々の事例への関心が高かったように思われる。

③第三部会

第三部会は、医療保護法実施にあたって、国民健康保険組合との関係や妊産婦乳幼児保護との関係が課題である。内容は四つあったとされる。医療保護法に関する事項、国民健康保険に関する事項、母性および児童保護に関する事項、その他一般の医療保健に関する事項である。医療保護法に関しては、医療費の限度額を引き上げて適正にすること、方面世帯票の整備と活用、医療保護法と国民健康保険制度との連携などである。国民健康保険については、国民健康保険組合の早急な普及、国保組合の事業における母性や乳幼児保護の普及、各種医療事業との関係、国庫や府県・市町村による補助の確保などである。母性並びに児童保護については、保健婦の養成、乳幼児保護の総合的法規と行政機関の一元化、乳幼児保護施設の普及、一般の医療保健では、無医村対策、結核予防、精神病院の増設、健康手帳制度である。「人情の機微に触れまして切実な要望を御開陳になった」とされている。[24] つまり、抽象的な政策論としてあれこれの要望が並んだのではなく、方面委員の具体的事例から、要望につながっていったのである。また、本来は、医療保護を議題としているのに、医療一般にまで議論が及んでいるように思われる。これは、医療が貧困と何らか関係していることから、方面委員としては医療全般が関心事であったからであろう。

④第四部会

第四部会は、国民生活の安定確保のために、個人や家庭に対する指導の徹底が必要であり、集団的保護指導に尽力すべきであり、その具体的方策が課題である。地方提出の順に意見を発表しているうちに時間がなくなり、後半は重複する事項は避けて重点的に発表するよう要請したということなので、議論があって深められたという議事進行ではない。

もともと焦点が曖昧な部会であり、各府県からの提出意見も広範囲にわたっている。職業指導、健康指導、児童保護、作業・炊事指導、隣保館設置、農村隣保事業拡充強化、国民健康保険組合の設置など、社会事業に関連するあらゆる事項が列挙されるだけになってしまった。これでは論点を定めて議論することも難しく、単に地域において望まれる社会事業活動は何かが、改めて示されただけの部会になってしまったといえる。

⑤第五部会

第五部会は、戦時体制を背景にした部会であり、戦争の長期化により、軍人援護事業の重要性が高まっており、援護のあり方や、国民の軍事援護への思想の高揚が課題である。

内容としては、軍事扶助並びに援護に関する事項、傷痍軍人の保護に関する事項、帰郷軍人の保護に関する事項、銃後奉公会に関する事項、軍人援護の機構に関する事項、傷痍軍人の遺族家族等の精神的援護・指導に関する事項、軍人援護に関する一般国民の教化指導に関する事項に整理されるという。一口に軍事援護といっても戦時体制であるがゆえに、その中身は多岐にわたり、それぞれが切実な状況であり、戦時体制の長期化にともなって、切実さが日々増していた地方提出意見も、「軍人援護思想ノ持続徹底ヲ図ルコト」（東京府）というような精神的なものも含まれはするが、軍事援護相談について方面委員が関与しなかったために「連絡ノ円滑ヲ欠クガ為事件解決ニ却ッテ悪影響ヲ及ボシ」（茨城県）、「若キ未亡人ノ再婚問題」（高知県）、というようにきわめて具体的な課題が示されている。なかには、「嫁姑ノ紛争ガ最モ多イ」（京都府）という切実な話まで出ている。[25] 戦争の長期化のなかで、軍事援護の個別事例も蓄積され、またそれゆえ制度の限界なども明らかになりつつあった。そうしたなかで、多様な課題がこの部会で噴出した感がある。

5　厚生大臣の出席

第一二回大会の特徴の一つは、大会史上、東京からの距離は熊本市に次いで遠く離れているにもかかわらず、厚生大臣の金光庸夫本人が出席したことである。厚相本人の出席は、方面委員大会において初めてであったとされる。[26] そのため、委員が緊張して厳粛な雰囲気であったという。厚相があえて出席した意図は、素直に考えれば、戦時体制のもとでの方面委員の役割を、政府としても重視していたことのあらわれであろう。

金光は、下関を午前一一時に出発しているので、何らかの所要が大会前に下関または九州であったようである。一八日の午前一一時四五分に宇部駅に到着した。[27] いったん、宇部工業倶楽部に行って昼食をとった。午後〇時四〇分に宇部工業倶楽部を出発し、大会に出席した。

金光厚相は大会で「告辞」を語っている。戦時体制であることを強調しつつ、方面委員の職責を列挙している。一方で、大阪府方面委員の中田隆造によって「厚生大臣に対する感謝挨拶」がなされ、この挨拶を受けた。挨拶では、救護法などの社会法制が整備され、さらに医療保護法などが制定されたことを挙げ、方面委員が職務に邁進することを誓っている。

金光厚相は感謝挨拶を受けてから、再度登壇して「挨拶」をしている。「告辞」が形式的な内容で一般的な内容にとどまっているので、むしろ「挨拶」のほうに、方面委員に伝えようとしたことが含まれているといってよいし、量的にも多い。「挨拶」では、医療保護法の意義をまず語り、次いで、国防国家体制での国民の役割に触れる。そして、その精神のもとでの戦争の遂行を強調する。最後は、山口県や宇部市への謝辞、とりわけ儀礼的に宇部市について工業都市としての発展などを賞賛している。

大会は協議総会へと続くが、金光厚相はそこには出席せず、午後二時に会場を出た。施設訪問のためであり、三時二〇分に宇部市に隣接する船木町の船木隣保館を訪問している。(28)船木隣保館は、辻田玄粲によって創設された隣保事業であり、保育所や融和運動などを行ってきた。宇部周辺での代表的社会事業施設として、訪問の対象になったのか。あるいは辻田は方面委員でもあり第一二回大会の推薦協議員にもなっているので、方面委員が運営する施設ということで、対象になったのかもしれない。協議総会は実務的な内容なので、こうした企画が優先されたのであろう。

四時三〇分に船木隣保館を発って、夕方五時に宇部工業倶楽部に戻り、五時三〇分からの懇談会に出席している。終了後、夜一〇時五〇分初の列車で出発している。宿泊することもなく、宇部に滞在したのは一八日のみであって、滞在時間はわずかであった。だがこの事実は、宇部には大会のみを目的にして来訪したことを示しているともいえる。『防長新聞』に「金光厚相と藤井県議　奇しき四十五年振りの邂逅」(29)、『宇部時報』に、「金光厚相と藤井県議　四十五年ぶりの邂逅に回想する教員時代」という美談めいた記事が掲載されている。(30)今は県会議員となっている人物に、大会のおかげで会ったと言わせているが、偶然の出来事というより、厚相の来訪をより効果的にする演出の可能性が大きい。

宇部市工業倶楽部において、「厚生大臣を中心とする懇談会」が開催されている。(31)林市蔵が同席し、最初の挨拶をしている。武井県知事も出席して林の次に発言し、山口県の方面委員制度の沿革などを語っている。司会は原泰一が行っている。全国から七人、山口県から三人出席している。林は、厳粛な大会とは別に、こうした懇談の場を設定したと述べているが、出席したメンバーからみても、懇談の内容から考えても、この懇談会は、決してリラックスした場ではなかったと思われる。

懇談といっても、自由な話し合いではなく、出席者が方面委員としての体験談を語るという形式で、富山、岡山、愛媛、滋賀、大分から詳細な発言があり、岩手、栃木から短時間の発言があった。山口からも三名（宇部市、山口市、下関市）発言があったが、簡略である。個々の発言は、真摯に、方面委員の日常活動や課題を大臣に訴えようとしており、単なる儀礼的・形式的発言ではなく、この機会を生かして、方面委員のかかえる課題を厚相に理解してもらおうという意欲を感じさせる。ただ、一方的に発言しているだけなので、懇談会自体に、特に明確な目的や実現したい目標があったようには感じられない。金光厚相が「施政上参考になる点が多うございました」と述べているのも、儀礼的な発言にすぎない。とはいえ、『第一二回全国方面委員大会報告書』に発言内容が記載されているので、そこでの一連の発言が、まるで言いっぱなしで無意味であったというわけではない。方面委員のかかえる課題を、厚相側に直接伝えることができたのは、第一二回大会の成果の一つとみなしてよい。

こうして、金光厚相が出席したことは、大会をいっそう権威づけ、参加者の意欲を喚起することにはなったし、それが厚相出席の目的でもあったであろう。大会を運営する者たちのモチベーションを高める効果をもったものと思われる。ただ、大会後には厚相が代わり、さらに一二月には米英との戦争が始まるという状況では、方面委員の活動の具体的な利益につながったとは考えにくい。

6　大会の意義

大会は無事に厚生大臣を迎えることができ、予定されていた議事や協議もなされて、おおむね成功したといってよいであろう。『宇部時報』などが「成功」を報じるのは、当然ではあるので、そのまま受け取ることには慎重であるべきである。とはいえ、宇部市に隣接する小野田町の社会事業家で県会議員でもある姫井伊介が、『宇部時報』の取材に応えて「満点に成功してゐると思ふ。特に強く感激したことは宇部市当局の誠意のあること」と述べている。[32] この発言は、姫井が自分で書いたのではなく、記者が聞き取って整理したもので、姫井が発言そのままかは不明であるが、姫井も『宇部時報』を読むはずなので、まるで実際の発言と違ったことが書かれたとは考えられない。姫井は、全国大会への参加経験が多く、他の社会事業関係の全国大会についての経験も豊富である。しかも、運営の不備や議論の低調さがみられた場合は、それを批判する論評をしてきた。その姫井が手放しで褒めているのは、実際にそうであったと判断してよいのではないか。

戦時下なので、市民の言動が統制されていたという見方もできるかもしれない。しかし、上から圧力をかけるだけで、うまく運営できるものではない。県内の方面委員関係者、さらには宇部市の全体に、大会成功への主体的な意欲もあったとみてよい。

大会のネガティブな役割としては、いうまでもなく、方面委員が戦争遂行の一翼を担うべきことが強調されていることである。前年の大会は、「紀元二千六百年記念奉祝大会」と銘打たれ、場所も橿原神宮が用いられた。第一三回大会は、「聖業完遂全国方面委員報国大会」と称して行われた。両大会の間になる第一二回大会は特別な名はついていないので、その限りでは目立ちにくいが、軍事色が色濃い大会であったことには違いない。「出征皇軍将兵ニ対スル感謝電報」を送っていることもそうだし、軍人による講演など、意図的に軍事的な脚色を行っていることが明らかであり、戦意高揚の一環としての役割を担わされていたことは、否定しようがない。方面委員が戦時体制を担うべき存在であることが改めて確認され、参加した個々の方面委員の意識をそうした方向に高めたことも、間違いないところである。大会のこうした性格は直視しなければならない。

ただ、実際の大会は、必ずしも軍事一色になっているわけではなくて、実務的な内容を多く含んでいた。軍事色にのみとらわれて、軍事的大会であったと評価するのは、実務的内容を見逃した、一面的な評価となろう。戦時下においても継続した、生活支援にかかわる方面委員の役割を無視することにもなる。

第一二回大会への評価として、『民生委員制度四十年史』では、方面委員制度と、部落会・町内会といった隣保組織との関係について議論して、一定の方向性を明らかにしたことであるという(33)。同書では、部会を設けて審議したことを紹介し、両組織は指導精神は共通しているが、別個の制度として存在し、相互に緊密に関係を持つことが必要であるとし、町内会等に何らかの形で方面委員が加わることとし、方面委員は積極的に参加する。軽易な事項は町内会部落会で行い、救護法、母子保護法、医療保護法などがかかわる場合は方面委員が扱うこととした。

『民生委員制度五十年史』も、『四十年史』を受けて、「最も重大な成果は、前年来、重大化してきた隣保組織すなわち部落会、町内会と方面委員との関係について具体的な方針を決定したことであった」と位置づけている[34]。

本大会で特徴的なのは、医療保護法への強い関心である。それまで救護法の医療、助産扶助、母子保護法の医療扶助、済生会による救療事業など、医療保護制度が雑多に分かれていた。全国社会事業大会常設委員会の建議など各方面からの運動もあり、政府の管轄下のもとで統一的に行うことを目的として、一九四一年三月に制定されたのが医療保護法である。国民の健康の確保という軍事的要請があったことも否めないが、日中戦争前から要請されていた立法でもあり、待望されていた法であった。

制定が戦時下になったため意義が目立たないが、貧困であれば広く対象になることから一般的救護の性格を持ち、また保護内容も拡充されていた。わが国の公的救済のあり方が大きく前進したといってよい。法の実施は一〇月一日からなので、大会の時点では、法は制定されて実施が確定しているが、実施自体は準備段階である。方面委員としても情報を収集したい意欲を強くもっていた。

「厚生大臣に対する感謝挨拶」の感謝の一つは「医療保護法が閣下並に関係御当局の並々ならぬ御配慮、御努力に依つて制定公布せられ、近く其の実施を見る運びに至りました」ということである[35]。厚生大臣挨拶も、医療保護法制定の意義について、まず述べているので、厚生省の認識としても、医療保護法を、最近の成果として強調する意図があった。

さらに、厚生省保護課長による「医療保護法ニ就テ」という講演がなされた[36]。講演にあたって、参考資料として「医療保護法に付て」というリーフレットが配布された。講演ではまず「法制定の根本精神」として、総力戦を遂行するうえでの重要な点として、国民の数、国民の体力、民族の精神を挙げて、そこに医療保護法の「根本精神」があるのだとしている。しかしこれは、前置きとしての話で、後は法の意義、実施体制、保護を受ける者の範囲、手続き、公的補助の概要など法の解説が中心的な内容である。そのうえで、方面委員の役割を述べている。貧困者も健康を保持して「生産部門に起ち上らん」ということも強調はしているものの、全体としては実務的な講演である。

協議総会での原泰一の会務報告の柱の一つも、医療保護法制定についてである。たびたび政府に陳情、建議してきたことが実現したことを、方面委員による運動の成果として語っている。さらに、研究協議の一つが「医療保護ニ関スル事項」であるが、前述のように、医療全般にわたる議論が展開された。こうして、大会の際立った特徴の一つは、医療保護法の制定・実施について確認し、その意義を方面委員に浸透させていく役割を果たしたことである。大会後は、対米英戦の開始などの動きのなかで、医療保護法が有効に機能したとはいえないこともあって、見過ごされやすいかもしれないが、この大会は医療保護法記念大会という性格があったのである。

以上は、全国的な視点でみた場合の意義であるが、山口県の側の視点に立った場合の意義として、戦前における唯一の社会事業関係の全国規模の大会を開催できたことである。戦後でさえ、こうした大規模な全国大会は、一九五八年八月に下関で行われた第七回全国保育研究大会や、一九九七年一〇月の山口市を主会場とした第六回全国ボランティアフェスティバルくらいである。こういう大会を無事に実施できたのは、山口県の社会事業界の力量が高まっていたためといえよう。県内の方面委員は、この大会により、活動へのモチベーションを高め、いっそう奮起したと考えられる。大会を開催できたのは、宇部市で方面委員制度が発足して、約二〇年経過して、方面委員の自覚や能力が向上したことを示している。方面委員を中心とした、山口県の社会事業界の力量の到達点となった。

特に宇部市にとっては、官民の協力による総力を挙げての大会開催であった。『宇部時報』は、四月二〇日に「全国方面委員大会開く」という記事を掲載して以来、繰り返し関係の記事を大きく掲載した。五月二一日の大会閉会の記事に「本市空前の壮挙に終止符」という見出しを付けているが、宇部市の歴史にとっても、全国から多数の人々を迎えるのは、かつてない出来事だったのである。

また、大会を通じて方面委員の存在やその意義を一般県民に広く伝える効果をもった。大会期間中、市内は大会一色という雰囲気になって、宇部市民や周辺の人たちに強い印象を与えたであろう。一連の大会の記事が『宇部時報』に載ることで、方面委員への理解が深まった。大会の動きを伝える記事のほか、前日の五月一七日には、宇部市の社会事業を紹介する記事が載っている。大会当日の一八日には「相愛と隣保を主体　市憲に明示する伝統精神　本市の方面事業面を截つ」という記事が掲載され、宇部市の方面委員について詳述している。大会中には、大会についての報道が大きくなされた。「本社記者総動員で会見」と称して、参加者に宇部の印象を聞く企画がなされている。「本社記者総動員」という表現に、『宇部時報』が社を挙げて、大会報道に尽力したことを感じさせる。各部会での地方提出事項を記事として掲載しているが、これは大会終了後にまで及んでいる。

一連の大会報道に加え、市内のちまきや百貨店で方面事業展覧会も開かれている。展覧会では、林市蔵ら方面委員制度の功績者に関する資料はじめ、方面委員活動を示す展示がなされた。一般市民が、こうした報道や行事に触れて、方面委員制度をはじめとした社会事業の重要性を認識し、関心を高めたことは明らかである。

県内の広域をエリアとする『防長新聞』は、『宇部時報』ほどではないが、大会そのものの報道に加え、「方面委員大会」というコラムを三日にわたって掲載して、方面事業の重要性を説いている、さらに、県社会課長荻野憲祐による「方面委員制度の真髄」を連載している。[37] 宇部市以外の山口県民にも、方面委員制度への関心を高める契機となった。

方面委員の活動において、一般住民の制度への理解が大切であり、この大会によって理解が深まり、以後の方面委員の活動にとって、有利な条件が整えられることにもなった。

ただ、そうした意義が、社会事業の発展に直接につながったのかどうかは、疑問である。全国方面委員大会は翌年で終わり、県内でも『山口県社会時報』の発行は終わった。せっかくの蓄積も、戦時体制のなかで、生かせないままになった。戦前における山口県社会事業の最後の輝きになってしまった。

【注】

(1)『民生委員制度四十年史』全国社会福祉協議会、一九六四年、二四六～二五九頁。

(2)『民生委員制度四十年史』、二三八～二四〇頁。

(3)『民生委員制度五十年史』全国社会福祉協議会、一九六八年、九〇頁。

(4)全国民生委員児童委員協議会編『民生委員制度七十年史』全国社会福祉協議会、一九八八年、一四一頁。

(5)山口県社会福祉協議会編『山口県民生委員五十年のあゆみ』山口県民生児童委員協議会、一九七五年、三七五～三八五頁。

(6)宇部市史編集委員会『宇部市史　通史編　下巻』宇部市、一九九三年。

(7)大会の中核的な史料は、『第一二回全国方面委員大会報告書』財団法人全日本方面委員連盟、一九四一年である。このほか、内容的にはおおむね重なっているが、『第一二回全国方面委員大会要綱』財団法人全日本方面委員連盟・山口県・宇部市、一九四一年。『方面事業年鑑　昭和十七年版』全日本方面委員連盟、一九四三年、三六～四九頁。大会の概要などに関する記述は、主にこれらの史料に依拠している。

(8)『第一二回全国方面委員大会報告書』、二一～二二頁。

(9)『宇部時報』一九四一年五月一八日。

(10)三〇〇〇名という記述として、「方面報国を誓ふ第一二回全国方面委員大会開催状況　集ふ三千名報国「鉄の宣言」」『山口県社会時報』第一九八号、一九四一年五・六月。しかし、記述では「二千五百余名」としている（四二頁、四八頁）。『宇部時報』一九四一年四月二〇日には「出席者二千五百名」という記事があるが、同紙の五月二〇日の記事では「集う三千人」とある。

(11)『宇部時報』一九四一年五月一八日。

(12)『宇部時報』一九四一年五月一五日。

(13)『宇部時報』一九四一年五月二一日。

(14)『宇部時報』一九四一年五月二一日。

(15)『宇部時報』一九四一年四月二五日。

(16)『宇部時報』一九四一年五月一日。

(17)『宇部時報』一九四一年五月一四日。

(18)『宇部時報』一九四一年五月一日、二日、三日に、一般家庭と旅館についての宿泊割当が、個人名や宿泊する府県名について詳細に記載されている。宇部における著名な人物が宿泊先を提供していることは、この記事からも把握できる。
(19)『宇部時報』一九四一年五月一六日。
(20)『宇部時報』一九四一年五月一三日。
(21)『防長新聞』一九四一年五月一八日。
(22)『宇部時報』一九四一年五月二〇日。
(23)『第一二回全国方面委員大会報告書』、二七頁。
(24)『第一二回全国方面委員大会報告書』、三二頁。
(25)『第一二回全国方面委員大会報告書』、九〇～一〇〇頁。
(26)「方面報国を誓ふ第一二回全国方面委員大会開催状況　集ふ三千名報国「鉄の宣言」」、四八頁。
(27)金光の日程は『防長新聞』一九四一年五月一七日の「方面委員大会出席大臣以下滞在日程」という記事で紹介され、翌日「厚相の日程」として再度掲載されている。厚生大臣の日程が公表され、またこうした記事で一般県民にも浸透した。
(28)『宇部時報』一九四一年五月二〇日。
(29)『防長新聞』一九四一年五月一九日。
(30)『宇部時報』一九四一年五月二〇日。
(31)『宇部時報』一九四一年五月二〇日。『第一二回全国方面委員大会報告書』、一四九～一六五頁。
(32)『宇部時報』一九四一年五月二一日。
(33)『民生委員制度四十年史』、二五六頁。
(34)『民生委員制度五十年史』、九〇頁。
(35)『第一二回全国方面委員大会報告書』、一六六～一六七頁。
(36)『第一二回全国方面委員大会報告書』、一七三～一七八頁。
(37)『防長新聞』一九四一年五月一八日、一九日、二〇日。

第15章　戦時下における姫井伊介の立場
―会議での発言をめぐって―

1　戦時下に活動した社会事業家

戦時下の社会事業は、銃後の体制の一翼を担い、健民健兵や人的資源の育成を担ったとされ、特に地域での方面委員の活動などが戦時体制を支えたことがよく指摘される。要するに、戦争協力をしたという否定的な評価である。総力戦体制が構築されるなか、社会事業に関わる者も、そこに関与したこと自体は、明らかな事実であろう。

しかし、否定的な評価の前に必要な作業は、この時期に地域の生活を支えた社会事業家が実際に何を考え、何を行ったのかを確認することである。そのために、まずはその社会事業家側の視点から、史実をたどっていく作業を行うべきである。地域に立脚して活動していた社会事業家の場合、地域住民全体の生活に対して責任を負っており、もはや自己の信念だけで動くわけにはいかない。戦時体制が、地域の支配層を介して住民を管理する仕組みであったなかで、社会事業家がその仕組みから離れることは困難であり、むしろ強く組み込まれていく。地域で活動する社会事業家を評価する場合には、そういう構造を把握したうえで、実証的に行うべきであろう。

そうした課題に応えていくため、本章では姫井伊介を取り上げている。姫井伊介は、山口県の社会事業家・融和運動家である。多様な働きをしたが、第一は、長陽育児園（保育所）と労道社（隣保事業）という施設を設立した。第二は、山口県社会課嘱託、山口県社会事業協会幹事と後に嘱託、一心会（融和団体）幹事というように、行政や官製団体の幹部として、活動した。第三は、政治家であり、戦前は山口県会議員、戦後は参議院議員（無所属。二期目を目指して社会党から立候補するが落選）、小野田市長などをつとめた。第四は、著作者として膨大な論考を書いており、『山口県社会時報』などの社会事業雑誌、『融和時報　山口一心会版』などの融和運動雑誌、『山口県青年』などの山口県内雑誌、『宇部時報』（現・『宇部日報』）などの地元紙等に大量に執筆し、さらには『社会事業』『社会事業研究』『私設社会事業』など全国誌への執筆もある。社会事業関係の全国大会にもよく出席しており、発言を残している。山口県での社会事業の発達は、姫井なしではありえなかったといってよい。

姫井についての研究として、布引敏雄『融和運動の史的分析』、布引敏雄『隣保事業の思想と実践』、拙著『福祉に生きる　姫井伊介』がある。地方の社会事業家としては、研究されてきているものの、なお著作や発言が新たに発見される場合があるなど、今後も研究を深める余地がある。

これらの研究のうち、戦時下との関連では、布引敏雄『隣保事業の思想と実践』のなかの「姫井伊介の戦争協力―戦時厚生事業の実践とその本質」が最もすぐれた先行研究であり、姫井の戦時下の言動を詳細に追っている[1]。この研究は表題に「戦争協力」とあるように、批判的観点が濃厚である。実際に研究執筆がなされたのは、発刊の少し前、すなわち一九九〇年代後半であろうが、当時の近代部落史研究を揺るがしていたのは、キム・チョンミ『水平運動史研究』である[2]。『水平運動史研究』はそれまでの水平運動史研究において、通説ないし常識化されてきたことについて、朝鮮人や中国人の立場に視点を当てて、疑問を提示した。高く評価されてきた水平運動家、たとえば松本治一郎らについて、戦争協力などの事実を示して厳しく批判した。さらに、研究者に対しても激しく論難している。布引もまた、キムによって、姫井の朝鮮人への態度との関係で、強烈に批判されている。このことが布引の研究に影響を与えていることは否定できないであろう。すなわち、批判的な側面が強調されやすい環境にあった。

拙著の『山口県社会福祉史研究』では、ごく簡略に姫井の戦時下に触れているにすぎない。『福祉に生きる　姫井伊介』では、「ファシズムの時代」として、姫井の戦時下について、姫井の著作を中心に述べている。その論述については、土井洋一による批判がある。土井は、同書を一応評価しつつも、戦時下の記述については、「戦時中の姫井の評価は短絡にすぎる。もう少していねいに解釈すべきだろう」と批判している。[3]

戦時下の姫井の行動の一つが、紀元二千六百年記念全国社会事業大会への出席であり、姫井はここで何度か発言している。また、大政翼賛会山口県支部協力会議議員になっている。姫井の戦時下の著作については、『隣保事業の思想と実践』や『福祉に生きる　姫井伊介』でかなり言及されている。しかしながら、『隣保事業の思想と実践』では、『紀元二千六百年記念全国社会事業大会議事録』『第一回・第二回山口県協力会議会議録』『第三回山口県協力会議会議録』が用いられていない。『福祉に生きる　姫井伊介』では、前者にはやや触れているが、後者にはふれていない。これら史料には、姫井の発言が多く掲載されている。雑誌掲載の論文と異なり、その場での発言であることや速記録であるため、発言の微妙なニュアンスが実際の発言と違っている可能性がある。しかし、質問に対してただちに回答することで、むしろ本音が出るという面もある。いずれにせよ、戦時下の姫井を分析するうえでの主要な史料が十分検討されてきていないのは、姫井研究の欠落といえる。まずは姫井の発言を追っていく作業をしていくことが必要であろう。そこで、本章では、この三つの史料に絞って、姫井の発言を検証していく。

2　紀元二千六百年記念全国社会事業大会

(1) 大会と姫井

紀元二千六百年記念全国社会事業大会は、一九四〇年一〇月一〇日から一二日にかけて東京の日比谷公会堂にて開催された。主催は厚生省と中央社会事業協会、後援が内務省、陸軍省、海軍省、司法省、文部省、拓務省、対満事務局、協賛が内閣紀元二千六百年祝典事務局、東京府、東京市、その他団体となっている。[4]

この大会は、軍への「感謝文」を出したり、陸軍大臣、海軍大臣の祝辞があったり、陸軍省、海軍省が後援をしたり、開会式に「戦没軍人慰霊、傷病軍人平癒並出征軍人武運長久祈願」があったりするなど、軍事色がきわめて強い大会であった。全国から約三〇〇〇人の出席者があったとされ、きわめて大規模に開催された。この大会が、戦時厚生事業を推し進める契機の一つであることは明らかであるが、ただ軍事一色だと断定するのも一面的で、戦前の社会事業の発展の結果として、これだけの大会を開くまでにいたったという面もある。姫井にしても、戦争協力を意図して出席したわけではなく、もともと姫井はこうした大会には積極的に参加する姿勢をもっていた。

姫井はこの大会に出席するとともに、厚生大臣からの社会事業功労者表彰を受けている。この表彰は姫井のそれまでの実績に対するものであり、軍事的な意図があるわけではない。姫井以外の受章者を見ると、生江孝之、有隣園の大森安仁子、マハヤナ学園の長谷川良信、博愛社の小橋カツヱ、石井記念愛染園の冨田象吉など、社会事業の大きな足跡を残した人物が散見される。姫井もそうした人物同様の評価を得たとみるべきであろう。山口県から受けたのは他には丘道徹である。丘は釈放者保護事業や感化事業を中心にとして、山口県社会事業の先駆的役割を果たした人物である。

(2) 労務者福利

大会では、部会を設けて、個々の課題についての議論を行っている。姫井は第二部会「労働保護ニ関スル事項」に参加した。「部会」といっても、第二部会は二〇〇名の出席があったとされるので、かなりの規模である。他の部会も同様で、第一部会にいたっては、四七〇名であった。ただし、協議の方法として、提案について説明と質疑があり、その後少人数の委員会を設置して検討している。姫井はそのうち第二委員会の委員となっており、他の大勢の出席者とは異なり、重要な立場を持った。(5)

姫井の第二部会での主な役割は、山口県からの協議題「労働少年保護に関する件」の説明と協議であったようである。しかし姫井はこの協議題に関しては「説明は印刷の通りでありますから、蛇足を加えることを略します」と述べるだけで、議論を発展させようとしていない。(6)

その代わり、本来の協議題から離れ、「労務者福利の全般的問題に付きまして愚見を申延べさせて戴きたいと思ひます」

として、長時間の発言を始める。(7) 多数の参加者の前で、そうした発言を求めたわけである。そこではまず、「勤労精神の転換」への考慮を述べ、「日本精神を規範としたる所の勤労精神、産業報国、労働報国、商業報国、色々な報国運動がありますが、是等と関連致しまして、先づ精神作興を考慮しなければならぬ」と、戦時下での勤労精神の鼓舞を強調する。

工場労務者について、大工場と中小工場に分けて考えるべきとした。大工場については従来から福利がなされてきたが、それは工場の利益を目標としていた。しかしこれからは「新時代の本当の日本精神」によるものに変わっていかなければならない。福利施設についても従来のものから飛躍して「工場自体としての一つの相互的、隣保的な工場社会事業」を打ち立てるべきとした。それによって、労働者にかかわる課題は、おおむね解決するという。

しかし中小工場には困難があり、大工場並みの施設はできない。だからといって放置していると、中小工場の労働者が社会的恩恵を受けられなくなる。公で指導し、医療施設、託児所、住宅組合などを推進すべきであることを述べる。

次に農業の発言に続く。大陸の開拓団では協同体組織のもとに経営が行われており、そうした体制を考慮すべきであり、「的確なる農村経営の基本を打立てなければ、本当に農業労力の調整はできない」として、社会事業の立場からは農村における隣保事業を提言している。それぞれの地方に適した隣保事業によって、問題の緩和が可能になるので、隣保事業の推進を強調している。話はさらに商店の労働者にも及ぶ。これについても市街地における隣保事業を説き、「商業地帯には商業地帯の隣保施設」があるという。

姫井は、経営者だけでなく、労務者自身も変わらなければならないと説く。「労務者自体が従来の営利本位、儲ければ宜いと云つた考へから逃れて」いくことが必要だという。また、労務者が職場を変えて移動することによって、移動の際に貯金が減る現象が起きる。移動防止のために、国民登録とか労務者登録とかの制度を設けて移動防止を図るべきだとする。一方で姫井は労務者の福利増進策として、年金制度と隣保事業の重要性を説いて、発言を終えていく。年金に触れたのは、労働者年金保険法（後の厚生年金保険法）制定を前にして、それを後押しする意図もあったものと思われる。

(3) 障害者の雇用と無職者への労働強制

姫井の発言はいったん終わったが、栃木県提出の「盲人に対する職業確保に関する件」の審議にあたっては「意見の中に入って居りませぬが一言」と、割って入るような形であえて発言を求めた。(8) 視覚障害者や身体に不自由な点のある人について、「適当なる職業を与へまして、其の職業を通じて国家に奉仕すると云つたやうな施設をもう少し全体的に国の力として制定して戴きたい」として、障害者の雇用を国によって推進すべきことを主張する。もっともこれは、障害者の生活保障が目的ではない。「特別に救護すると云ふ意味」で言っているのではなく、障害者であっても「国家に奉公することが出来る」というのである。そのために「今の職業保護施設などをもう少し拡大されまして、唯軍人援護と云つたやうな方面のみならず、広く此の制度を御広め戴きたい」と要望した。

さらにその続きで、議題からますます離れた発言をする。「遊んで暮らしている無職者、悪く言へば社会の寄生生活をして居る人々」を活用する施設を提唱している。その目的は一つには労力不足の対策であるが、より重視しているのは、「天分に応じまして働いて食つて行く、働いて国家に奉公する、斯う云ふやうな心持と態度とにならなければならない」とする、働かない者を放置してはならないという、統制的な考えである。それゆえ、「多少強制的な国の力が働かなければならない」といった、強制労働も辞さない姿勢である。「浮浪者の総動員、之を生産的部門の中に織込んで行くと云ふ施設を希望致します」と表明して発言を終える。

前半はともかく、後半は直接には審議事項に無関係な話であり、そういう話をあえて持ち出すのは、発言の流れのなかでたまたま飛び出したのではなく、姫井の元来の持論であったためであろう。要は、前半で障害者雇用の推進によって、障害者も働く状況をつくるのであれば、健康でありながら働かない者の存在を容認することはできないという姿勢である。

(4) 植民地

「移住其他植民問題」という議題のなかでも発言している。(9) この議題は、「満洲」等の植民地下における社会事業の問題である。姫井は「開拓移住の農村経営の方針」を取り上げた。姫井の発言の第一は、開拓者のなかの、地主化して自分で耕作しない者への批判である。「小地主根性に堕ちまして、余り自分では労せずして、又農具などの改良も攻究」しないまま、中国人や朝鮮人を小作にしているような例があるとして厳しく批判している。こうしたケースについて、強い目標を示して対応すべきとする。第二に、残留家族の援護の必要性について、「強く賛同し叫びたい」と述べる。

第三に、配偶者の選択が重要であるとする。開拓者が配偶者を望んでいるが、「随分滑稽な方法」で選択が行われているという。そういうことではいけないし、内地にある花嫁訓練、花嫁施設は効果をあげていない。そこで、勤労奉仕団などの形で、大陸に行く意思を持った若い女性を派遣して、「目のあたり其の状況を見せ占しめると云ふことが非常に必要である」とする。実際に、姫井自身が見学に行ったときに「自分はもう帰らないのだと言って向ふに其の儘残って居る人も見受ける」という効果がある。いったん内地に戻る場合でも、すでに「信念、覚悟」が養われている効果がある。経費はかかるが「国策の大事業」として、現地を知る者同士が「互に共鳴し合つた人同志《ママ》で配偶関係を結んで行く」ことが必要であると主張した。

第四に、開拓者への慰問が重要であるとする。出征軍人での慰問が相当行われているのに対し、「あの広漠たる殆ど無限の天地に黙々として働いて居る人達に対する慰問が寂しすぎる」と嘆く。国策に沿った事業なのだから、郷土で計画を立て、郷土の状況を知らせるなど、「慰問の方法をもう少し強く広く行はれるやうなことが考へられなければならない」と訴えた。

3　第一回山口県協力会議

大政翼賛会の結成にともなって、山口県支部が設立された。山口県支部では県と協力しつつ運動を推進するために、協力会議を設置し、県指名議員二〇名と、郡市地域代表二〇名によって、翼賛政治について協議することとなった。姫井はその議員に指名された。会議の際には、県や翼賛会県支部の者らが、発言はしないものの出席しており、それなりに規模は大きい。その第一回の会議が一九四一年四月二二日に山口市公会堂にて開催された。[10]「万民翼賛の理想を強調すればするほど協力会議は結局は平凡な精神運動に終始する経過をたどった」と評されているように、成果の乏しい会議であり[11]、それは以下で示す姫井が関与した議論にもあらわれている。後世からの分析では、そのように言わざるを得ないのではあるが、姫井自身は、新たな発言の場として、意欲的に参加しようとした。

議員が提出事項を出すことができ、姫井は「不労徒食者を応能的勤労報国の陣営へ動員の件」「国土計画の早完を促すと共に地方計画の完成を急速ならしめ就中農業地方別適正経営規模を確立し其れに依りて農山村経営、労力調整、東亜開拓等の合理的計画を樹立する件」「米価を基準に諸物価の全面的適正均衡を図る件」「報国生活に精進せば生活安定乃至向上可能の信念を広く扶植すると共に之が実証の施策遂行に関する件」「国民の社会的医療制度と平行し国民の社会的教育制度を開定し人的資源の確保充実を図る件」を提出した。

提出事項は県支部から三件、議員提案が姫井のものを含め二三件あり、これを一日で審議するというのであるから、かなり無理な日程であった。個々の議案は限られた時間しか審議できない。類似した事項は一括して審議された。それでも姫井はたびたび発言している。

最初の発言は、自分の提出事項についての補足的説明であるが[12]、二度目は「報国生活に精進せば生活安定乃至向上可能の信念を広く扶植すると共に之が実証の施策遂行に関する件」に関連して、議長の秦雅尚から促されて発言している。[13]「職域奉公の報国生活さへすれば生活の安定が出来る、尚ほ生活の向上も出来ると云ふ其の信念をしっかり植込まなければならないと思ふ」と述べ、儲けるとか闇取引をするという姿勢を厳しく批判して、一生懸命やれば生活の確立もできると主張する。そして「国民が其の一人々々が適材適所を報国生活の実施の出来るやうに生活組織機構を早く樹立することに努力しなければならぬ」と締めくくっている。

三度目は「国民の社会的医療制度と平行《(ママ)》し国民の社会的教育制度を開定し人的資源の確保充実を図る件」に関して発言

している。[14]「貧しい家に生れた優良な子女が其の天分に対して適能教育を受けることが出来ないものが年々数万の人があるのであります」という状況があり、「斯う云ふ人々にも適能教育を施すやうに国家として施設を講じて貰ひたい」という。その対策は、県レベルではなく、国全体で取り組むべきであると念押ししている。

四度目は、提出事項についてではなく、協力会議とはそもそも何なのかを問うている。[15]特に「協力会議で今日審議されました其の事柄はどう云ふ風に処置されまするか」と確認を求めた。それへの議長の回答も「どうも私も能く分りませぬ」と曖昧であった。こういう回答に姫井が満足するはずもなく、協力会議の印刷物を引用しつつ「此の協力会議は何か斯う云ふ風な宣伝機関のやうな仕事をするやうにも思はれますが、是はそこ迄行くのぢやないのでありますか」と質していく。それに対しても議長は「具体的に協力会議の働きに依つて斯う云ふ結果が現はれるやうに思ひますが」と、意味不明な答弁ではぐらかそうとする。姫井はさらに「協力会議自体として斯う云ふことがやれるかどうかと云ふことであります」と質問を重ねていく。結局この議論は、かみ合わないまま、会議自体が終了する。これは、せっかくさまざまなことを協議しても、実効性がなければ意味がないとの危機感からの発言であろうが、協力会議なるものの脆弱な本質を暴露することにもなった。姫井にとっては、貧困者の教育保障などの提案は単に希望を述べているのではなく、実際に実行すべき緊急の課題であった。

4　第二回山口県協力会議

第二回の会議が、一九四一年七月二八日と二九日に議事堂にて開催された。[16]姫井は第二回でも積極的に提出事項を出して議論を喚起している。姫井による提出事項は、「小産者の優良子女に対し公費を以て中等以上の適能教育を施す事」「国民融和運動を翼賛運動に摂取して之が完成を図ること」「工場指導者（警察官）を常置し産業報国運動を普及徹底せしむること」の三件である。第二回の会議の開始にあたって議長は、発言は一人一〇分以内とし、八分で呼鈴を鳴らすと述べている。[17]このルールのもとで、姫井特有の長時間にわたる発言には制約があったと思われる。

「小産者の優良子女に対し公費を以て中等以上の適能教育を施す事」は、内容的には第一回の「国民の社会的医療制度と平行《ママ》し国民の社会的教育制度を開定し人的資源の確保充実を図る件」と共通しており、課題を「小産者」の教育に絞ったものである。[18]提案理由として、学費支弁の方法がないために「優良子女」でありながら中等以上の教育を受けることのできない者がおり、それは本人の不幸であるだけでなく、国家の大損失である。そこで、公費によって教育を行うことが「喫緊の要事」だとする。具体案として、全国から三〇〇〇人を選定して給費を行う。調査費や事務費は少額ですむはずだという。三〇〇〇人の根拠を質問されているが、該当者が一〇万人いると仮定し、その三〇分の一ということで、大雑把に出した数字である。

この提案は他の議員の関心を呼んだようで、質問が相次いでいる。[19]賛意を表したり、防長教育会などの既存組織の活用を代案として述べたりといった発言が出ている。姫井は、篤志家がやっているような既存の民間組織には限界があり、全国的に完遂するためには、国家がなすべきと主張する。また、「優良」とはどの程度かという質問があり、「普通社会通念」に従って、教育者が鑑識をすれば判断できると主張している。

「国民融和運動を翼賛運動に摂取して之が完成を図ること」は、より具体的には以下の通りである。[20]

建設案

一、中央

政府、翼賛会、中央和融機関が協力し翼賛会が中心となり国民運動として同胞別視絶滅工作を展開すること

二、地方

府県、翼賛会支部、府県融和機関が協力し、支部が中心となり、中央と相呼応し各層常会及隣組を活用して全県下に互り次記実行要目に重点を置き同胞別視の絶滅を図ること

三、国民の実行要目
絶対に別称を唱へず且つ別称表徴の隠語又は手真似を行はざること

姫井の信念であり、かなり詳細に趣旨を説明している。こういう議案を出すのは「切端詰つた事情に在る」ためであり、差別は形にはあらわれなくても、内面では残っており、重要な問題であると強調する。[21]相当な年月によって形成された問題なので解決にも時間を要するという主張があるが、士族平民の関係が明治期には解決したように、解決は可能である。にもかかわらず、戦線でも銃後でも差別問題が起きている。放置したことこそ、差別が続く原因である。「此の問題は興東聖業完成の上から申しましても、是非一日も早く翼賛運動が取入れられて是が解決を図つて貫はなければならない重大問題」である。解決は実は難しくなく、「あれ」というような隠語で語ったり、手真似をすることをやめるよう、町内会、隣保班、隣組で申し合わせればいいという。

解決策を、「絶対に別称を唱へず且つ別称表徴の隠語又は手真似を行はざること」に求めるのは、姫井みずからが問題を矮小化している感がある。そんな程度のことで解決できる問題でないことは、融和運動の実践を重ねてきた姫井であれば、痛感しているはずである。推測であるが、戦時体制では、本格的な融和運動が現実的には困難であることと、経費がかかるような方策では受け入れられそうにないうえ、この協力会議にもなじまない。そこで、他の議員が受け入れやすい、実行容易で具体的な案としたのではないだろうか。

しかし、それでも他の議員の対応は冷淡であった。国吉信義による「満腔の同情を表す」という全面的な賛成意見もあった。しかし、「さう云ふ問題は一つもない。私は大政翼賛会では今の新体制では斯う云ふ問題は吹き飛ばしている」という、差別問題の存在そのものを否定する主張が出ている。また、村上寛は「此の案には反対」と明言したうえ「大政翼賛会が之に乗り出すと云ふことに付ては大きな疑問を持つ」と述べて、村上は大政翼賛会は、「国民全部のものが翼賛することに対応する組織であって、一部の者の課題に対応するものではないと述べる。議長までもが「寝た児を起す、と云ふことは起きませぬか」と質問し、さらに「協力会議の問題と致しましては、之を翼賛運動として扱へと云ふことは一寸具合が悪い」と提案を却下した。

姫井は簡単に引き下がったわけではなく、なおも「此の運動を取り入れますることが、是が翼賛運動の強化の一つの大きな仕事だと思ふのであります」と訴え、差別解消によって「翼賛運動の理想境に到達する」のであり「我が防長の天地から真に此の問題を解決する熱が燃へ上ること、是が防長精神の誇り」などと愛郷精神まで持ち出して、強く主張した。しかし、取り入れられることにはならなかった。

県会などで、これまでも姫井は全体の冷ややかな空気に屈することなく主張を展開し、しかしその主張が大勢の同意にはつながらないという経験を重ねているが、同じことがここでも繰り返されたのである。

しかし姫井はこれで諦めたわけではない。『山口県社会時報』に「翼賛運動と同和問題（県協力会議を診《ママ》て）」という論考を掲載し、会議の様子を広く社会事業・融和事業関係者に伝えた。会議での自己や他の議員の発言を紹介するとともに、改めてこの問題に取り組む必要性を強調した。そして、「翼賛運動が取上げざるとは、何と云ふ頭脳であらうか。何たる臆病さであらうか」と、協力会議の消極的な姿勢を厳しく批判した。(22)

「工場指導者（警察官）を常置し産業報国運動を普及徹底せしむること」は、統制経済が取られ、産業報国運動の指導があるにもかかわらず、中小企業では「自由主義観念」に流れていて、労資とも皇国産業人としての自覚が足りないので、労政警察を強化して、「指導、訓練、監督」に努めて、生産拡充をしようというのである。(23)

具体的には、一工場につき一か月二回、工場指導者（警察官）を置いて、「産業報国精神の涵養と産業道徳の実践促進」「能率の増進指導と勤怠監督」「規律訓練と保健奨励」「工場生活刷新の指導」を行い、費用は一部を県費にするが、大部分は工場が負担する。この提案は、あらかじめ委員会で議論したうえ総会に出すという流れになり、総会では他の提案と一括して審議されたため、姫井自身による説明はこれ以上はなされていない。委員会の委員長による説明によれば、「警察官」とあるのは、実際問題として警察官に頼るしかないという判断のためであって、ぜひ警察官を用いるべきという趣旨ではないという[24]。

以上の、姫井自身の提案に関連する発言のほか、食糧問題に関する提案への姫井からの発言がある。食糧配給について、配給の方法に比べて「消費の自粛的規正と云ふことの考へ方が少ないぢやないか」と述べ、同じ労働者でも消費量には違いがあり、隣保班同士で隣保精神によって補い合うことができるし、さらに町内会同士でも過不足を補うことができる。さらには市町村でも対応でき、「隣保相助の美風をそこに発揮致しまして此の消費規正を行ひ得るならば今の配給制度に於きましても、どれ程かの緩和をされるか知れない」としている[25]。食糧が不足しているようであっても、まだ余ってしまう人もいるので、お互いが補い合えば、対応は可能であると主張している。しかもそういう融通が、市町村間でも可能というのであるから、相当な観念的発想である。

姫井は別の類似の提案についても再度「足らないものは足らないとして、又請求しなければならない、さうすると各戸が各戸毎々に市町村から取るものが起る、其処に非常にぎこちないものが起る、で私は此の隣保班の間に於て過不足を相通ずると云ふことが当然ぢやないかと、さう云ふ風にやつて頂きたいと云ふことを念願の余り申したのであります」と、同趣旨の主張を述べており[26]、相当強くこの考えを持っていたようである。

戦時体制から起きた食糧不足の実態について疑問がないばかりか、「美風」によって乗り切ろうという、何とも楽天的な発想であり、体制への批判的精神を軸にして、社会事業の拡充を訴えた姫井とは別人のようでもある。勤労や倹約を推奨する姫井の発想からすれば、食糧不足も、勤労・倹約と同様の姿勢で個々人が対応すれば何とでもなると考えたのであろう。

姫井は朝鮮人をめぐって、「協和会員（筆者注―実質的には朝鮮人）に対する大麻奉齋に関することでありますが、是は通俗的と言ひますか、未だ日本的敬神の観念が確立して居りませぬし、又涵養されて居りませぬものに対して奉齋致させまして或いは不敬等を起しましてはと思ふのであります、それで此の精神涵養の必要があるのであります」と述べている[27]。朝鮮人が日本人としての精神を身につけていない段階で、形式だけ日本人と同じ行為を強要するのは逆効果だというのである。姫井が社会事業活動の拠点としていた小野田・宇部の地域には朝鮮人労働者が多いこともあって、姫井は朝鮮人の問題にも従来から関心を有していた。しかしこの発言は、朝鮮人の立場に一定の配慮をしているようでいて、要は朝鮮人の同化による「内鮮融和」の路線を支持しているだけである。

5　第三回山口県協力会議

第三回の会議が、一九四二年八月三日と四日に山口県会議場にて開催された[28]。第一回、第二回とは議事の進め方が異なっていて、一日目は「本年度貯蓄目標額達成の具体的提案」「戦時国民生活改善の具体的方案」の二つだけが議題として、主催者側からあらかじめ提示されている。二日目は議員の提案事項を審議するのではあるが、一、二回のような細かな事項が多く提案されているのではなく、各議員の提案は「各自一件に限る」と制限されており、制約があった。そのため、提案する場合、議員にとっての最大の関心事を選定する必要があった。したがって、提案した事項こそ、その議員にとっての最大関心事であると考えてよいであろう。姫井は「皇民一体の真姿顕現の為同和運動の早急完成を図るの件」を提案しており、やはり姫井は、融和運動家として部落差別の解消を優先課題としていたのである。第一回、第二回も類似の提案をしており、この問題への熱意をうかがわせる。また、この協力会議は政策決定の場ではなく、予算的裏づけが求められたり政策立案が不可欠だったりする事案だと話が進みにくいことが、第一回、第二回の経験で明らかであった。そこで、運動的に対応できる事案を選定すべきと考え、この問題が適しているという判断になったという面があったのかもしれない。

審議にあたっての発言は自由ではなく、第二回同様、一人一〇分と以内とされている[29]。さらに議長は、「御発言の長きことを予想される方」は要点を述べるよう要請している。「御発言の長きことを予想される方」として、議長の想定として、まず姫井が念頭にあったのは、第一回、第二回の経緯からいって、あるいは姫井の県会議員としての県会での発言姿勢からみても、まちがいない。各議員が順番にまとまった発言をしているので、個々の発言が詳細な反面、やりとりして議論を深めるという形ではない。

一日目は、あらかじめ主催者から提示された提案が審議された。姫井はまず、「本年度貯蓄目標額達成の具体的提案」に対して発言している。[30] この提案は、国家が目標を立てた貯蓄額について、国民の義務として強制していくことを提起したものである。姫井はこの提案について、提案の趣旨を強化する方向で述べていく。「国家が要請して居ります所の貯蓄額は貯蓄不可能ではない」と断言し、できないのは「貯蓄方法が不整備であるが故」であるとする。実現のためには、市町村ごとにいくら、といった大雑把な目標設定では「勇気と熱意が湧き起らない」ので、「国民一人々々に付て誰が幾らしなければならない」という。そのためには、所得調査が必要だとする。また、「戦時国民生活に対する標準生活」を示すことで、食糧や物資の統制が行われて、どれだけ貯蓄しなければならないか、認識できるという。

次に「戦時国民生活改善の具体的方案」に対しても発言している。[31] この提案は、冠婚葬祭の簡素化や服装の標準化など、生活の無駄を省いたり、食生活や住宅の改善の方策を探ったりするものである。やはり姫井はまず「国民の消費生活部面」について焦点を絞るとし、政府がいう「国民の生活安定確保」の内容がはっきりしないことが問題だと批判する。「国民各自が其の天分に応じて一生懸命に働いて健康を保持して納税の報国も出来、貯蓄の報国も出来、さうして大皇化圏と申しますか、共栄圏、此の大皇化圏の指導者としての地位を保ち得るだけの其の生活が保証されなければならない」という。そのためには、「国民の報国生活と云ふものに対する標準と云ふものが具体的に規定し得る時期に到達して居る」と強調する。

二日目には、議員の提案が審議される。全部で一五の提案があるが、姫井について、自身の提案以外の議案についての発言は、会議録には残されていない。姫井の提案した「皇民一体の真姿顕現の為同和運動の早急完成を図るの件」が議論されている。この提案は以下のようである。[32]

提案理由

一、因襲的同胞蔑視事象の現存は畏くも　聖慮に悖る皇国の不祥事、興亜聖業の冒瀆事なり、一日も速に本事象を根滅し同和運動の完成的解消を図ることは大東亜皇化圏必成前の必成事業なり

二、同胞蔑視事象根滅の要諦は無関心的一般国民の反省覚悟にあり、被蔑視者の自覚向上と自己解放は一に之に伴ふ

建設案

一、大政翼賛会は其の使命上同和運動を取入れ翼賛運動の一環として積極的に是が完成に努め関係諸団体（産報、農報、壮年団、婦人会、市町村常会及町内会、部落会）を活用すること

二、蔑視観念醸成の唯一経路は「蔑称の伝襲」にあることを一般に理解せしめ「蔑称不言」の実行を図ること

三、同和奉公会は主として斯運動の推進機関たらしめ運動の完成と共に解消すること

姫井が長く融和運動に尽力し、部落差別解消に努力してきた立場からすれば、これが最優先の課題と認識されたのも当然ではある。第二回では「蔑称不言」が強調されていたが、ここでは緻密になって運動的な取り組みを求めている。第二回の提案が受け入れられなかったことが影響したのであろうか。

姫井は提案の説明のために発言する。まず、今からこの運動を開始しようという提案ではなく「早急完成をさして貰ひたい」のであると念を押す。そして論点を四点あげた。第一に、この問題は少数者の問題ではなく、「多数者の誤解」による、多数者の問題である。第二に、経済上の問題を改善しただけでは不十分である。第三に、差別の事実がないという考えは、表面的な観察に過ぎない。第四に、言葉の不用意な扱いにある。この四点に留意すれば、二年で問題解決にいたるというのである。

この提案に対する他の議員の反応は、第二回同様、決して好意的ではなかった。丹下弘男は、数百年かけて形成された

観念が短期間で解決できるものではなく、今は戦争という最優先の課題があるので、この問題は「もう少し時の流を俟って頂く」ことを述べる。

この発言に対して姫井は反論し、「解決に要する時の流れは既にとうの昔に過ぎ去って居る」ことを強調し、士族と平民の間隔がなくなったように、なくせるものであり、改めて「二年」という数字を出して「完全に解消」すると述べる。

その後、来島基浩が賛意を示した後、県社会課から出席していた稗田実言が発言する。稗田は、県の社会事業主事補などをつとめ、融和運動にも関与してきたので、姫井とも関係は深かったはずである。したがって、それなりに姫井の意もくんで発言したと思われる。稗田は、同和奉公会で取り組んでいるが、大政翼賛会が奉公会を吸収して翼賛会一本で取り組むことが望ましいと説明した。稗田の発言からすれば、姫井の提案を無下に却下することもできにくい。結局は議長が、協議の場を県支部に移して、県支部で検討するという曖昧な方向を出して、この件の議論は終結する。

6　戦時下の立場の性格

紀元二千六百年記念社会事業大会・大政翼賛会協力会議での姫井の度重なる発言は、ほぼ論点は共通していて、①勤労の奨励と「不労」の者への労働の強要　②倹約や貯蓄の奨励　③意欲があっても機会に欠ける者への配慮　④国民生活の安定　⑤国民を公平に扱うことで国民全体の生活水準等の引き上げを目指す、といった点である。大会・会議での発言だけでなく、戦時下に執筆した論考もおおむね同様である。したがって、①～⑤が戦時下の姫井の立場であるといっていいだろう。

問題なのは、これが戦時体制への迎合なのか、あるいは戦時体制向けに本音と相違があることを語ったのか、それとも真意を語ったのか、である。姫井は、発言を求められていなくても、みずから場を求めて発言している。執拗に同じことを繰り返したり、質問や批判に対して自己の主張を明確に主張したりしている。その姿勢を見ると、苦渋の選択としてあえて発言したとか、真意と違うことを言わされたとかとは、とうていいえない。姫井は発言の通りに、自身が考えていたのである。ならば姫井を、戦時体制向けの議論を好んで行った人物と位置づけるべきなのか。

姫井は、隣保事業施設に「労道社」と名づけたように、労働を重視する姿勢をもっていた。自身も勤勉な生活態度を維持していた。多数の業績を残したのも、勤勉の結果でもある。姫井は自分が勤勉であるだけにとどまらず、戦時体制においては、広く国民への勤労の奨励となった。障害者の労働の推奨もその延長である。それは同時に、「不労」の者への厳しい態度につながった。勤勉でないことは、許されない怠惰であった。

貯蓄も同じことである。姫井は、自身も質素な生活を行い、浪費などとは縁遠い姿勢であった。姫井にしてみれば、勤労に励み、倹約を徹底すれば、貯蓄ができるのは当然だと考えたのであろう。これもまた、国民全般に、その姿勢を適用していった。

植民地への積極的姿勢は、植民地支配への肯定的理解が前提であることは否定できない。しかし、それは侵略主義だったというより、開拓という行為が勤労の実践という性格をもつことから、これを推進することになったのである。

勤勉を奨励するからには、勤勉でありたくてもできない、などということは看過できず、そういう状況が発生した場合は、公的に対処すべきということになる。それが③の発想になり、ある場合には障害者の雇用の推進に、ある場合には貧困者の教育の保障に、となっている。姫井は常に社会的に弱い立場の者の側に立つ姿勢をもっていたので、それとの関連で、戦時下であっても同様の姿勢を保持している面もある。姫井の弱者への対応はもともと、単なる保護ではなく、現代風にいえば自立支援であったから、戦時体制であってもなくても、同じ主張をしたであろう。ただ、戦時体制であることから、論理として、戦時体制での潜在的労働力の活用という面を打ち出すことになって、弱者支援よりも、潜在的労働力活用としての性格が強固に見えるようになったし、姫井自身もあえてそういう言い方をしているように感じられる。

一方で、④も、姫井の社会事業論の中核であった。そもそも社会事業自体が、生活の安定の実現を目指すものである。戦時下においては国の建前にもなっていたので、より強固に主張されるようになった。勤勉な生活が普及しているのであれば、国民生活の一定の安定がその対価として、保障されるべきことになるし、それを隣保事業のような、社会事業を活用して実施すべきということにもつながる。

⑤はまさに姫井のライフワークである。部落差別の撤廃は、姫井が言い続け、実践の核となってきたことである。ただし論点が、人間の平等の実現というより、戦時下での国民の一体性の確保において差別が妨げになるという点に変化している。その変化には批判すべき面が大いにあるのだが、戦争を肯定していたことが前提にあるために、差別撤廃と戦時体制の推進とが容易に融合して、戦時体制推進のための差別撤廃という論理になっていった。姫井からすれば、差別撤廃の体制を推進する絶好のチャンスと見えたということもあった。

こうして見ていくと、戦時下の姫井は何らか転向したり主張を変更したのではなく、従来からの主張が、戦時体制と親和的な側面があって、こうした場での発言として、実によくなじんでしまったといえる。戦争への全面的な協力と、その引き換えとしての一定の生活保障というのは、戦時厚生事業の論理そのものである。姫井は意識的に戦時厚生事業論の立場に立ったというより、従来の思想をそのまま、戦時体制下で主張したのである。

姫井は、野党的な発想や立場で鋭く発言する姿勢であり、これらの場でもそういう感覚で発言している。いつの間にか自らが体制推進の側にまわっていることへの自覚はなかったのではないだろうか。苦悩とか転向とかいった思考を経たわけではない。姫井からみると、戦時下なのに勤労に励まないことや浪費をやめずに貯蓄しないことが、批判すべき世の体制だったのである。

布引敏雄は、姫井の戦後における戦争への反省について、「徹底的ノ反省」と発言してはいるが、内実が伴わず、むしろ社会事業論において戦前との共通性が目立つことを指摘している(33)。反省しなかったというより、姫井自身は、戦前も戦時も、さらには戦後も変化しないで、一貫した姿勢でいたつもりではなかっただろうか。したがって、何らか戦争に加担したという意識はあったにしても、自身が戦時下に変節したという思いは乏しかったのではないか。したがって、戦後になって、論旨を変える必要もないのである。

姫井は、純粋な思考を持って、社会事業に邁進して大きな成果をあげていく。その純粋さを戦時体制がそのまま利用し、姫井は無意識のまま取り込まれ、戦時体制を社会事業家として推進することになってしまったのである。

【注】

（1）布引敏雄『隣保事業の思想と実践―姫井伊介と労道社』解放出版社、二〇〇〇年。
（2）キム　チョンミ『水平運動史研究』現代企画室、一九九四年。さらに『故郷の世界史　解放のインターナショナリズムへ』現代企画室、一九九六年でも、同様の主張を展開している。
（3）土井洋一「二〇〇八年学界回顧と展望　歴史部門」『社会福祉学』第五〇巻三号、二〇〇九年、一二〇頁。
（4）『紀元二千六百年記念全国社会事業大会報告書』紀元二千六百年記念全国社会事業大会事務局、一九四一年。
（5）『紀元二千六百年記念全国社会事業大会報告書』、五七〜五八頁。
（6）『紀元二千六百年記念全国社会事業大会報告書』、三九六頁。
（7）『紀元二千六百年記念全国社会事業大会報告書』、三九七〜三九九頁。
（8）『紀元二千六百年記念全国社会事業大会報告書』、四一一〜四一二頁。
（9）『紀元二千六百年記念全国社会事業大会報告書』、四一六〜四一七頁。
（10）『第一回第二回山口県協力会議会議録』大政翼賛会山口県支部、一九四一年。
（11）山口県文書館編『山口県政史　下』山口県、一九七一年、二九二頁。
（12）『第一回第二回山口県協力会議会議録』、六八頁。この発言の前にも「文字通りであります」とだけ、一度発言している（六〇頁）。
（13）『第一回第二回山口県協力会議会議録』、七三頁。
（14）『第一回第二回山口県協力会議会議録』、七五〜七六頁。
（15）『第一回第二回山口県協力会議会議録』、七八〜七九頁。
（16）『第一回第二回山口県協力会議会議録』、一頁。同書は、第一回と第二回が合冊になっているが、ページ数は別になっている。

(17) 以下は、第二回のページ数である。

(17)『第一回第二回山口県協力会議会議録』、五一頁。

(18)『第一回第二回山口県協力会議会議録』、八～九頁。

(19)『第一回第二回山口県協力会議会議録』、七四～七七頁。

(20)『第一回第二回山口県協力会議会議録』、一三頁。

(21)『第一回第二回山口県協力会議会議録』、九四～九九頁。

(22) 姫井伊介「翼賛運動と同和問題」『山口県社会時報』第二〇一号、一九四一年一〇月。

(23)『第一回第二回山口県協力会議会議録』、三九頁。

(24)『第一回第二回山口県協力会議会議録』、一二三頁。

(25)『第一回第二回山口県協力会議会議録』、一二六頁。

(26)『第一回第二回山口県協力会議会議録』、一二〇頁。

(27)『第一回第二回山口県協力会議会議録』、一一四頁。

(28)『第三回山口県協力会議会議録』大政翼賛会山口県支部、一九四二年。

(29)『第三回山口県協力会議会議録』、一二頁。

(30)『第三回山口県協力会議会議録』、二四～二六頁。

(31)『第三回山口県協力会議会議録』、四五～四六頁。

(32)『第三回山口県協力会議会議録』、九七～一〇二頁。

(33) 布引敏雄『隣保事業の思想と実践―姫井伊介と労道社』、三一五～三一六頁。

第16章　県内での国民健康保険法の施行過程

1　国民健康保険法と社会事業

戦前における社会保障立法の到達点の一つが、一九三八年制定の国民健康保険法である。同法は、農村の医療問題の深刻化などを背景とした一方で、制定が戦時下であったことから人的資源を保持する役割をもつなど、多様な性格をもっている。国民健康保険法について、法制定プロセスや制度の趣旨、実施後の展開などについて、すでにさまざまな分析がなされてきた。本章は、同法に関連する議論に参加する意図はない。ただ、社会事業界において、社会事業の一課題として強い関心をもっており、社会事業史においても一つの大きな画期となっている。

一九三五年の第八回全国社会事業大会では、「国民健康保険法制定実施促進に関する件」が主要な協議事項になっている。(1)賀川豊彦のように、推進の立場から積極的に行動した社会事業家もいる。『社会事業』などの雑誌に国保に関連する論考が掲載されることもあった。全日本私設社会事業連盟の発行する『私設社会事業』では、法制定前に「国民健康保全への積極的協力」との巻頭言を掲載し、制定後は制度の概要を掲載するなど、高い関心を示していた。(2)客観的な性格はどうであれ、社会事業側が、社会事業に関連する制度として認識し、期待していたことは明らかである。したがって、社会事業史研究の一環として、国民健康保険法を視野に入れておくことが求められる。(3)

同法は、「相扶共済の精神」を強調しつつ、任意の国民健康保険組合によって農民らに医療保険制度加入の道を開いたものである。制定当初、国民健康保険組合設置は各市町村の任意であり、しかも原則として任意加入制であった。国保制度が地域の相互扶助を基盤にしている以上、各町村での動きを詳細に把握することが必要であるし、町村を指導・調整していた府県レベルでの把握も不可欠である。

国保制度は、県によって組合設立の進展は異なっており、山口県は比較的設立が多い県であった。同法の性格上、各道府県での動向をそれぞれ明らかにすることは同法を分析するうえで不可欠な作業である。一方で住民サイドから見た場合、医療を受ける機会を広げる同法の実施は歓迎すべきことであるうえ、市町村国保に保健婦が設置されるなど、保健体制の整備という側面があった。

また、産業組合の代行問題といった付随した問題も起きてくる。本章では山口県における国民健康保険法の実施過程を分析したものである。社会事業雑誌『山口県社会時報』にも国民健康保険法関係の記事が多く掲載されており、山口県でも社会事業の一課題としても認識されていた。農村医療についての課題は山口県でも深刻であり、その解決は、社会事業関係者にとっても関心事であったが、抜本的な策にはなっていなかった。国民健康保険法制定は、そうしたなかで、状況の改善が期待された。したがって社会事業史との関連でも国民健康保険法の状況を把握することが求められる。

こうした国民健康保険法の動きについて、『山口県政史　下』では二ページ弱の記述があるが、創設の背景の説明が主で創設後は、最初の組合の小川村についてやや詳しいだけで、あとは簡略である。[4] 各市町村史において触れている場合もあるが、これらも、最小限の史実を示すにとどまっている。医療関係の団体史として、『山口県医師会史』[5]『山口県薬剤師会沿革史』[6]などがあって、国保制度制定の記載はもちろんある。しかし、これら団体にとって国保法制定はきわめて重要な出来事であったはずだが、記述は必ずしも詳しくない。

主要な文献は、なんといっても山口県国民健康保険団体連合会によって発刊された『山口県国民健康保険五十年史』である。[7] 同書は「本編」と「資料編」の二冊があり、制度の制定から、発刊時までの動きが詳細に記録されており、同書によって、国保制度の変遷が正確にまとめられている。客観的な事実関係については、同書で十分把握できる。特に市町村ごとの動きが、県全体としてどうであったのかを把握するには有益である。「資料編」に掲載されている、関係者による座談会は、制度制定時に活躍していた人たちが生存していたときになされたものであり、歴史の証言としてきわめて示唆に富んだものである。

反面で、国保普及への県や産業組合の意向など、制度の周辺での動きの分析などは少ない。戦時下に展開した国保の性格をどう評価するかといった点は、記念誌的な同書の性格からいって、深く追究していない、したがって、同書の存在にもかかわらず、山口県での国保制度の動きを研究、分析する余地はなお多く残されている。特に社会事業史の観点からの研究はなされてこなかったといってよい。

そこで本章は『山口県社会時報』における国保関係の記事を主な史料として、国保の動向を追うことにする。国民健康保険法は一九四一年と一九四二年に改正されており、特に四二年一月の改正は、設置が任意であった普通組合について、地方長官による設立命令でできることになり、しかも強制設立がなされた場合、組合員資格のある者はすべて組合員になることとなって、制度の性格が大きく変わっていく。『山口県社会時報』は一九四二年初頭から発行されなくなるので、ちょうど四二年改正直前までを追うことになる。本章は、四二年改正前の任意設立の時期における、制度の展開を検討することを目指している。

2　制度成立前の県内の議論

国民健康保険法制定は、医療制度のあり方、医師と患者との関係を大きく変革するものであったので、国レベルでは、日本医師会・日本歯科医師会・日本薬剤師会などの医療関係者、産業組合、社会事業関係者などが、法案に対してそれぞれの立場から議論を展開した。それは具体的・経済的な利害に大きくかかわるだけに、時に激しいものになることもあった。

県内でも、国保制度の実現がせまっていくにつれて関心が高まり、当事者による発言も見られる。国民健康保険法制定のなかでの主要な当事者は、やはり医師である。山口県医師会も、当然制度の動向に関心を寄せていた。一九三七年、評議員会を開き、「本会は国民保険の大局より観て今回社会局発表の国民健康保険法案中第三条を削除し及之れに関連する条文の修正を期し尚同法案中医師会の団体契約権を確立せんとする日本医師会の決議を絶対に支持し重大なる決意の下に堂々として所信に邁進せんとす」との決議をした。さらにそのために、県選出の衆議院・貴族院の議員に働きかけることや、上京して大会を開くことなどの実行方策を明示した。山口県郡市医師会長会も、ほぼ同内容に「国民健康保険の陥り易き診療内容の低下を防止せむことを期す」を加えた決議をしている(8)。

このように、山口県医師会は国民健康保険法の内容の一部に危惧の念を表明していた。ただ、実際に制度ができてからは、特に混乱なく、制度の実施、運営を受け入れている。同時期に表面化した、産業組合による病院設置に対しては、強い反対を表明しており、産業組合の医療進出については強く警戒していた。国保自体には制度が制定されたこともあって、受容する態度をとっていく。国保診療組織についての、県知事と医師会との協定も「円満」に結ばれた。以後の医師会の動きや、開業医を主な読者とする『防長医薬評論』においても国保に批判的な記事はなく、単に国保組合の設置が広がっている事実を報じているにすぎない。後述の山口県国民健康保険組合連合会の顧問に山口県医師会長が就いているなど、国保制度の一翼を担っていくことになる。

産業組合関係者は、農村医療への関心を高めていたので、国保にも当然に高い関心をもった。産業組合のなかで、医療社会化の議論の先頭に立っていたのは屋祢本正雄である。屋祢本は、農村医療の現実について、詳細なデータを示しつつ、その改善の必要性を『産業組合中央会山口県支会報』掲載の論文で訴えていた。この論文では直接に国保制度の推進を強調しているわけではない。しかし、小作人の医療費が地主より少ないことを指摘し「小作人は病んで医療を受け得ない、医療費を支出し得ないと見るが妥当であらう」と述べるなど、医療費負担が深刻な課題であるとの意識を示していた。この論旨は、医療費負担の抜本的改善を提起するものであり、国保のすみやかな制定・実施を求める意図を含んでいるといえる(9)。

屋祢本が国保について直接論じているのは、やはり『産業組合中央会山口県支会報』掲載の「国民健康保険制度と保健共済施設」である。[10]この論考では、国保法案の概要の説明をした後に、産業組合の姿勢を述べ、産業組合の主張が通らないかもしれないことを憂慮する。ただ屋祢本の議論の中心は、「国民健康保険法が実施され、産業組合が之れに当らしめるべき政策の採られんことを望んでやまぬ」ということで、国保制度を積極的に活用して、産業組合がよりいっそう医療問題への取り組みを行うべきことであった。実践志向の強い屋祢本の関心は、すでに繰り返されている国保制度の内容の議論に加わるよりも、実現を見据えて、制度の活用を推進することであった。

国保と産業組合との関係でいえば、代行問題が論点であった。国保組合組織の代行問題とは、既存の産業組合がその機能を代行できるという制度の是非をめぐる議論であり、それを認めるかどうかが、法制定の際の論点の一つであった。『産業組合中央会山口県支会報』には、代行問題についての論考もいくつか掲載されている。平生町産業組合の吉浦峰助による「国民健康保険組合代行の問題に付いて」は、法制定直後に掲載されたものであるが、医療組合と国保組合は理念も組合員も共有している以上、共営、代行されるのは当然であるとの主張をしている。[11]田布施産業組合の西本儀人による「農村と保健　国民健康保険組合事業代行に就て」は一九四一年の論考ですでに制度の実施が進んでいる状況で、実際に田布施の組合が代行の認可をされているなかでのものなので、内容は実際に代行を行っての報告であり、かなり実務的である。[12]

産業組合自体が、国保制度を推進した側で、しかも当時産業組合による病院設立の動きがあるなど、医療への関心を高めていた。国保を積極的に受け止め、活用する姿勢を明確にしていた。

山口県の社会事業界も、国保を社会事業の課題と考えて、関心を示していく。一九三七年二月の『山口県社会時報』には、内務省社会局の名による「国民健康保険制度の要旨」が掲載されている。[13]内容自体は、国保制度の必要性や趣旨が一般的に述べられているだけであって特に見るべきものはないが、まだ制定されていない段階でこうした記事を載せるのは、制定への後押し、あるいは制定への期待の表明と考えることもできる。さらに、一九三八年四月にも、やはり内務省社会局による「国民健康保険法案に関する諸問題」が掲載されており、法制定前に再度、国保制度への関心を喚起している。『山口県社会時報』のこうした編集姿勢は、国保を社会事業の課題として、読者をリードしていったはずである。

県会では、姫井伊介が詳細な質問を行っている。[14] 社会事業家でもある姫井は、農村社会事業に深い関心を示しており、国保にも関心があったのは明らかである。姫井の質問は国保制度についての実務的で詳細なものである。この時点でかなり多くの情報を得て、制度の詳細についても正確に把握していることがわかる。姫井の質問が詳細で具体的であるため、答弁もまた具体的である、姫井はどちらかといえば野党的な発想で、追及型の質問をしていることが多いが、この件では国保の着実な実施という点で当局との立場の相違は小さく、議論が制度の円滑な実施へ向けての建設的なものになっている。

3　山口県における実施

国民健康保険法制定を受け、実施へ向けて動いていくなか『山口県社会時報』一九三八年七月に知事戸塚九一郎による「社会事業法と国民健康保険法の実施に当りて」が掲載されている。[15] そこでは「現下の非常時局に際して銃後の護りを固め国民体位の向上を図る上から極めて重要なる社会立法」として、法の重要性を説いたうえで法の概要を述べ、その目的達成を訴えている。社会事業法・国保法とも、必ずしも戦時体制を前提とした立法ではないが、戸塚の論考では戦時体制と結びつけて重要性を説明し、実施へ向けての方向が語られた。知事の立場で、法の実施という当然のことを述べているにすぎないとはいえ、こうしてわざわざ知事の名で制度を語ること自体、制度の普及へ向けての意思が感じられる。この号には、保険院による「国民健康保険法の解説」も載っていて、国保実施への第一歩となっている。

そして、実施への動きが進んでいく。国保組合の診療組織について山口県と、山口県医師会、歯科医師会、薬剤師会との協定書が、一九三八年一二月六日付で締結された。[16] 県と県医師会の協定の場合、組合の診療組織は県医師会または郡市医師会と契約するものとし、県医師会は、郡市医師会による組合の療養給付の取り扱いを指導監督するとともに、政府による「国民健康保険診療取扱指針」の周知徹底に努めるとしていた。また、組合と郡市医師会との契約書の例が示されている。歯科医師会ともおおむね類似の内容である。薬剤師会の場合は、組合と県薬剤師会が契約するものとし、薬剤支給の取り扱いの基本原則などが規定されている。

最初の国民健康保険組合が、一九三八年一二月一〇日付で阿武郡小川村、同佐々並村、玖珂郡坂上村に対して県知事からの認可があった。このうち佐々並村について見ると、その設立の経緯は「昭和十三年八月四日付県ヨリ選定ヲ受ケ同年十一月三日発起人会ヲ開キ愈々設立ニ決シ同五日ヨリ七日マデ村内六ヶ所ニ農事組合聯合会例会ヲ開催趣旨方法ヲ説明大多数ノ同意ヲ得同月十五日設立申請書提出十二月十日認可同月二七日診療契約ヲ了シ事業ヲ開始スルニ至レリ」とされている。[17]この説明によれば、県からまず選定があって、その後短期間で準備を整えた。また、設立にあたって村内で説明会を開き、村民の同意を得つつ進めたとされる。

山口県技師として国保実施を担当した赤川次郎による回顧では、「一番早くできたのは佐々並村の伊藤さんのところが一番よくまとまったんですが」「佐々並村は準備ができて何時でも許可になるという状態でしたが伊藤さんがおとなしくて最後になったが、同時に厚生省に出そうというので同時に始めた。実質的には伊藤さんがナンバーワンです」とあるので、実質的には佐々並村が先行しており、事務手続きの関係で三村が同時になったということである。[18]

『山口県社会時報』には、最初の組合の一つである「小川村国民健康保険組合規約」について、これが「政府の示した標準に合致」しているとして、掲載している。[19]以後設立された組合の規約もほぼ同一のものであろう。

佐々並村と坂上村については、『山口県社会時報』で「好実例」として紹介されている。[20]そこでは佐々並村では、村民の健康増進、経済生活の安定、伝染病の減少、医療機関の整備、乳幼児健康増進が、坂上村では無医村に医師が得られ、早期診断が促進され、疾病の発見につながっていることが報告されている。国保組合の設置が、単に医療費負担が軽減されるだけでなく、多様な効果を持つことを実例で示し、他の町村への設置を促している記事である。

一九三九年一月の『山口県社会時報』には、社会課長杉田三朗による「躍進防長県政に於ける社会行政の重点」が掲載されている[21]。そこでは日中戦争を背景として軍事援護がまず強調されてはいるが、「軍事援護事業、方面事業と並んで重視しなければならぬのは母性並児童保護事業と国民健康保険制度である」と述べて、国保の重要性が戦時体制における主要な施策であることを指摘する。「此の制度の運営如何は時局下国民体位の向上に至大の関係があると共に、農山漁村更生運動の基調ともなる」と位置づける。何より「数年間に県下全市町村に及ぼす考へで取進めて居る」と全市町村での実施の方針を明言している。杉田は、厚生省より山口県に赴任した人物であり[22]、山口県勤務後、厚生省に戻り、それも保険院理事官として国保を担当していく人物であるから[23]、国保の推進には熱心であった。

同号には保険院嘱託江口清彦「農村社会事業より見たる国民健康保険制度」が掲載されている。江口は山口県関係者ではなく、直接に山口県の実情を踏まえた論考ではないが、『山口県社会時報』に掲載されることで、国保制度が農村社会事業の一環としての性格をもっていることを県として認識していることを示しているといえよう。

県は、さまざまな場で国保の推進を図っていく。一九三九年二月に柳井町、徳山町、厚狭町、萩市、山口市で行われた市町村吏員社会行政事務打合会が開催され、打合せ事項として「国民健康保険法施行ニ関スル件」があり、そこでは「医療ニ起因スル生活不安等ハ相当深刻ナルモノアルニ鑑ミ本制度ノ普及促進ヲ図ルハ喫緊ノ社会的要事」としたうえで、実務的な指示をしている[24]。三月一四日には、国保組合設立の意向をもつ町村長を集めて、事務打合会を開催した。組合設立の諸注意だけでなく、県と村との「討議研究」も含まれ、以後も開催していくという[25]。

一九三九年七月には、山口市で市町村社会行政主任事務打合会を行い、指示事項の一つが「国民健康保険制度ノ普及促進ニ関スル件」である[26]。そこでは国民健康保険制度の普及促進が急がれることを述べ、本年度中の国保組合の設立を一五と具体的な目標を示している。国保の普及のために、宣伝印刷物を作成して、配布・掲示している。そこでは、隣保相扶を強調したうえで、組合には合理的で適正な運営を、被保険者には適正な利用を、一般県民には健康の重要性を説いている。『山口県社会時報』には、国保の心得を列挙し、それを四角形で囲み、「隣保相扶・国民健康保険・国民精神総動員・

山口県」の四つの語を、四角形の各辺に付記するというものを掲載している。[27]

一九三九年八月一〇日付の学務部長より国保組合理事長宛の「国民健康保険部落委員設置ニ関スル件」により、事業の円満な実施のために国民健康保険部落委員を設置した。委員は、各部落に「徳望」のある者を委員として置き、組合との連絡、趣旨の普及指導、手続きの指導、保険料納付の斡旋などを行うこととなっている。[28]

こうした一連の動きの結果、一九三九年一一月現在で一五組合が設置され、うち田布施町は産業組合による代行である。[29] あと一つ代行の申請がなされているという状況で、国保組合は着実に広がっていった。

4　国保制度の展開

こうして開始された国保制度であるが、県としてもいっそうの普及を目指していく。一九三九年の通常県会で、杉田社会課長は国保について、全国の農民が要望しているものであり、「農村社会事業ノ玉座ヲ占ムベキモノデアル」と、重視している姿勢を示している。県議・福田泰三の質問は、長い質問の最後に一言述べているに過ぎず、社会課長側の熱意の表明がきわだっている。[30]

一九四〇年一月の『山口県社会時報』は、学務部長廣岡謙二による「国民健康保険組合の普及を望む」が掲載されている。[31] 見開き二ページの記事で、他より字体が大きく囲みもあって目立つ形態で掲載されている。すでに設置した組合ですでに実績をあげていることを強調し、設置普及を進めることを要望している。さらに同じ号で、「厚生省主催中国、四国、九州各県国民健康保険事務打合大会記」という報告文と、国民健康保険協会による「峠の山彦」と題する「国民健康保険絵話」も掲載され、国民健康保険への関心をかきたてることをねらった編集となっている。

一九四〇年六月の『山口県社会時報』掲載の「国民健康保険組合の状況」では、すでに一八組合が生まれ（うち代行が二）、「本年度は組合設立の希望、三、四十ケ村にも達する状勢で、政府割当の数倍にも達し、既に多過ぎて取捨に困る形勢にさへあるが、全国的にも本県は屈指の多産組合県として他県を羨望せしめて居る」と述べ、順調な普及を強調している。(32)しかも、医療費負担の軽減、医師の招致、乳幼児死亡の低下など具体的な効果も上がっているというのである。このような手放しの評価が妥当がどうかは即断できないが、そうした広報ができる程度の自負があったとはいえるであろう。すなわち、県の奨励が一応の効果をあげたのである。具体例として、最初に設立された小川村を例に挙げ、小川村で衛生に関する映画、健康祈願祭、赤痢予防注射、健康表彰式、甲種合格者表彰という、具体的な活動が進められていることを紹介している。これは国保組合が単なる医療費の軽減策ではなく、多様な企画をなしうるうえに、効果も高い事業であることを強調する意図であろう。

一九四〇年五月一〇日、一一日に市街地社会事業協議会が開催され、県内の市および小野田、厚狭、小郡、柳井、深川、周南の各町から「市に準ずる」として出席している。(33)協議事項として、「国民健康保険組合設立ニ関スル件」では、都市部を中心とした市町であっても、隣接町村の合併によって、農山漁村を含んでいるので、国保組合の設置が求められているとする。宇部市などで合併が進んでいたことによる対応である。この時点で、国保組合が普及しつつあるといっても、すべて村であるので、市町にまで組合設置を広げようとした。また、都市部であるゆえ、特定の業種の者によって設立される特別国民健康保険組合の必要を説いている。

一九四〇年七月には山口県社会課の名による「国民健康保険法実施二周年を迎へて」が『山口県社会時報』に掲載されている。(34)そこでは、戦時体制下における国保制度の重要性を説いた後に、山口県が「屈指の普及県」という認識を、ここでも示している。そして今後の課題として、組合の保健施設を拡充強化して健康の保持増進を進めて「健康報国」によって国家に貢献すべきとしている。

一九四〇年六月一五日には、国民健康保険制度普及講習会が開催され、県内の市町村や産業組合から出席している。(35)県学務部長の挨拶、厚生省保険院理事官による講演、既設国保組合による講演、国保組合設立へ向けての実務的説明などである。

組合加入が任意であることから、制度の趣旨を住民に周知する必要があり、その役割が方面委員に求められた。一九三九年三月に麻里布町、防府市、深川町の三か所で開催された方面常務委員・少年教護常務委員協議会では、協議事項に「国民健康保険法施行ニ関スル件」が含まれている。そこでは、組合への加入脱退が任意であることを確認する一方、組合設立のための医療調査に協力すること、組合設立の世話人や発起人に加わって、設立に尽力すること、また「貧富ヲ問ハズ全村加入ニ付特ニ尽力」することを求めている。方面委員を制度実施の推進役として活用する方針が明示されている。[36]

こうした普及を背景として、一九四〇年七月一二日に山口県国民健康保険組合連合会が創設された。[37] 顧問が県知事と県医師会長、理事長が県学務部長、理事が社会課長で、県が中心になって動かす組織である。他に理事として、三村の国保組合理事長が加わっている。二年間で一応の県全域に広がる国保組合と県組織という形態が完成して、一九四二年改正前の基本的な到達となった。一〇月九日には第一回国民健康保険全国大会が開かれ、県より二名、県内国保組合より一一名（うち代行一名）が参加しており、県の組織化は全国の動きとも連動しながら進められた。[38] 大会の状況は『山口県社会時報』にて、七ページにわたって詳細に紹介されている。[39] この記事は単なる報告・情報提供ではなく、国保普及の必要性を、全国的な動きを見せつけることで、推進しようとした。しかも、さらに翌年一・二月号として発行された第一九六号に、「国民健康保険大会諸事項」が掲載されて、大会で示された事項、さらには一九四〇年一二月三一日現在の「全国道府県別国民健康保険組合普及状況一覧」を載せている。[40] この表によれば、山口県では代行六を含め、四五の組合が設立されている。人口や町村数が異なるので単純な比較はできないが、組合数が山口県を上回るのは、長野県の四八のみである。山口県の組合設立が他県に先行しているのは確かであり、そのことを誇示する意図があったとも思われる。

全国大会の記事が載った号では県内の記事として、「国民健康保険組合設立と無医村の解消」が掲載されている。[41] そこでは、国保制度が医業に圧迫を加えるとの、制度制定時にみられた医師からの批判は、実は正反対であって医師側にも「福音を齎す」ことを強調し、それを実証すべく、国保組合設置の村では医師数が現状維持か増加しており、無医村が医師をむかえた村が四村あり、無医村のままとどまっているのは二村だけである。これまでの記事が、論証なしに成果を強調していたのに対し、この記事は詳細なデータを示しており、県としても国保制度の意義に自信を深めた。

一九四一年一〇月の『山口県社会時報』には「国民健康保険組合の普及計画に就いて」が掲載されている[42]。そこでは国保制度を「人的資源充実強化の国策的施設」と位置づけたうえで、国保の普及は「健康報国運動」や「大政翼賛運動」であるとする。そして、山口県での普及状況を説明して、大半の町村で設立手続を完了しており、残余の町村は九である。全町村での設立の見通しであることを語っている。この記事は、以前のような普及の呼びかけというより、国保制度の完成が確実になった報告に近い。制度創設以来の取り組みが、終了に近づいたのである。『山口県社会時報』はこのあと二号が発刊されているが、いずれも国保に関連する記事や情報は掲載されていない。

こうして普及が進んだことについて、当時、県の社会事業主事として国保制度の実施にかかわった淵上博は「本県では非常に国民健康保険組合設立に熱心になって、たしか昭和十四年の七月には全国第一位の普及率で農村経済厚生運動とこの問題の結びつきについて特に中央からも、この運動計画の中に国民健康保険の問題もとり上げろというような指示もきたんです。そういうことと昭和十二年支那事変勃発以来、人的資源確保という一つの大きな要請に応えて、特に農村地帯の医療施設のないところに非常に熱心に普及運動が行われてきたようであります」と回顧している[43]。淵上の発言にすべて依拠するわけにはいかないとはいえ、山口県が他県以上に国保普及に熱心であり、それは農村問題の解決に加え、農村の医療問題の緩和、戦時体制における人的資源育成などの要素が絡んで、意欲的に取り組む素地が形成されたことは、実際の動きをみても、そのように考えてさしつかえないであろう。

5　山口県にとっての国保制度の意味

国民健康保険自体は、国全体の制度として、法を根拠として実施されたにすぎない。したがって、時間が経過すれば、全国どこでも普及が進んでいくのは当然である。しかし、国保組合の設置が他府県より先行しているなど、山口県特有の傾向もみられるので、道府県単位における特性があることも明らかである。

山口県では、以前から農繁期託児所、隣保事業、小児保健協会など農村社会事業の取り組みが多くみられた。それは農村のかかえる生活課題の解消を目指して一定の成果をあげつつも、財源や人材の限界があって、効果としては不十分なものにとどまっていた。そうしたなかでの国保制度の実施は、貧困や疾病などの課題を一挙に解決する良策として期待された。また、屋祢本正雄のような、医療社会化にむけての議論もなされていて、制度を受容する土壌も形成されていた。社会課長杉田三朗は、個人的にも国保に熱意をもって取り組んだことが推測されるし、先行した佐々並村などでは、国保への理解を持つ者が村内にいて推進力となった。そうした、国保制度を推進していくうえで、それに適した人物の存在が有利に働いたことも考えられる。農村社会事業が、農村地域ですでに広がっていたことが、こうした政策を受容していく土壌になっていた。

一方、国保組合に保健婦が置かれて保健の体制が向上したり、一部とはいえ無医村が解消されたりといった効果もみられた。農村の実態の改善を願う個々の動きと、政策の動きが重なり合って、一定の成果をみせることになった。なおかつ、政策的な対応によって農村の厳しい状況の改善策が推進されることで、社会事業が、方面委員のような個人的な善意で取り組むものから、政策によって取り組むべきものへと変容していく契機にもなりえた。ただ、一九四二年改正以降は戦時体制が深まる時期であり、本来の効果があがらなくなるのは、山口県でも同様である。国保普及の経験が、戦後社会福祉へとどう継承されたのか、あるいは、されなかったのかは、今後検証していくことが求められる。

【注】

（1）『第八回全国社会事業大会議事録』中央社会事業協会、一九三五年、一一四～一一八頁。

（2）『私設社会事業』第四五号、一九三六年一一月、一頁。

（3）近藤文二や佐口卓らの研究が先駆的である。国民健康保険法成立前後を重視し、社会福祉史のうえで注目できる研究として、福祉国家の形成過程の解明のうえで国民健康保険法に着目した鍾家新『日本型福祉国家の形成と「十五年戦争」』ミネルヴァ書房、一九九八年、政治史的なアプローチを重視した中静未知『医療保険の行政と政治―一八九五～一九五四―』吉川弘文館、一九九八年、あるいは戦時下の「社会国家」の構想との関連で国民健康保険法を論じている、高岡裕之『総力戦体制と「福祉国家」』岩波書店、二〇一一年などがある。『国民健康保険〇〇年史』という文献は、たびたび発行されているが、全体的、概括的なことが把握できるにとどまる。
（4）山口県文書館編『山口県政史　下』山口県、一九七一年、四八二～四八三頁。
（5）山口県医師会編『山口県医師会史』山口県医師会、一九六四年、二三九～二四二頁。同書は、毎年の医師会総会の記録が載っていて、そこには「会務報告」が含まれている。「会務報告」には日々の医師会の活動記録があって、医師会が国保に対応した記録も多くある。そういう意味では、本書は国保と医師会とのかかわりを詳しく載せている。記録を追うことで、医師会の実務的な動きはかなり把握できる。山口県医師会創立百周年記念誌編纂委員会編『山口県医師会創立百周年記念誌』山口県医師会、一九八八年は、第2章「鼎談　山口県医師会のこと　その2　医師法発布前夜より太平洋戦争終結まで」のなかで触れられ、「国民健康保険法制定の背景」との見出しも付いている。当時の興味深い体験も語られてはいるが、詳細な内容はではない（一六〇～一六一頁）。また、第3章が「聞き書き戦時中の医師会活動」で、吉南医師会の藤田了三が、小郡町では、町の財政的負担を嫌って、積極的ではなかったことを語っている（一六六頁）。
（6）山口県薬剤師会編『山口県薬剤師会沿革史』山口県薬剤師会、一九七四年。
（7）山口県国民健康保険五十年史編集委員会編『山口県国民健康保険五十年史』山口県国民健康保険団体連合会、一九九〇年。
（8）『防長医薬評論』第四七九号、一九三七年二月、一頁。
（9）屋祢本正雄「医療問題素描」『産業組合中央会山口県支会報』第二四九号、一九三六年一二月。
（10）屋祢本正雄「国民健康保険制度と保健共済施設」『産業組合中央会山口県支会報』第二五二号、一九三七年三月。
（11）吉浦峰助「国民健康保険組合代行の問題に付いて」『産業組合中央会山口県支会報』第二七二号、一九三八年一一月。
（12）西本儀人「農村と保健　国民健康保険組合事業代行に就て」『総力』第三〇一号、一九四一年二月。
（13）「国民健康保険制度の要旨」『山口県社会時報』第一四八号、一九三七年二月。

(14)『昭和十三年山口県通常県会議事速記録』三三〇〜三三二頁。
(15)戸塚九一郎「社会事業法と国民健康保険法の実施に当たりて」『山口県社会時報』一九三八年一月。
(16)『山口県社会時報』第一七一号、一九三九年一月、五七〜六六頁。
(17)「佐々並村国民健康保険組合概況」土山家文書、山口県文書館所蔵。
(18)『山口県国民健康保険五十年史』資料編、二五一頁。
(19)『山口県社会時報』第一七二号、一九三九年二月、五七〜六一頁。
(20)山口県社会課「国民健康保険組合事業成績に表れた好実例」『山口県社会時報』第一八二号、一九三九年一二月、二一一〜二一三頁。
(21)杉田三朗「躍進防長県政に於ける社会行政の重点」『山口県社会時報』第一七一号、一九三九年一月。
(22)『私設社会事業』第四三号、一九三六年九月、一三頁。
(23)「前本会常務理事（前山口県社会課長）杉田三朗氏を送る」『山口県社会時報』第一八七号、一九四〇年五月。杉田三朗「山口県市町村長、吏員、方面委員並に社会事業関係者各位に対するご挨拶」『山口県社会時報』第一八八号、一九四〇年六月。
(24)『山口県社会時報』第一七三号、一九三九年三月、六三〜六八頁。
(25)『山口県社会時報』第一七三号、一九三九年三月、六九頁。
(26)『山口県社会時報』第一七八号、一九三九年八月、四六〜五〇頁。
(27)『山口県社会時報』第一七六号、一九三九年六月、六〇〜六一頁
(28)『山口県社会時報』第一七九号、一九三九年九月、三三頁。
(29)『山口県社会時報』第一八三号、一九四〇年一月、六五〜六六頁。
(30)『昭和十四年山口県通常県会議事速記録』四三七〜四三九頁。
(31)廣岡謙二「国民健康保険組合の普及を望む」『山口県社会時報』第一八三号、一九四〇年一月。
(32)鷲頭栄一「国民健康保険組合の状況」『山口県社会時報』第一八八号、一九四〇年六月。
(33)『山口県社会時報』第一八八号、一九四〇年六月、五八頁。
(34)山口県社会課「国民健康保険実施二周年を迎えて」『山口県社会時報』第一八九号、一九四〇年七月。

(35)『山口県社会時報』第一八九号、一九四〇年七月、六一頁。
(36)『山口県社会時報』第一七四号、一九三九年四月、四七頁。
(37)『山口県社会時報』第一九〇号、一九四〇年八月、七九～八二頁。
(38)『山口県社会時報』第一九二号、一九四〇年一〇月、五二～五四頁。
(39)「紀元二千六百年記念第一回国民健康保険全国大会概況」『山口県社会時報』第一九四号、一九四〇年一二月。
(40)『山口県社会時報』第一九六号、一九四一年二・三月、五一～五六頁。
(41)『山口県社会時報』第一九四号、三八～三九頁。
(42)『山口県社会時報』第二〇一号、一九四一年一〇月、六四～六五頁。
(43)『山口県国民健康保険五十年史』、二五〇頁。

第17章　戦時下の農村における医療体制の整備

―佐々並村をめぐって―

1　農村における医療問題

一九三〇年代、農村医療が課題の一つとなり、乳幼児死亡や疾病への罹患、結核などの感染症などが問題となってくる。国民の体位や健康状態が不良であるとする軍部の主張のなかで厚生省が設置されるが、軍部が主張したように真に悪化していたのかは、議論もある。(1)しかし少なくとも、農村の医療体制に不備のあることは明らかであり、各地で医療利用組合の設置などの対策が進められた。それが一九三八年の国民健康保険法にもつながっていった。

本章では、一九三〇年代から戦時下にかけての農村において医療体制が整備されていく過程について検討するため、具体的な事例として、山口県阿武郡佐々並村を取り上げる。佐々並村は、阿武郡に属し、人口は一九二五年で二六六六人、一九三〇年で二四九六人、本章が対象としている時期にあたる一九四〇年で二三〇六人であり、昭和戦前期において、やや減少傾向にある。(2)戦後しばらくまで、人口はおおむね維持されていたが、高度経済成長期以降は減少し続け、『萩市の人口』平成二四年度版によると、二〇一二年九月末現在の人口は七六三人である。

地理的には山口市から萩市にいたる経路の中間にあたる。村役場付近の標高は約二〇〇メートルであり、標高七〇〇メートルほどの山に囲まれている山間地である。産業は農業と林業が大半である。江戸時代には、萩と三田尻（現・防府市）・山口を結ぶ萩往還と呼ばれる街道の中途の宿場町であり、他の農村地域と比べると、古くから商業的機能も有していた。一九五五年四月一日に隣接する明木村と合併して、旭村の一部となった。旭村は、村役場を当初は一年ごと、しばらくして二年ごとに、佐々並と明木で交互に移すという異例の対応をしていて、それが全国的に報道されることもしばしばであった。この措置は一九九五年に終了して、村役場を明木に固定した。二〇〇五年に平成の大合併で旭村が萩市と合併したことで、現在は萩市の一部となっている。しかし、山口市街地のほうが近いうえ、都市機能も県庁所在地である山口市のほうがすぐれていることから、生活圏・商圏としては山口市の範疇である。買い物、通院などで住民が山口市に行くことはあっても、萩市中心部に行くことはまれであろう。

この佐々並村は戦前、他の農村と同様に、乳幼児死亡率の高さなど、保健・医療の課題が山積していた。そういう状況に対して、村立診療所を設立するとともに、山口県で最初に国民健康保険組合を設置した。恩賜財団愛育会の愛育村に指定されたこともあり、保健婦活動なども活発になされた。農村医療の改善に積極的に取り組み、成果をあげていく。どういう動きがあり、なぜ山間部の小さな村でそうした動きが可能であったのかを明らかにすることで一九三〇年代から戦時下にかけての、農村医療の実態について考察していきたい。

佐々並村における国保を中心とした医療体制の動きについては、佐々並村自身が編纂した『佐々並村史』に、他の市町村史に比べて詳しく書かれており、ひと通りは同書で把握できる。しかし、山口県全体、あるいは日本全体のなかでどういう意味をもっているのかについてまで明らかになっているわけではない(3)。『山口県国民健康保険五十年史』は山口県内の国保の動きをもっとも詳しくまとめた文献であり、山口県における佐々並村の先駆的位置が、ある程度は理解できる(4)。しかも「佐々並健康保険組合設立について」という原田謙三による回顧が写真とともに掲載され、佐々並村での国保設置の過程や設置後の動きが把握できる。原田は、助役を経て一九四七年に村長に就任し、旭村設置後の最初の村長にもなった人物である。戦時下には産業組合長にも就いている。数ある町村のなかで佐々並村の記事があること自体、同書において佐々並村を先駆事例として評価しているあらわれである。さらに同書別冊の資料編では、国保創設期を知る関係者による座談会が掲載され、そこには原田が参加しているほか、他の出席者も佐々並村に言及している。

こうして、佐々並村における医療体制が整備された成果について、一応は示されているが、佐々並村という一地域に限定された紹介であるので、農村医療や農村社会事業の動きのなかでの評価について、検討の余地があるように思われる。史料的には、山口県文書館に所蔵されている諸家文書のなかの土山家文書には、佐々並村の国保組合に関連する史料が含まれている。同村の国保組合について一次史料によって把握することが可能である。

以上の点をふまえ本章では、おおむね戦時下と重なる、一九三〇年代半ばから一九四〇年代半ばにおける、佐々並村での、国保を中心として展開された医療や保健の動向を述べていく。

2　村立診療所の設置

佐々並村の医療体制を大きく前進させるのは、一九三六年三月の村立診療所の設置である。それまで佐々並村には、開業医が一人いるのみであった。その開業医で対応できない場合、山口市や萩市まで出向かなければならないのであるが、いずれも当時の交通事情では、時間、労力、費用とも容易ではなかった。さらに一九三三年、村の経済更生計画を立てた際に、医療費の支出の多いことが指摘された。[5]　一九三〇年発行の『佐々並村報』には「方面委員会」の記事がある。そこでは「体育問題について」と「農繁期託児所」が議題となっていて、児童の体育状態が課題として指摘され、産婆が村内にいないので設置を求めることに触れている。[6]　こうしたことから、村内において、医療や保健衛生への認識が高まっていたと思われる。

村長の溝部求治、産業組合長の伊東市三らは診療所の設置を構想し、村内有志の協力を求めた。すでに診療所を設置していた先進地として、熊本県金剛村、福岡県小野村、広島県広金村を訪問し、あるいは農林省技師に相談するなどの準備を重ねていく。そして一九三五年に、計画案を立てた。

設置への過程においては、村立のほかに産業組合立という案もあったが、手続き等の関係もあって、村立という結論になった。村立といっても、村に財政的な余裕があるわけではなく、費用のすべてを村からの支出によって設置することはできなかった。そこで設置の費用については、村民からの寄付や産業組合の負担を求めていく。設立後は、婦人会が運営に協力した。

村立診療所は、村民の現実的な必要性に対応したものであった。とはいえ、そこには財政面や人材の確保など、超えなければならない課題が少なくない。村のリーダーが設置へ向けての明確な意思と指導力を持っていたことで可能になることであった。先進地の訪問一つとってみても、当時の農村の交通事情からすれば、かなりの労力を用いたはずである。そして、リーダーの積極的な行動によって、村民の支持や協力が得られた。こうした動きがあったことで、国保設置においても、国保の意義や理念の受容が容易になっており、県内初の国保組合設置へとつながっていった。

なお、村立診療所は、一九四四年に国保組合立に移管されるが、一九四九年に村立にもどり、旭村への合併後も維持されていたが、一九六三年に廃止された(7)。その後、佐々並地域の医師が皆無となったことから、一九九五年に村立の診療所が開設されるが、医師は常駐ではなく診療の日時が限定されていて、体制としてはきわめて不十分である。地域医療という点では、戦前のほうがはるかに良好だったといえよう。

3　国保組合設置

一九三八年に国民健康保険法が制定された。同法では、町村ごとの任意の国民健康保険組合を設置することとなっていた。法制定にともない、山口県内でも国保組合が設置されることになったが、実際に設置されるには、各町村による設置への能動的な動きが求められた。さっそく動いていくのが佐々並村である。

佐々並村は早い段階から準備をすすめ、一九三八年八月四日に県の選定を受け、一一月三日に発起人会を開いた(8)。同月五日から七日にかけて、村内六か所で農事組合聯合会例会を開催して、趣旨や制度の内容についての村民への説明の場をもった。大多数の同意を得たことから、一一月一五日に設立申請書を提出した。そして、一二月一〇日に認可され、同月二〇日に診療契約を終えて事業を開始した。契約の対象は、山口県医師会、山口県歯科医師会、山口県薬剤師会、日本赤十字社山口支部病院、佐々並村診療所である。

一九三八年一二月に設置された、山口県で初の国保組合は三村あり、その一つが佐々並村である。[9] 三村といっても、実質的に最初といえるのは、佐々並村である。設立時に県社会課にいた淵上博は「一番最初に認可を受けたのは佐々並村であり当時村長さんが伊藤市三さんでございました。非常に熱心で」と述べている。[10] 国保実施のために、県で実質的に中心で動いていた赤川次郎（後述）は「一番早くできたのは佐々並村の伊藤さんのところが一番よくまとまったんですが」「佐々並村は準備ができて何時でも許可になるという状態でしたが伊藤さんがおとなしくて最後になったが、同時に厚生省に出そうというので同時に始めた。実質的には伊藤さんがナンバーワンです」と回顧している。[11] こうした証言からみて、佐々並村がもっとも準備がすすんでいて、事務手続きの関係から、三村が同時に設置したが、内実としては、佐々並村のものが山口県初の国保組合といってよい。

佐々並村が最初でありえたのは、一つは伊藤市三ら熱心な人物がいたことである。伊東は、診療所設置のときから熱心に活動していた。伊東は佐々並村の産業組合の設置にあたって尽力し、産業組合設置後は常務理事、さらには一九三七年に村長に就任し、一九四六年までつとめる。地域の発展に関心をもつ指導者的存在であった。

また前述のように村立診療所があるので、国保によって診療所が利用しやすくなるという、国保のもたらす利益がわかりやすい形で存在した。さらに、佐々並村からは山口市の病院に行くことも可能であるなど、医療機関を使いうる状況にあったので、なおさら国保の必要性が村民にとって理解しやすかった。また、佐々並村は山間地といっても、交通の要衝にあって、比較的外部の情報に接しやすく、県庁所在地の山口市に近いことも、情報を入りやすくしていた。したがって、村の指導層が以前から農村医療や国保をめぐるさまざまな情報を得ていて、問題意識を高めていたと考えられる。一方、県側から見た場合、国保推進のため、早急に国保組合の実績をつくり、しかもそれが他の町村から見て評価されるものでなければならなかった。佐々並村が地理的に近いため、指導・監督が容易であり、モデルケースとして対応しやすい条件を有していた。

4　設立後の動き

佐々並村において、国保組合を設置することで村民の医療費負担が軽減されただけではなく、国保組合によって保健医療にかかわる活発な活動がなされていく。それは終戦時まで、継続されていった。佐々並村国保組合では「妊産婦、乳幼児小児ノ保健ニ力ヲ注グ計画ニテ五月（筆者注―一九三九年）以来健康診断、小児保育講話、指導等着々実施」とあるように、設立時から乳児などを中心とした保健対策を構想していた[12]。

佐々並村国保組合によって作成された「乳幼児体重増加表」がある。A4よりやや小さいサイズの大きさの厚手の紙で、表に体重の折れ線グラフ、裏側には、体重と身長を書き込む表がある。表裏とも、東京帝国大学小児科教室発表の標準の数値があって、その子どもの発育状況を、標準と嫌でも比較する構成になっている[13]。こうしたものも、活用が促されたと思われる。

乳幼児の実態についての把握もなされている。赤川次郎による「佐々並村に於ける乳児死亡調査概要」が『山口県社会時報』に掲載される[14]。この論考は、佐々並村の国保組合で五月五日の行事として、乳幼児一二七名の健康診査を行い、その結果乳幼児の状態が望ましくないことが明確になった状況を受けて、整理されたものである。最近一〇年間の乳児死亡について、組合員から調査票を集めるという方法で行われた。

その結果、①乳児死亡率は平均一一・二％、②乳児死亡は中位または下位の生活状況の世帯に多い、③離乳期に死亡する者が多いが、その前に死亡する者も少なくない、④人工栄養児の死亡率が高い、⑤直接の死亡原因は栄養不良と肺炎である、ということが示された。こうした死亡の背景には、育児知識の欠落と経済的要因があることが推定された。そして、赤川は国保組合がとるべき対策として、①女子青年の母性教化、②母および姑教育、③妊産婦の保護、④乳児の保護、⑤

妊産婦らの栄養改善を挙げている。③については、妊婦健康診断の施行、巡回保健婦・産婆、分娩保護、④については健康審査の施行、体重測定、栄養補給の実施を求めている。

さらに赤川は「佐々並村に於ける乳幼児の診査に就て」をまとめる。[15]こちらは、五月の乳幼児診査の結果について、総合的に分析したものである。赤川と他の医師一名により、栄養状態、栄養法、発育状態、疾患、体格を調査している。医師によって個別に診査した結果であるので、内容は正確であるといってよいであろう。

結果として①栄養状態の良好でない者が多い、②標準値に及ばない者が多い、③虚弱児や寄生虫保有者が多い、④胸郭異常者、⑤幼児の主食物に白米食の常用者が多く、七分搗米の普及が徹底していない、といった実態が明らかにされている。予測されていた結果ではあるが、農村の子どもたちのおかれた実情がデータによって証明されている。赤川は主たる要因を、母乳不足と育児知識の不足に求め、改善は容易ではないので、全村あげての取り組みが必要であるとし、当面の対策として優良児の選奨、医師による講演と懇談会、発育標準表の配布を提示している。

赤川の二つの論考は、村立診療所を設置するなど医療面で比較的良好な環境にある佐々並村においてさえ、乳幼児の健康実態は望ましい状況からは程遠く、かなり本格的な対策をとらないと、改善が見込めない厳しい現実を論証するものであった。

赤川次郎は、大学卒業後、長崎県に勤務していたが、杉田三朗社会課長と親戚だったこともあって、誘われて山口県に勤務するようになった。国保の普及を担当し、医師会との調整を担当するなど、山口県国保制度創設の功労者ともいうべき人物である。その赤川としては、佐々並村を国保制度のモデルにし、国保を単に医療費を負担する制度にとどめるのではなく、住民の健康を推進する機構として構想していたのではないだろうか。こうした調査と結果への対策の提起は、国保制度の必要性を実証し、また戦時体制における人的資源育成と絡めることで、いっそう説得力を高めた。

国保組合による保健婦も設置された。[16]最初の保健婦は、山口県社会事業協会社会保健婦養成所を修了した山根きくえである。当時は保健婦の養成が始まったばかりで保健婦の業務をこなせる人材自体が少なく、まして山間地の村に招致することは容易ではなかった。原田は「保健婦さんがなかなかおられんのでよわったわ。来てもらおうと思ったら大難儀です」と回顧している。(17)

山根は佐々並村の出身者ではなく、養成所の修了者であることから佐々並村に派遣されたようである。主な業務内容は乳幼児保護と母性保護で、毎月の上旬一〇日間は定期部落巡回を行った。そのほか学校衛生、村内診療所、さらには組合事務も行うなど多様な業務をこなしていた。

山根はみずからの活動状況を手記にしており、そこから佐々並村の保健・衛生の現実、保健婦活動の実態、保健婦が活動するうえでの労苦が明らかとなる。(18) 山根が活動するなかで痛感したのは、乳幼児の一般栄養状態の不良、母乳不足者の多さ、人口栄養法の誤り、離乳期の不徹底、妊産婦の不摂生であった。これらの原因として、困窮していることによる肉類の入手の困難、知識不足、農村特有の習慣などがある。山根はそうした要因一つひとつに対処していかねばならなかった。高齢者が古い習慣に固執して、アドバイスに耳を貸さないなど、困難をきわめた。

また、道路事情が悪く、移動だけでも苦労が絶えなかった。農繁期には子どもが放置されがちで、それゆえに起きた問題に対応したり、重症の子どもを背負って診療所まで連れていくといったこともあった。ハンセン病者を発見して療養所に入所させることもあった。佐々並村は、当時の農村に共通したことであろうが、無知や因習のために、健康が損なわれ、命を失うことさえあって、その壁の一つひとつに挑んでいかなければならなかった。保健婦というものが認知されていない時代に、厚い壁に向かう労力には大きなものがあったと推察される。こうした取り組みが、農村の衛生水準を向上させ、それは戦後にもつながっていった。保健婦を設置した国保組合の大きな成果の一つでもある。

県としても、佐々並村について、最初の国保組合として、その効果の大きさを宣伝している。『山口県社会時報』掲載の「国民健康保険組合事業成績に表れた好実例」では、佐々並村と坂上村を取り上げている。(19) 佐々並村では、早期診療によって、村民の健康が良好になりつつあり、特に一〇歳までの死亡率が一九三八年に二八%から三九年は一〇%へと低下したという。伝染病も減少し、国保実施後は罹患者がいない。開業医が村立診療所勤務となって、医療体制が整備された。

婦人会の協力も得て乳幼児保健増進を推進しているという。後発の村での組合設置を促進するためのモデル事例として、過大に伝えられている感もあるが、一定の成果が出ていることも確かであろう。

5　愛育村の指定

佐々並村国保組合の主要な活動の一つは、愛育村である。愛育村とは、恩賜財団愛育会によって創設された制度で、農山漁村における乳幼児死亡が高率であることから、育児の適切な知識を普及させるなどして対応することを目的としている。[20] 愛育会は、一九三三年に皇太子の誕生を契機にして一九三四年に発足したが、愛育思想の普及を目的としている。一九四六年に恩賜財団母子愛育会に改称して現在にいたっている。

モデルとなる地域を指定して愛育会の指導のもとに、各種の事業を推進していくものである。指定にあたっては、府県に選定を依頼する。一九三六年に開始されており、当初は戦時体制とは無関係に構想されたが、戦時体制が強まるなかで、戦時の人口政策との関係が強まってしまう。

佐々並村は一九四〇年三月六日付で、愛育村に指定された。[21] もともと、佐々並村国保組合では小児保健などを重視する方向であったので、愛育村の指定はその方針にも沿ったものであった。

指定を受けて、国保組合に愛育部を設けて、愛育事業を行うことになった。発会式が行われ、四月二日付けで、佐々並村国保組合理事長伊東市三の名で案内が出され、四月四日に佐々並村青年学校を会場にして行われた。講演もなされて、愛育会から派遣された者と県社会課長が講師となった。[22]

佐々並村国民健康保険組合愛育部規程が定められ、「恩賜財団愛育会ノ趣旨ニ基キ妊産婦乳幼児学童ノ保健並ニ産育ニ関スル知識教養ノ向上ヲ図ルヲ以テ目的トス」としている。[23] 規程では、事業として、愛育班設置、保健婦設置、愛育思想の涵養と普及、妊産婦保護、乳幼児と学童の保護、栄養改善と保健衛生の強化、季節保育所経営、その他の必要事項となっている。また、役職員として、部長（理事長を充てる）、副部長（常務理事を充てる）、委員、顧問、書記、嘱託医、保健婦、指導官（女性教員や診療所職員）、班長、班委員をおくとしている。

事業計画として、第一に愛育班を村内に一三班おき、主婦や女子青年団員を班員とした[24]。産具、衛生器具、薬品等を常備するとともに、妊産婦の訪問調査、出産や育児の指導、家庭と保健婦との連役、産具や衛生器具の貸与や給与などを行う。

第二に保健婦を設置し、保健婦は定期または随時に愛育班や家庭を巡回して指導、学童の保健衛生にあたる。第三に健康相談所の開設、第四に母性教化として毎月一回以上の講演会、座談会、講習会、四回以上の班座談会、展覧会、映写会、文書の配布を行うとした。

第四に母性教化であり、講演会、座談会、講習会、展覧会、映写会の開催や文書の配布、第五に妊産婦の保護として妊娠通告と妊産婦カード記入、巡回診察手当と相談、年一回以上の定期診察、産具等の貸与・給与を行う。第六に乳幼児の保護として、年一回以上の定期健康診断、年二回の虚弱児の特別診察、月一回の巡回相談、月一回の発育状況調査となっている。第七に学童の保護である。定期健康診断、虚弱児の保護、栄養給食である。第八に季節保育所の設置である。農繁期に村内四か所で保育所を設置する。第九に栄養改善である。

こうした計画を実施するためには、経費を要することになる。一九三九年度の予算によれば、組合自身の支出が一〇〇円なのに対し、愛育会補助が二〇〇円、国庫補助が二〇〇円である。三九年度は指定前であるが、指定後の一九四〇年度になると全体が増額され、組合支出が三二〇円、愛育会補助二〇〇円、国庫補助二〇〇円、県費補助一五〇円、寄付五〇円であり、圧倒的な部分を補助金に依拠している[25]。

こうした多様な事業も、補助金あってのものである。計画にあたり、県など外部からの示唆があったと考えられるので、計画内容を村の自主的な判断を考えることには限度がある。また、あまりにも多様で幅広い事業が列挙されていて、小規模な一農村でこうしたことをすべて計画通り実行することは困難であったと思われる。しかし、これだけの計画が示されたことで、村での児童保護への意識の高まりなどの効果があったこともすべては否定できないであろう。

愛育部の活動の一つとして、こども展覧会が行われている。『山口県社会時報』掲載の見学記により、その様子を把握できる[26]。見学日は一九四〇年一一月六日で、青年学校内の二部屋を用いて、陳列を行った。主要な展示物は愛育会本部から送られたもので、掛図、写真、模型、実物（育児・衛生用品か）などの育児関係の物である。写真のなかには、先天性梅毒の乳児の写真のような、見る側に疾病への恐怖心を与えることを目的としたものもあったようであり、その点では明治期以降盛んに行われた衛生展覧会のような要素もある。会場には、説明役もいて、育児や衛生への説明がなされた。説明役の「山根さん」とは、前述の保健婦の山根きくえと思われる。参観者は村内の主婦、未婚の女性、小学生、教員らである。

一九四一年九月一八日から一九日にかけて、愛育事業農村隣保事業講習会が、佐々並村国民学校で開催されている[27]。対象は県内の愛育事業関係者のようである。人口問題研究所の研究官西野陸夫による講義として「社会保健婦の使命と実務」「農村社会保健事業要項」「愛育事業の重要性」の三つ、また県社会課長荻野憲祐による「時局と社会事業」、さらに社会保健婦を中心とした座談会が行われている。西野の講習内容はいずれも講習会時に配布されたと思われる講義概要が残っているが、国内外の状況を説明するなど、学術性の高いものである。

西野はこれ以外にも山口県内で講演したことがあり、その講演概要が『山口県社会時報』に掲載されている[28]。それらによっても、西野の講演がどういうものであったのか推測できる。やはり、ドイツなどの状況をベースにしながら、日本での対応のあり方を説いている。西野は愛育村にも触れて「佐々並村の優秀なる成績」と発言している[29]。儀礼的な趣旨の発言ではあろうが、西野が佐々並村について、一定の認識をもっていたといえるであろう。

佐々並村が交通不便な地にもかかわらず会場に選定されるのは、先進事例の村と考えられたことや、企画の実務を担当する意欲や能力をもっていたということであり、佐々並村が国保において積極的な姿勢をもったことを示している。

愛育村として行うとされた活動の個々のものは、必ずしもオリジナルなものではなく、山口県でもすでに小児保護協会などの形態で行われてきた事業なども含まれている。しかし、総合的、全体的であること、村立診療所や保健婦という、実施を可能にする具体的な社会資源やマンパワーをもっていたこと、「月一回」というように具体的な活動目標が明示されていること、村長を理事長とする国保組合を活動主体としたことなど、社会事業や施療の一環としてなされた従来の施策とは、条件が異なっていた。ただ、この後、戦時体制がますます深まっていく。乳幼児死亡の低下などの必要性は高まった反面、予算、人員、時間的余裕などは困難になったので、計画がそのまま実施されたとは考えにくい。とはいえ、村の医療や保健の体制において、支えになったことは確かであろう。

佐々並村国保組合は以上のほか、村立診療所の経営を継承するなど、診療所の充実に寄与し、また全村の定期的検便による寄生虫の駆除、季節託児所の設置などを行っている。乳牛を飼って牛乳を生産して、乳幼児に廉価で販売することも行っている。[30]

6　農村での医療と社会事業の可能性

佐々並村が他の村にさきがけて医療体制の推進が可能になった背景として、やはり村民の健康という深刻な課題があって、その課題にどう対処すべきかという、深刻な状況があった。それだけなら、どの村も同じであるが、当時の村長や産業組合長らはもちろん、一般村民も含めて、医療への関心や国保制度の理解が深かったように思われる。全国で二二の国保組合を厚生省が優良組合として選定した際、山口県から推薦されて指定されたのが佐々並村の国保組合であった。[31]その理由は、理事者の熱意、活発な事業、事務が優良で統計資料が整備されている、乳幼児指導の保健婦の設置、村との密な連携、負担の引き下げをあげている。これらは、指導者だけでなく、実務を担う者など広く意識を共有しないと、実現しがたいことである。

また、産業組合による活動が活発であったことが背景としてある。医療体制の推進において活躍する人物は、産業組合での経験をもっている。佐々並村の産業組合には、一九四二年五月二八日に、岡部長章侍従の差遣の対象になったように、[32]その活動の活発さが際立っていた。国保制度施行前から、農事実行組合の取り組みとして、医療費の不払いを防ぐため、診療費の積立の奨励を行っていた。[33]人材の蓄積や、活動実績の積み重ねが、国保の実施・普及を容易にしていった。

同村が、県庁所在地の山口市に比較的に近いという有利な条件があったことも確かである。近いといっても山間部にあって山口市とは標高差もかなりあり、当時の交通事情からすれば決して往来が容易だったわけではない。それでも、情報が入りやすく、また赤川次郎のような県関係者も来ることができた。山口赤十字病院の協力が得られたのも、病院のある山口市に近いという条件があればこそ可能となった。ただ、偶然の産物ではなく、佐々並村の側の医療体制向上への意欲があればこそ、それと重ねることで、県の支援も有効なものになった。

しかし、戦時下になっていくことから、事業の趣旨が戦時下の人的資源の育成という色彩を帯びるようになった。佐々並村のモデルが他の村に波及していくことにも限度があった。当の佐々並村自体、思い通りに遂行できたわけではないだろう。流れとして、戦時体制の前から動いており、戦時体制を意図した政策ではなかったはずだが、実際に戦時体制が進んでいけば、そこに組み込まれていくことは避けられなかった。

そうした限界をもちつつも、戦後日本が、医療や国民の健康において、急速に改善が進んでいくのは、戦前から始まっていた、意欲的な動きがベースにあったことも見逃すことはできない。保健婦の活動などはまさに、開拓的な活動があってこそ、今日がある。戦後の社会福祉や医療の全体の発展と、個々の地域での地道な動きを関連させて分析していく視点が求められよう。

【注】

（1）高岡裕之『総力戦体制と「福祉国家」—戦時期日本の「社会改革」構想』岩波書店、二〇一一年では、陸軍が「衛生省」設立論で主張した、徴兵検査の不合格者増加や壮丁体位低下を自明の前提として、従来の研究では農村の窮乏化や健康破壊の帰結として理解されてきたが、壮丁体位はむしろ向上していることを指摘している（三〇～四四頁）。
（2）佐々並村史編纂委員会編『佐々並村史』佐々並村、一九五五年、二〇四頁。
（3）佐々並村史編纂委員会編『佐々並村史』佐々並村、一九五五年では「国民健康保険組合」の見出しで概説している（二二〇～二二四頁）。同書の編纂委員に、診療所や国保設置に貢献した溝部求治と伊東市三が加わっており、記述に大きな誤りはないと考えてよいであろう。
（4）山口県国民健康保険五十年史編集委員会編『山口県国民健康保険五十年史』山口県国民健康保険団体連合会、一九九〇年。
（5）村立診療所設置の経緯については、『佐々並村史』二一七～二二〇頁、原田謙三「佐々並健康保険組合設立について」『山口県国民健康保険五十年史』。明木村との合併を経て、『旭村史』旭村役場、一九七八年が発刊されているが、診療所の記述は、前者の範囲内にとどまっている。
（6）『佐々並村報』第壱号、一九三〇年四月。
（7）『合併10周年記念　あさひ』旭村役場、一九六五年、二九頁。
（8）「佐々並村国民健康保険組合概要」一九三九年、山口県文書館所蔵土山家文書に、「設置迄ノ経過」が記されている。土山家文書は、佐々並村で村会議員、郡会議員を経て佐々並郵便局長となった土山幾蔵のよるもので、郵便局関係だけでなく、地域の名士が関与する団体、地域活動等の史料が多く含まれている。
（9）『山口県社会時報』第一七一号、一九三九年一月、五四頁。
（10）『山口県国民健康保険五十年史』資料編、二五〇頁。
（11）『山口県国民健康保険五十年史』資料編、二五一頁。
（12）「佐々並村国民健康保険組合概要」。
（13）「乳幼児体重増加表」山口県文書館所蔵土山家文書。
（14）赤川次郎「佐々並村に於ける乳幼児死亡調査概要」『山口県社会時報』第一七九号、一九三九年九月。
（15）赤川次郎「佐々並村に於ける乳幼児の診査に就て」『山口県社会時報』第一八一号、一九三九年一一月。
（16）川上裕子『日本における保健婦事業の成立と展開―戦前・戦中期を中心に―』風間書房、二〇一三年では、国保制度と保健婦との関係についても論及している。

(17)『山口県国民健康保険五十年史』資料編、二五六頁。
(18) 山根きくえ「手記」『山口県社会時報』第一九七号、一九四一年二・三月。
(19)「国民健康保険組合事業成績に表れた好実例」『山口県社会時報』第一八二号、一九三九年一二月。
(20) 愛育村の概要は、『愛育村の組織と概要』恩賜財団愛育会、一九三九年に詳しい。恩賜財団母子愛育会五十年史編纂委員会編『母子愛育会五十年史』恩賜財団母子愛育会、一九八八年、一九一～二一一頁にも記述されている。
(21)『山口県社会時報』第一八六号、一九四〇年四月、四二頁。
(22)「愛育会発会式御案内」山口県文書館所蔵土山家文書。
(23)『山口県社会時報』第一八七号、一九四〇年五月、六五頁。
(24)「佐々並村国民健康保険組合愛育部設立大要」山口県文書館所蔵土山家文書。『山口県社会時報』第一八七号、六二～六六頁にも、「佐々並村国民健康保険組合愛育部事業計画書」があり、同趣旨の記述がある。
(25)『山口県社会時報』第一八七号、六三～六四頁。
(26) 長嶺シナノ「佐々並村こども展覧会紀行」『山口県社会時報』第一九三号、一九四〇年一一月。
(27)「愛育事業農村隣保事業講習会資料」一九四一年、山口県文書館所蔵土山家文書。同文書に西野の講義資料も含まれている。この資料を所蔵していることから、土山も講習会に出席した可能性が高い。
(28) 西野陸夫「興亜日本と児童愛護」『山口県社会時報』第一八七号～第一八九号、一九四〇年五～七月。西野陸夫「愛育事業について」『山口県社会時報』第一九九号、一九四一年五・六月。
(29) 西野「愛育事業について」、一七頁。
(30)『佐々並村史』、二二二頁。
(31)『山口県国民健康保険五十年史』資料編、二五九頁。
(32) 松本匡一「光栄に輝く佐々並村産業組合」『総力』一九四二年六月。
(33)「経済更生運動の基礎体としての農事実行組合の活動　佐々並村」『農事実行組合の活動事例　産業組合中央会山口県支会報臨時増刊』一九三六年一二月。

第V部　軍事援護事業の展開

第18章　戦時下社会事業と軍事援護

1　社会事業としての軍事援護

軍事援護事業は、軍人遺家族や傷痍軍人への支援として、軍事救護法や廃兵院法等によって実施されてきたが、日中戦争以降の戦時体制のなかで本格化し、国でも軍事保護院を設置するなど力をいれていく。軍事援護は、戦時体制の一翼を担ったものとして消極的な評価が与えられることが一般的である。しかし、現実に出征などによる生活困難が発生している以上、必要性が高かったことも否めない事実である。侵略戦争の一手段として切り捨てるのではなく、何がなされたのかを具体的に確認する作業が求められよう。

その場合、戦時体制のもと、国家レベルで軍事援護がどう位置づけられ、どう展開したかも重要ではあるが、個々の地域で何がなされたのかをみていくことも欠かせない。なぜなら、戦争とは国と国との争いにとどまるものではなく、個々人の生活や人生を激変させる。したがって、戦争の実相を把握するには、生活実態に目を向けていく必要がある。戦時下の生活史の研究は、しばしば行われているが、軍事援護を中心とした社会事業にまで注目してきたとはいえない。吉田久一による一連の通史によって、軍事援護の国レベルでの動きは明らかにされているが、特定の地域について社会事業と関連させた研究は、畠中耕による群馬県の研究などがみられる程度である。[1]

軍人援護を正面にすえた研究として、郡司淳『軍事援護の世界』がある。[2]傷兵院の歩みを詳細に描くなど、社会事業との接点は多いが、著者に社会事業の視点があるとはいえない。このように研究に欠落が生じているのは、歴史学の側には社会事業という個別領域への関心や見識に乏しく、一方社会事業史研究の側では軍事援護についての関心が高くはなかったという事情があるだろう。

本章では山口県に焦点をあてて、軍事援護を分析する。山口県といえば、大村益次郎や山縣有朋が陸軍の創設に寄与し、以後も乃木希典、桂太郎、児玉源太郎、寺内正毅、田中義一といった著名な軍人を輩出してきた。軍国主義にもっとも親和的な県にみえるかもしれない。さらに下関が朝鮮との結節点であるなど、県内に軍事的な要衝をかかえている。しかし、県民生活はそうしたことと関係なく営まれ、戦争によって破壊されていくのである。軍事援護それ自体については、山口県文書館の編纂による『山口県政史』に記述がある。[3] そこでは、「軍事の援助」という章があり、「軍人援護事業」「銃後運動」「満蒙開拓団の派遣」の三つの節がある。個々の事項については簡略ではあるが、どういう動きがあったのかは示されている。しかし、あくまで戦時体制下の独自の領域としての記述であり、社会事業との関連で研究されることはなかった。

本章は軍事援護の全体ではなく、社会事業の一分野として軍事援護がどう受け止められたのかを考察する。それは、筆者の関心はあくまで社会事業にあり、生活を擁護するための社会事業が軍事援護に活用された点に関心があるからである。したがって、たとえば軍人援護会や銃後奉公会の活動を検討するのではなく、社会事業側が軍事援護に対してどう動いたかを問う。

軍事援護は、「愛」を基調とした社会事業からすれば違和感があるが、特に戦時下に主要な領域であったことは無視できない。軍事援護を社会事業の一領域とみることには戦時下においても違和感がもたれていた。一九三九年の上平正治『軍事援護事業概要』は、社会事業叢書の第一二巻として発行されているが、「軍事援護事業と社会事業との関係」という節をもうけている。[4] そこでは、「今次支那事変の当初に於いて、軍事援護事業は社会事業に非ず」との説がなされたことを指摘する。そして、軍事援護事業と社会事業の峻別が要求されたことも事実であると述べる。そして、社会事業と軍事援護事業との違いがあることを説明する。しかし結論としては、「軍事援護に社会事業の協力は其の人的要素から云つても施設から云つても必要なことが明らかなのであるから、社会事業家に於いて其の慈善恩恵的な社会事業臭味を捨て真に正しい軍事援護の精神を把握し之れを行動態度に示しつゝ、其の経験と専門とする能力を活用すればよいのである」としている。少なくとも、社会事業側からは、軍事援護を社会事業の一領域と認識し、発展させる意思があったといえよう。

また、社会事業と軍事援護を考える場合、方面委員が重要な意味をもつ。しかし、そうであるがゆえに、方面委員に焦点を当てた丁寧な分析が必要になると考えられるため、本章では方面委員についてはあまり触れず、次章で論じる。

こうした課題を扱う場合、社会事業の戦争責任という課題と関連するが、本章は社会事業の戦争責任の告発を目指しているのではない。もとより筆者は社会事業の戦争責任の問題に強い関心をもっているし、すでにいくらか論じてきたつもりである。しかし責任を追及するには、まず事実を示すことが前提である。山口県で軍事援護がどう発展し、社会事業がどうかかわっていったのかを明らかにしていきたい。

2　社会事業行政の動向

一九三七年七月の日中戦争の開始を受けて、さっそく軍事援護が行政の主要な領域として、整備されていく。その場合、社会事業行政を、軍事援護を軸にして再編することが求められる。山口県社会事業協会発行の『山口県社会時報』第一五四号（一九三七年八月）ではさっそく、官報に掲載された内務省社会局による、「銃後の後援」と題した文書を掲載している。単なる転載ではなく、社会事業が今後、軍事援護を柱として再編していくことを読者に明示したといえよう。

県としては、次々と軍事援護に関連する通牒を出している。七月二八日に「出動軍人遺家族ニ関スル援護並扶助ニ関スル件」、七月三〇日に「軍事扶助費給与額変更ノ件」、八月一九日には「軍事扶助ノ徹底ニ関シ方面委員督励方ノ件」が学務部長より市町村長宛に、「軍事扶助ノ徹底ニ関スル件」が、学務部長より各方面常務委員宛に出されている。さらに、社会課では、軍事扶助の徹底のため、社会課員を県内の市と三四町村に派遣した。(5)

一九三八年三月二六日には、県学務部長より市町村長宛に「軍人遺家族ニ関スル相談機関設置ノ件」が出された。市では方面事務所に相談所、市役所に本部をおき、町村では役場内におくことなどを求めている。一般的な家庭相談、行政上の諸手続などさまざまなことについて相談に対応しようとしたものである。

行政機構としては、社会課を中心として整備されるだけでなく、一九三八年二月に山口県軍事援護部が設置された。軍人遺家族援護、傷痍軍人援護、除隊軍人援護などを処理するものとされ、社会課にとどまらず、他の課に属する援護行政との連絡調整を図った。山口県軍事援護委員会が設置され、県知事を委員長とし、学識経験者らで委員会を組織し、軍事援護の関連する事項を調査審議することとした。県下を一〇の区域に分割して、社会課地方駐在員をおいた。担当区域を常時巡回し、市町村、方面委員、銃後奉公婦人指導員、軍人援護団体などを指導督励した。

軍事援護のための団体も整備された。軍人援護会山口県支部が、社会課内におかれた。一九三八年六月一日には、大日本傷痍軍人会山口県支部発会式が挙行され、傷痍軍人会の支部活動が開始された。傷痍軍人会は市と郡に分会が設けられている。銃後奉公会が各市町村に設置された。

具体的な援護活動を推進するために、一九三九年八月に山口県告示で「山口県軍人遺家族婦人指導員設置ノ件」が定められた。県内を、下関、宇部、山口、徳山、防府、萩、柳井、岩国の八つの地方に区分し、それぞれに一〜二名の婦人指導員を委嘱した。指導員は担当地方の軍人遺家族の婦人からの相談指導に従事することとされている。

現実に傷痍軍人が増加していくと、個々の傷痍軍人を支援する対策が急務になる。一九三九年八月一五日に、学務部長より市町村長宛に「傷痍軍人ニ介護要具支給ニ関スル件」が出され、寝台、手押車、手動椅子車、補聴器、便器を支給することとしている。一九三九年一〇月三一日には、「傷痍軍人ノ健康診断実施ニ関スル件」が学務部長より市町村長、傷痍軍人会山口県支部長、各分会長宛に出されている。傷痍や疾病のために除隊や召集解除となった者を対象として健康診断の徹底を求めた。そして、一一月一〇日から一三日にかけて、県下一五か所で健康診断が実施された(6)。

軍人援護に県民全体を巻き込むために、一〇月を銃後後援強化週間として実施し、県や市町村が、軍人援護会や傷痍軍人会とも協力して、懇談会や講演会、傷痍軍人や傷痍軍人の援護者への表彰などをすることとなっている。

社会事業行政に軍事援護を明確に組み込むため、社会事業の会議では、軍事援護が主要な議題となる。一九三九年一月下旬から上旬にかけて、県下五か所で「軍事援護事務を中心とし現下時局に適合せる社会行政の刷新に乗り出す」として、「市町村社会行政事務主任者集会」が開催された。[7] 一九三九年二月には県下五か所で、「軍事援護事業の普及及一般社会行政事務の徹底を期せん」として、市町村吏員社会行政事務打合会が開催された。[8] その冒頭の議題は「軍事援護ニ関スル件」であり、以後も「軍事援護資金寄附募集ニ関スル件」「恩賜財団軍人援護会山口県支部ニ関スル件」「銃後奉公会設置ニ関スル件」「財団法人大日本傷痍軍人会山口県支部ニ関スル件」と、軍事援護関係の議題が続き、ようやくその後に、「国民健康保険法施行ニ関スル件」「社会事業法施行ニ関スル件」がある。内容の過半は軍事援護で占められていた。

一九三九年一〇月二三日、二四日に山口市で開催された中国四国社会事業連絡協議会では、軍事援護部会を設けて協議している。[9] 陳情書がまとめられるが、そのなかに「軍事援護拡充に関する事項」があり、軍事扶助の充実や、国庫補助の改善などを求めている。大会後に施設見学が設定されているが、少年教護院の育成学校、山口隣保館とあわせ、傷痍軍人湯田温泉療養所が含まれている。

こうして、短期間に軍事援護の体制が整備されていくのであるが、『山口県社会時報』では、どう報じているのであろうか。『山口県社会時報』第一五七号（一九三七年一一月）に山口県社会課による「軍事援護事業の大要」という解説記事が掲載されている。初期の軍事援護の状況を図にして説明したものである。制度や組織を説明したにすぎない内容ではあるが、それまでの社会事業においてはさほどの比重がなかった軍事援護が社会事業の中心課題となってきたことを示す記事であった。

とはいえ、『山口県社会時報』が一気に軍事援護一色になったかといえばそうではない。方面委員令施行後間もなくであり、方面委員制度の整備が急がれていたし、母子保護法への対応も必要であった。戦時体制になってもしばらくは、一般的な社会事業への関心が薄れたわけではない。

しかし、軍事援護の重要性が語られ、拍車がかかっていくのも確かである。県の側から戦時下の社会事業の方向を示した論考が、石田貴志雄「時局の進展と社会事業の方向」である。[10] そこでは、「軍事援護、傷病兵の職業保障授産等直接的たるものは勿論」として、軍事援護の社会事業の第一の課題としている。そして、「積極的に社会事業そのものを国家目的たる今次支那事変の成果に寄与せしむ可く、軍事援護、傷病兵の職業保障授産等直接たるものは勿論」というように、社会事業を狭義の軍事援護だけでなく、広い領域まで含め、軍事目的と一体化すべきことを説いている。

社会事業行政における軍事援護の役割として社会課長の杉田三朗は「当面の問題として全力を傾注せる事業は軍事援護事業である。本事業は単なる社会行政上の一施設と云ふよりは、国家国民の義務であり、銃後国民の総意に於て行はれねばならぬ種類のものである」としたうえ、「平時に於ては軍事扶助法の施行を大部分とした斯業が、今や法に依る扶助以上の各種臨機の対策を必要として居る」と述べて、傷痍軍人保護など広範な活動が社会事業行政として重視すべきことを説いた。[11]『山口県社会時報』第一六五号（一九三八年七月）は「支那事変一周年記念特輯号」として発行され、軍事援護関係の記事を中心にした編集がなされる。

3　社会事業界の軍事援護の受容

こうした軍事援護の動きのなかで、一般の社会事業の位置が後退したことは否めない。社会事業法が制定され、社会事業の体制が前進し、山口県私設社会事業連盟は、なお活動している。一九三九年七月五日に総会を開いており、そこでは丘道徹、小河内行衛、河野基孝、福谷堅光、姫井伊介、辻田玄粲といった山口県社会事業の中心的な人物がおおむね出席している。[12] 議事に「宮城遙拝」があるものの、議題は社会事業法や助成の問題であり、直接軍事援護が議題となっているわけではない。現実には日々の事業運営に追われているわけで、ただちに軍事援護にかかわれるわけではない。しかし、軍事援護が社会事業の柱となれば、無関係であり続けることはできない。民間社会事業家は軍事援護を、どうみていたのであろうか。

当時の代表的社会事業家は、やはり姫井伊介であろう。筆者はすでに、戦時下の姫井の言動を取りあげて、戦時体制に迎合した姿を示した。(13)姫井は一九三九年のエッセイで「傷痍軍人に対する尊敬と感謝とはいつまでも続けられるであらう。又実際さうであらねばならぬ。其所には矢張り、家庭、学校、社会に於ける教育が徹底されねばならぬ」として、傷痍軍人への尊敬を社会全体でつくる必要性を述べ、しかも「傷痍軍人自らも、其の受くべき尊敬と感謝とを傷けざらんことに留意するのみならず、益々高深せしむべき人格的精進こそ大切であらう」と、傷痍軍人自身の努力も求めている。(14)論旨自体は、当時の傷痍軍人についての論調をなぞっているだけで、何ら独自性はないが、姫井がそれまで社会事業のあり方について批判的な切り口で論じてきたことと比べると、独自性のなさこそが姫井のこの時点での立場を示している。

さらに姫井は「今次の如き国家の非常時に当面しては、国民の誰もが又、諸種の機関団体の全てのものが、国家中心に協力結合すべきは必至当然である。今や軍後は皆其の方面に進んで居る。が未だ其の行程の効既にある。長期建設の大聖業から言へば、総力を挙げての本格的団体的統制的大行進は今からである」と述べ、軍事援護に限定しているわけではないが、社会事業全体が戦争目的にそって再編されるべきことを説いた。(15)この論旨からいって、軍事援護は社会事業の主要な領域として重視されることになろう。

戦時下に発言している社会事業家としてほかに、船木隣保館の辻田玄粲がいる。辻田は「日支事変がいよいよ重大となり方面委員や社会事業家が奮起せねばならぬ秋が来た農村に於ける軍人遺家族人事相談所を開設することが必要であらう特にその看板を大きく掲げて便利をはかることが急務である」「銃後の守りにつく人達よ。今にして吾れら努めずんば従来更らに重大時に遭ふ事を自策自励しなければならぬ」と述べている。(16)辻田はさらに、一九三八年二月に、京都総本山禅林寺管長の随行として皇軍慰問を行い、その報告を『山口県社会時報』に掲載している。(17)それによれば、北京の陸軍病院を訪問し、さらに石家荘の兵站病院を訪問している。直接軍事援護の必要性を語っているわけではないが、こうした見聞が軍事援護の必要性への認識を高めたであろうことは容易に推測できる。

姫井と辻田の二人の事例だけで判断するのは危険ではあるが、この二人はリーダー的な存在であり、この二人が軍事援護に肯定的姿勢を示していることは、山口県の民間社会事業が、軍事援護に受容的な傾向をもっていたと一応はいえるであろう。

一方、行政側も、引き続き、軍人援護と社会事業の関係を説いて、その関係を強化しようとしていく。浦紀元による「軍事援護事業の一考察」では、軍事援護の体制が整えられつゝあるものの、不十分であり、より積極的な援護と指導を求めた。そのうえで、「今日迄の軍事援護事業の実績に鑑みるに、余りに物質的援護に重きを置き、精神的援護を閑却した憾みが少なくない。長期戦下に在りては、精神的援護の徹底こそ軍事援護の主要なる部門」として「精神的援護」の重視を求めている(18)。

系統的に軍事援護を論じているのは、一九四一年に社会課長に就任する荻野憲祐である。荻野は社会課長就任時に「銃後国民の共同責務としての軍事援護事業は申すまでもなく、一般国民の生活安定並に人的資源の保護育成に関する諸施策等国策の線に副ふ一翼として断乎旧態を刷新して時勢の要望にこたへねばならない事項が山積して居る」との見解を示している(19)。

荻野による軍事援護について『山口県社会時報』に掲載された論考は、「軍人援護の根本精神」と「長期戦下に於ける軍人援護事業」である。前者において「援護は精神的指導が中心であつて物的援護は之が一手段に過ぎぬと見るべきであらう」として「精神的援護」を優先する姿勢を示している。「銃後の国民は我等の代理者として之等の将兵に心から感謝せねばならぬ」として「感謝」を軍事援護の基盤とする。そして「国民の精神的援護の完璧を期する」ことを強調している(20)。行政の直接の責任者でありながら、具体的な方法や施策を説くのではなく、精神や思想の強調に終始するのである。

後者では、まず「軍事扶助法改正の問題」を語るが、荻野は「兵役に服する者が扶助法による恩恵を当然の権利視するが如きことは以ての外」と述べ、軍事扶助法の権利性を強硬に否定した。そして、軍事扶助法に家族主義が明記されていないのは不満だとして、その明記を求めている。荻野も、生業扶助の拡充なども語ってはいるのだが、「改正」の方向は、戦時下においてより利用しやすい制度にするのではなく、逆に戦時であることを根拠として利用が広がることを抑制する意図があるように思われる。荻野はさらに、「帰郷軍人援護の拡充」「前線将兵の慰問激励の拡充」を述べている(21)。

当然ながら行政としては、軍事援護の定着、浸透を図るべく、その重要性を強調してやまなかった。しかし、軍事援護が定着するあまり、諸制度の利用が広がりすぎることを警戒していた。戦時体制が長期化しつつあるなか、軍事扶助などの利用も増大する恐れがあった。また、軍事援護を根拠として社会事業制度全般が権利化することも、避けるべきであった。したがって、思想としての軍事援護を強調し、精神面は鼓舞するものの、個別の制度については総論に流れて、具体論には触れない傾向があった。

全国的に、社会事業の戦争協力の姿勢を明確化したのは、一九四〇年一〇月の紀元二千六百年記念全国社会事業大会であろう。この大会では、戦時色の強い宣言や決議、さらには「皇軍感謝文」が出されるなど、社会事業を戦時体制に組み込む方向が示される(22)。当然、軍事援護が大会の関心事である。大会では、領域ごとに部会を設けて協議を行っているが、第四部会が「軍事援護に関する事項」である。ここに山口県から八人出席している。山口県提出の協議題は「軍人遺族家族の強化指導に関する件」である。下松市銃後奉公会長の弘田伝人が説明している。弘田は、婦人嘱託の問題、軍事援護相談所の活動、寡婦の再縁について取りあげている。ただ、他の出席者からの発言もなく、議論は深められないで終わっている。この部会での山口県からの出席者の発言は、報告書に掲載されているのはこの弘田の説明だけであり、山口県としての特段の活動はみられない。

この大会は、全国から参加しているので、山口県だけが突出して何かを示すことは、もともと予期されておらず、山口県の参加者は義務的な役割を果したにとどまったように思える。しかし、この大会に限らず全国的な軍事援護への意欲の高まりを感じとることで、影響を受けていったことは確実であろう。

4　社会事業施設の軍事援護施設化

こうして、社会事業側も軍事援護を積極的に受け止めていくとなれば、個々の施設も軍事援護に協力していくことになる。それを典型的に示したのが、山口隣保館である。山口隣保館をはじめとした隣保事業の戦時下の変質について、筆者はすでに述べたことがあるが[23]、軍事援護の観点から改めて整理してみたい。山口隣保館は山口県社会事業協会によって、一九三三年に設立された隣保事業施設である。山口県では、労道社をはじめ隣保事業が行われたものの、いずれも私設であり、運営難から思い通りの事業を実施できていないのが現実であった。しかし、山口隣保館は、県社会事業協会による設置という好条件であり、山口県での隣保事業の拠点ともいえる施設である。発展のなかで、一九三八年には建物を新築している。この新築自体は、軍事援護と直結するわけではなく、計画は開戦前にたてられている。むしろ当初は「隣保事業本来の使命である人道主義的精神」が強調されている[24]。

ところが、一九三八年七月一二日に行われた落成式についての『山口県社会時報』の記事では「軍人遺家族に対する特別の保護等の責務をなすには、規模縮小」とされており、軍事援護の役割が期待されていた[25]。落成式での戸塚九一郎山口県社会事業協会会長（県知事でもある）は「銃後社会的諸施設の整備充実を策し其の機能の発揚を促進するは極めて急務」と述べている[26]。

実際、山口隣保館は軍事援護の拠点としての役割を果たしている。日中戦争にともなって、「支那事変軍事援護資金」が寄付によってつくられる。その助成先の一つが山口隣保館であった。「母子寮授産場建設費並経常費助成」として母子寮と授産場の建設費、そしてその運営の費用が5年間にわたって助成されることとなっている[27]。

山口隣保館では、「木曜講座」と称して、毎月第一第三木曜に講演会を開催していた。講演会のテーマは、「家庭教育」といった一般的なものもあるけれども、「軍事講話」「時局に対する覚悟」「銃後のまもり」「大場部隊に従軍して」といった戦争への関心を煽るもの、あるいは「満州移民」「祭政一致の精神に就て」「時局問題に就て」など、軍事を直接に示してはいないが、戦争と関連する内容と推察されるものが目立っており、講演会の趣旨が教養的から軍事的へと目的が変わってきている。(28)

行事として、「夏季臨海学園」を開催している。内容自体は、以前から日本赤十字社山口支部や愛国婦人会山口県支部によって行われていた夏季児童保養所と同様のもので、県内の小学生を夏期休業中に集めて、海水浴などを行うものであるが、平時の他の児童保養所が「保養」を目的としていたのに対し、戦時下での「鍛錬」を強調している。(29)

さらに、軍人遺族家族母子臨海鍛錬所を開設している。午前五時半に起床し、講座や読書、海水浴をするもので、多忙なプログラムとなっている。「鍛錬即生活」なのだという。(30) ちなみに、その様子が報じられているが、多忙な日課に加え、社会課長が訪問して「遺族家族として世に処する途」という講話まであって、「鍛錬」という語にふさわしい。

こうした一過性の取り組みだけではない。隣保館には、「軍人遺家族援護部」がおかれた。そのなかの母子寮は「出征軍人の遺家族中身寄り少き母子を収容し各種援護事業及本館各種事業の綜合利用に依り物心両面より援護し漸次自力にて名誉ある軍人遺家族としての自覚の上に新しき生活設計をなす様指導す」ということを目的とし、桜花寮という名称がつけられる。授産所は、軍人遺家族に対し、ミシン裁縫、和服裁縫、毛糸編み物、和洋洗濯などを授産を行って独立を目指すことを目的とした。職業補導として、事務員を目指す軍人遺家族に対し、簿記などを指導した。また、保健婦巡回訪問事業は、社会保健婦としての教育を受けた看護婦三名をおき、軍人遺家族の家庭を訪問して、保健指導や調査相談などを行うこととされていた。(31)

軍人遺家族婦人指導員である福田幸子による「更生寮入寮者に就ての所感」は母子寮への入寮希望者を賞賛した記事である。(32)「床に飾ざられた戦死の夫、父の写真に礼拝して箸をとる、その敬虔な姿を見る時、ひたすらに更生の途にいそしむ堅い覚悟の程もうかがはれて、思はず頭が下がります（中略）明朗な雰囲気と、希望の生活とが続けられて、何の淋びしさ侘びしさがありません」と、その様子が戦意を鼓舞する表現で語られている。『山口県社会時報』には母子寮の雰囲気を美化して伝える記事も見られる。[33]

山口隣保館の社会保健婦による手記が、『山口県社会時報』に掲載されている。[34] 手記自体に戦争を礼賛するような記述はなく、多忙な保健活動に走り回る様子が具体的に描写されている。この手記に続いて、後述の奉公会館の保健婦の手記も掲載されている。両手記とも、保健水準の低い時代、保健活動に奮闘して成果を上げつつも、その成果が戦時体制に使われてしまう実態を示している。

こうして、山口隣保館は軍事援護施設化する。一九四〇年五月に発行された『軍事援護概況』という山口県による冊子では「主なる軍事援護施設」として山口隣保館が紹介され、「山口隣保館に軍事援護の施設増築を計画し本年四月竣工事業を開始せり。其の事業の主なるものは軍人遺族家族の母子寮及授産、乳幼児託児、医療保護施設を講ずる外、社会保健婦三人を設置して、軍人の遺族家族を訪問せしめ保健衛生の指導を行ひつゝあり」としている。この冊子ではほかに、下関市で方面委員の発議に基づき設置されたという下関北奉公会館と、授産や託児施設を付設したという深川町の正明市隣保館を紹介している。正明市隣保館は、深川町（現・長門市）に一九三七年九月に設置された隣保施設である。深川町は、現在は閑散とした地方都市になっているが、当時は交通の要衝として人の行き来が激しくなり、それだけ社会事業を要する問題も激化するようになるという状況のなかで設立された、山口県の日本海側で最初の本格的な隣保施設である。[35]

一九四〇年五月一八日に山口市を訪問した朝香宮は、軍事関連の施設ばかりを訪問しているが、訪問先の一つが山口隣保館である。[36] 傷痍軍人湯田温泉療養所、広島陸軍病院湯田転地療養所を訪問した後に、山口隣保館に立ち寄っている。その後も、赤十字病院、山口県傷痍軍人職業補導所を訪ねた。すべて軍事関連の施設であり、山口隣保館も社会事業施設としてではなく、軍事援護施設として訪問先に選ばれたのは明らかであろう。

山口隣保館は、県社会事業協会経営で隣保事業のモデル、あるいは中心的役割をもっていたので、山口隣保館が軍事援護のセンター化したのは、隣保事業全体の軍事援護施設化、もっといえば社会事業全体が軍事援護化したことを、社会事業界に対してはもちろん、広く県民にも示すものであった。

このほか、軍事援護を意図した施設として、船木隣保館がある。船木隣保館では、一九四一年に創立一五周年を記念して『船木隣保館事業概要』を発行している。そこでは、「事業成績書」を掲載しているが、託児部について「軍人遺家族幼児表」を他の児童と別に掲載している。修養部をおき、「応召軍人壮行会」「帰還軍人歓迎会」を行った。また、「隣保館人事相談部の一日」という記事があり、「支那事変で名誉の帰還軍人は住宅の明渡しを督促されてゐる。館主は嘱託と二人で連日連夜奔走しやっと解決をつける」と書かれている。実態として、どこまで軍事援護の比重が大きかったのかは不明だが、軍事援護を館の事業の主要な柱として社会的に明示したのである。

託児所も、軍人援護との関係で注目される。一九三八年五月四日の、厚生省臨時援護部軍事扶助課長から各道府県学務部長宛の文書では「常設又は季節的託児所」を求めている。しかしもちろんそれは、保育所一般の拡充ではなく「但シ託児所ニ付テハ要援護者ノ利用スル程度ニ応ジテ助成セラルベキコト」とされている。一九三八年八月二五日の厚生省臨時援護部長から知事宛の「軍事援護事業助成ニ関スル件依命通牒」では、「託児所助成ハ一般託児ト要援護者託児ノ割合ニ依リ助成スルコト」とされており、あくまで軍人遺家族の子弟などの対象を意図してのものである。厚生省の方針もあって、山口県による一九三八年の「軍人援護事業計画書」では「事変下地方労力ノ著シキ不足ニ鑑ミ之ガ補充ノ方途トシテ託児事業ノ施設ヲ勧奨シ、生産ノ維持ニ資セムントス殊ニ出動応召軍人軍属遺族家族ノ子弟収容ニ重キヲ置キ常設季節共ニ事変下労務補充ノ趣旨ヲ以テ長時間ノ受託栄養補給等ニ特ニ留意セシムルコトヽス」としている。(37)

そして、常設五〇施設、季節七〇〇施設への助成計画がたてられた。実際に、農繁期託児所は、一九三七年に五六八か所であったものが、一九三八年には七二〇、一九三九年には七三二へと増えていく。(38)

山口県では、農繁期託児所が早くから県下に広く浸透し、一九三〇年代には県による奨励もあって多数設置されていく。常設託児所も、姫井伊介による長陽育児園を皮切りに、注目すべき施設が各地に設置されていく。農村の社会問題を安価で緩和する策として行政が着目したという面はあったにせよ、住民の生活に寄与してきたのも確かである。普及度が高かったがために、それがすぐに軍事目的に転化することにもなってしまった。やがて、戦時託児所として、より明確に戦争

を関係づけられる。(39)

個々の施設が、戦時下でもなお、本来の使命を果たしていたことを軽視してはならないが、社会事業が軍事援護に組み込まれるなかで、程度の差はあれ、軍事援護の要素を加えつつ活動したといわざるをえないであろう。

5　戦時体制としての意味

戦時体制の構築は、国策として強力に推進されたことであり、軍事援護もその一部として構築された。したがって、どの道府県であれ、当然に社会事業が軍事援護に活用されていったと思われる。

そうしたなかでの山口県の特徴を考察すると、社会事業の蓄積や実践が軍事援護に転用されてしまったことである。方面委員制度や農繁期託児所が他県と比べて普及度が高かったためにそのまま軍事援護に活用された。隣保事業も山口県では労道社をはじめすぐれた実践が展開されていた。筆者はそうした一連の活動の先駆性や歴史的意義を繰り返し強調してきた。しかし、そうであるがゆえに、軍事援護に活用したときに有効に機能してしまう。また、山口県は姫井伊介ら、すぐれた社会事業家を擁してきた。河野諦円のように、開戦の前に死去した者もいるが、多くは戦時下も活動している。影響力をもつ社会事業家が、戦時体制を構築する主張を展開したので、軍事援護の体制の構築も容易であった。

山口県社会事業は、戦前にすぐれた実績をあげていくのであるが、それは各地域での地道な活動であった。また、地域に組み込まれた活動であった。行政の奨励に呼応した面があることも否定できない。地域のニーズに応えた反面、専門性、社会性には欠けていた。そうした弱さが、戦時体制において、たやすく活用され、変質していくことになった。


【注】

（1）畠中耕「群馬県における軍事援護事業の展開―日中戦争期における方面委員・軍事援護団体の活動を中心に―」『草の根福祉』

第三八号、二〇〇六年。畠中「群馬県における軍事援護事業の展開（2）―太平洋戦争期の軍人援護事業及び軍事援護団体の動きを中心に―」『草の根福祉』第三九号、二〇〇七年。
(2) 郡司淳『軍事援護の世界』同成社、二〇〇四年。
(3) 山口県文書館編『山口県政史　下』山口県、一九七一年。
(4) 上平正治『軍事援護事業概要』常磐書房、一九三九年、四三頁～四九頁。青木大吾『軍事援護の理論と実際』南郊社、一九四〇年、九頁では、軍事援護は慈善救済ではないということを強調しつつ、社会事業との関係は「社会事業の本質如何によつて分るゝ」と述べて、深く言及することを避けている。
(5)『山口県社会時報』第一五四号、一九三七年八月。
(6)『山口県社会時報』第一八二号、一九三九年一二月、五九～六二頁。
(7)『山口県社会時報』第一七一号、一九三九年一月、六六頁。
(8)『山口県社会時報』第一七三号、一九三九年三月、六三～六八頁。
(9)『山口県社会時報』第一八一号、一九三九年一一月、五四～六三頁。
(10) 石田貴志雄「時局の進展と社会事業の方向」『山口県社会時報』第一六〇号、一九三八年二月。
(11) 杉田三朗「躍進防長県政に於ける社会行政の重点」『山口県社会時報』第一七一号、一九三九年一月。
(12)『山口県社会時報』第一七七号、一九三九年七月、七〇頁。
(13) 杉山博昭『福祉に生きる　姫井伊介』大空社、二〇〇八年。
(14) 姫井伊介「無軌道」『山口県社会時報』第一七五号、一九三九年五月
(15) 姫井伊介「社会事業の進展線」『山口県社会時報』第一八〇号、一九三九年一〇月。
(16) 楠佛（辻田のペンネーム）「ひとり言」『山口県社会時報』第一五五号、一九三七年九月、一〇頁。
(17) 辻田玄粲「皇軍慰問記」『山口県社会時報』第一六二号、一九三八年四月。
(18) 浦紀元「軍事援護事業の一考察」『山口県社会時報』第一七七号、一九三九年七月。
(19) 荻野憲祐「新任挨拶」『山口県社会時報』第一九六号、一九四一年二・三月、二頁。
(20) 荻野憲祐「軍人援護の根本精神」『山口県社会時報』第一九七号、一九四一年四月。

(21) 荻野憲祐「長期戦下に於ける軍人援護事業」『山口県社会時報』第一九九号、一九四一年八月。
(22)『紀元二千六百年記念全国社会事業大会報告書』紀元二千六百年記念全国社会事業大会事務局、一九四一年。
(23) 杉山博昭『山口県社会福祉史研究』葦書房、一九九七年、一五四～一五六頁。
(24) 安永生「隣保館改造に就て」『山口県社会時報』第百五七号、一九三七年一一月。
(25)『山口県社会時報』第一六五号、一九三八年七月、一五〇頁。
(26)『山口隣保館新築記念』山口県社会事業協会、一九三八年、二頁。
(27)「軍人援護関係資料　昭和十三・十四年」、山口県文書館所蔵戦前県庁文書。
(28)『山口県社会時報』第一六二号、一九三八年四月、六四頁。
(29)『山口県社会時報』第一九〇号、一九四〇年八月、七八頁には「鍛錬の夏　海に鍛へよ　夏期臨海学園児童募集！」という広告的な記事が掲載されている。
(30)「軍人遺族家族母子臨海鍛錬所を視る」『山口県社会時報』第二〇一号、一九四一年一〇月。
(31)『山口県社会時報』一九四〇年三月、六〇頁。
(32) 福田幸子「更生寮入寮者に就ての所感」『山口県社会時報』第一九一号、一九四〇年九月。
(33)「山口隣保館桜花寮便り」『山口県社会時報』第一九四号、一九四〇年一二月、四三頁。
(34)『山口県社会時報』第一九六号、一九四一年二・三月、一九～二五頁。
(35)「社会事業奨励助成（2）」山口県庁所蔵。
(36)「昭和十五年五月　朝香宮殿下御成一件」人事課、山口県文書館所蔵戦前県庁文書。
(37)「軍事援護関係資料　昭和十三・十四年」。
(38)『昭和十五年五月　軍事援護概況』山口県、一四頁。
(39) 下関市の広報紙である『下関』第四八〇号（一九四四年六月）の「戦時保育所　家庭婦人の進出に寄与　愛し子を安心してお預け下さい」という記事では、「一億皆働！銃後決戦場に敵米英撃滅のため進軍する女子部隊の雄々しい、崇高な姿は」などど、戦時下の女性の労働を要請する文脈で保育所を紹介し、利用を促している。

第19章　方面委員と軍事援護

1　方面委員と軍事援護との関係

方面委員は特に戦時下において、軍事援護の一翼を担うことになる。しかしながら、その関わり方は必ずしも全国一律であったわけではなく、畠中耕が先行研究を整理して示しているように[1]、地域によって関与の度合いは異なっていた。したがって、方面委員と軍事援護の関係を論じるには、国による一般的な方針を把握するだけでは、きわめて不十分である。戦時下の方面委員制度の全体像を把握するためにも、軍事援護の実態を示すためにも、各地での方面委員と軍事援護との関係を明らかにする必要がある。さらには、個々の方面委員の意識や実践までも把握するべきである。

軍事援護と方面委員との関係については、戦時下の歴史研究のなかで関心をもたれる場合がある。佐賀朝「日中戦争期における軍事援護事業の展開」では、方面委員の役割の大きさを簡単に指摘するにとどまっているが[2]、以後の研究では方面委員への一定の着目がある。一ノ瀬俊也『近代日本の徴兵制と社会』では、軍事援護の個々の事例を示すなかで、そこに方面委員が含まれていることに触れており[3]、さらに一ノ瀬の『銃後の社会史』では、「方面委員たちの取り組み」との見出しをつけて、方面委員の活動を紹介するなど、方面委員に着目した記述をしている[4]。早川紀代編『軍国の女たち』のなかの「総力戦体制と日常生活」という章（著者は編者の早川自身）では、銃後奉公会の軍事援護に方面委員が加わっている事例を紹介している[5]。

これらの研究は戦時体制を支える構成要素としての方面委員の把握であって、方面委員それ自体への関心ではない。郡司淳『軍事援護の世界』『近代日本の国民動員』はいずれも軍事援護それ自体を対象にした研究であり、地域社会と軍事援護との関係に焦点をあてている。方面委員については、軍事援護に動員された事実関係については触れているが、方面委員そのものの分析はほとんどされていない(6)。

このように、方面委員が軍事援護において一定の役割があったことは明らかにされているが、その実態、とくに方面委員自身の意識や地域との関係などは必ずしも明らかになっていない。軍事援護と方面委員との関係を示していくためには、方面委員の存在自体から軍事援護の役割を検討することが必要であり、それが戦時体制の全体像を明らかにすることへの貢献にもなる。

本章では方面委員と軍事援護との関係を示すために山口県を取り上げていくが、山口県の場合、『山口県民生委員五十年の歩み』が方面委員制度の歴史についての基本文献である。同書では、戦時下の動きにも触れているが、年次を追う記述であるため、軍事援護がどうであったのか、必ずしも明瞭ではない(7)。また、筆者は戦時下の方面委員について論じ、軍事援護にもかなり触れているが、そこでは組織化の動向や、宇部市で一九四一年に開催された第一二回全国方面委員大会などに論点を広げたので、軍事援護については十分論じたとはいえない(8)。そこで本章では、これまでの拙稿と重なる点もあるが、軍事援護に限定して、方面委員との関係を検討していきたい。

2　日中戦争の本格化と方面委員への「期待」

一九三七年の日中戦争の本格化は、同時に軍事援護の本格化でもあり、山口県でも方面委員に軍事援護を担う役割を担わせようとしていく。山口県社会事業主事補、牧栄之進による『山口県社会時報』掲載の「今次の支那事変と方面委員の活動を視る」は、方面委員の役割を二つ示している(9)。一つは軍事扶助法の実施についてである。軍事扶助法の一般的な概要を述べるとともに、生業扶助における授産事業のあり方など、実際に起こりうる事態を想定して、方面委員の尽力を求めている。さらに、「慰藉」について述べ、方面委員による家庭訪問や労力奉仕など方面委員があらゆる領域で軍事援護に励むことに期待している。軍事扶助法については、補助機関として対応すべきことが法の位置づけであるのだから、その限りでは法に則した対応を求めているにすぎないのだが、多様な慰藉の活動をも方面委員に要求することで、方面委員が軍事援護の中核となるべきことを目指している。

このように、行政側が方面委員を軍事援護に動員しようとしただけでなく、民間の側の意識も同様に、方面委員の軍事援護での活躍を期待した。船木隣保館の辻田玄粲はさっそく、「日支事変がいよいよ重大となり方面委員や社会事業家が奮起せねばならぬ秋が来た」と述べて、方面委員が戦時体制下で活動すべきであることを説いた(10)。辻田は、以前から地域での隣保事業を実践しており、戦争になったために突然、こうした奮起を主張しているわけではない。辻田の真意は、どういう状況であれ、方面委員や社会事業家が地域の生活課題に対処すべきであるということではあるが、方面委員が軍事援護に寄与すべきことを当然視していたのである。

ただし、たちまち方面委員の活動が軍事援護中心に変貌するわけではない。一九三七年一〇月の方面事業委員会の答申では、軍事援護に触れていないし(11)、一九三七年一二月の戸塚県知事名の「方面事業週間の実施に当りて」と題した一文でも軍事援護のことは書かれていない(12)。一九三八年一月の牧栄之進による『山口県社会時報』の論考「過去を顧みて更に方面事業の強化を期せよ」も「支那事変の直後より一層軍事扶助の適正なる運用と、之等出動軍人遺家族の保護補導に就ては、真摯以て之に当り」という記述はあるが、全体としては軍事援護に重きを置いたものではない(13)。

当初はまだ軍事援護のニーズが顕在化していないこと、したがって方面委員による軍事援護の実績も乏しいこと、さらに長期戦になるという意識が乏しかったことなどのなか、まだ方面委員が軍事援護を担うことが実感としては強くなかったと考えられる。しかし、杉田三朗「崇高なる方面精神の顕現―益々聖業へ精進するが職責―」では、軍事援護の重要性を方面委員への期待の根拠としており(14)、方面委員が軍事援護に動員されていく路線はあまりに明確であった。

一九三八年に軍事援護相談所を市町村に設置するが、そこでの援護は、市町村の吏員か方面委員が、行政や在郷軍人会、学校長、警察官などの関係者と協力してあたることとされている。[15] 相談所は軍事援護に関連する幅広い事項を担当することとされているが、フォーマルな形で方面委員が使われ始めたのである。

『山口県社会時報』では、方面委員制度の創設者とされる林市蔵による「事変下に於ける方面委員」が連載される。[16] 林は大阪府知事となる前は山口県知事であり、それだけ影響も大きいと思われる。そこで林が軍事援護に触れているのはいうまでもなく、この論考が山口県の方面委員に与える影響は小さくなかった。

方面委員が軍事援護の柱であることは、以後も繰り返されており、「支那事変二周年を顧みて本県軍事援護概要」という『山口県社会時報』の記事では「市町村長を督励するとともに県下二千余人の方面委員を動員」とされ、方面委員が軍事援護遂行の資源として明確に位置づけられている。[17]

さまざまな会議や講習でも軍事援護が扱われていく。一九三八年八月一七日から二四日まで行われた市町村社会課長（係）方面常務委員打合会打合事項は、すべて軍事援護に関する内容である。[18] 一九三九年七月の方面事業講習会では講習科目六科目のうちに、「軍事援護事業」が含まれている。[19]

一九三九年一〇月の『山口県社会時報』は「銃後後援強化週間特輯号」として発行され、軍事援護関係の論考が多く掲載されている。そのなかで、方面委員に関係しているのは、大日本傷痍軍人会山口県支部書記補の肩書による、小野田時雄「方面事業に就て」である。[20] ただ内容は、方面事業について「日本精神に基礎づけられた興亜日本型」であることを求め、「方面委員は滅私奉公一意銃後の完璧を期すべくまっしぐらに驀進すべき」という精神論にすぎず、具体的な活動内容には触れていない。

この時期は、方面委員の組織化が進展している。山口県の方面委員制度は、宇部市など一部の市町村が独自で運営する制度と県全体の制度とが並立していたこともあって、組織化が遅れ、ようやく方面委員令後に、山口県方面委員大会の開催、山口県方面委員連盟の結成、さらには全国方面委員大会の開催というように、方面委員の組織化が急速に進んでいく。方面委員の組織化自体は不可避の課題であり、戦争の有無とは無関係に強く要請されていたことである。しかし、組織化の進展と、戦時体制の進行とが重なったために、大会の場が方面委員の軍事援護での役割を鼓舞する場にもなってしまったし、組織化もあたかも軍事援護を円滑に遂行するためのものであるかのような意味をもってしまった。大会での各種の挨拶、宣言、協議題等で軍事援護の重要性が触れられるのは、形式的な面もあるが、参加者に方面委員の役割の一つが軍事援護であるという印象を強く植え付けたことも否定できないであろう。

3　方面委員の軍事援護への意識

こうした動きのなかで、当の方面委員はどう受け止めていたのであろうか。『山口県社会時報』には方面委員による論考が掲載されており、そこから方面委員の考えを探ることができる。ただ、編集方針に合致した論考のみが掲載されるのであろうし、一部を除いて指導的立場の委員によるものである。方面委員が軍事援護に取り組むことに消極的な主張が掲載されるはずはなく、仮に方面委員の間で軍事援護への疑問が潜在していたとしても、それが示されることはない。したがって、末端の方面委員全体の意識を示すわけではないので留意が必要であるが、方面委員がどういう活動をすることが望まれていたのかという傾向、あるいは軍事援護の積極的だった者の発想は示されているであろう。

戦時下にたびたび発言しているのは、太華村の河村契善である。河村はさっそく一九三七年一〇月に「この非常時こそ方面事業強化の秋」を書いた。(21)ただ、この時点では方面事業の強化を主張するだけで、軍事援護について直接は述べておらず、決意表明のレベルにとどまっている。

しかし以後、次々と発言を重ねていく。一九三八年三月「方面委員時沢博氏を送りて」は、自身が応召されたことや、やはり応召された他の方面委員の戦死について述べたものである。(22)「銃後方面委員の職責について」は、召集された自己の体験をもとにしたもので、直接軍事援護を論じたものではないが、全体の論旨からいって、方面委員が軍事援護の尽力すべき方向を示しているといってよい。(23)

河村は、さらに「銃後方面委員の活動状況」を書き、みずから太華村の方面委員会で軍事援護について語ったとし、「事変銃後後援事業の強化」を強調する。[24] もっとも、具体策としては、経済確立のための「報国貯金運動」やそのための貯蓄組合の設置であり、具体的、個別的な軍事援護のあり方は明確ではない。「方面委員取扱実例」は個別事例としては長文で、河村の日々の活動を類推させる。建築現場で働く四八歳の夫と三八歳の妻は、夫婦共働きをしていて子もいたが、妻が朝鮮人の人夫と関係をもった。その後夫は死亡し、母子の関係は悪化した。長男が出征したことによる方面委員の働きかけで、家庭を顧みなかった母が、反省して武運長久を祈るようになり、家庭の諸問題が解決したというのである。[25] この事例は、厳密には軍事援護の事例ではなく、むしろ方面委員による銃後の支えの重要性を説いたものといえる。「第十回全国方面委員大会を顧みて」では、仙台市で五月二四日から二六日にかけて開かれた大会の報告をしているが、軍事援護取扱事項の報告について詳しく述べるなど、軍事援護へ特に関心を寄せていた。[26]

こうして河村は戦時下において、もっとも軍事援護を鼓舞する方面委員として発言することになる。どういう経緯で地方在住の河村が、この時期の方面委員のオピニオンリーダーのような立場になったのか不明であるが、戦時体制の動きをすばやく受け止め、具体化した典型例である。

河村以外にも、単発的ながら、軍事援護に関する発言をする方面委員が何人もいた。吉見村の小河内行衛は「吉見村軍人援護相談所の催しに就て」を書いている。内容は行事の紹介にすぎず、方面委員が相談所に関与していることがわかる程度であるが、方面委員の立場からの軍事援護への関心を表明した。[27] 小河内は軍人出身であるうえ、吉見村隣保館を運営するなど、吉見村における社会事業全体のリーダー的な存在でもあったので、軍事援護への責任感は多大なものがあったと思われる。

防府市の武村貳六「防府市に於ける軍事扶助実話」では、防府市で商業者や労働者の多い地域で応召された場合に、生活困難に陥りやすいことを述べ、方面委員の活動の大切さを説いている。同時に官公署が方面委員による軍事援護の活動に協力的でなく、不愉快に感じることを批判している。[28]

麻郷村の藤森周南の「隠れたる銃後の力」は、方面委員自身の軍事援護ではなく、戦死者を出した生活困窮世帯への債権放棄の話である。[29]「隠れたる」という題名から、これが一般のケースがたまたま戦死者と関連していただけで、直接の軍事援護でないことは理解されているが、逆にいえば、一般的な方面委員の活動も軍事援護との連続性を持つことが認識されてきたということでもある。

伊藤正七の「方面委員は出征軍人一家に対しては予め戸籍謄本を取寄せ対照の必要を認む」は、戦死後、戸籍の記載をめぐって混乱が生じた事例を扱った体験に基づく、軍事援護に対処するうえでの実務的な提言である。ただ、かなり特殊なケースであり、この事例を根拠に、あらかじめ戸籍を方面委員が取り寄せて内容を確認すべきというのはいかにも飛躍した議論である。[30]ただ、軍事援護のためなら、従来の常識をこえた活動が求められるという「意欲」を示しているともいえる。

長府町の三田峻策は、長府町の方面事業の歩み全体を述べる文脈のなかではあるが、「時局下軍事扶助や援護は方面委員でなければ徹底が期し難いとまで世間に認めらるゝようになつた」と述べ、自負している。[31]すなわち、軍事援護が方面委員の活動の柱となったことが、方面委員の社会的評価につながったというのである。

明山誠演による「勤倹貯蓄の模範村」が、全日本方面委員連盟による「方面叢書」に掲載されている。[32]つまり、山口県のみならず全国的にも典型事例として、認知された事例であるが、そこでは直接的には「勤倹貯蓄」を語っているにすぎない。しかし単に「勤倹貯蓄」が大切という趣旨ではなく「戦争といふものに対しては吾々国民が一致協力しなければならぬ。戦線にある者も銃後にある者も同様である」という。銃後の体制強化に方面委員が貢献しなければならないという意識である。

こうした方面委員個人による軍事援護への積極的取り組みだけでなく、軍事援護を意識した、方面委員による組織的な取り組みも各地でみられる。厚狭郡万倉村方面委員会では、銃後後援、特に傷痍軍人や軍人遺家族の援護を重視する観点から、「事変発生以来毎月一回軍人遺族家族の慰問の為全員揃つて全村に亘りて巡回し未だ一回として欠ぐ事なき」と報告されている。[33]また、同村では、方面委員の家族をまねいて懇談会を開き、「銃後の護軍人遺家族の家庭強化等方面委員取扱実際問題に付て語り」ということをしている。[34]

「非常時局下に目醒ましき三田尻方面委員会の活動振り」では、防府市三田尻での方面委員の活動を紹介し、軍事扶助はもちろん、慰問品の贈呈、勤労奉仕などの軍事援護での活躍を紹介している。[35]山口県の軍事援護全般を紹介した『軍事援護事業概況』という冊子では、下関市で北方面区方面委員の発議に基づき、下関北奉公会館が設置されて、授産、託児、修養、援護相談がなされていることを記している。[36]こうしたなかでは、方面委員個人の意思と無関係に軍事援護に何らかの形で組み込まれでいった。

実際に行われた個別の援助事例を紹介しているのは、宇部市連合方面委員会による『昭和十四年方面事業報告』である。[37]そこでは、「事変下ニ咲イタ軍人精神ト委員ノ温情並慈医」という見出しで紹介されている。出征から帰還した者が家族の疾病もあって困窮したのに対し、医師の配慮と方面委員の援助で立ち直る話である。もう一つの「傷痍軍人ノ心情」では、傷痍軍人の転地療養を方面委員が支えていく話である。わずかな事例であるし、脚色もあろうが、方面委員が担当区域で生じた軍事援護関係の事例に、積極的に対応していることがわかる。ただ、いずれも、困窮の原因が軍事関連でなくても当然支援したであろう事例である。軍事援護だから熱心に救済したというより、救済したケースがたまたま軍事援護であったともいえる。

これらの方面委員自身による発言等をみていくと、典型的な軍事援護の事例は必ずしも多くは紹介されていない。それにもかかわらず、軍事援護と関係づけて語るのは、みずからを軍事援護の担い手として強く意識し、日常の活動全体を軍事援護のなかに位置づけ、それをもって社会的な評価を得ようとしているためである。

方面委員の活動と意識を示す史料として、一九四〇年一月一五日に知事官舎で開催された「知事を中心とする方面委員座談会」があり、『方面委員叢書第一輯』として山口県方面委員連盟より発行されている。[38]県下の主要な郡市より各一〜二名の方面委員が出席しており、方面委員の発言が掲載されている。方面委員の肉声が収録されているという点、座談会という性格上、流れのなかである程度自由に発言できるという点では、『山口県社会時報』の記事などより、実態が反映している可能性がある。ただし、出席している委員は、各郡市で指導的立場にいる者と考えられ、それだけ建前を発言する面もある。しかも、知事のほか、総務部長、社会課長、社会事業主事らが出席しており、なおさらである。「座談会」といっても二六名が出席しており、自由闊達な議論ができる雰囲気には程遠い。また、印刷される過程で、戦意鼓舞に不適切な発言は修正されてしまう可能性が強い。

とはいえ、方面委員による生の声という性格もあるので、一定の価値はあろう。そこではまず、宇部市の末永理一が発言し、宇部の概況を述べている。続けて発言している松本傳治も宇部市の委員である。松永は、「救貧より防貧」だとする。貧困の原因を研究することが方面委員の大きな仕事だと述べ、怠けることが貧困の大部分の原因だと主張し、他の委員の意見を求める。

しかし次に発言した徳山市の田中兩吉は、松本の問いかけに答えず、徳山市の状況を説明する。田中は軍事援護について、扶助と相談に整理し、それぞれ個別例を出しながら感想を述べているが、徳山市の状況というより、自分が扱ったケースの話である。田中は、松本のような救済へのネガティブな価値観は持たず、自己の担当区域で発生した事例に対して実務的に対応しようとしていることが見て取れる。そこでは、解決を見ていない困難事例にも触れており、職責を果たそうとしつつ壁にぶつかっている実態を率直に語っている。さらに知事自身が「出征軍人の留守宅の貞操問題と云ふものはありませぬか」と発言している。知事からこういう発言が飛び出すのは、この問題が現実にはかなり発生して隠蔽できない状況になっていたのではないか。実際、方面委員から自分の担当区域で起きたことや、それを示唆する発言がなされている。

続いて深川町の水津源三が、担当区域で、遺家族の農作業の手伝いを他の住民が手伝っている様子を伝えている。そして全体が多忙になるので学校の生徒の派遣を要望している。水津は軍事扶助を頼る考えを批判し、方面委員の役割を、地域のそうした状況の推進においている。これら一連の発言から、方面委員たちが軍事援護への積極的取り組みを展開して、方面委員の評価へとつなげ、さらなる活動へと高めていく意欲を少なくとも指導的立場の委員が持っていたことを読みとることができる。

一方、援護を受ける側の声を、社会課の岡村好甫が把握したこととして、軍事援護による支援を得られた人たちによる「方面委員に対する感謝は非常なもの」とし、「此の感謝の言葉の一端でも方面委員に御聞かせしたら、どんなに仕事のやり甲斐を感ぜられたことだらう」と述べている[39]。もっとも、岡村の記述は多分に儀礼的であり、そのまま受け取ることはできない。ただ、行政側が、方面委員の一方的な活動でなく、軍事援護においても、方面委員と被援護者とが、温情と感謝による情緒的な関係を構築することをモデルとしていたことは、岡村の発言から見えてくる。

こうして軍事援護に関連する側面のみ取り上げると、あたかも方面委員が軍事援護にのみ動いていたようにも見えるが、実際はどうだったのであろうか。それを明確に把握することは困難だが、実際の活動の手がかりとして「昭和十三年度方面事業後援団体調」に各市町村の後援団体の記録があり、「成績」という欄がある。「慰問」「救済」といった漠然とした記載ばかりであるが、軍事援護と明記したものはわずかである。一九三八年なので、まだ具体的なケースが少ないという状況も考えられる[40]。

翌年の「昭和十四年度方面事業後援団体調」では、昭和十三年度よりは「軍事援護」や「軍事扶助」が目立ち、特に防府市に五つある方面事業助成会の場合、宮市方面事業助成会では「一般救護」が一〇件、「軍事扶助」が三〇件で、「軍事扶助」が上回っている[41]。しかし、とくに町村においては軍事援護はみられない。まだ軍事援護が広がる時期ではなく、なお方面委員は通常の活動を継続しているのである。

前述の宇部市連合方面委員会による『昭和十四年方面事業報告』も、結核の妻を抱えて生活困難に陥った者を救護した、伝染病で隔離された子に母が付き添うために取り残された他のきょうだいの世話をした、児童虐待に対応したといった事例がむしろ多数を占めている。

社会課長荻野憲祐によって一九四一年に書かれた「時局と方面委員」では、意外にも軍事援護に触れていない[42]。県社会課がいつもより詳細に報告している「方面常務委員連絡協議会開催状況」という『山口県社会事業』の記事でも、軍事援護についての声は少ない[43]。方面委員による軍事援護活動を鼓舞すべき立場の者による論考で、そうなっていないのはどういうことなのであろうか。実際には、軍事援護とは違う一般的なケースも少なくなく、地道な日常的な活動は続いており、それが反映したとも考えられる。前述の知事座談会にしても軍事援護以外の話題にもそれなりの時間を費やしている。

一九四二年八月には、台風により小野田市を中心として被災するが、方面委員は被災者の生活相談に活躍したという[44]。一般論でいえば、戦時下の災害は、銃後体制の保持のうえでもその救護は重要である。しかし、方面委員がそこまで考えて被災者に対処したわけではなく、方面委員本来の責務により、目前の被災者を支援したものであったと考えるべきであろう。

戦争になったからといって、日常的な生活困難が消えるわけではなく、むしろ高めていた。したがって、方面委員も一般的な課題に引き続き取り組んでおり、軍事援護への政策での重視が方面委員の変質につながっているのかは、なお実態の解明が求められる。

4　戦争の長期化と方面委員

しかしながら、戦争が長期化するなかで、軍事援護での方面委員の役割がよりいっそう重視され、戦時体制にとって、なくてはならないものになったのも否めない。ただ、次第に方面委員に関係する史料が減ってくるので、少ない史料から推測せざるをえない面がある。また『山口県社会時報』が一九四二年一・二月号を最後に、事実上廃刊になってしまう。それまで同誌が社会事業の最新情報を方面委員に提供し、軍事援護についても鼓舞する役割を果たしてきており、それがなくなったということは、一面では方面委員の軍事援護への意欲を支えるもっとも重要な手段の喪失であり、肝心の時期に大きなマイナスになったはずである。

一九四〇年代に入ってからの動きであるが、一九四〇年三月に県下六か所で行われた方面委員協議会の指示事項は抽象的な内容の「方面事業の拡充強化に関する件」のほかは、「軍事援護事業に関する件」が大きな比重を占めている。軍事扶助法、帰郷軍人の援護、傷痍軍人の医療保護、戦没者遺族の援護、銃後奉公会など、内容が広く詳細である。[45]同年一一月の場合も同様である。[46]また、一九四〇年七月の方面委員会の県提出事項には、「市町村銃後奉公会ノ拡充強化ニ関スル件」で、銃後奉公会の活動が必ずしも充実していないので、方面委員がもっと役割を果たすべきことを説いている。[47]一九四一年の下関市の銃後奉公強化運動実施要綱では、「軍人援護強化ノ日」を設け、「市ハ方面委員ト協力連絡シ軍事要援護者ノ家庭ヲ調査シテ援護ノ状況ニ検討ヲ加ヘ適切ナル援護ノ浸透ヲ図ルコト」としている。[48]

一九四一年七月の方面常務委員協議会提出事項では、指示事項の六つのうち一つが「軍事援護事業ニ関スル件」であるが、軍事援護精神の昂揚、傷痍軍人医療保護、遺家族援護、帰郷軍人援護、銃後奉公会、傷痍軍人の配偶者斡旋が指示されている。[49]実際に援護で動かねばならないケースが現れた場合、方面委員が具体的な動きをしなければならなかったであろうから、方面委員の重要性が改めて認識されたはずである。

一九四一年一〇月の「方面事業研究協議会提出事項」では五つの指示事項がある。[50]直接の軍事援護は「軍事援護ニ関スル件」であるが、他の事項も軍事援護に関連したものである。「方面精神ノ陶冶昂揚ニ関スル件」では方面委員の「高度国防国家建設」の使命達成を強調して、方面委員の精神を説いたものである。「医療保護法ニ関スル件」は医療保護によって人口増強を確保すべきことを説いている。「母性並児童保護ニ関スル件」は「人的資源ノ培養」を強調している。「協和事業ノ徹底ニ関スル件」も戦時下における朝鮮人の活用を目指したものである。

しかし何といっても軍事援護の事項が詳細であり、軍事援護の昂揚、傷痍軍人の医療保護、軍人遺家族援護、帰郷軍人の援護、銃後奉公会、傷痍軍人の配偶者斡旋と多岐にわたり、個々の項目の内容も、帰郷軍人について「生業援護事業トシテ生業費又ハ就職準備金ノ給与及生活援護医療等ノ援護ノ方途ニ付テハ之ガ徹底ヲ図リ」というように具体的かつ詳細である。

太平洋戦争開始後になると、よりいっそう銃後体制との関係が求められていく。銃後組織に明確に組み込まれている例として、阿武郡嘉年村銃後奉公会では、活動の一つとして、「方面委員の活動」があり、「方面委員とは緊密に連絡をとり遺族家族に対し物心両方面に周到なる援護を期しつゝありてその事実美談少なからず」として、方面委員の役割が重視されている。(51)

一九四三年四月の下関市では、常会の徹底事項として「決戦下軍事援護に万全を期しませう」として、町内会や隣組が、市、銃後奉公会とともに方面委員と連絡することを求めている。(52) また、下関市が『皇軍慰問』と題した発行物にて、戦争への支援を呼びかけているが、そこでは軍事援護の相談を遠慮なくするよう訴え、方面委員の名を紹介している。(53) 方面委員の活用が、ひいては戦争の後方からの支援になるという発想でもある。

少ない史料からの推測だが、戦争が深刻化していくと、傷痍軍人の問題などが常態化して方面委員の存在が一般市民にも見えやすくなり、方面委員への期待が高まるとともに、銃後体制の整備がよりいっそう重要視された。日常的な個別支援にとどまらず、銃後体制そのものへの協力へと、方面委員への期待が広がっていった可能性がある。

戦争の長期化のなか、軍事援護はますます切実な課題となり、方面委員を軍事援護によりいっそう振り向ける必要が増した。もっとも逆に、一九四四年九月に出された「軍人援護強化運動実施につき依命通牒」という、警察署長、市町村長などさまざまな地域の責任者に発した文書では方面委員についてとくに触れていないなど、必ずしも方面委員が強調されていないようにも見える。(54) これも推測にすぎないが、戦争末期になってくると、軍事援護も地域をより総動員するようになり、方面委員の役割が相対的に低下した可能性もある。あるいは、当初は山口県社会事業協会によって設置された軍人遺族の援護事業の桜花寮が軍人援護会に移管されるように、社会事業が担っていたものが他に移る動きもある。軍事援護が社会事業の領域にとどまっている限り、救貧的な雰囲気から免れないので、社会事業の枠から外れていく力が働き、それが方面委員の役割を軽視する方向に流れたとも思われる。こうした点は、もっと方面委員の個々の事例を把握することが欠かせないが、今のところ十分な史料が見出せない。

5　方面委員の性格と軍事援護

戦時下、軍事援護において、直ちに方面委員の役割が着目された。山口県の場合、方面委員の組織化が急がれていた時期でもあったので、方面委員制度が成熟する局面で、軍事援護が課題として提起される形になった。方面委員にしてみれば、軍事援護は時局に直接的な貢献ができる格好の課題であった。さらに一九四一年の第一二回全国方面委員大会の開催地となり、方面委員活動の手本を示さねばならない意識も高まった。したがって、方面委員によっては軍事援護に当面のやりがいを見出し、積極的に取り組むとともに、他の方面委員にもそれを促した。それが一定の実績を生み出し、実績がさらに新たな活動を促進するという形で、方面委員を軍事援護の支柱として高めていった。

一方、軍事援護についても方面委員についても、隣保相扶の性格が強調されていく。戦争が進行するなかで、ますますそうした性格が強調されていくが、実際にはむしろ方面委員の個人的使命感が軍事援護の支えになっていた。ただ、戦争の長期化のなかで、銃後体制も再編成が求められ、方面委員の役割も変わらざるをえなくなるが、その点の実証は本章では不十分であり今後の研究課題である。

【注】

（1）畠中耕「軍事援護と方面委員—群馬県を事例として—」『中国四国社会福祉史研究』第八号、二〇〇九年。
（2）佐賀朝「日中戦争期における軍事援護事業の展開」『日本史研究』第三八五号、一九九四年。
（3）一ノ瀬俊也『近代日本の徴兵制と社会』吉川弘文館、二〇〇四年
（4）一ノ瀬俊也『銃後の社会史　戦死者と遺族』吉川弘文館、二〇〇五年。
（5）早川紀代編『軍国の女たち』吉川弘文館、二〇〇五年、一二六頁。
（6）郡司淳『軍事援護の世界—軍隊と地域社会—』同成社、二〇〇三年。『近代日本の国民動員—「隣保相扶と地域統合—」刀水

書房、二〇〇九年。なお、同書の二七三〜二七四頁では社会事業史研究について、内務官僚の言説に依拠して社会福祉の後進性を論難する傾向があり、「個別具体的な研究を軽視してきた」と批判している。本章のような地域社会福祉史研究は、個別具体的な実態を明らかにしていこうとするものである。

(7) 山口県社会福祉協議会編『山口県民生委員五十年の歩み』山口県民生児童委員協議会、一九七五年。
(8) 杉山博昭『近代社会事業の形成における地域的特質―山口県社会福祉の史的考察―』時潮社、二〇〇六年。
(9) 牧栄之進「今次の支那事変と方面委員の活動を視る」『山口県社会時報』第一五七号、一九三七年一一月。
(10) 楠仏（辻田玄粲）「ひとり言」『山口県社会時報』第一五五号、一九三七年九月、一〇頁。
(11)『山口県社会時報』第一五七号、一九三七年一一月、二九〜三二頁。
(12)『山口県社会時報』第一五八号、一九三七年一二月。
(13) 牧栄之進「過去を顧みて更に方面事業の強化を期せよ」『山口県社会時報』第一五九号、一九三八年一月。
(14) 杉田三朗「崇高なる方面精神の顕現―益々聖業へ精進するが職責―」『山口県社会時報』第一六一号、一九三八年三月。
(15)『山口県社会時報』第一六二号、一九三八年四月、四七頁。
(16) 林市蔵「事変下における方面委員」『山口県社会時報』第一六七〜第一六八号、一九三八年九月〜一〇月。
(17) 山田武一「支那事変二周年を顧みて本県軍事援護概要」『山口県社会時報』第一七七号、一九三九年七月。
(18)『山口県社会時報』第一六七号、一九三八年九月、二九〜三一頁。
(19)『山口県社会時報』第一七七号、一九三九年七月、四八頁。
(20) 小野田時雄「方面事業に就て」『山口県社会時報』第一八〇号、一九三九年一〇月。
(21) 河村契善「この非常時こそ方面事業強化の秋」『山口県社会時報』第一五六号、一九三七年一〇月。
(22) 河村契善「方面委員時沢博氏を送りて」『山口県社会時報』第一六一号、一九三八年三月。
(23) 河村契善「銃後方面委員の職責について」『山口県社会時報』第一六八号、一九三八年一〇月。
(24) 河村契善「銃後方面委員の活動状況」『山口県社会時報』第一六九号、一九三八年一一月。
(25) 河村契善「方面委員取扱事例」『山口県社会時報』第一七五号、一九三九年五月。
(26) 河村契善「第十回全国方面委員大会を顧みて」『山口県社会時報』第一七九号、一九三九年九月。

(27)小河内行衛「吉見村軍人援護相談所の催しに就て」『山口県社会時報』第一七八号、一九三九年八月。
(28)武村貳六「防府市に於ける軍事扶助実話」『山口県社会時報』第一六〇号、一九三八年二月。
(29)藤森周南「隠れたる銃後の力」『山口県社会時報』第一六一号、一九三八年三月。
(30)伊藤正七「方面委員は出征軍人一家に対しては予め戸籍謄本を取寄せ対照の必要を認む」『山口県社会時報』第一七九号、一九三九年九月。
(31)三田峻策「長府に於ける方面事業の今昔」『山口県社会時報』第一八三号、一九四〇年一月。
(32)『方面叢書　第十六輯　方面委員取扱進展実例集』全日本方面委員連盟、一九四〇年。
(33)『山口県社会時報』第一七五号、一九三九年五月、六一～六二頁。
(34)『山口県社会時報』第一七七号、一九三九年七月、四七～四八頁。
(35)中村閩劉「非常時局下に目醒まし三田尻方面委員会の活躍振り」『山口県社会時報』第一八四号、一九四〇年二月。
(36)『軍事援護概況』山口県、一九四〇年（「昭和十五年五月　朝香宮殿下御成一件　人事課」山口県文書館所蔵県庁文書内に所在）。
(37)『昭和十四年方面事業報告』宇部市連合方面委員会、一九四〇年。
(38)『知事を中心とする方面委員座談会』山口県方面委員連盟、一九四〇年。
(39)岡村生「思ひ出すままに」『山口県社会時報』第一七七号、一九三九年七月。
(40)『山口県社会時報』第一八〇号、一九三九年一〇月、四一～四四頁。
(41)『山口県社会時報』第一九三号、一九四〇年一一月。
(42)荻野憲祐「時局と方面委員」『山口県社会時報』第二〇二号、一九四一年九月。
(43)山口県社会課「方面常務委員連絡協議会開催状況」『山口県社会時報』第二〇〇号、一九四一年五月。
(44)『山口県民生委員五十年の歩み』三九三頁。
(45)『山口県社会時報』第一八六号、一九四〇年四月、二六～三二頁。
(46)『山口県社会時報』第一八四号、一九四〇年一二月、二五～二九頁。
(47)『山口県社会時報』第一八八号、一九四〇年六月、四四頁。
(48)『下関市報』第一三号、一九四一年一〇月、三頁。

(49)『山口県社会時報』第一九九号、一九四一年八月、二六頁。
(50)「方面委員　田辺朝介」内の文書。
(51)『軍事援護功労銃後奉公会及隣組表彰記録』軍人援護会、一九四三年、七六〜七七頁。
(52)『下関』第八七号、一九四三年四月、二頁。
(53)『皇軍慰問』下関市庁、一九四二年、一一頁。
(54)「人事課雑件」一九四四年、山口県文書館所属戦前県庁文書。

第20章　傷痍軍人対策の展開と特徴

1　傷痍軍人研究の意義

戦争がもたらす課題の一つは傷痍軍人の問題であり、社会事業が戦争に関与せざるをえない要因の一つである。総力戦化、兵器の近代化は傷痍軍人の問題をより広く深刻にした。戦争ごとに多数の傷痍軍人が生じていたはずであるし、日本ではすでに廃兵院法が制定されるなど一定の対策がとられていたが、本格的になるのはやはり日中戦争以降であろう。戦後の身体障害者福祉法は傷痍軍人対策を主眼としていた。

傷痍軍人の問題は、戦争のもたらす深刻な課題としてそれ自体究明すべきものである。兵士という加害性を帯びた者の問題であるために、被爆者のように基本的には被害者性を強調すればよい問題と異なること、戦後の傷痍軍人の運動が障害者全体の連帯というより、自らの特殊性を主張して対策を要求した面があって他の障害者運動と同一視できないことなどがあって、社会福祉史における研究対象として重視されてこなかったといってよい。しかし、「白衣募金」はある時期においては、障害を可視的にとらえる機会として、多くの人の記憶に鮮明に残っている。ニーズがあれば原因は問わないというのが社会福祉援助の基本姿勢であるからには、傷痍軍人に軍国主義や侵略戦争のイメージをかぶせて、特別視するのは適切でない。したがって、単に軍事援護の一領域にとどまるものではなく、戦時下の生活課題の一つとしてとらえる必要がある。

傷痍軍人をとらえる場合、戦争という国家政策とからめて政策的に把握するというのも方法の一つである。傷痍軍人対策は国策としてたてられ、国全体の施策として、全国的に均一に推進されるので、方面委員制度のように地域ごとに異なる展開をするわけではない。国としても廃兵院法を制定し、一九三八年には傷兵保護院が設置され、軍事保護院へと発展した(1)。

しかしながら、本章では傷痍軍人対策を地域社会福祉史の一部として把握する。地域の側から見たとき、国家が戦争を開始し、その当然の結果として傷痍軍人が生じ、対策を押し付けられてくるわけである。また、傷痍軍人側から見ても、実際に支援を受けるのは法律や制度というより、方面委員であったり町役場であったりする。地域社会福祉史のなかで傷痍軍人の問題を把握することで、傷痍軍人とはどういう存在であったのか明らかとなる。

そこで本章では傷痍軍人対策について、山口県に視点をおいて分析していく(2)。山口県というと、陸軍を強固な藩閥によって支配し、日本の軍事国家化を促進したというイメージがある。本章でそのイメージの是非を論じるつもりはない。いずれにせよ一般県民は、どこで生まれようが、召集されて、負傷すれば後遺症をもって帰郷し、本人も家族も困難をかかえた生活を強いられたのである。その実態を県や市町村の政策レベルから検討することは戦争を実態、戦争と国民の生活とを明らかにすることでもあるだろう。山口県については、すでに真木奈美が、国における傷痍軍人保護対策の動向を踏まえつつ、傷痍軍人湯田温泉療養所の設置過程を丁寧に分析しているが(3)、社会事業の視点からとらえているわけではないので、社会事業史の動きのなかで分析する必要性が残されている。

2　日中戦争の開始と傷痍軍人対策

一九三七年の日中戦争の開始により、社会事業の体制にただちに軍事色が加えられていく。開戦まもない一九三七年七月三〇日に、軍事扶助山口県地方委員会拡大会議が開催され、「北支事変に伴ふ軍人援護事業実施計画」について議論されている(4)。そこでは「傷病兵陸軍病院又は海軍病院に入院したるときは可成速に之を慰問すること」とあるが、傷痍軍人対策は取り上げられていない。軍事援護は出征家族の支援に関心が寄せられており、全体として軍事援護を強化していく動きがみられるが、傷痍軍人への関心には乏しい。この時点では戦闘が長期化するとは考えられていなかったうえ、まだ傷痍軍人が次々と帰還するという状況になく、対策が急務とは認識されなかったのであろう。

「軍人援護事業の大要」という解説が『山口県社会時報』に掲載されているが、「傷病兵」が軍事扶助法または軍事扶助法に該当しない者への軍事援護規則の対象として「傷病兵」があるだけで、傷痍軍人対策はそれ以外は示されていない。(5) 石田貴志雄「時局の進展と社会事業の方向」で「傷病兵の職業保障授産等」と触れているなど無視しているわけではないが、主要な課題とはなっていなかった。(6) 一九三八年一月から二月にかけて、八か所で「社会行政の打合せのための市町村長会議」が開催される。指示事項の中心は「軍事援護事業ニ関スル件」であるが、そこでは傷痍軍人については触れていない。(7)

このように、軍事援護対策が急速に強化されるものの、当初はかならずしも傷痍軍人対策は明確ではなかった。これは、戦争の拡大への認識が甘く、国においても対策が本格化していなかったためであろう。しかし、一九三八年二月頃から傷痍軍人対策に主要な課題として取り組むようになる。

二月一四日付で山口県傷痍軍人援護部規程が設けられ、傷痍軍人援護部が設置されたことで、傷痍軍人対策が行政の主要な課題として明確になった。(8) 傷痍軍人援護部は、傷痍軍人の職業保護や療養、戦死者と傷痍軍人の家族の援護、除隊者の職業保護などを目的として設置され、部長は学務部長、社会課長が主任参事、庶務課長、地方課長ら他の課長が参事、社会事業主事、社会事業主事補はじめ職員が書記として業務にあたることとされている。

同じ時期に、傷痍軍人援護対策委員会が設置された。(9) 委員会は傷痍軍人に関連する事項を調査審議することを目的とし、会長は県知事、委員は県の幹部や学識経験者から選ぶことになっている。こうして、県行政として、傷痍軍人対策に本格的に乗り出していく。

三月二六日から二七日にかけて、傷痍軍人職業顧問が山口県を来訪した。(10) 傷痍軍人職業顧問とは、入院中の傷痍軍人に対して、将来の生活や職業に対して指導を与えるものである。以後、毎月巡回することとなっている。

傷痍軍人自身を含めた動きとして、大日本傷痍軍人会山口県支部が、一九三八年三月に発足する。(11)大日本傷痍軍人会とは、乱立していた傷痍軍人組織を整理して、傷痍軍人の修養機関として一九三六年に結成され、一九三八年に財団法人化する。各道府県に支部を設置していくので、山口県にも支部が設置されるのである。(12)そして六月一〇日に山口市公会堂にて、中央から会長の林仙之大将が出席し、発会式を行う。(13)式では傷痍軍人三〇〇名はじめ五〇〇名が出席し、知事でもある戸塚九一郎の式辞が述べられ、「吾等銃後の戦士は自奮自励相結束して余生を捧げて君恩に報ぜんことを期す」とする宣言、「吾等は皇恩の厚きを思ひ各々其の所に従ひ国運進展に貢献せんことを期す」などを内容とした決議を行った。

傷痍軍人会は、傷痍軍人の精神修養や相互扶助を目的としているが、知事が支部長、副支部長の一人は傷痍軍人であるが、他の一人は県の学務部長、事務所は社会課におかれており、また顧問として軍人が就くことになっている。理事、評議員も軍事関係者が目立ち、社会事業関係者としては、方面委員二名が評議員に加わっているにすぎない。傷痍軍人の生活保障というより、軍事政策の一翼を担う性格は明らかであるし、傷痍軍人自身による組織ではなく、軍や行政の影響下にある組織である。大日本傷痍軍人会は郡市のレベルに分会を設置し、さっそく県内のすべての郡市に分会がおかれる。

傷痍軍人会の発足を受けて、さっそく五月一二日の市街地社会事業協議会では「大日本傷痍軍人会山口県支部ニ関スル事項」が取り上げられている。(14)そこでは、会員募集、分会・出張所の設置、傷痍軍人相談所の設置について説明している。

こうして、一九三八年二月から三月頃を境にして傷痍軍人対策が本格化するが、これは国のレベルで傷痍軍人対策が立てられそれに従っていったことに加え、戦争の本格化のなかで、現実に傷痍軍人が帰還し始め、その対策が急務であることが認識され始めたことがあるだろう。

県では軍事援護相談所を設置していくが、(15)そこでの主要事項は傷痍軍人であり、医療療養の斡旋、職業保護、教養・慰安、傷痍軍人への一般国民の感謝優遇の念の保持などに対応することとなっている。傷痍軍人会でも相談所を設置することになっていたので、緊密な連携をとることを求めているが、内容が錯綜している感は否めない。

軍人援護の担い手として期待されたのは方面委員であるが、方面委員の活動にも傷痍軍人対策が求められる。一九三八年八月の「市町村社会課長（係）方面常務委員打合会の打合事項」では「傷痍軍人援護対策ニ関スル件」があがっている。(16)

一九三八年一〇月『山口県社会時報』に「傷兵保護事業について」「新『軍事傷痍記章』について」という論考が掲載されている。(17) いずれも筆者の名を個人ではなく、「傷兵保護院」とした論考で、山口県関係者が執筆したものではないが、こういうものが掲載されることで、傷痍軍人が社会事業の主要な課題となってきたことを示している。

一〇月一一日には「軍人傷痍記章の伝達並に銃後善行者表彰式」が行われ、引き続き傷痍軍人懇談会が行われた。県内の傷痍軍人会の各分会長と県庁の関係職員による懇談である。(18) 上層部による儀礼的懇談で、懇談自体にそれほどの意味はないが、傷痍軍人の組織化が着実に進んでいることを示している。また、傷痍軍人会山口県支部に傷痍軍人相談所を、下関市、宇部市、徳山市、萩市、岩国町に地方相談所の支所を設ける。(19) 相談所では、恩給、軍事扶助などの制度の活用、職業斡旋、医療、結婚など傷痍軍人の生活に関連する事項を幅広く扱うことになっている。(20) 一九三八年六月二一日には、赤十字病院や山口陸軍病院で精神指導の講演が行われており、次節で述べる精神指導重視の方向が、すでに表れている。(21)

こうして、傷痍軍人対策は、戦争開始直後こそあまり注目されなかったが、すぐに主要な課題として認識され、組織化などの対応が進んでいく。ただ、まだこの段階では、軍事援護の再重要事項として強調するまでにはいたっていない。

3　傷痍軍人対策の本格的展開

戦争開始から一年以上経過し、傷痍軍人支援の一応の体制が整うと、具体的な対策が本格化する。一九三九年二月には湯野温泉、川棚温泉、湯本温泉、湯田温泉の温泉旅館業者を集めて、傷痍軍人の優遇についての協議会がもたれている。(22)

傷痍軍人が温泉で療養することを想定して、協力を求めたものである。

一九三九年の四月には傷兵保護院総裁の本庄繁が来県し、赤十字病院や湯田温泉療養所などを訪問した。(23) 傷痍軍人対策が国策としての重要性を増していることを動きである。

一九三九年六月三〇日には、大日本傷痍軍人会山口県支部第二回総会が行われた。(24)「未曾有の事変下に益々傷痍軍人五訓を遵守し再起奉公の誠を致さむ」との宣言や決議を行い、午後から傷痍軍人慰安会が開催され、演芸などが行われた。

一九三九年七月の市町村社会行政主任事務打合会では、大日本傷痍軍人会山口県支部から「傷痍軍人ノ優遇ニ関スル件」が協議題として出され、各種の斡旋保護を行うこと、市町村の儀式等に参列できるよう配慮すること、援護の完璧を期すことを求めている。(25)

一九三九年八月には県社会課が傷痍軍人に対し、直接ハガキを送付する調査を行っている。「傷病の経過及現在の容態に就て」「療養開始月日及今後の療養見込日数に就て」「全治後の活動の御方針に就て」「県に対する希望等に就て」が調査項目である。(26) 当事者への直接の調査は従来はなかったことで、傷痍軍人の個々の把握と政策の立案が急がれていた。

一九三九年一一月には、傷痍軍人の医療保護の徹底を目的として、傷痍軍人健康診断が県内各地で実施されている。(27) 傷痍軍人個人に通知するほか、大日本傷痍軍人会分会長や市町村長、警察署長からも督励することとされ、開催場所も市のほか大津郡仙崎町、豊浦郡西市町といった郡部でも開催している。九割以上が出席したというが、欠席者のためにさらに一二月に県内九か所で二次の診断が実施された。(28) 一九四〇年にもほぼ同様の方法で実施されている。(29)

一九四〇年頃から、『山口県社会時報』では、「傷痍軍人五訓」や「傷兵を護る心が国護る」といった標語が掲載され、傷痍軍人への関心を高めようとしている。社会課長の荻野憲祐による「軍人援護の根本精神」では「国家の為に傷痍を受けたる勇士に対し嘗てありしが如く国民が之を遇するに廃兵を以てせしが如き事を再び繰り返すならば、之亦思想的に悪思想を芽生えせしむる大なる温床となるものであるから銃後の国民は真に吾等の代理者として尊敬と感謝を以て護らねばならぬ」と述べて、傷痍軍人保護を説いている。(30)

このように、傷痍軍人対策は次第に重要視され、社会事業行政のなかでの主要領域としての認識が深まっていく。

4　精神指導の強化

しかし、傷痍軍人は単に大切にされたわけではないし、支援の拡充だけがすすめられたのでもない。傷痍軍人に対して、軍人の、あるいは国民の模範としての生活態度が求められた。それは、漠然とした理念の域をこえていくことになる。厚生省では一九三八年に『傷痍軍人に捧ぐ』という冊子を発行している。「捧ぐ」という題名からは、傷痍軍人に有益な情報を提供しているように感じられるが、実際の内容は「精神復興の元気」「思想国防と傷痍軍人」「報恩感謝の奉仕」といった論考が並び、傷痍軍人を精神的に鼓舞するものである。傷痍軍人には保護よりも精神面で戦争を支えることが、国から求められていたのである。[31]

山口県内においても、同様の考えが強調されていく。山口県社会事業主事の星野直隆による論考「軍事援護事業の展望」では、「傷痍軍人に対しては自奮自励、名誉と矜持を保持せしめ志操の涵養堅持に努めしむる」と述べている。[32] 林仙之による論考「傷痍軍人の立場より」では、「われわれ傷痍軍人に対する各種の実施に対しては、今度は享ける側としての感謝の意を表さねばならないのであります」とし、傷痍軍人会が定めた傷痍軍人五訓の実践の重要性を説き、「再起奉公の実を挙ぐるは固より積極的に公共に奉仕して、終生奉公の誠を效し度いと念願してゐる次第であります」とする。[33]「傷痍軍人の立場」と称してはいるが、あくまで上からの押し付けでしかない。一九四一年四月二一日に行われた大日本傷痍軍人会山口県支部第四回では「職域に率先臣道を実践し、特に生産拡充、資源愛護に邁進し高度国防国家の確立に貢献すべく」という決議をし、「時局下に於ける傷痍軍人の覚悟」と題する、県庶務課長による講演が行われている。[34] このように、たたみかけるように、傷痍軍人の生活態度の保持が強要されていく。

傷痍軍人への直接の働きかけも目立ってくる。一九三九年九月から一〇月にかけて傷痍軍人精神指導映画が開催されている。[35] 一九四〇年一月には萩市で同様の企画のほか、傷病軍人精神指導講演会並びに史跡共同見学が行われている。[36] 軍関係者らの講演の後に、萩市内の史跡として、松陰神社、松下村塾、伊藤博文旧宅、明神池、萩城跡などを見学した。娯楽的要素も皆無ではないが、萩は地理的な不便さもあって、県レベルでの集会の会場に選ばれることは少ない。あえて萩で実施したのは、明治維新の有力者の出身地である萩を会場にして、より強固な精神指導を目指したものであろう。一九四一年三月にも、萩市で同様の企画が行われている。[37] 一九四一年九月には練成講習会が行われ、[38]「練成」という名称に、内容を強化する意図が感じられる。

一九四一年九月の『山口県社会時報』の「傷痍軍人五訓実践運動の記録」では、傷痍軍人の「食糧増産のための畑仕事、貯蓄、隣組・班活動、廃品回収、公休日の勤務、兎の飼育」などの「実践」が掲載されている。単なる記録ではなく、傷痍軍人の手本とするためであろう。[39] 一九四〇年一二月二五日には、皇太后より失明傷痍軍人への懐中時計の下賜があり、山口県から八名が対象となって県庁で伝達式が行われている。[40] これも、救癩などの慈善に関心をよせた皇太后の温情という形をとっているが、見舞いにとどまるものではなく「光栄」に浴した者にはそれに対応した生活態度が求められていく。

入院中の傷痍軍人も例外ではない。一九三九年一一月には、軍事保護院嘱託中山亀太郎、それに傷痍軍人会嘱託の肩書で暁烏敏を講師として、県内の陸軍病院と療養所で精神指導講演会が実施されている。[41] なお、暁烏は前述の『傷痍軍人に捧ぐ』での「精神復興の元気」の著者でもある。一九四〇年七月にも、宇部市の琴崎八幡宮社司、野村清臣による「皇道精神と実生活」という演題に映画を加えて、やはり県内の陸軍病院、療養所で実施している。[42] 同月にはさらに、傷痍軍人精神指導映画会が実施され、県内の陸軍病院と湯田温泉療養所で軍事保護院より提供された「更生の光」「再起の力」による精神指導映画会が開催されている。

戦時体制がすすむほどに、強調のされ方は強まり、一九四一年の荻野憲祐「軍人援護の根本精神」では「傷痍軍人に対しては旺盛なる精神力を以て身体の障碍を克服し再起奉公を挙げしむるにある。此の間一貫して独立自営を目指して黙々として勤労の生活を続けしむるにあるのであつて、物的援護に重きを置き却つて自力更生の精神を麻痺せしむるが如きことがあってはならぬ」として、傷痍軍人への支援よりも、「再起奉公」こそが目的とされている[43]。

さらには、傷痍軍人を労働力として活用するという動きになってくる[44]。牧村進・辻村泰男による『傷痍軍人労務補導』では、傷痍軍人は生産的な労務者になりうるとし、「国防生産力の拡充と云ふ積極的な意義に於て考慮し、実践されなければならない」としている[45]。傷痍軍人への職業指導自体は、当初からの課題であったが、当初は、傷痍軍人本人の生活自立が主眼であった。労働力の不足が顕著になるにつれ、傷痍軍人が着目されていくのである。軍需工場をかかえる山口県でも同様の視点で傷痍軍人が「期待」されたものと思われる。したがって、傷痍軍人職業指導所がおかれ、個人別の職業指導が行われた[46]。「聖汗を流す傷痍軍人の方々の率先垂範の敢闘振りは、その所在、職域何れの時、何れの場合を問はず活模範として推賞されて居ります」などと、傷痍軍人のプライドをくすぐりつつ、しかしその実は傷痍軍人を社会事業による支援の対象ではなく、生産力として明確に位置づけるものであった[47]。傷兵保護院が発行した『傷痍軍人職業再教育事業概要』では、傷痍軍人が職業を通じて、「社会、国家の為に貢献すること」や「社会的義務を自覚」することを求めており、傷痍軍人への生活保障よりも、国家の利益のための活用が求められていたのである[48]。

5　傷痍軍人施設の開設

国としても、傷痍軍人を対象とした療養所や職業再教育機関を全国各地に設置し、そこには山口県出身者も入所していくが、こうした施設の一部は山口県内にも設置されていく。

一つは一九三九年八月二一日に設置された傷痍軍人湯田温泉療養所である[49]。詳細は前述の真木奈美による研究で触れられているので本章では最小限の事実の確認にとどめておくが、外傷後の対応のために温泉地に設置したものである。和室一八間、洋室二間の病室を持ち、機械治療室、レントゲン室、手術室、休養室、大食堂、慰安室、応接室、大浴槽などの設備があり、設備で見る限り、一般の病院に匹敵する設備をもっている。開所時の入所定員は七五名である。当然、温泉設備が重視されている。

当初全国に一〇か所設置されたうちの一つである。山口県だけでなく、広島、岡山、愛媛、福岡、大分、島根、鳥取の傷痍軍人を対象としている。入所は無料で、入退所に必要な旅費も支給される。温泉療養所は、交通便利で、物資の供給に便がよいことや温泉の質などについて条件がつけられている。湯田温泉は山口県を代表する温泉地で、現在もホテル、旅館等の観光施設が建ち並んでいる。ただし、療養所は温泉街のなかではなく、やや離れた場所に立地されているので、最寄り駅からは遠く、交通便利とは言い難いが、温泉地がしばしば山間部などにあるのに比べると、県庁所在地である山口市に位置しているので、便利なほうであったのかもしれない。なお、湯田温泉療養所の設置により、温泉旅館に委託して療養することはしないこととなった(50)。

療養所を設置したのは傷兵保護院であり、設計や仕様書は傷兵保護院で行っている。しかし、建設は山口県があたっており、入札や契約は県知事によって行われている。ただ、状況については、保護院の計画局長に逐一報告を行い、また指示がきている(51)。

一一月二八日に、山口県知事、厚生大臣代理、軍事保護院総裁代理、山口市長、軍関係者、傷痍軍人ら三〇〇名を集めて開所式が挙行された(52)。

さらに、一九四四年には小串町（豊浦町を経て、現・下関市）に広島陸軍第一病院転地療養所が設置された。土地を貴族院議員中山太一が寄贈したことから始まったとされる(53)。

結核を対象とした療養所は山口県内にはなく、山口県関係の者は広島、島根、福岡の療養所に入所することとなっていた。「国立西部療養所」として、療養所の設置が計画され、一九四二年に東岐波村（現・宇部市の一部）に軍事保護院傷痍軍人療養所として、山陽荘が設置される(54)。

こうして、山口県内にも傷痍軍人を対象とした療養施設が立地し、県内外の傷痍軍人の療養の場としての役割をもつことになる。

6　結婚の奨励

傷痍軍人への主要な対策として、結婚の奨励が行われる。そのために、県に傷痍軍人配偶者斡旋所を設け傷痍軍人結婚の斡旋を行うようになる。一九四一年度当初に「時局下結婚の奨励斡旋は人口増加の要請に伴ふ喫緊の問題たるも殊に傷痍軍人並に帰郷軍人等に対し之が斡旋奨励を行ふは等閑視得ざる所なるを以て」という趣旨で、傷痍軍事の結婚斡旋を開始することが示されている。[55]

「斡旋要項」が定められているが、[56]斡旋所は県、軍人援護会支部、県社会事業協会により県社会課内におかれた。学務部長が所長、社会課長が常任幹事である。「傷痍軍人に対し好配偶者を斡旋すると共に結婚後の援護指導を行ひ再起奉公の有終の成果を収めしむる」ことを目的とした。斡旋といっても単に紹介するだけではない。結婚希望女性、傷痍軍人ともに調査され、挙式についても指導が行われた。挙式は、求めに応じて所長や常任幹事らが司会にあたり、市町村長や傷痍軍人分会長らが列席するものとしている。挙式の場所として、なるべく神社や軍人援護会館などが望ましいとされた。結婚後も所員や傷痍軍人分会長らによる指導が行われることとなっている。趣旨の普及徹底のために、傷痍軍人婦人の座談会、婦人団体幹部の座談会、防長青年報国隊女子中隊幹部の講習会、花嫁練成講座を行うこととなっている。

さらに、会社、工場などの事業主に対して、傷痍軍人を雇用している場合にはその者の結婚に理解をもち、また従業員に女子がいる場合に傷痍軍人との結婚への認識を高めるよう求めている。「老年中年層の指導」として、結婚適齢期の女性に対する周辺からの「指導」の促進が説かれている。また、新聞、放送、印刷物による宣伝を推進することとされている。こうしたことがすべて実行されたとは思えないが、傷痍軍人の結婚奨励は、単なる努力目標ではなく、きわめて具体的で実践的な事業だったのである。

ただ、結婚の奨励といっても、現実を考えると、さまざまな困難が予想される。したがって、やみくもに奨励しているわけではない。「云ふに云はれぬ苦労があり強い忍耐と、深い愛情が伴はねばならなぬ」と注意が喚起されているし、花嫁練成講座を開催して、「破鏡の嘆をまねくが如きことのない様につとめる」としていた(57)。

『山口県社会時報』に荻野憲祐社会課長が、「傷痍の勇士によき花嫁を」という論考を掲載している(58)。ラジオ放送したものの再録である。荻野はそこで、傷痍軍人に感謝しなければならないが、未婚の傷痍軍人には妻が手となり杖となって世話をすることが「真に徹底した援護」「若き女性のみによつて果たされる援護」と述べている。つまり、結婚の奨励は、結婚にハンディをかかえた傷痍軍人を支援するのではなく、妻となる女性に援護をさせるものなのである。そして「特に一人も一家から御役に立てる人も出さなかつた家庭の婦人の如きは何等かの方法で国家のお役に立つことが出来るならば此の身を捧げたいと希つて居られる軍国の女性の方が決して少くはないことと信ずるのであります」と、特に徴兵される者のいなかった家庭に、結婚を強要するような発言をする。そのうえで、失明軍人と結婚した事例の紹介をしている。

ただ、荻野も、結婚が容易でないことは認識しており、「傷痍軍人の妻としての一生は実に苦労の多いことを覚悟せねばならぬのであります」と述べて、熟慮と覚悟を求める「傷痍軍人の結婚問題に対して近頃の娘はどんなに考へて居るか」という『山口県社会時報』の記事は、講習会の感想文からの抜粋、編集であるが、傷痍軍人との結婚の雰囲気をあおるための記事であろう(59)。「勇士に対し銃後の女性はどんなことでもしてあげたい」「勇士の苦しみを私の苦しみとしたい」「祖国の真の姿を見て日本の女性として処したい」「一生を捧げて御世話をさせて戴きます」「親達にもよく説得してもらひたい」「結婚は享楽ではない」「妻に対しては深い理解をもつてほしい」「私の行くべき途が開けた様に思ひます」「其の時のあの人の喜びのお顔！　今にも私の眼の中に」「母の心で一生お仕へしたい」と見出しがつけられている。都合のいい感想文を選んだのであろうし、そもそも建前の横行した時代で本音を書いたとは考えられなく、要は県側の意図が示されているにすぎない。

結婚の奨励はこうしたラジオ放送だけでなく、さまざまな方法を用いて進められた。県によって、「傷痍の勇士の手となり杖となつて終生をささげましょう」というパンフレットがつくられている。表紙には夫の世話をする妻の写真が掲載されている。そして、「乙女の純情を傷痍の勇士に捧げましょう」と題して、傷痍軍人に感謝し支えることの大切さを説き、「傷痍の勇士の手となり、杖となって終生御世話すると云ふことは、真に皇国日本の娘にとって此上もないふさわしいことではありますまいか」と説く。「傷痍軍人はどんなに保護されてゐるか」として、恩給、無料での療養、義手・義足等の支給、無料での職業訓練、学資の支給、自営業の場合の融資、表彰、重度の場合の国鉄への無料ないし割引きでの乗車が列挙されている。結婚を希望する場合の手続き、また一般女性に対して、傷痍軍人の妻への支援を呼びかけている。

方面委員も協力を求められる。一九四一年一〇月の方面事業研究協議会の指示事項の「軍事援護ニ関スル件」では「傷痍軍人ノ配偶者斡旋ニ関スル事項」があり、「興亜聖戦ノ為ニ名誉ノ戦傷ヲ負タル傷痍ノ勇士ニ対シ好配偶者ヲ斡旋致スコトハ時局下喫緊ノ要事ナルヲ以テ軍人遺家族婦人指導員等トモ緊密ナル連絡ノ下ニ之ガ斡旋ニ付更ニ一段ノ配慮セラレタキコト」としている。(60)

また、結婚の奨励は山口県に限ったことではなく、全国的にすすめられた。斉藤道子は雑誌『主婦之友』に傷痍軍人の妻の純愛物語を何度も載せるなど、国策への誘導に使われていたことを指摘している。(61)

では、実際にはどの程度活用されたのであろうか。浦紀元「山口県軍事援護事業の概況」では、「開設以来、日は浅いが、各方面より続々照会があり、係員は之が応接に忙殺され、嬉しい悲鳴を挙げて居る状況である」と述べているが、抽象的な記述であり、事実を描いたのだとしても、これではどの程度の利用があったのか不明である。(62)一九四一年末で六四組の結婚が成立した。(63)

一九四三年の「軍事援護状況につき佐々木知事」と題した文書では「未婚の傷痍軍人の為県に配偶者斡旋所を設け積極的に好伴侶の斡旋に努めまして現在百十余組の成立を見ましたのでありますが特に最近は未婚の婦人にして進んで傷痍軍人の伴侶たらんと希望する者も漸く多く軍国女性の覚悟を如実に示して居りますことは喜ばしいことゝ存じます」と述べている。(64)ここでは具体的な数字として「百十余組」とされていて、これを信用すれば、創設から一九四三年までの間に一一〇組ほどの結婚があったことになり、結婚に至らなかったケースがあることを考えれば、これを上回る女性からの申し出があったことになる。

結婚の斡旋は、結婚の機会が乏しくなった傷痍軍人に配慮して結婚の機会を増やすという、傷痍軍人の利益のための支援ではない。そのことは、挙式や結婚後についてまで、指導が予定されていたことでも明らかである。本来なら結婚は私的なレベルのことであり、行政は相談等の支援をすることはあっても「指導」する必要はない。傷痍軍人の結婚は、私的な行為ではなく、戦時体制維持の方策の一つであった。

すなわち第一に、妻に介護、家事など身辺の援助をさせることで、傷痍軍人への公的な援助の抑制が可能になる。第二に、結婚すれば、傷痍軍人が反軍、反戦的な言動をとる危険性が減ることが考えられ、思想的対策としても有効である。第三に、結婚全般が奨励されていたので、結婚推奨の流れを推進することができた。防長青年報国隊と山口県連合婦人会による「結婚改善必行事項」では奨励事項の一つに「傷痍軍人トノ結婚」が含まれている。また「山口県結婚斡旋委員設置要綱」に基づき、結婚斡旋委員を市町村に設置し、結婚斡旋所を置くが、同要綱では「傷痍軍人の結婚相談に付ては特に山口県傷痍軍人結婚斡旋所、市町村傷痍軍人結婚相談所と連絡し相談指導等の徹底を図ること」とされている。(65) さらに、男性の減少によって女性の結婚機会も減少していたので、平時と異なり女性の確保も比較的容易であった。

7　生活者支援としての傷痍軍人対策の意義と限界

本章では、史料の制約もあって一九四二年頃までの動きにとどまっているので、戦争がより拡大する太平洋戦争開始後の動きにほとんど触れていない。そういう限界のもとでの総括であるが、傷痍軍人対策は軍事援護の、そして社会事業の主要な柱とされた。湯田温泉療養所のような施設、あるいは結婚の奨励といった具体的な対策が行われた。ただあくまで、国策として強力に推進された事業なので、山口県の特徴といったものは明瞭ではないが、社会事業協会や方面委員制度など社会事業の実施体制がある程度整備され、実績を重ねていたことで、そのまま傷痍軍人対策へと活用された。

それでもすでに一九四〇年頃には傷痍軍人への精神指導が強化されており、具体策から精神主義へ移行する傾向が明瞭である。太平洋戦争下で傷痍軍人の数が増える反面、財政や社会事業行政の能力が低下していくことを考えると、以後はその傾向がより強くなったと考えられる。

傷痍軍人の生活支援をすること自体は、現実に傷痍軍人が増加していく以上、必要なことであった。しかし、療養所のような多額な経費がかかる事業には限度があり、結局、抽象的に傷痍軍人を名誉な存在に仕立てたり、結婚奨励のような費用のあまりかからない事業に傾くしかなかった。就労への支援は、一定の能力を有している者には有効だったかもしれないが、就労困難な障害をもつ者には無縁のものであるし、「国有鉄道無賃乗車證」も移動に困難な障害をもっていたり、日頃国鉄を利用しない者には、さほど利益になるものでもない。総花的にさまざまな策は並んでいたが、個々の状況に適切に対応できるものではなかった。

傷痍軍人が一般の障害者に比べてきわめて優遇されていたのは確かではあるが、傷痍軍人の実態からすれば、生活保障には程遠いものであった。戦時下であることと、国策とむすびついているがために、地域独自の施策が発展することも困難であった。少しずつではあっても成果を残してきた社会事業も、傷痍軍人という短期間に大量に深刻に発生した事案であってみれば、国策に沿う以上の対応は困難であったといわざるをえない。

【注】

（1）鹿野政直『兵士であること　動員と従軍の精神史』朝日新聞社、二〇〇五年は、兵士の実像を戦場の実態から描いていて、傷痍軍人についても触れている。ただ、既発表の論考を編集した本なので、体系的に書かれているわけではない。国の施策については、郡司淳『軍事援護の世界—軍隊と地域社会—』同成社、二〇〇四年。また、『岩波講座アジア・太平洋戦争6　日常生活のなかの総力戦』岩波書店、二〇〇六年では生瀬克己「破壊される心と体」、植野真澄「傷痍軍人・戦争未亡人・戦災孤児」で、戦時下において傷痍軍人がどういう存在であったのかを論じている。

（2）『山口県政史　下』山口県、一九七一年では、軍事援護に触れるなかで簡略ながら傷痍軍人対策にも触れている。なお、山口県傷痍軍人会に史料の所蔵について照会したことがあるが、史料は何も所蔵しておらず、年史等の発刊もできていないとのことであった。

(3) 真木奈美「日中戦争期における傷痍軍人保護対策の形成」『山口県史研究』第一七号、二〇〇九年。
(4)『山口県社会時報』第一五四号、一九三七年八月、三〇〜三一頁。
(5)『山口県社会時報』第一五七号、一九三七年一一月(該当部分にはページが付されていない)。
(6)『山口県社会時報』第一六〇号、一九三八年二月。
(7)『山口県社会時報』第一六〇号、一九三八年二月、四六〜四七頁。
(8)『山口県社会時報』第一六二号、一九三八年四月、四三頁。
(9)『山口県社会時報』第一六二号、一九三八年四月、四三〜四四頁。
(10)『山口県社会時報』第一六二号、一九三八年四月、六〇頁。
(11)『山口県社会時報』第一六二号、一九三八年四月、五九頁。
(12) 甲賀春一編『本庄総裁と軍事保護院』青州会、一九六一年には、傷痍軍人の記述も多くある。
(13)『山口県社会時報』第一六四号、一九三八年六月、五三〜五四頁。
(14)『山口県社会時報』第一六四号、一九三八年六月、四九頁。
(15)『山口県社会時報』第一六四号、一九三八年六月、三七〜四〇頁。
(16)『山口県社会時報』第一六七号、一九三八年九月、三〇頁。
(17)『山口県社会時報』第一六八号、一九三八年一〇月。
(18)『山口県社会時報』第一六八号、一九三八年一〇月、四六頁。
(19)『山口県社会時報』第一六九号、一九三八年一一月、二八頁
(20)『山口県社会時報』第一七一号、一九三九年一月、六六〜六七頁。
(21)『山口県社会時報』第一六五号、一九三八年七月、一四三頁。
(22)『山口県社会時報』第一七二号、一九三九年二月、六四〜六五頁。
(23)『山口県社会時報』第一七五号、一九三九年五月、七六頁。

(24)『山口県社会時報』第一七七号、一九三九年七月、六六頁。
(25)『山口県社会時報』第一七八号、一九三九年八月、五六頁。
(26)『山口県社会時報』第一七九号、一九三九年九月、三四〜三五頁。
(27)『山口県社会時報』第一八一号、一九三九年一一月、四九〜五〇頁。
(28)『山口県社会時報』第一八三号、一九四〇年一月、六八〜六九頁。
(29)『山口県社会時報』第一九四号、一九四〇年一二月、三五〜三六頁。
(30)『山口県社会時報』第一九七号、一九四一年四月。
(31)『傷痍軍人に捧ぐ』厚生省、一九三八年。
(32)星野直隆「軍事援護事業の展望」『山口県社会時報』第一六六号、一九三八年八月。
(33)林仙之「傷痍軍人の立場より」『山口県社会時報』第一八〇号、一九三九年一〇月。
(34)『山口県社会時報』第一九八号、一九四一年五・六月、五四〜五五頁。
(35)『山口県社会時報』第一八〇号、一九三九年一〇月、六一〜六二頁。
(36)『山口県社会時報』第一八四号、一九四〇年二月、六四〜六六頁。
(37)『山口県社会時報』第一九七号、一九四一年四月、七四〜七五頁。
(38)『山口県社会時報』第二〇一号、一九四一年一〇月、七〇〜七一頁。
(39)『山口県社会時報』第二〇〇号、一九四一年九月。
(40)『山口県社会時報』第一九四号、一九四一年一月、四九〜五〇頁。
(41)『山口県社会時報』第一八二号、一九三九年一二月、五六頁。
(42)『山口県社会時報』第一九〇号、一九四〇年八月、八二〜八三頁。
(43)『山口県社会時報』第一九七号、一九四一年四月。
(44)郡司惇『近代日本の国民動員―「隣保相扶」と地域統合―』刀水書房、二〇〇九年、三五一頁において、「人的資源の保護育成」との関係から戦時下の傷痍軍人保護施策の形成と展開を明らかにすることが重要課題であると指摘している。
(45)牧村進・辻村泰男『傷痍軍人労務補導』東洋書館、一九四二年、三三頁。

(46) 山口県文書館所蔵県庁文書には「傷痍軍人職業補導所その他一件」一九四一年という、補導所の模様替工事についての史料がある。
(47)『下関』第一三〇号、一九四四年二月、三頁。
(48)『傷痍軍人職業再教育事業概要』傷兵保護院、一九三九年、七頁。
(49)『再起の勇士へ』軍事保護院、一九四〇年。なお、『朝日新聞』(山口版) 二〇〇八年八月一二日に「傷病兵士激戦の影　湯田の温泉療養所　犠牲甚大いちはやく設置」という記事が載っている。「戦争と山口　消えゆく記憶を訪ねて」という連載企画の一回目として掲載された記事である。
(50)『山口県社会時報』第一八八号、一九四〇年六月、五三頁。
(51)「自昭和十三年度至十四年度傷痍軍人湯田温泉療養所一件(附帯工事ノ部)」「自昭和十三年度至昭和十四年度傷痍軍人湯田温泉療養所建設一件(資材関係往復文書)」山口県文書館所蔵県庁文書。
(52)『山口県社会時報』第一八三号、一九四〇年一月、六七～六八頁。
(53) 豊浦町史編纂委員会『豊浦町史』豊浦町役場、一九七九年、五八一頁。『山口県政史　下』山口県、四三五頁では設置を一九四三年と記述している。
(54) 宇部市史編集委員会編『宇部市史　通史編　下巻』宇部市、一九九三年、六五八～六五九頁には、設置の経緯が記述されている。建設に関連する史料として山口県文書館所蔵県庁文書に建設や工事に関連する史料がいくつかある。そのうち、「山陽荘苑地工事一件」は、その名称の簿冊のなかに他の簿冊がいっしょに閉じられていて、設置後になされた植栽のための苑地工事のほか、一九四二年から四三年にかけての各種の工事の史料がある。また、宇部市立図書館付設郷土資料館所蔵「東岐波村役場文書」には「国立西部療養所一件」「国立西部療養所関係日記」という文書がある。山陽荘について『創立二〇周年記念誌』一九六二年、『創立四〇周年記念誌』一九八二年、『創立五〇周年記念誌』一九九二年などが発刊されているが、歴史の記述は年表があるだけである。
(55)『山口県社会時報』第一九七号、一九四一年四月、七六頁。
(56)『山口県社会時報』第二〇〇号、一九四一年九月。四五～四六頁。
(57)「傷痍の勇士に良き花嫁を！！　県に傷痍軍人配偶者斡旋所を設け傷痍軍人に好伴侶を斡旋」『山口県社会時報』第一九九号、

一九四一年八月。
(58)『山口県社会時報』第二〇一号、一九四一年一〇月。
(59)『山口県社会時報』第二〇一号、一九四一年一〇月。
(60)「方面委員　田辺朝介」内の「方面事業研究協議会提出事項」(山口県社会課、一九四一年一〇月)。
(61)斉藤道子「戦時下の女性の生活と意識」赤澤史朗・北河賢三編『文化とファシズム』日本経済評論社、一九九三年。
(62)『山口県社会時報』第二〇一号、一九四一年一〇月。
(63)『山口県政史　下』山口県、一九七一年、四三五頁。
(64)「軍事援護事業につき佐々木知事言上」山口県文書館所蔵県庁文書内の「朝香宮鳩彦王殿下御成一件」一九四三年五月。
(65)『昭和十八年度版　防長年鑑』関門日報社、一九四三年、四三二頁〜四三三頁。

おわりに

筆者は一九八五年に山口県社会福祉史に関する初めての論文を発表した後、一九九七年に『山口県社会福祉史』、二〇〇六年に『近代社会事業の形成における地域的特質―山口県社会福祉の史的考察―』とおおむね一冊につき一〇年程度の時間をかけて、本にまとめてきた。『近代社会事業の形成における地域的特質―山口県社会福祉の史的考察―』では、思いがけず日本社会福祉学会奨励賞を受賞した。この受賞は筆者の研究が評価されたというより、そこで描いたさまざまな実践が、審査委員の先生方にとって魅力的だったためではないだろうか。本書は、山口県社会福祉史についての三冊目の研究書にあたる。

本を出すたびに、社会福祉研究における歴史研究軽視の風潮を批判してきた。社会福祉を取り巻く状況は激しく変化している。ますますひどくなっているのが、歴史研究軽視の風潮である。少子高齢化や人口減少のなかで社会福祉をめぐる現実は厳しさを増している。福祉人材不足の困難さは、容易に解決できそうにない。

こうしたなかで、当面の課題への関心が高まるのはやむを得ない面もあるが、課題解決が難しいからこそ、歴史をしっかり学ぶ必要がある。場当たり的な対処を繰り返してきたことが、日本社会が閉塞感に満ちるようになった原因ではないだろうか。地域包括ケアシステムだの、地域共生社会だの、実態を伴わない美名だけが溢れている。若者が福祉の仕事を目指さないのは、きつい仕事を敬遠しているからではなく、美辞麗句の正体が見抜かれているからではないのか。

社会福祉が目指すべき方向に着実に発展しているようにはとうてい見えないことに我慢できなくなって、『福祉が壊れる』という新書を書いた（幻冬舎ルネッサンス新書）。「本来の仕事を後回しにして、余技に興じている」という批判もあるだろうが、私としては社会福祉の発展と利用者の権利保障の実現を目指すという、一つのことをしているつもりである。

とはいえ私自身も、前著を発刊して以降、職場は長崎純心大学から岡山市にあるノートルダム清心女子大学に変わったが、多忙化が著しい。じっくりと腰を据えて物事を考えることが難しくなっている。

また、前著発刊後に私の周辺で大きく状況が変わったのは、歴史研究において学恩のある先生が次々と逝去されたことである。私の学生・院生時代に社会福祉研究における歴史の重要性を教えてくださった高島進先生、前著の博士論文としての主査を引き受けてくださった一番ヶ瀬康子先生、関西社会福祉思想史研究会を通じてご指導いただいた小倉襄二先生、科学研究費による研究のなかで長くご指導いただいた池田敬正先生、地域社会福祉史研究において常に励ましてくださった田代国次郎先生、院生のときに社会保障について歴史的な視座を重視した授業をしてくださった小川政亮先生、社会福祉研究の基礎を教えていただいた宮田和明先生、障害者の人権保障の視点を示していただいた秦安雄先生。

短期間で次々とこれらの先生を失ってしまった。私自身がいつの間にか、昔の会社員なら定年退職になる年齢に達し、こういう日が来ることはわかっていたはずなのだが、先生方が後ろにいてくださって、護ってもらって当たり前というような感覚で研究を進めていた。甘えがあったことを痛感する。

今後、先生方の研究をどう継承するかが問われてくるし、社会福祉をめぐる状況への疑問や怒りがエネルギーとなって、何とか歴史研究を続けることができた。二〇一一年五月の社会事業史学会第三九回大会を、勤務校のノートルダム清心女子大学を会場に「地域社会福祉史研究の可能性と展望」を共通論題に設定して実施できたのも、有意義な経験として、歴史研究への意欲を持続する契機となった。しかも、この大会は偶然ではあるが、東日本大震災直後の開催となった。震災で問われたのは、地域でどう支えあって生活を守っていくかということである。震災で問われた課題に応えていく大会としての役割を持つこともできた。

なお、本書は既発表論文を収録したものである。初出は以下の通りである。掲載にあたって誤りの修正や字句の若干の訂正、注記の追加を行ったが、大きな変更は行っていない。

・「『山口県積善会雑誌』の慈善思想と影響」『東北社会福祉史研究』第二三号、二〇〇五年三月

・「山口県における慈善事業支援体制の形成」『地域社会福祉史研究』第三号、二〇〇九年三月

・「創設期の山口育児院」『中国四国社会福祉史研究』第六号、二〇〇七年七月

・「山口県慈善事業への岡山孤児院の影響」『岡山孤児院におけるネットワーク形成と自立支援に関する総合的研究』（二〇〇六年度～二〇〇九年度科学研究費補助金（基盤研究B）研究成果報告書　研究代表者細井勇）二〇一〇年三月

・「山口県勤務時の田子一民」『地域社会福祉史研究』第五号、二〇〇三年三月

・「山口県における市町村による方面委員制度」『中国四国社会福祉史研究』第一七号、二〇〇八年八月

・「山口県における仏教社会事業の動向」『中国四国社会福祉史研究』第一五号、二〇〇六年八月

・「私設社会事業連盟の活動と山口県社会事業との関係」『地域社会福祉史研究』第七号、二〇〇七年三月

・「山口県における窮民救助団体の動向」『中国四国社会福祉史研究』第一六号、二〇一七年七月

・「山口県における生活改善と社会事業—『山口県社会時報』掲載記事をめぐって—」『中国四国社会福祉史研究』第一一号、二〇一二年七月

・「山口県における夏季児童保養所事業の概要」『中国四国社会福祉史研究』第七号、二〇〇八年七月

・「近代山口県における吃音」『中国四国社会福祉史研究』第五号、二〇〇六年七月

・「山口県宇部市における炭鉱と保育所」『地域社会福祉史研究』第四号、二〇一一年三月

・「山口県宇部市開催の第一二回全国方面委員大会の意義」『東北社会福祉史研究』第三四号、二〇〇六年三月

・「戦時下における姫井伊介の立場—会議での発言をめぐって—」『中国四国社会福祉史研究』第一四号、二〇一五年八月

・「山口県における国民健康保険法の施行過程」『中国四国社会福祉史研究』第一二号、二〇一三年六月

・「戦時下の農村における医療体制の整備—山口県佐々並村をめぐって—」『中国四国社会福祉史研究』第一三号、二〇

一四年
・「山口県の戦時下社会事業と軍事援護」『中国四国社会福祉史研究』第八号、二〇〇九年七月
・「山口県における方面委員と軍事援護」『中国四国社会福祉史研究』第一〇号、二〇一一年七月
・「山口県における傷痍軍人対策」『中国四国社会福祉史研究』第九号、二〇一〇年七月

研究に当たっては、長崎純心大学・ノートルダム清心女子大学の教職員の皆様、山口県立図書館・山口県文書館をはじめとした史料保存機関の方々、科学研究費による研究を継続している社会福祉形成史研究会のメンバー、布引敏雄先生はじめ山口県史編さん室の委員や専門員の皆様、学生時代よりご指導いただいている永岡正己先生、中国四国社会福祉史学会の会員の方々など、多くの方のお世話になった。山口県文書館の淺川均氏から史料を教示いただき、私が見落としていた史料を利用することができた。この研究は多くの方によるご指導やご協力のおかげであり、感謝申し上げる。

本書が、山口県の社会福祉史の解明だけでなく、日本の社会福祉の発展に寄与することができることを願っている。

〈**著者紹介**〉
杉山　博昭（すぎやま・ひろあき）
ノートルダム清心女子大学人間生活学部教授
日本福祉大学大学院修士課程修了
博士（学術・福祉）

主要著書

『ケアを生きる私たち』（大学教育出版　共著）
『「地方」の実践からみた日本キリスト教社会福祉―近代から戦後まで―』（ミネルヴァ書房）
『山口県史　近代３』（山口県　共著）
『日本キリスト教社会福祉の歴史』（ミネルヴァ書房　共著）
『キリスト教ハンセン病救済運動の軌跡』（大学教育出版）
『福祉に生きる　姫井伊介』（大空社）
『近代社会事業の形成における地域的特質―山口県社会福祉の史的考察―』（時潮社）
『キリスト教福祉実践の史的展開』（大学教育出版）
『山口県社会福祉史研究』（葦書房）
『改訂版　現代福祉学概論』（時潮社　編著）など。

近代における社会福祉の展開
―山口県での実践の地域性―

2019年４月８日　第１版第１刷　　定価4,500円＋税

著　者　　杉山博昭 ©
発行人　　相良景行
発行所　　㈲時潮社

〒174-0063　東京都板橋区前野町４-62-15
電　　話　03-5915-9046
F　A　X　03-5970-4030
郵便振替　00190-7-741179　時潮社
U　R　L　http://www.jichosha.jp
E-mail kikaku@jichosha.jp

印刷所　相良整版印刷　製本所　仲佐製本

ISBN978-4-7888-0729-7